“暨南大学经济管理实验中心实验教材”
丛书编委会

经济管理国家实验教学示范中心
经济管理省级实验教学示范中心 共同资助

暨南大学经济管理实验中心实验教材

Excel在经济管理数据分析中的应用

Application of Excel in Data Analysis of Economic Management

谢贤芬　王斌会　编著

中国·北京

中国·广州

图书在版编目（CIP）数据

Excel在经济管理数据分析中的应用/谢贤芬，王斌会编著．—广州：暨南大学出版社，2015.7

（暨南大学经济管理实验中心实验教材）

ISBN 978-7-5668-1569-9

Ⅰ．①Excel…　Ⅱ．①谢…　②王…　Ⅲ．①表处理软件—应用—经济管理—高等学校—教材　Ⅳ．①F2-39

中国版本图书馆CIP数据核字(2015)第171348号

出版发行：暨南大学出版社

地　址：中国广州暨南大学
电　话：总编室（8620）85221601
营销部（8620）85225284　85228291　85228292（邮购）
传　真：（8620）85221583（办公室）　85223774（营销部）
邮　编：510630
网　址：http：//www.jnupress.com　http：//press.jnu.edu.cn

排　版：广州市天河星辰文化发展部照排中心
印　刷：广东广州日报传媒股份有限公司印务分公司

开　本：787mm×1092mm　1/16
印　张：16.25
字　数：395千
版　次：2015年7月第1版
印　次：2015年7月第1次

定　价：35.00元

（暨大版图书如有印装质量问题，请与出版社总编室联系调换）

总 序

百年沧桑，弦歌不辍；巍巍暨南，展焕新颜。暨南大学自1906年创办以来，始终秉承“宏教泽而系侨情”的办学宗旨，注重以中华民族优秀的传统道德文化培养造就人才。“始有暨南，便有商科”，最初设立的商科便因兼具理论与实用的“暨南特色”而享誉海内外。经过一百多年的发展，商科已分化出经济管理学科中的许多门类，各门类分工明确而细化，又交叉融合，近年来屡屡在学科发展上有突破和创新，尤为可喜的是暨南大学经济管理实验教学中心于2012年荣获国家级实验教学示范中心项目。这是我校继2008年获批媒体实验教学中心之后，再次获得国家级实验教学示范中心项目，是教育部“质量工程”重要建设项目之一，也是质量工程中含金量较高、获批难度较大的一个项目。这些项目是高等学校实验教学研究和改革的基地，引领着全国高等学校实验教学改革的方向。

暨南大学经济管理实验教学中心（以下简称“中心”）依托产业经济学和金融学2个国家级重点学科，3个一级学科博士学位点，拥有一支以珠江学者、教学名师和知名专家带头人组成的优秀教学团队，其中“会计学教学团队”被评为国家级教学团队。中心包括金融模拟、会计模拟、ERP实验、电子商务模拟、行为分析、经济统计与分析、财税管理与分析、酒店管理等18个实验室。中心师资力量雄厚，副高级以上教师占总人数的75%，承担全校22个本科专业以及研究生、博士生相关课程的实验、实训、实习等教学任务。

中心继承和发扬暨南大学经济管理教育重视实际操作、强化能力培养的优良传统，紧贴经管发展的现实需求，全面开展“虚拟仿真实验+校企合作实践”模式的实践教学形式改革，注重能力培养与社会需求相结合的教学内容改革。实验是教学不可或缺的一个重要组成部分，作为理论教学的基础和延伸，中心始终坚持“强化基础、重视实践、个性培养与创新能力紧密结合”的实验教学理念，逐步构建理论教学、实验教学、课外实践等多维互动、整体提升的创新实验教学体系，以培养未来华商领袖为己任，着力培养具有创新能力的复合型经管专业人才，为建设成为“具有浓厚华人华侨特色，享誉海内外的‘高端、优质、创新’复合型经济管理人才培养基地”而努力。在中心全体教职工的共同努力下，中心工作取得了显著成效，比如，开设的“财务学原理”、“基础会计学”被评为国家级精品课程，工商管理类和经济学类专业被评为国家级特色专业，中心申报的教学成果项目于2010年获广东省教学成果奖一等奖等。

随着经济和科学技术的进步，尤其是计算机技术的飞速发展，数据、模型与实验对于当代科学乃至整个社会的影响和推动作用日益显著。“暨南大学经济管理实验中心实验教材”作为国家和广东省教学示范中心的资助教材，根据经济管理类专业、学科特点，实验教材中的数据、模型和例子全部选自经济、管理等方面的内容，形成了一个能反映经济管理类院校特色的“经济管理实验”系列教材。这一特色的形成，不仅对国内经济管理实验是一个突破与创新，而且对培养经济管理类院校的应用型、创新型、复合型人才，有着积极意义。

本系列教材在总结过去教材建设经验的基础上，结合应用型本科教育的特点，借鉴国内外的经验做法，在经济管理各专业的课程体系、课程内容，教学方法、教材编写等方面进行进一步探索和创新。

本系列教材具有五个方面的特点：第一，创新性。从培养学生的兴趣入手，以掌握方法论和创造性思维为主线，以知识、概念和理论为基石，进行总体设计，思路新颖，写作体例风格独特。第二，前瞻性。搜集了最新的数据资料和理论研究成果，使教材内容着力体现超前性、前沿性、动态性。第三，实践性。体现了实验型本科教学的专业特点，以提高学生竞争力、综合素质和社会适应能力为最终目标。第四，系统性。基础知识、学科理论和课程体系融为一体，注重基础理论与实际应用的结合。第五，可读性。突出“以学生为中心”的思想，强调学以致用，所用语言浅显易懂，并附有一定的案例分析。

“暨南大学经济管理实验中心实验教材”的建设，改变了传统课程那种仅仅依赖“一支笔，一张纸”，由教师单向传输知识的模式。它提高了学生在教学过程中的参与程度，学生的主观能动性在实验中能得到相当充分的发挥。好的实验会引起学生学习科学知识和方法的强烈兴趣，并激发他们自己去解决相关实际问题的欲望，有助于促进学生独立思考和创新意识的培养。

教材建设是课程体系和教学内容改革的核心，是进一步加强学生教学工作，深化教学改革，提高学生教育教学质量的重要措施。暨南大学经济管理实验教学中心精心组织教材编写，通过专家组评审，分批立项，每批近十种，覆盖金融模拟、会计模拟、ERP实验、电子商务模拟、行为分析、经济统计与分析、财税管理与分析、酒店管理等实验课程。这些教材符合教育改革发展趋势，反映了经济管理学科建设的新理论、新技术、新方法、新实践，在国内同类教材中较为先进。我们期望通过几年的努力，打造出一系列特色鲜明的经济管理实验教材。

暨南大学校长、教授、博士生导师

国家重点学科产业经济学带头人

2014 年 6 月

前　言

Microsoft Excel 软件应用广泛，它是渗透到我们日常工作和生活中的一个功能强大的电子表格处理软件。它以表格的形式进行数字数据的组织和复杂运算，具备将数字数据以图形的方式进行可视化显示的图表功能。同时，它还具有数据库管理、决策支持等功能，方便排序、筛选与重新组织数据和分类汇总，因此广泛应用于财务、统计和分析等方面。

综合运用 Excel 软件，充分发挥其强大的计算和分析功能，用户可以十分方便而高效地解决经济管理工作中的复杂问题，实现各种操作和个性化管理。Excel 已成为从事经济活动以及各种日常工作中必不可少的重要工具。

本书共 9 章，主要介绍 Excel 的基本操作和在经济管理数据分析中的应用案例。

第 1 章至第 3 章属于 Excel 的基础知识部分。第 1 章介绍了 Excel 2013 的工作环境和基本操作，Excel 公式与函数的应用。第 2 章介绍了 Excel 基本图表的概念及其绘制步骤，并通过实例说明 Excel 基本图表和动态图表的绘制方法和技巧。第 3 章深入学习了数据排序与数据筛选，掌握如何利用 Excel 2013 进行数据分类汇总（包括简单分类汇总、多级分类汇总和合并计算），利用 Excel 强大的数据透视表/数据透视图功能进行数据统计分析。

第 4 章至第 9 章属于综合应用部分，主要介绍了 Excel 2013 在经济管理中的综合应用。内容包括：经济指标的雷达图分析；利用 Excel 的移动平均法对城镇居民家庭人均可支配收入进行预测；利用 Excel 的指数平滑分析对产品销售进行分析和预测；建立基于经济管理数据的决策分析模型；Excel 规划求解和模拟运算表的运用；Excel 方案分析与单变量求解的应用；Excel 在财务管理中的应用；Excel 在盈亏平衡分析中的应用；利用 Excel进行库存管理分析。

本书注重实用性，提供了大量应用实例和操作技巧，内容全面、图文并茂、步骤清晰。本书适合各个层次的 Excel 用户，可作为高等院校经济管理类专业学生的实训教材，也适合经济管理部门、企事业单位以及各种办公人员阅读和参考。

本书由谢贤芬、王斌会共同完成，暨南大学统计系学生李雄英、李燕京、梁淇俊、何卫平、祝雨露、陈晓丹等为本书的编写提供了有用的帮助，在此深表谢意。

由于编写时间紧迫，书中难免存在疏漏之处，恳请广大读者批评指正。

编　者

2015 年 5 月

目　录

第 1 章　Excel 简介

本章首先介绍了电子数据表的基本概念和特点，并详细介绍 Excel 2013 的新特性和基本工作环境。Excel 2013 具有的粘贴预览、数据条功能、自定义功能区，以及图表增强功能等使日常操作更为快捷；其交互式数据透视表、切片器、迷你图等功能提供了强大而实用的分析功能；自定义的工作环境、友好的操作界面以及联机帮助使用户使用 Excel更为方便。通过本章的学习，读者应该掌握的内容如下：

（1）了解电子数据表的基本概念和特点。

（2）熟悉 Excel 2013 的新特性，熟练掌握日常操作功能并重点掌握分析工具的增强功能。

（3）掌握 Excel 2013 的基本操作，包括鼠标、键盘、窗口、菜单和对话框等操作。

（4）熟悉 Excel 2013 基本工作环境，掌握显示选项、计算选项和编辑选项的基本设置方法。

（5）掌握联机帮助的使用方法。

1.1　Excel 概述

1.1.1　电子数据表简介

电子表格可以帮助用户制作各种复杂的表格文档，并使用计算机进行自由编辑和设计，同时电子表格还可以将繁杂的数据以商业图表的形式显示出来。电子表格的显示是由一系列行列相交构成的网状单元格，单元格内存放文本或数值。Lotus 1－2－3 是 DOS 时代主要的电子表格程序，Excel 运行于 Windows 操作系统，是微软 Office 软件中的电子表格组件，其做出的表格是电子表格中的一种，除此以外还有国产的 CCED、金山 WPS 中的电子表格等。

一、电子数据表的概念

电子数据表软件采用表格形式对数据进行处理和组织，方便直观，符合人们日常生活和工作习惯。Excel 2013 的工作环境是一个包含一个或一个以上的工作表的操作区。工作表类似于人们常用的各种二维报表，由若干行和列组成，由行列交叉而形成单元格，单元格中可以嵌套其他行列。一般而言，除了具有嵌套其他行列的单元格，一般的单元格是电子数据表处理的最小单元。

1. 工作簿和工作表

工作簿文件是 Excel 2013 存储文件的基本单位，其本质是 Windows 操作系统下的一个文件，该文件格式能被 Excel 2013 软件识别，用户使用 Excel 2013 处理的各种数据都以工作簿文件形式存储在存储介质上。每个工作簿包含多张工作表（Sheet），每个工作表是由若干行和列组成的二维表格。

在日常生活和工作中，人们常将一个报表放在一个工作表中。对于较复杂的数据处理，通常会涉及多个报表，这时可以在一个工作簿中建立多个工作表，以对应多个报表，并根据应用需要在多个工作表中建立关联，相互引用并且可以合并计算，以达到协同工作的效果。如图 1－1 所示，该图即是工作簿和工作表示例，该工作簿名为“商场电器销售统计报表. xlsx”，其中包含了“2005 年”、“2006 年”、……“2014 年”共 10 个工作表。从图中可以看出，Excel 2013 的每个工作表都是一个二维表，而工作簿是由多个二维表组成，可以有机地看成是“三维”电子数据表。

各类电器销售量统计表

月份	电视	电冰箱	饮水机	高压锅	电饭锅	蒸蛋器
1月	100	74	108	97	129	97
2月	110	68	82	114	123	88
3月	120	62	79	129	111	88
4月	105	81	100	118	101	71
5月	97	65	75	130	115	75
6月	102	73	99	97	130	90
7月	100	52	104	100	110	92
8月	110	61	73	106	126	97
9月	115	79	62	118	114	101
10月	122	82	69	92	111	76
11月	92	85	66	109	119	63
12月	94	62	104	101	102	38

图 1－1

2. 单元格和单元格区域

Excel 从最初的 1997 版本到 2013 版本，在功能和数据处理能力方面都不断加强。在工作表容量方面，Excel 2013、Excel 2010 和 Excel 2007 的工作表由 16384 列和 1048576 行构成，其提供的可用行是 Excel 2003 的 16 倍，可用列是 Excel 2003 的 64 倍。每列用英文字母标识，从 A、B、……Z，AA、AB、……BA、BB、……一直到 XFD，称作列标。每行用数字标识，从 1 到 16384，称作行号。每个行列交叉点称为单元格（Cell）。在 Excel 2013 中使用了全新的 64 位版本，这一性能的增强可以使我们比以往更容易地分析大量的数据集。用户现在可以分析超过旧版 Excel 的 2GB 文件大小限制的大型复杂数据库。除此之外，Excel 2013 还支持多核 CPU 平台以提高电子表格的处理和计算速度。从前文已知，单元格是电子数据表处理的最基本单位，每个单元格由其所在的列标和行标标识，这两个标识即是单元格的地址。如工作表最左上角的单元格，即第 1 行、第 1 列的单元格用 A1 表示，而 D2 表示 D 列 2 行的单元格，即第 2 行、第 4 列的单元格。每个单元格可以存放各种格式的内容，如文本、数值、微型图表和公式等。单元格可以存放各种格式的内容，特别是可以存放包含单元地址引用的各种公式，并通过公式来进行数据运算，使 Excel 2013 具有数据处理的强大功能。图 1－2 所示即为一个各类电器销售额统计情况表的示例。其中的 N4 表示引用的是 N 列 4 行单元格的值，即订单 1 月份总价的数据。

在 Excel 2013 的操作中，有时需要同时对多个单元格进行操作，如求某一行或某一列的单元格中数据之和，或在多个单元格中查找某个数据，或同时设置多个单元格的数据格式，这时可以使用单元格区域（Range）来标识指定的多个单元格集合。单元格区域是指连续的矩形区域的单元格集合，可以使用矩形区域的两个对角单元格地址标识，如以 B2 为左上角，E5 为右下角的 12 个单元格组成的区域，可以指定为“B2:E5”，或是“E5:B2”，或是“E2:B5”，也可以是“B5:E2”。这里应该注意的是，无论如何指定，Excel 2013 都自动将其转换成“B2：E5”，即“左上：右下”形式。

商场电器销售额统计报表.xlsx - Excel

N4　=B4*C4+D4*E4+F4*G4+H4*I4+J4*K4+L4*M4

各类电器销售额统计情况表

月份	电视		电冰箱		饮水机		高压锅		电饭锅		蒸蛋器		总价
	单价	数量	单价	数量	单价	数量	单价	数量	单价	数量	单价	数量	
1月	4388	100	2368	74	685	108	418	97	368	129	108	97	786506
2月	4388	110	2368	68	685	82	418	114	368	123	79	88	799742
3月	4188	120	2699	62	728	79	418	129	350	111	108	88	829686
4月	4188	105	2699	81	488	100	418	118	350	101	108	71	799501
5月	4388	97	2699	65	728	75	399	130	368	115	108	75	757961
6月	4388	102	2368	73	685	99	399	97	368	130	108	90	784518
7月	4888	100	2699	52	528	104	428	100	368	110	79	92	774608
8月	4688	110	2699	61	685	73	428	106	398	126	88	97	834376
9月	4388	115	2368	79	685	62	399	118	350	114	88	101	830032
10月	4528	122	2368	82	685	69	399	92	350	111	79	76	875419
11月	4388	92	2588	85	728	66	408	109	368	119	79	63	764965
12月	4288	94	2368	62	728	104	408	101	368	102	88	38	707688

图 1－2

3. *活动单元和当前单元*

用户在使用工作表时，其操作只能对其中的一个或若干个单元格起作用，这些单元格称为活动单元格。用户可以通过选定单元格区域的操作使多个单元格成为活动单元格。在活动单元格中，有个单元格呈反显显示，该单元格就是当前单元格。用户的输入、编辑等操作只针对当前单元格。而格式的设置、数据的删除等操作则对所选定的活动单元格起作用。如果用户只选定一个活动单元格，那么这个活动单元格也是当前单元格。类似地，一个工作簿中有多个工作表，其中可以有一个或若干个处于工作状态，可称为活动工作表，在活动工作表中用户只针对其中一个工作表进行操作，该工作表则称为当前工作表。与工作单元不同的是，用户对当前工作表的操作将会对其他活动工作表起同样作用，如果只有一个活动工作表，则该工作表也是当前工作表。在 Excel 2013 中，还可以同时打开多个工作簿，每个工作簿都拥有自己的窗口，从而能够更加轻松地同时操作每个工作簿。

二、电子数据表的特点

Excel 2013 是典型的 Windows 应用软件，具备 Windows 环境应用软件的所有特点。它在图形用户界面、表格处理、数据分析、图表制作和网络信息共享等方面具有更突出的特色。

1. 图形用户界面

Excel 2007 之前版本的图形用户界面是标准的 Windows 应用软件窗口形式，有菜单、最大化/最小化/关闭按钮、标题栏、工具栏、状态栏等内容。内容最为丰富的是菜单和工具栏，菜单由软件最上面一行菜单按钮构成，这行菜单按钮称为一级菜单，每个一级菜单按钮可以展开细化功能，如“文件”、“编辑”为一级菜单，单击“编辑”按钮，可以展开一个菜单，这个菜单称为二级菜单，该二级菜单具有“剪切”、“复制”、“粘贴”等按钮。工具栏则进一步将常用命令分组，以工具按钮的形式列在一级菜单的下方。用户可以根据需要设置自定义菜单和工具栏的显示。当用户将鼠标指针停留在菜单或工具按钮时，菜单或按钮会以立体效果突出显示，并显示有关的提示。

当用户点击鼠标右键时，会根据用户指示或选定的操作对象，自动弹出相关的浮动菜单，提供相应的命令。为了方便用户使用工作表和建立公式，图形用户界面还提供了编辑栏和工作表标签。从 Excel 2007 版本开始便引入了标签式的菜单，主要有标题栏、主菜单栏、功能区、最大化按钮、最小化按钮等内容。选定菜单栏中的某个选项卡，在菜单栏下面的功能区将显示其对应的功能和命令按钮，使用非常方便。

2. 表格处理

表格处理功能是 Excel 2013 最突出的特点之一。Excel 2013 采用表格方式管理数据，所有的数据、信息都在工作表（二维表格）中管理，工作表中数据间的关系一目了然。Excel 2013 可以更直观、更方便地处理数据。对于日常工作中的电子表格处理，如增删行列、合并或切分单元格、表格置换等操作，Excel 2013 可以通过简单的菜单或工具按钮完成。此外，Excel 2013 还具备公式和数据的自动填充、格式自动套用、自动计算、自动求和、记忆输入、自动更正、拼写检查、排序和筛选等功能，可以让用户快速高效地处理和管理各种工作表格。

3. 数据分析

Excel 2013 具有一般电子表格软件不具备的强大的数据处理和分析功能。它提供了包括日期与时间、数据库、统计、财务、查找与引用、文本、数学与三角函数、逻辑和信息等九大类几百个内置函数，可以满足财务统计、业务绩效管理、数学数值分析等多领域的数据处理与分析的要求。如果用户需求过于特殊或复杂，内置函数不能直接满足需求，可以通过内置函数组合或者通过 Excel 2013 内置的 Visual Basic for Application（VBA）编写自定义函数。为了让用户能更快地使用和编辑函数，Excel 2013 还提供了粘贴函数命令，它列出了所有内置函数的名称、功能和每个参数的意义和类型，可以随时为用户提供帮助。除了具备数据排序、筛选、查询、统计汇总等数据处理功能外，Excel 2013 还提供了数据分析和辅助决策工具，如模拟运算表、假设检验、指数平滑、规划求解、方差分析、数据透视表、移动平均、回归分析、多方案管理分析等工具。利用这些工具，可以很方便地完成复杂的运算，而无须了解具体数学细节，也无须编写程序，给用户提供方便的同时也降低了数据分析过程中出错的概率。

4. 图表制作

在人们的使用习惯中，图表是数据处理结果展示的最佳形式，通过图表可以直观地展示数据的特性，如数据最大最小值、极大极小值、发展变化趋势、数据集中程度等。Excel 2013 具有强大的图表处理功能，其提供的图表有：条形图、柱形图、折线图、散点图、股价图以及多种复合图表和三维图表，并可以对每种图表类型提供若干种不同的自动套用图表格式，用户可以根据需要显示最有效的图表来展示数据。如果内置的标准图表不能满足需求，用户可以自定义图表类型，即可以对图表的标题、数值、坐标和图例等项目进行编辑，以获得最佳视觉效果。Excel 2013 还提供数据和图表的动态联系，当数据修改时，图表可以根据数据变化而更新。

5. 宏功能

为了提高数据处理效率，Excel 2013 还提供了宏功能和内置的 VBA，用户可以通过它们来创建自定义命令和函数。Excel 2013 还提供宏记录器，可以将用户的一系列操作记录起来，并自动转换成 VBA 语句组成的宏命令。当用户需要再执行这些操作序列时，直接运行这些宏命令即可。对于经常使用的操作，可以将有关的宏命令和自定义菜单或工具栏按钮关联起来，这样就可以通过便捷操作，快速调用操作。对于更专业的用户，还可以利用 VBA，在 Excel 2013 的基础上开发功能完整的应用软件系统。

1.1.2　Excel 的新特性

Excel 是微软公司的办公软件 Microsoft Office 的重要组件之一，是为 Windows 操作系统编写和运行的一款微机电子数据表软件。它借助其友好的界面和强大的数据分析处理和辅助决策功能在企业管理和流程控制中广泛应用。Excel 的每一个版本都有一些杰出的功能为软件带来了重要的改进。Excel 2013 是继 Excel 2003、Excel 2007 和 Excel 2010 之后推出的最新版本。Excel 2013 在原有版本的基础上增强了许多功能，并针对之前版本的一些问题作了不少改进。

1. 标签式菜单

在用户界面体验方面，Excel 2013 和 Excel 2007 以前的传统版本的 Windows 窗口界面大不相同。过去，功能和命令常常深藏在复杂的菜单和工具栏中。现在新的用户界面抛开了传统的下拉式菜单，引入了更为直观的标签式菜单，也称为“Ribbon 工具条”，旨在更容易找到有用的功能和相应的命令，界面简单友好，操作方便。Excel 2013 相对于 Excel 2010而言，界面的主题颜色和风格都有所改变，功能有所增强，用户自定义的东西更多。如图 1 - 3 所示即为 Excel 2013 标签式菜单的截图。其中，最上面对应的是传统的主菜单项，点击某个菜单项可以查看其包含的所有功能和工具，这里称之为“功能区”，一目了然，用户也可以自定义功能区。功能区的右上角有一个“功能区最小化”按钮，点击该按钮或者使用快捷方式［Ctrl］+［F1］可以显示或隐藏功能区，隐藏功能区时，仅显示选项卡名称。

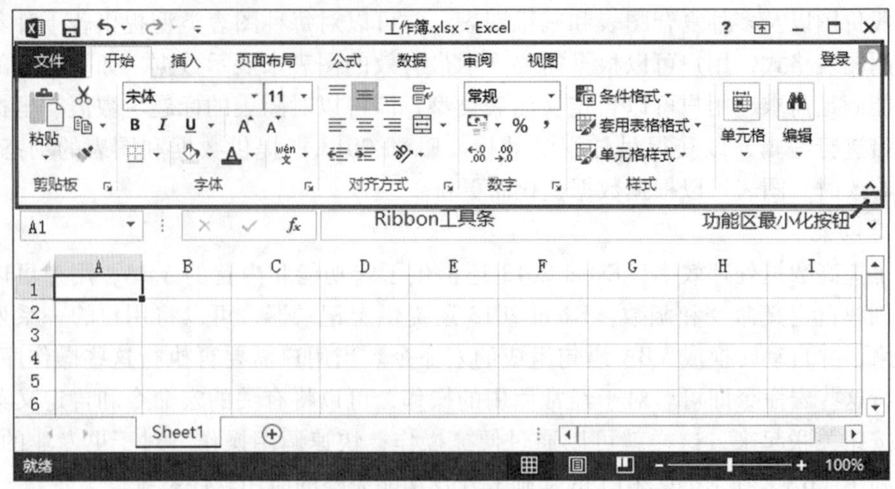

图 1－3

2. 粘贴预览

当从剪贴板粘贴数据前，可以对各种“选择性粘贴”方式进行预览，不再需要单击“撤销”或重新设置数据格式，操作非常方便。当复制几行数据后，在需要粘贴的位置单击鼠标右键，将鼠标移到弹出的快捷菜单中各种粘贴预览按钮上面即可看到预览效果，这样可以在粘贴数据之前查看不同可能结果，减少不必要的操作。

3. 屏幕截图

Excel 2013 在“插入”功能区中，新增了一个屏幕截图工具，利用它可以快速截图并即时插入到工作簿中，不需要借助任何截图工具或者使用键盘上的［Print Screen］键。

4. 图标集和数据条

在 Excel 2007 中首次引入了图标集和数据条功能，利用色彩丰富、形式多样的图标集，可以非常快速地区分各类数据和以图形化的方式显示数据的发展趋势。如果想一目了然地查看一系列数据的大小情况，可以为数据应用“数据条”条件格式。数据条的长度即表示单元格中数值的大小，数据条越长，表示值越高；数据条越短，表示值越低，非常直观。在大量数据中观察较高值和较低值时，数据条特别有用。

Excel 2013 不仅提供了更为丰富的图标集，比如三角形、星形等，用户还可以进行图标自定义，混合搭配只用两套不同的图表，以及通过设置使得指定的单元格不显示图标。在 Excel 2007 中，数据条有些不尽如人意的地方，数据条的长度有时显得比例失调，比如在数据区域中如果包含正数和负数，它默认会将所有数据最小值对应的数据条长度设置为单元格长度的 10%，最大值所对应的数据条长度设置为单元格长度的 90%，其他介于二者之间，这样得出的数据条的长度有点不成比例，如图 1－4 所示即为某地区一年平均温度的示例，反映出这一点。这点在 Excel 2010 及 Excel 2013 中得到了改进，如果数据区域中包含正数和负数，可以使负数在相反的方向显示。如图 1－5 所示，其使用了内置的图标集和数据条功能。此外，还可以给数据条设置不同的填充效果或给其添加边框，使得数据条看起来更加清晰。Excel 2013 的容错性也有所改进，当区域中包含错误值时，Excel 2007 中将无法设置数据条，而在 Excel 2013 中仍然可以设置。

	A	B
1	月份	平均温度
2	1	-8.5
3	2	-5
4	3	0.5
5	4	7
6	5	15
7	6	22
8	7	28
9	8	29
10	9	20.5
11	10	12
12	11	0
13	12	-2

图 1 – 4

	A	B
1	月份	平均气温
2	1	-8.5
3	2	-5.0
4	3	0.5
5	4	7.0
6	5	15.0
7	6	22.0
8	7	28.0
9	8	29.0
10	9	20.5
11	10	12.0
12	11	0.0
13	12	-2.0

图 1 – 5

5. *交互数据透视表*

Excel 是目前企业或个人常用的电子表格软件，要想真正发挥 Excel 强大的功能，数据透视表是必须掌握的。数据透视表是一种交互的 Excel 报表，可用于对多种数据来源（包括 Excel 自身的数据和外部数据）进行快速合并、汇总和分析，是 Excel 强大数据处理能力的体现。由于数据透视表是交互式的，因此，可以通过更改数据的视图以查看更多明细数据或不同的汇总结果。

在 Excel 中使用数据透视表很容易，通常可以通过在工作表的周围拖动字段名来创建和修改数据表。Excel 2013 对数据透视表的功能做了重大改进，有了更好的交互性。具体而言，增强了筛选过滤的功能，通过切片器按钮可以对数以千计，甚至百万计的数据集进行筛选，快速地找到所需要的项目。Excel 2013 也支持回写，可以修改 OLAP 数据透视表数据区域中的数值，并将它们回写到 OLAP 服务器的多维数据集中。另外，Excel 2013 以多线程的处理方式加快了数据检索、排序、筛选的速度，将更多时间用于分析，大大提高了数据透视表的整体性能。

下面使用图 1 – 6 所示的数据清单来创建一个数据透视表，具体步骤如下：

（1）选择数据清单中的任一单元格，单击“插入”选项卡，单击“数据透视表”下拉按钮，执行“数据透视表”命令，将弹出如图 1 – 7 所示的对话框。

（2）在“请选择要分析的数据”选区中，默认已经选定了前面所选单元格所在的数据区域，也可以重新选择数据区域。在“选择放置数据透视表的位置”选区中，可以选择在新工作表中或者现有工作表中放置数据透视表，这里选择“新工作表”，然后单击“确定”。

（3）在“数据透视表字段”列表中，选中“班级”、“科目”和“平均分”，创建的数据透视表如图 1 – 8 所示。

其他.xlsx - Excel

文件 开始 常用命令 插入 页面布局 公式 数据 审阅 视图 登录

F10 =RANDBETWEEN(68, 95)

	A	B	C	D	E	F
1	年级	班级	班级编号	科目	考试人数	平均分
2	2011	国际经济与贸易	201102001	写作	82	74
3	2011	计算机科学与技术	201104002	写作	77	90
4	2011	会计学	201102003	写作	65	73
5	2011	统计学	201102004	写作	72	84
6	2011	国际经济与贸易	201102001	计算机	82	72
7	2011	计算机科学与技术	201104002	计算机	77	83
8	2011	会计学	201102003	计算机	65	89
9	2011	统计学	201102004	计算机	72	91
10	2011	国际经济与贸易	201102001	思想政治	82	85
11	2011	计算机科学与技术	201104002	思想政治	77	95
12	2011	会计学	201102003	思想政治	65	75
13	2011	统计学	201102004	思想政治	72	91
14	2012	国际经济与贸易	201102001	写作	79	83
15	2012	计算机科学与技术	201104002	写作	78	85
16	2012	会计学	201102003	写作	68	74
17	2012	统计学	201102004	写作	62	78
18	2012	国际经济与贸易	201102001	计算机	79	92
19	2012	计算机科学与技术	201104002	计算机	78	80
20	2012	会计学	201102003	计算机	68	74
21	2012	统计学	201102004	计算机	62	77
22	2012	国际经济与贸易	201102001	思想政治	79	80
23	2012	计算机科学与技术	201104002	思想政治	78	75
24	2012	会计学	201102003	思想政治	68	71
25	2012	统计学	201102004	思想政治	62	76
26	2013	国际经济与贸易	201102001	写作	75	78
27	2013	计算机科学与技术	201104002	写作	83	90
28	2013	会计学	201102003	写作	72	77
29	2013	统计学	201102004	写作	70	72
30	2013	国际经济与贸易	201102001	计算机	75	75
31	2013	计算机科学与技术	201104002	计算机	83	90
32	2013	会计学	201102003	计算机	72	72
33	2013	统计学	201102004	计算机	70	92
34	2013	国际经济与贸易	201102001	思想政治	75	82
35	2013	计算机科学与技术	201104002	思想政治	83	69
36	2013	会计学	201102003	思想政治	72	87
37	2013	统计学	201102004	思想政治	70	80

1.1-6

就绪 100%

图 1-6

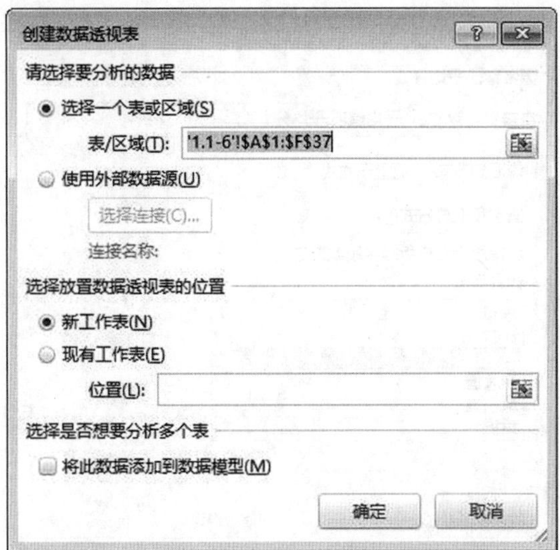

图 1 – 7

图 1 – 8

（4）默认情况下，平均分会进行求和运算。单击右下角“求和项:平均分”旁边的按钮，在弹出的下拉菜单中单击“值字段设置”，如图 1 – 9 所示。把计算类型改为“平均值”，然后单击“确定”按钮，结果如图 1 – 10 所示。

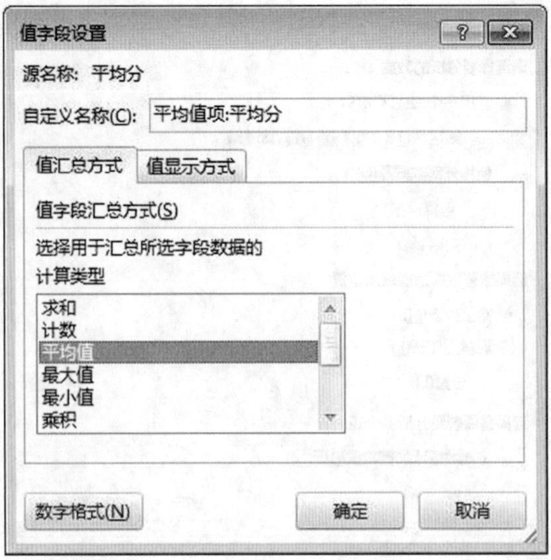

值字段设置
源名称：平均分
自定义名称(C)：平均值项:平均分
值汇总方式 值显示方式
值字段汇总方式(S)
选择用于汇总所选字段数据的计算类型
求和
计数
平均值
最大值
最小值
乘积
数字格式(N) 确定 取消

图 1－9

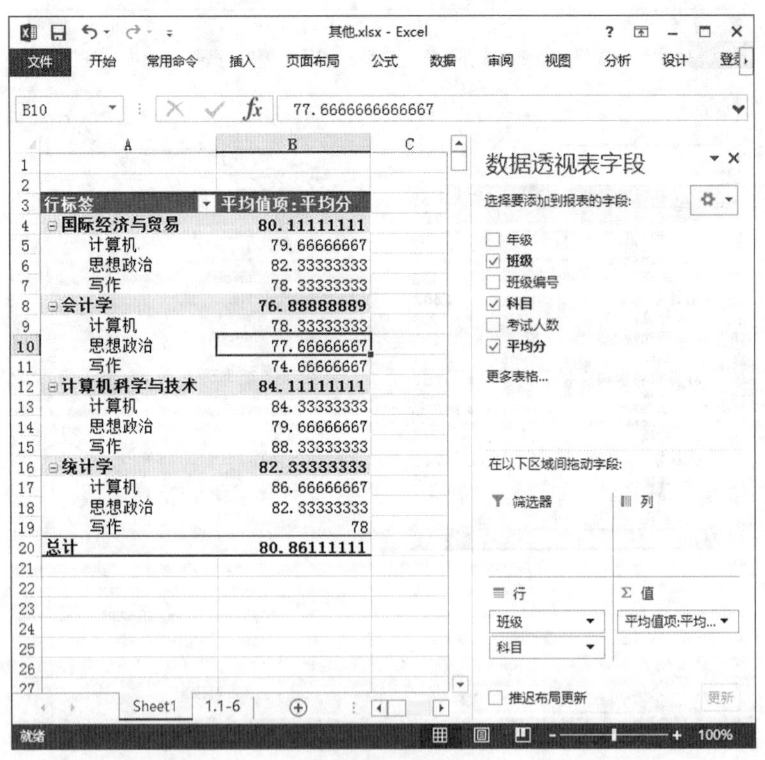

图 1－10

6. 切片器

在 Excel 2007 的数据透视表中，当对多个项目进行筛选后，如果想要查看是对哪些数据透视表字段进行了筛选，需要打开筛选列表来查看。在 Excel 2013 中提供了全新的切片器工具，在数据透视表视图中提供了丰富的可视化视图，这些视图与数据透视表视图是相互独立的，还可以非常直观地查看筛选信息，而不需要打开筛选列表。有多种方法可以创建切片器以筛选数据透视表的数据，在现有的数据透视表中，可以执行下列三种操作：①创建与数据透视表相关联的切片器。②创建与数据透视表相关联的切片器副本。③使用与另一个数据透视表相关联的现有切片器。

下面在图 1－10 所示的数据透视表中创建切片器。具体步骤如下：

（1）单击要为其创建切片器的数据透视表中的任一位置，标签式菜单中将显示“数据透视表工具”，新增了“分析”和“设计”两个选项卡。在“分析”选项卡上的“筛选”组中，单击“插入切片器”按钮，将出现图 1－11 所示的“插入切片器”对话框。

（2）在“插入切片器”对话框中，选中要为其创建切片器的数据透视表中字段的复选框。这里选择“年级”和“科目”。单击“确定”，将为选中的每一个字段显示一个切片器，如图 1－12 所示。

（3）在每个切片器中，单击要筛选的项目，数据透视表将显示筛选后的结果。若要选择多个项目，可按住［Ctrl］键，然后单击要筛选的项目即可。

图 1－11

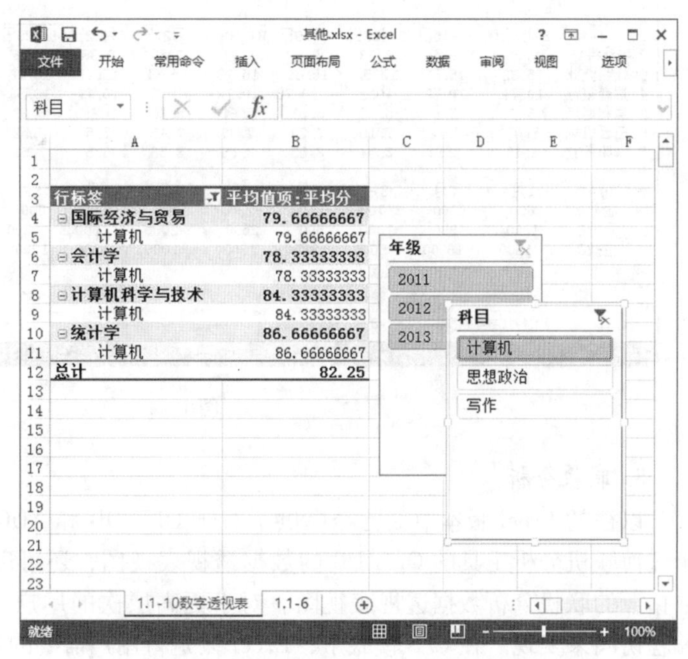

图 1－12

7. 迷你图

与以往的 Excel 版本不同，Excel 2010 版本开始新增了一个叫迷你图（Sparklines）的功能，用户通过它可以很直观地观察数据的变化趋势。迷你图是在一个单元格内以一个简单图表的形式显示指定单元格区域内的一组数据的变化，类似于 Excel 工作表上的图表功能，只不过是其简化版本。但与图表又有所不同，迷你图不是对象，另外，打印工作表时，单元格中的迷你图会与数据一起进行打印。创建迷你图后，用户可以根据需要对它进行自定义，如突出显示最大值和最小值、负点、设置迷你图表颜色等。而且迷你图只需占用少量空间，并不要求将迷你图单元格紧邻其对应的基本数据区域。

迷你图功能增加到插入功能区中，目前提供了三种迷你图样式：“折线图迷你图”、

“列迷你图”和“盈亏迷你图”。在 Excel 2013 中创建迷你图非常简单，下面用一个例子来说明。图 1－13 所示即为一个用迷你图反映几只股票价格和企业盈亏数据变化趋势的示例。其中，股票价格数据在 B2:I7 区域中，对应的“折线迷你图”和“列迷你图”在 J2:J7 区域中，企业盈亏数据在 B10:I12 区域中，使用“盈亏迷你图”来显示其变化趋势，在 J10:J12 区域中显示。选择插入迷你图的单元格之后，在插入功能区中，选择迷你图样式，在弹出的对话窗口中选择所需的数据区域，再按“确定”即可在单元格中生成非常漂亮的迷你图表。对于要快速查看数据的分布形态，Excel 2013 的迷你图功能非常实用。

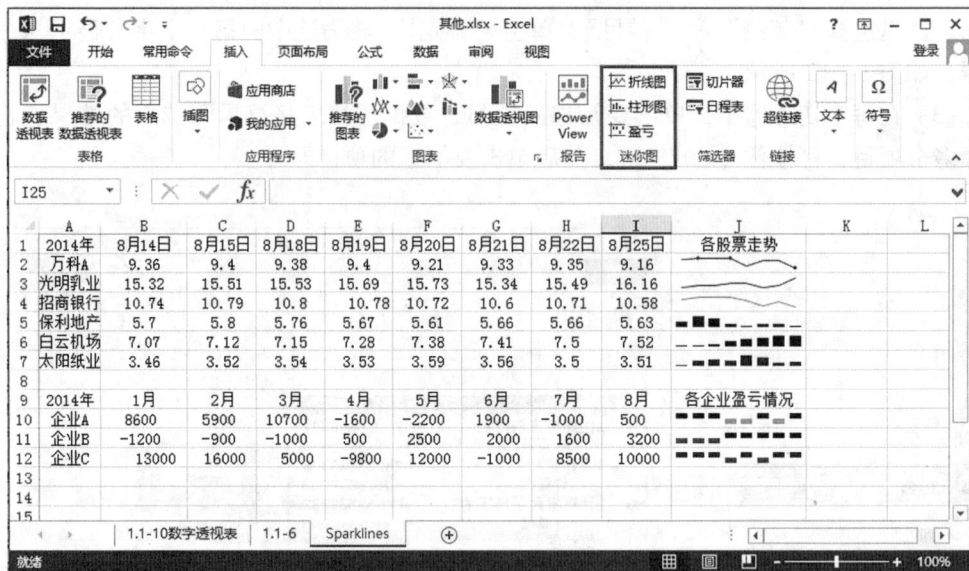

	A	B	C	D	E	F	G	H	I	J
1	2014年	8月14日	8月15日	8月18日	8月19日	8月20日	8月21日	8月22日	8月25日	各股票走势
2	万科A	9.36	9.4	9.38	9.4	9.21	9.33	9.35	9.16	
3	光明乳业	15.32	15.51	15.53	15.69	15.73	15.34	15.49	16.16	
4	招商银行	10.74	10.79	10.8	10.78	10.72	10.6	10.71	10.58	
5	保利地产	5.7	5.8	5.76	5.67	5.61	5.66	5.66	5.63	
6	白云机场	7.07	7.12	7.15	7.28	7.38	7.41	7.5	7.52	
7	太阳纸业	3.46	3.52	3.54	3.53	3.59	3.56	3.5	3.51	
8										
9	2014年	1月	2月	3月	4月	5月	6月	7月	8月	各企业盈亏情况
10	企业A	8600	5900	10700	-1600	-2200	1900	-1000	500	
11	企业B	-1200	-900	-1000	500	2500	2000	1600	3200	
12	企业C	13000	16000	5000	-9800	12000	-1000	8500	10000	

图 1－13

8. 联机分析

以往的 Excel 版本中就已经提供了对于 OLE DB 和 ADO 的支持，用户可以创建对应于任何联机分析工具的 OLE DB 的数据透视表视图，还可以创建对应于任何 ODBC 兼容数据源的联机分析数据透视表视图。对于更高层次的用户，还可以通过对 OLE DB 进行编程访问来实现。在 C/S 模式下，Excel 只是将用户需要的数据汇总提供给客户端，而不是整个数据集合，因而能够更高效地处理服务器上的大型数据库。Excel 2013 完全支持 Microsoft SQL Server Analysis Services，并提供了新的 OLAP 公式和多维数据集函数。OLAP 是为查询和报表（而不是处理事务）而进行了一定优化操作的数据库技术，OLAP 数据是存储在多维数据集中，而不是存储在表中。当要使用多维数据库（如 SQL Server Analysis Services）时，可以通过 OLAP 公式建立复杂的 OLAP 数据绑定报表。利用 Excel 提供的新的多维数据集函数可以提取 OLAP 数据并将其显示在单元格内。

9. 自定义功能区

Excel 2013 使用的是标签式菜单，点击某个菜单项即可查看该功能区对应的功能和命令按钮，这是在 Excel 2007 版本中首次推出的功能。Excel 2010 改进了 Excel 2007 版本中的一些不足，在 Excel 2007 中虽然可以自定义“快速访问工具栏”，将命令添加到快速访问工具栏中，但不能创建自己的选项卡，要自定义功能区还需要修改 xml 代码，操作较复杂。在 Excel 2013 中却可以非常方便地创建自己的功能区，以适合自己的工作方式，将最常用的命令放置在自定义的功能区中，可以更快地完成重复性的工作，提高工作效率。该操作非常简单，只需单击“文件”—“选项”—“自定义功能区”，在弹出的“Excel 选项”对话框中选择自定义功能区进行操作即可。图 1－14 所示即为新增了一个“常用命令”功能区的示例。

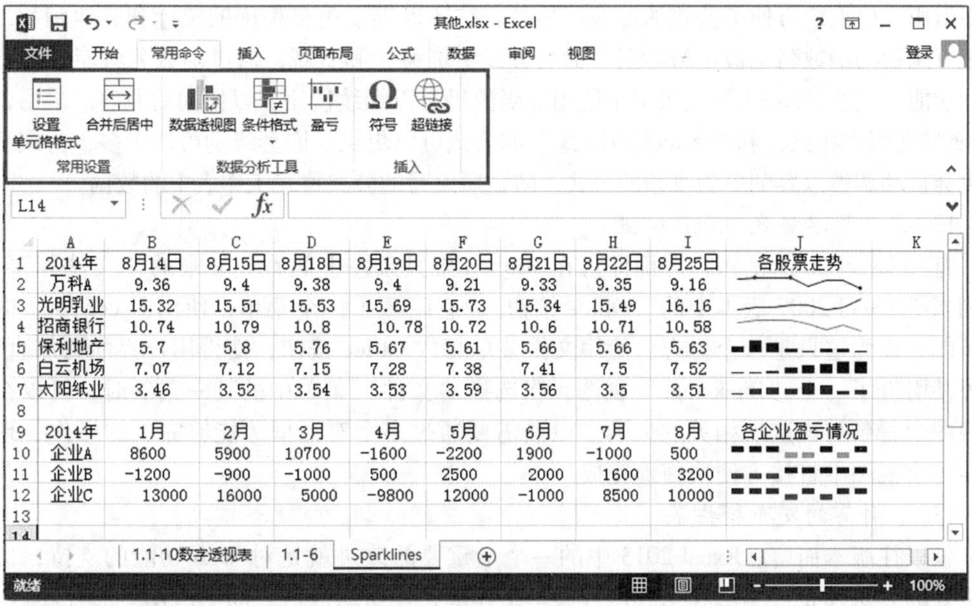

	A	B	C	D	E	F	G	H	I	J
1	2014年	8月14日	8月15日	8月18日	8月19日	8月20日	8月21日	8月22日	8月25日	各股票走势
2	万科A	9.36	9.4	9.38	9.4	9.21	9.33	9.35	9.16	
3	光明乳业	15.32	15.51	15.53	15.69	15.73	15.34	15.49	16.16	
4	招商银行	10.74	10.79	10.8	10.78	10.72	10.6	10.71	10.58	
5	保利地产	5.7	5.8	5.76	5.67	5.61	5.66	5.66	5.63	
6	白云机场	7.07	7.12	7.15	7.28	7.38	7.41	7.5	7.52	
7	太阳纸业	3.46	3.52	3.54	3.53	3.59	3.56	3.5	3.51	
8										
9	2014年	1月	2月	3月	4月	5月	6月	7月	8月	各企业盈亏情况
10	企业A	8600	5900	10700	-1600	-2200	1900	-1000	500	
11	企业B	-1200	-900	-1000	500	2500	2000	1600	3200	
12	企业C	13000	16000	5000	-9800	12000	-1000	8500	10000	

图 1－14

10. *表格和图表增强功能*

Excel 2013 已经显著改进了对表格（在 Excel 2003 中称为列表）的支持，现在可以使用新用户界面快速创建、格式化和组织 Excel 工作表上的数据，以便更容易地使用这些数据。Excel 2013 增强了筛选功能，默认情况下，表中会启用“自动筛选”功能以支持强大的表格数据排序和筛选，还可以在过滤器的搜索框中输入要搜索的文本和数字来进行筛选。此外，可以在公式中创建、扩展、筛选和引用表，还可以设置表的格式。在查看大型表格中包含的数据时，Excel 2013 可使您在滚动表时仍能看到表标题，而不是工作表标题行。

利用 Excel 2013 的图表工具能够轻松有效地创建具有专业水准的图表，Excel 2013 在图表方面也作了一定的增强和改进。首先是提供了大量的预定义图表样式和布局，可以快速应用选定的一种格式，然后在图表设置中进行所需的设置即可。除了快速布局和快速格式外，还可以快速更改图表的每一个元素，以更好的方式将数据呈现出来，例如，添加或删除标题、数据标签、图例等图表元素的设置。现在，在其他程序中也可以使用 Excel 图表，图表可在 Excel、Word 和 PowerPoint 之间共享。另外，在图表中绘制数据点数目的限制方面也有所改进。在 Excel 2007 中，最多可以在一个二维图表系列中绘制 32000 个数据点，而在 Excel 2013 中一个系列的数据点的数目只受可用内存的限制，这样能够更有效地用来显示和分析海量数据。

11. 轻松编写公式

在 Excel 2013 中编写公式更为轻松，主要体现在函数记忆式键入、结构化引用、更多精确的函数等方面。首先，使用函数记忆式键入可以准确轻松地检测到需要使用的函数，通过提示的公式参数，可以快速写入正确的公式语法，以防在公式编写完成发现错误时再进一步查证修改，减少了一些不必要的工作。除了单元格引用（比如 B5、E2:G3），Excel 2013 还提供了在公式中引用名称区域和表格的结构化引用，还可以使用表列标题名代替单元格引用，极大地方便了公式的编写。另外，它还提供了更多精确的统计和其他函数，有些现有函数的函数名也被重新命名，命名方式更加科学和直观，通过函数名就能够知道它们的功能。当然，Excel 早期版本中使用的函数仍可以继续使用，以便向后兼容。最后，与 Excel 早期版本相比，利用 Excel 2013 编写的公式可以更长、嵌套级别可以更多，公式编辑栏也会自动调整以容纳更为复杂的公式，防止所编写的公式覆盖工作表中的数据。

12. 文件菜单替代 Office 按钮

打开 Excel 2013 的用户界面即可在 Ribbon 工具条左上侧看到显眼的“文件”菜单，这相当于 Excel 2007 版本中的“Office 按钮”，它暗藏了一个菜单，使用 Excel 2007 的新手可能会以为这只是一个标志。使用文件菜单替代 Office 按钮，使得用户界面更加直观，另外还引进了一个“Backstage”视图，当选择“文件”菜单中的某一选项时，可以在右侧视图中看到与该选项相关的内容。以前需要通过多个对话框才能够完成的操作，现在可在一个视图中直接方便快捷地完成。

13. 工作簿的发布和共享

较以往版本而言，Excel 2013 中的一个最重要的改进就是对 Web 功能的支持，提供了更好的方法发布、编辑和与其他人共享工作簿，使组织成员之间的协作更加有效。

Excel 2013 实现了 SharePoint Server 和 Excel Services 的集成。通过将工作簿发布到 Web，可以实现整个组织中的所有人在同一个工作簿中工作，实现信息的共享和结果分析。例如，可以与多人同时编辑工作簿，发送的是链接而不是附件，检索此工作簿的早期版本，工作簿进行更改时接收电子邮件通知，提高了工作效率。例如，同事 A 和同事 B 正在不同的办公室处理同一个 Excel 工作表，如果 A 更改了数据，B 会立即知道这一个变化，而不再需要将一个工作簿通过邮件来回传递，减少了反馈的时间，提高了工作效率。另外，用户也可以通过浏览器直接创建、编辑和保存 Excel 文件，编辑文件时可以进行基本的格式化操作，其他用户也可以在操作 Excel Services 报表时利用切片器和快速查询筛选功能。

14. Excel Web 应用程序

Excel Web 应用程序是 Excel 的在线伴侣，可以让你在任何时候、任何地点找到所需要的工作簿。可以自由地访问、编辑、修改，以及通过浏览器共享这些文件，随时随地访问电子表格，不需要额外下载和安装软件，因为这是完全基于 Web 的，并且与大量的设备兼容，包括具有网络数字功能的智能手机。

Microsoft 提供的 Excel Mobile 2013 是 Excel 的移动版本，在运行 Windows Mobile 6.5 手机的开始菜单中可以打开 Excel 2013 工作簿，还可以访问邮件中的或手机中存储的工作簿，随时随地访问和修改信息。

1.1.3 Excel 的基本功能

完成一个操作任务，Excel 2013 可以有多种方法，如可以使用菜单命令，也可以使用右键弹出式菜单，也可以使用工具栏对应的工具栏按钮，还可以使用键盘快捷键。从原理上来说，这些方法都调用同一个功能模块，用户可以根据自己的使用习惯和偏好来选择操作方法。在一些常用功能方面，有些方法是非常快捷而简便的，如复制操作快捷键是［Ctrl］+［C］，粘贴操作快捷键是［Ctrl］+［V］，一些用户还会选择使用右键弹出式菜单，极少数用户使用菜单“编辑”项下的二级菜单操作。在绝大多数情况下，使用右键弹出式菜单具有方式统一、简单方便、功能较全面等特点，因此本书将以快捷菜单操作方式为主来介绍 Excel 2013 各方面应用的操作。

一、窗口操作

如前文所述，Excel 2013 是典型的 Windows 应用软件，因此也是以“视窗”方式来进行工作的。

1. Excel 2013 窗口构成

Excel 2013 窗口的基本构成为标题栏、功能区、标签式菜单栏、编辑栏、工作簿窗口和状态栏等。工作簿窗口通常设置为最大化，这样可以有较大的工作界面，这时工作簿和 Excel 2013 合为一体。图 1－15 是一个典型的 Excel 2013 窗口，其中工作簿窗口 Statistics. xlsx 已经与 Excel 2013 窗口合为一体。

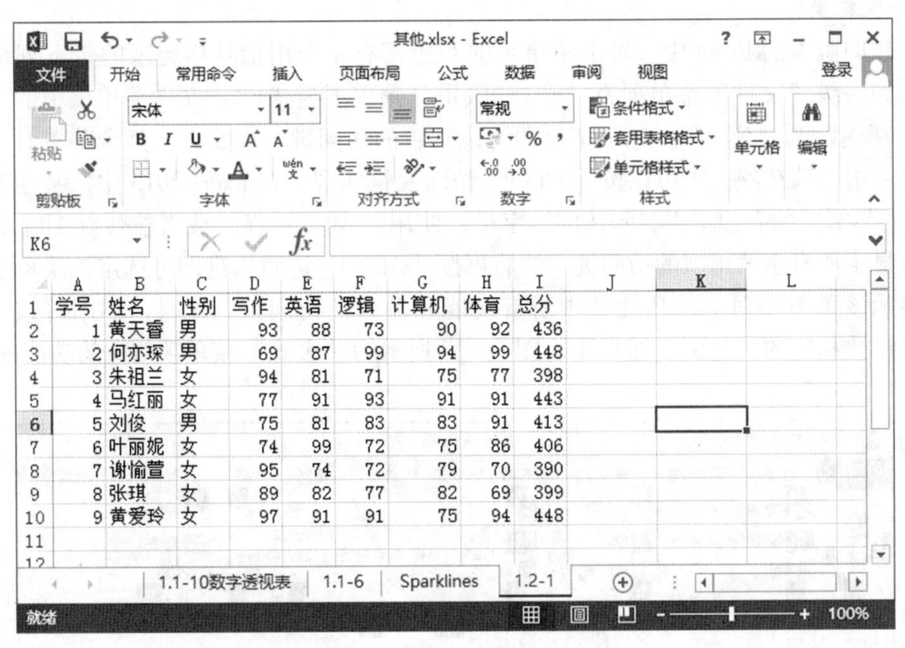

图 1－15

2. Excel 2013 窗口操作

Excel 2013 窗口的基本操作与一般应用程序窗口操作相同，主要有以下几种：

（1）最小化：最小化窗口可以使应用软件窗口最小化到 Windows 系统的任务栏，切换不同软件的使用，对于 Excel 2013 的工作簿而言，将工作簿缩小到左下角。

（2）最大化：最大化按钮用于将应用程序铺满整个当前 Windows 屏幕，对 Excel 2013 的工作簿而言，就是铺满整个软件界面大小。

（3）还原：还原按钮是相对于“最大化”按钮而言的功能按钮，将应用程序或工作簿最大化后，如果想恢复原来的窗口尺寸状态，则应该按“还原”按钮。

（4）改变大小：窗口不属于最小化或最大化状态时，用户可以根据自己的需要改变窗口大小。方法是将鼠标移动到应用程序或工作簿右下角，当鼠标变为双向箭头时即可拉伸窗口。

（5）改变位置：将鼠标放置于软件或工作簿标题栏时，可以移动软件窗口或工作簿的位置。

3. 工作簿窗口操作

工作簿窗口是 Excel 2013 软件的工作窗口，用户的操作都是基于工作簿窗口，但同一时刻用户可以打开多个工作簿窗口，多个工作簿窗口有以下排列方式：

（1）层叠：多个窗口层叠在一起，只有当前窗口能完整看到，其他窗口只可见标题。

（2）平铺：所有窗口平铺到界面中，但每个窗口相对较小，当前窗口也只有一个。如果用户想切换另外一个窗口为当前工作簿窗口，在目标窗口中点击一下鼠标即可。

二、菜单操作

Excel 2013 的菜单为标签式菜单，默认共有文件、开始、常用命令、插入、页面布局、公式、数据、审阅、视图九个菜单项。当选定某个菜单项时，会显示相应的功能区。

1. 基本操作

在较旧版本的 Excel 中，每个菜单项的右边都有一个用括号括起来的带下划线的字母，例如一级“文件”菜单项为“F”，“编辑”菜单项为“E”，文件菜单项中的二级菜单项“新建”为“N”等。这个字母即为该菜单的访问键。当要选定某个菜单时，可以用鼠标单击该菜单项，也可以按［Alt］+［访问］键实现。在 Excel 2013 中，某些菜单项（比如主菜单）的右边不再显示访问键字母，使用［Alt］+［Y］或者按住［Alt］2 秒钟就可以显示所有主菜单项的访问键，然后再按［Alt］+［访问］键即可选定该菜单项，同时也显示该菜单项对应的功能区中所有功能和命令的访问键。这时，不用再按［Alt］键，直接按相应的［访问］键即可。图 1－16 所示为“公式”菜单项对应的功能区。

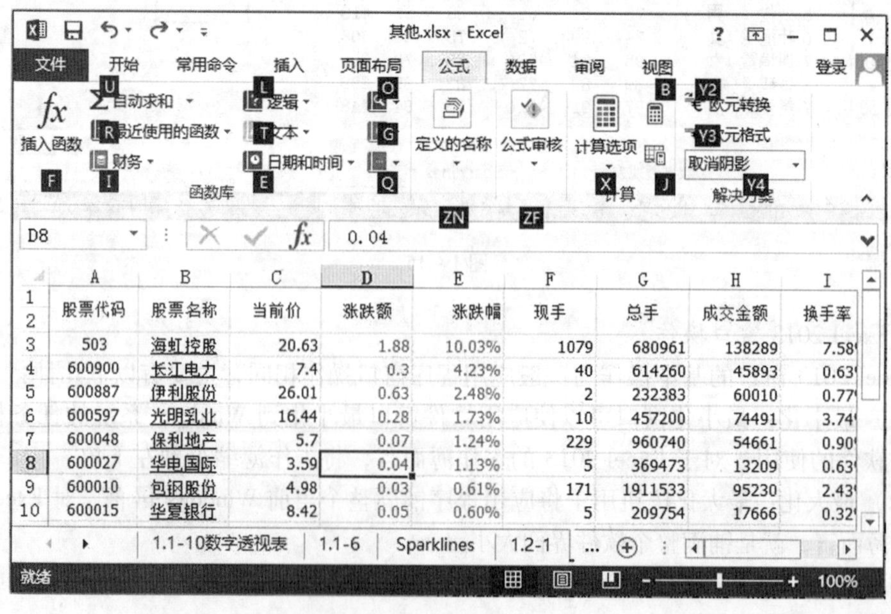

图 1－16

为了方便用户快捷进行操作，有些菜单命令还有快捷键。如剪切为［Ctrl］+［X］，复制为［Ctrl］+［C］，粘贴为［Ctrl］+［V］。另外一种通过键盘来进行操作的方法是使用访问键，快捷键与访问键不同之处在于：

（1）快捷键都是复合键或是功能键，而访问键是单个按键，只有选一级菜单项时，需按［Alt］键激活菜单。

（2）快捷键只有常用命令才有，而访问键则所有命令都有。

（3）快捷键可以随时使用，而访问键只有先选择了相应的菜单后才可使用。如要剪切某个单元格的内容，当选中该单元格后，若使用访问键，则应先按［Alt］+［E］键选择编辑菜单，再按［X］键选择剪切命令；若用快捷键，则可直接按［Ctrl］+［X］键。

2. 特殊菜单

从上面图中还可以看到，功能区中有些命令旁边有一些特殊的符号，这些符号分别表示不同的意义。财务命令和自动求和命令右侧都有一个下三角符号“▼”，它表示该菜单下还有子菜单项，即单击该菜单项后，会展开下一级菜单项。如果命令右侧都有一个省略符号“…”，它表示执行该菜单命令时，会弹出一个对话框，需要用户提供进一步的信息，才能执行该命令。视图菜单中的普通和页面布局命令的左侧都有一个图标，当选定某个命令时，该图标会呈现一定的底色；而视图菜单中的编辑栏和标题命令左侧则可能有一个对钩符号“☑”。它们表示该命令是一个选项命令，当图标呈现底色或是有对钩符号时，表示该选项被选定；否则表示该选项没有被选定。普通视图和页面视图命令的选项命令是一组互斥的命令，即几个命令中，某一时刻只能有一个命令被选定。若当前命令是灰色的，说明当前该菜单命令暂时不可用。

3. 快捷菜单

在 Excel 2013 窗口中进行操作时，可以右击鼠标弹出浮动快捷菜单。图 1－17 给出了工作表中常见的各种快捷菜单，它们是分别用鼠标右击单元格、列标和公式编辑框时弹出的快捷菜单。一般而言，鼠标右键浮动菜单会根据不同的选用对象而展示不同的菜单功能。

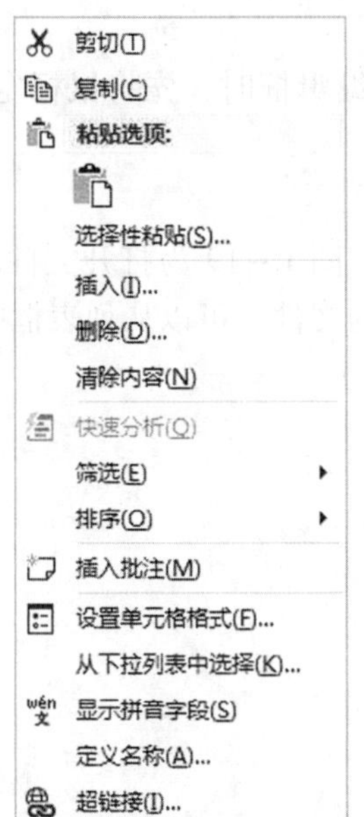

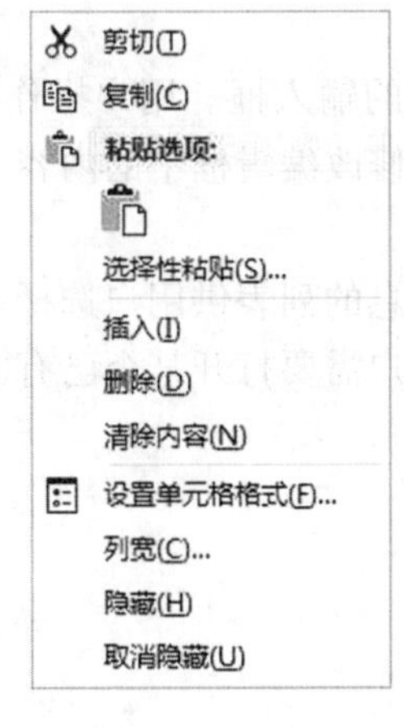

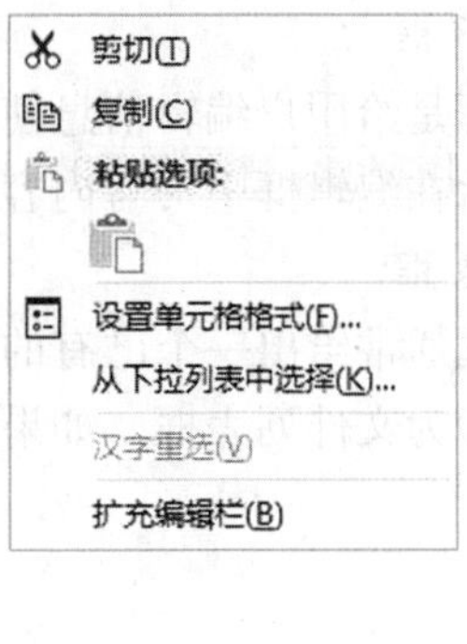

图 1－17

三、对话框操作

对话框是用户和应用软件交互的基本工具，用户通过在对话框中输入命令或信息来与应用系统进行信息交互。对话框是一种特殊的窗口，也可以有标题栏和控制按钮等，但一般没有菜单项。

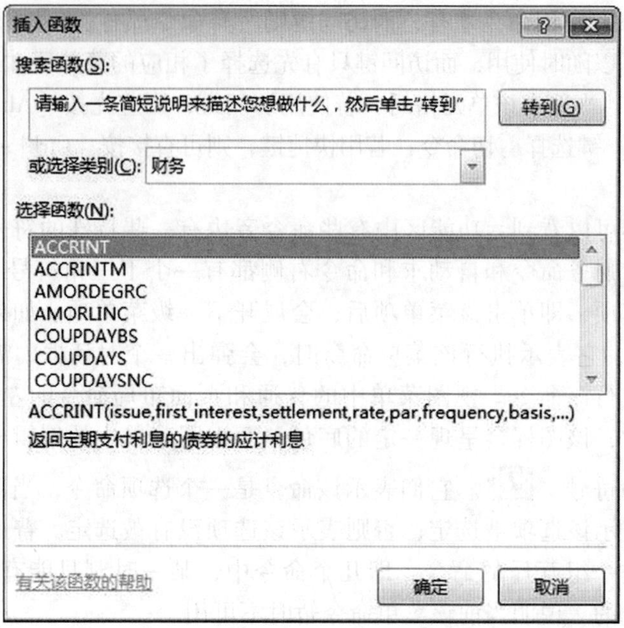

图 1－18

对话框的基本要素有按钮、组合框、编辑框、复选框、列表框和选项按钮，更为复杂的对话框组合可以用选项卡表示。图 1－18 是选择公式菜单中的查找与引用—插入函数命令后出现的对话框。

1. 编辑框

编辑框是给用户编辑信息使用的输入框。用户操作编辑框时，先将鼠标定位在编辑框中，然后在编辑框中书写内容或修改编辑框中的内容。

2. 列表框

列表框通常给出一个已有的信息的列表供用户选择。图 1－19 为打开文件的对话框，中间部分即为文件列表框。如果用户需要打开某个已有的文件，可以从列表框中选择。

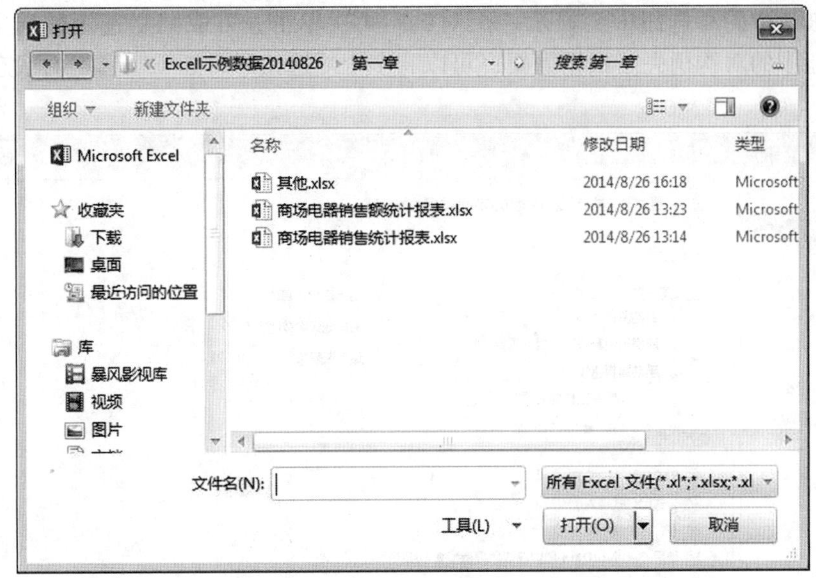

图 1－19

列表框可以有以下几种操作方式：

（1）单击某项可选择指定的一项。

（2）单击某项后，按住［Shift］键，再单击另一项，可选择包括两项在内的连续多项。

（3）单击某项后，按住［Ctrl］键，再单击若干项，可选择多个不连续的项。

（4）当列表框的内容较多而显示不下时，单击列表框滚动条的某一端的箭头可使其向相应的方向滚动一项，直接单击滚动条使其向相应的方向滚动一页，当选项过多时还可以直接拖拽滚动条上的滚动块到指定的位置。

3. 组合框

如图 1－19 所示就是一个组合框，组合框是将编辑框与列表框组合在一起的控件，它可以直接在其中输入或编辑文字，也可以从列表框中选择所需的选项。

4. 按钮

通常，对话框中可以包括两类按钮：命令按钮和选项按钮，其中选项按钮又分为单选钮和复选钮。

（1）命令按钮：如图 1－19 所示，打开、取消为命令按钮，单击它们即可完成相应的操作。如果命令按钮上的名字后有省略号“…”，则表示一旦选择该命令按钮，便可以打开与该命令有关的另一个对话框。如果命令按钮上的名字后面有下拉箭头，则表示该命令按钮有多项命令，单击下拉箭头可弹出有关的命令列表，然后单击有关命令即可完成相应的操作。

（2）单选钮：如图 1－20 所示，圆形按钮为单选钮，通常都是成组出现。操作时只能选择其中一项。操作方法是单击所需的单选钮或相应的文字，这时被选中的单选钮中会显示一个黑圆点，表示它被选中。而同组中其他原来被选中的单选钮自动取消。

（3）复选钮：如图 1－20 所示，方形框为复选钮，也称为复选框。复选框也是成组出现的，但操作时可选择其中的一项或多项。操作方法是单击所需的复选钮或相应的文字，这时被选中的复选钮中会显示一个对钩。再次单击，可取消复选钮被选中的状态，此时复选钮中的对钩消失。根据需要，可以有多个复选钮同时处于被选定的状态。

图 1-20

5. 选项卡

一个属性或一个命令涉及的信息较繁多，并且这些信息可以进行分类，则在对话框一般都出现选项卡。选项卡的标签在对话框的上端，单击某标签则进入相应的选项卡，每个选项卡实质上就是一个对话框，这个对话框和普通的对话框是一样的，都可以有一组内容相关的控件。在选项卡的下方还有“确定”、“取消”等命令按钮。

四、工作簿操作

用户在使用 Excel 软件时，往往首先要经历新建/打开工作簿，输入数据，然后保存工作簿，退出等操作。下面介绍对工作簿的主要操作。

1. 创建工作簿

创建新的工作簿有三种方法。

（1）启动 Excel 2013 时将自动创建一个命名为“工作簿 1”的工作簿，每个工作簿包含 1 个工作表：Sheet1。

（2）利用文件选项卡创建。切换到“文件”选项卡，在下拉菜单中执行“新建”命令，双击右侧“可用模板”中的“空白工作簿”或者单击“创建”按钮即可完成创建工作，如图 1-21 所示。

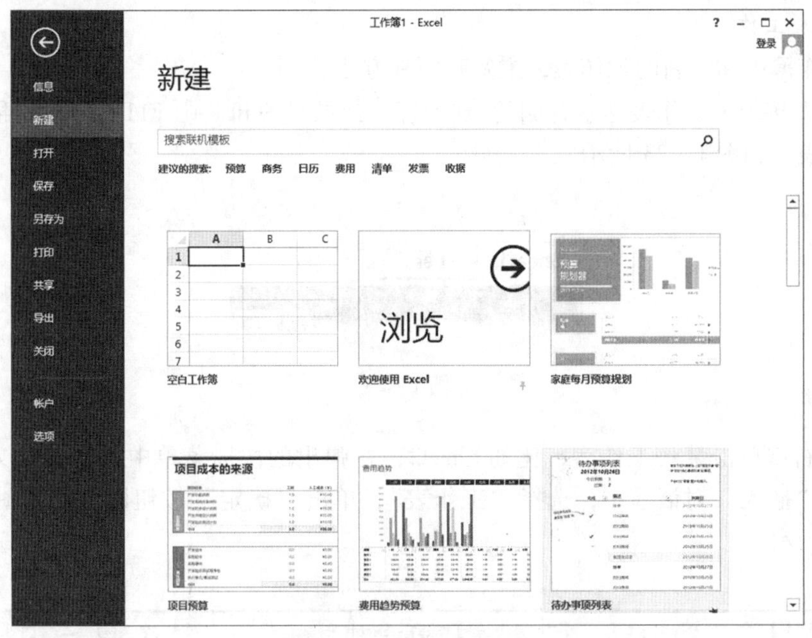

图 1－21

（3）利用快速访问栏中的“新建”按钮。单击快速访问栏工具右侧的按钮，执行“新建”命令，将在快速访问栏中添加按钮。单击按钮将自动创建一个新的工作簿，如图 1－22 所示。

图 1－22

2. 插入工作表

在工作簿中插入新的工作表，主要有两种方法。

(1) 直接单击工作表标签右侧的 ⊕ 图标，或按［Shift］+［F11］，即可插入一个空白的工作表，如图 1－23 所示。

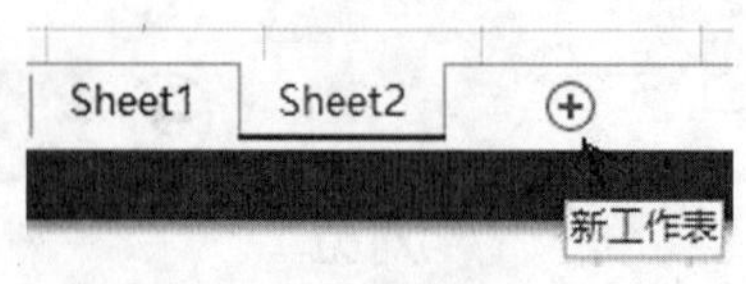

图 1－23

(2) 右键单击某一工作表，比如 Sheet2，在弹出的快捷菜单中执行“插入”命令；在弹出的“插入”对话框中，选择“工作表”，单击“确定”按钮即可，如图 1－24 和图 1－25 所示。

图 1－24

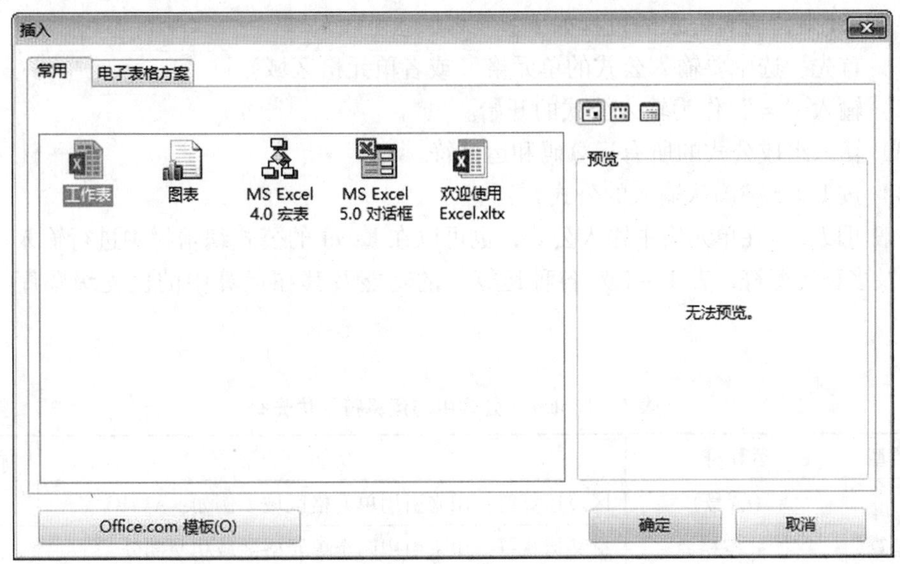

图 1－25

3. 重命名工作表

Excel 新建的工作表默认名字为 Sheet1、Sheet2 等。在实际应用中，我们往往需要将工作表重新命名以便更好地区分不同工作表中的数据。重命名工作表有两种方式。

（1）右键单击需要重命名的工作表，在弹出的快捷菜单中执行“重命名”命令，当其变成选中状态时输入新的工作表名称即可。

（2）双击需要重命名的工作表名称，当其变成选中状态时即可修改。

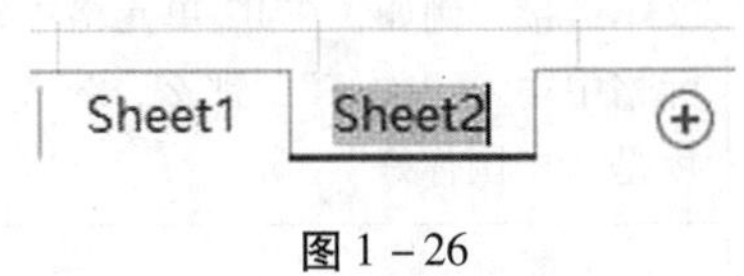

图 1－26

4. 删除工作表

右键单击需要删除的工作表，在弹出的快捷菜单中执行“删除”命令即可。

1.2　Excel 公式与函数的应用

Excel 公式是 Excel 工作表中进行数值计算的等式。公式输入是以“＝”开始的。简单的公式有加、减、乘、除等计算，较复杂的公式可能包含函数。所谓函数，是预先编写的公式，可以对一个或多个值执行运算，并返回一个或多个值。利用函数可以简化和缩短工作表中的公式，尤其在用公式执行很长或复杂的计算时，利用函数将十分有用。

1.2.1　公式的输入与修改

Excel 中公式的基本结构为：一个等号（＝）后面跟随一个或多个运算码，运算码可以是数值、单元格引用、单元格区域、名称或函数，它们之间通过一个或多个运算符连接起来。

在 Excel 中，输入公式的过程如下：

（1）首先，选中要输入公式的单元格（或者单元格区域）。

（2）输入“=”作为输入公式的开始。

（3）输入组成公式的所有运算码和运算符。

（4）按 Enter 键确认输入的公式。

一般可以直接在单元格中输入公式，也可以在 Excel 的公式编辑栏中进行输入。Excel 公式涉及多种运算符，表 1-1 对各种运算符的功能及其在运算中的优先级顺序进行了总结。

表 1-1 Excel 公式中的运算符及优先级

运算类型	运算符	功能	优先级
引用运算	:（冒号）	区域运算符：用来引用单元格区域。例如：A1:B3	1
	（空格）	交叉运算符：用来引用两个单元格区域相交部分	2
	,（逗号）	联合运算符：用于把两个单元格区域合并在一起	3
数学运算	()（括号）	可改变 Excel 的内置优先顺序，其中内容最先计算	4
	-（负号）	负号	5
	%（百分号）	百分号	6
	^（幂符号）	求幂：公式 =“A1^2”的含义就是求 A1 单元格数值的平方	7
	*和/（乘号和除号）	乘和除	8
	+和-（加号和减号）	加和减	9
文本运算	&（和）	文本链接：例如，在 B2 单元格中输入“中国”，B3 单元格中输入“你好”，那么，公式“=B2&B3”的结果就是“中国你好”	10
逻辑运算	=；<；>；<=；>=；<>	等于；小于；大于；小于等于；大于等于；不等于	11

在很多情况下，需要对某单元格中已有的公式进行修改，可以通过下面四种方式：

（1）按［F2］键，可以直接编辑单元格中的内容。

（2）双击该单元格，可以直接修改该单元格的内容。

（3）选择需要进行修改的单元格，然后单击公式编辑栏，在编辑栏中对公式进行修改。

（4）如果公式的单元格返回一个错误，Excel 会在单元格的左上角显示一个小方块。激活单元格，可以看到一个智能标签，单击该智能标签，可以选择一个选项来更正错误。

1.2.2 公式的移动和复制

移动和复制公式时，其中原有单元格地址将会发生一定的变化，从而会对结果产生影响。如果希望准确地复制公式文本，而不是调整公式的单元格引用，可以采取以下两种方法：

（1）首先，选中需要复制的单元格；然后在公式的开始处，即等号（=）的左边，输入一个撇号（'）把公式转换成文本，按［Enter］键确认；最后，复制公式的内容，并把它粘贴到需要的位置，删除开始添加上的撇号，就可以将其恢复成原来的公式。

（2）选中单元格，激活为编辑模式，选中公式的文本（不包括“=”），然后“复制”，按Enter键结束编辑模式，在目标单元格中粘贴即可。

在使用Excel公式的过程中，默认情况下，输入公式后按［Enter］键，公式的结果会直接在单元格中显示。有一个很有用的技巧，它可以让工作表中的所有公式快速“现身”。

切换到“文件”选项卡，单击“高级”选项卡，找到“在单元格中显示公式而非其计算结果”复选框，选中该复选框即可显示所有的公式本身，而不是在单元格显示公式结果，如图1－27所示。

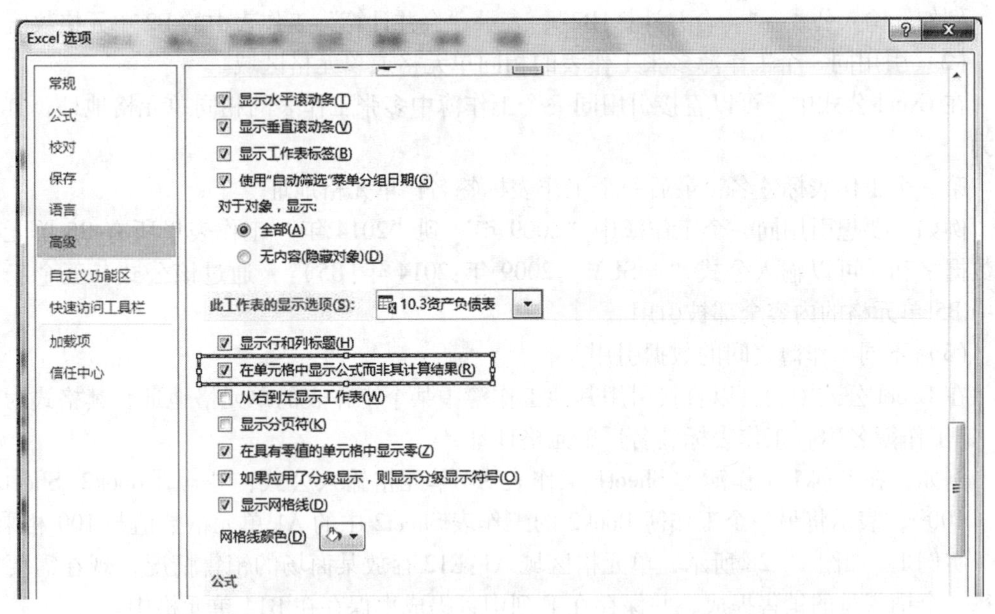

图1－27

1.2.3 公式中单元格的引用方式

1. 按照引用的绝对与相对关系划分

（1）相对引用。就是直接用列标和行号来表示单元格，是默认的单元格引用方式。例如：在A3单元格中输入公式“=A1+A2”，就是相对引用。当使用相对地址时，单元格公式中的引用地址会随着目标单元格的变化而发生变化，但其引用单元格地址之间的相对地址不变。

（2）绝对引用。就是在公式中引用单元格的地址与单元格的位置无关，不随单元格位置的变化而变化，即：无论将这个公式粘贴到哪个单元格，公式所引用的仍然是原来单元格的数据。在引用单元格的行和列前都加上“$”符号即可实现绝对引用，例如：

“ = $A$1+$A$2”。

(3) 混合引用。是指行号固定而列标可以变化，或者列标固定而行号可以变化。其表示形式为将固定的部分前面加上“ $ ”符号即可。也就是说：如果“ $ ”符号加在列标前，那么被引用的单元格列的位置是绝对的，但行的位置是相对的；反之，如果行号前面加上“ $ ”符号，而列标前面不加，则列的位置是相对的，行的位置是绝对的。

(4) 三种引用的切换。利用［F4］功能键可以实现绝对引用、相对引用和混合引用之间快速切换。方法：选中要改变引用方式的单元格，循环地按［F4］键，能够按照“相对引用—绝对引用—列相对行绝对引用—列绝对行相对引用—相对引用—……”的顺序循环下去。

2. 跨表格单元格引用的情形

(1) 引用同一工作簿的其他工作表中的单元格或单元格区域。

在 Excel 公式中，可以对当前工作簿内其他工作表中的单元格进行引用，其格式为：

工作表标签名！单元格地址

例如，输入公式：“ =合并计算!B2”，表示“合并计算”工作表中的 B2 单元格数值。

(2) 引用同一个工作簿多张工作表的相同单元格或单元格区域。

在 Excel 公式中，可以直接引用同一个工作簿中多张工作表的相同单元格地址，其格式为：

第一个工作表标签名：最后一个工作表标签名！单元格地址

例如，要想引用同一个工作簿中“2009 年”到“2014 年”工作表里所有 B5 单元格的数据之和，可以输入公式“ =SUM (2009 年:2014 年!B5)”，通过该公式，五个工作表中 B5 单元格的内容全部被引用。

(3) 不同工作簿之间的数据引用。

在 Excel 公式中，可以直接引用其他工作簿中某个工作表的单元格地址，其格式为：

［工作簿名称］工作表标签名！单元格地址

例如，在 Book1 工作簿的 Sheet1 工作表 A2 单元格输入公式：“ = ［Book2］Sheet2！A1 * 100”，表示将另一个工作簿 Book2 的工作表 Sheet2 中的 A1 单元格数值与 100 相乘。

实例 1：如图 1 – 28 所示，单元格区域 A1:E12 存放某商场的销售情况，现在需要计算每一个销售员的销售提成，并保存在 F 列中，提成率保存在 B14 单元格中。

	A	B	C	D	E	F
1	商场销售情况统计表					
2	员工姓名	销售商品	销售单价	销售数量	销售金额	销售提成
3	朱祖兰	商品01	¥128	303	¥38,784	
4	张晓军	商品02	¥256	351	¥89,856	
5	黄爱玲	商品03	¥98	272	¥26,656	
6	黄睿	商品04	¥102	242	¥24,684	
7	谢愉萱	商品05	¥195	158	¥30,810	
8	李乐	商品06	¥85	209	¥17,765	
9	罗薇	商品07	¥312	206	¥64,272	
10	刘柳儿	商品08	¥236	395	¥93,220	
11	徐华联	商品09	¥109	235	¥25,615	
12	马丽芸	商品10	¥159	357	¥56,763	
13						
14	提成率：	3.20%				

图 1 – 28

问题分析：对于每一个员工，提成率是相同的，均为 B14 单元格存放的数值，因此该单元格最好采用绝对引用的方式，而不是直接输入数值 3.20%。否则，修改的时候需要修改所有单元格。

具体操作步骤如下：

（1）选中 F3 单元格。

（2）在 F3 单元格中输入公式“=E3 * B14”，得出第一个销售员的销售提成，如图 1-29 所示。

销售单价	销售数量	销售金额	销售提成
¥128	303	¥38,784	=E3*B14
¥256	351	¥89,856	
¥98	272	¥26,656	
¥102	242	¥24,684	
¥195	158	¥30,810	
¥85	209	¥17,765	

图 1-29

（3）将 F3 单元格中对 B14 单元格的引用方式改成绝对引用。选中 F3 单元格，在公式编辑栏的公式中选中 B14 单元格，然后按 F4 键不断切换，使之转换成绝对引用方式，如图 1-30 所示。

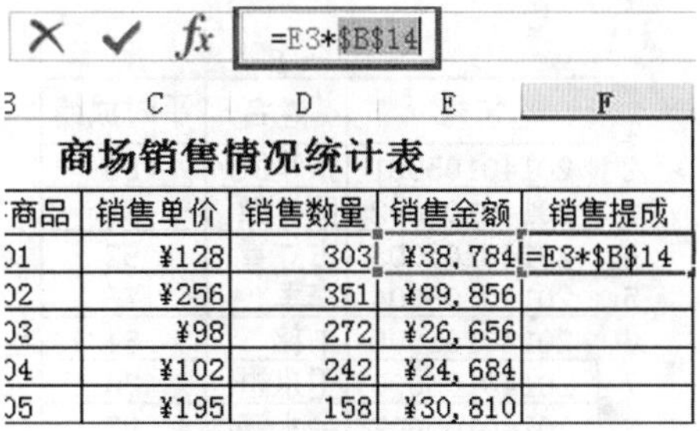

fx =E3*$B$14

商场销售情况统计表

B	C	D	E	F
商品	销售单价	销售数量	销售金额	销售提成
01	¥128	303	¥38,784	=E3*$B$14
02	¥256	351	¥89,856	
03	¥98	272	¥26,656	
04	¥102	242	¥24,684	
05	¥195	158	¥30,810	

图 1-30

（4）选中 F4 单元格，鼠标移动至单元格右下角，当变成十字符号时往下拖动至 F12 单元格，利用 Excel 的自动填充功能计算出其他销售员的销售提成，如图 1-31 所示。

F9 =E9*$B$14

	A	B	C	D	E	F
1	商场销售情况统计表					
2	员工姓名	销售商品	销售单价	销售数量	销售金额	销售提成
3	朱祖兰	商品01	¥128	303	¥38,784	¥1,241.09
4	张晓军	商品02	¥256	351	¥89,856	¥2,875.39
5	黄爱玲	商品03	¥98	272	¥26,656	¥852.99
6	黄睿	商品04	¥102	242	¥24,684	¥789.89
7	谢愉萱	商品05	¥195	158	¥30,810	¥985.92
8	李乐	商品06	¥85	209	¥17,765	¥568.48
9	罗薇	商品07	¥312	206	¥64,272	¥2,056.70
10	刘柳儿	商品08	¥236	395	¥93,220	¥2,983.04
11	徐华联	商品09	¥109	235	¥25,615	¥819.68
12	马丽芸	商品10	¥159	357	¥56,763	¥1,816.42
13						
14	提成率：	3.20%				

图1－31

实例2：高校学生选修课程的最终成绩往往由两部分组成：平时成绩＋考试成绩。对于“大学计算机基础”课程，考试成绩可能又包括笔试成绩和机试成绩两部分。平时成绩存放在工作表“平时成绩”中，考试成绩存放在“考试成绩”工作表中，笔试成绩占60%，机试成绩占40%，见图1－32和图1－33。

	A	B	C
1	学号	姓名	平时成绩
2	20140105001	张晓武	85
3	20140105002	陈一菲	87
4	20140105003	古立萱	92
5	20140105004	李军	76
6	20140105005	朱铭	84
7	20140105006	王永进	76
8	20140105007	余水滴	87
9	20140105008	古蔻蔻	79
10	20140105009	刘鹏	86
11	20140105010	张子烨	75
12	20140105011	何亦琛	92
13	20140105012	周小红	88
14	20140105013	周敏	90
15	20140105014	黄爱玲	88
16	20140105015	孙海连	81
17	20140105016	吴小玉	86
18	20140105017	叶丽妮	75
19	20140105018	张振华	80
20	20140105019	彭一浩	90
21	20140105020	韦珠珠	84
22	20140105021	关迪	78
23	20140105022	李悦瑭	95

图1－32

学号	姓名	笔试成绩	机试成绩
20140105001	张晓武	89	91
20140105002	陈一菲	85	91
20140105003	古立萱	88	92
20140105004	李军	80	75
20140105005	朱铭	90	79
20140105006	王永进	89	92
20140105007	余水滴	77	96
20140105008	古蔻蔻	80	96
20140105009	刘鹏	98	87
20140105010	张子烨	88	92
20140105011	何亦琛	76	82
20140105012	周小红	93	79
20140105013	周敏	90	87
20140105014	黄爱玲	84	79
20140105015	孙海连	82	95
20140105016	吴小玉	85	97
20140105017	叶丽妮	82	89
20140105018	张振华	86	76
20140105019	彭一浩	80	95
20140105020	韦珠珠	79	96
20140105021	关迪	93	95
20140105022	李悦瑭	92	98

类别	笔试成绩	机试成绩
比例	60%	40%

图 1－33

最终成绩保存在“《大学计算机基础》学期成绩”工作表中，表中给出了学生的各类成绩所占比例，如图 1－34 所示。

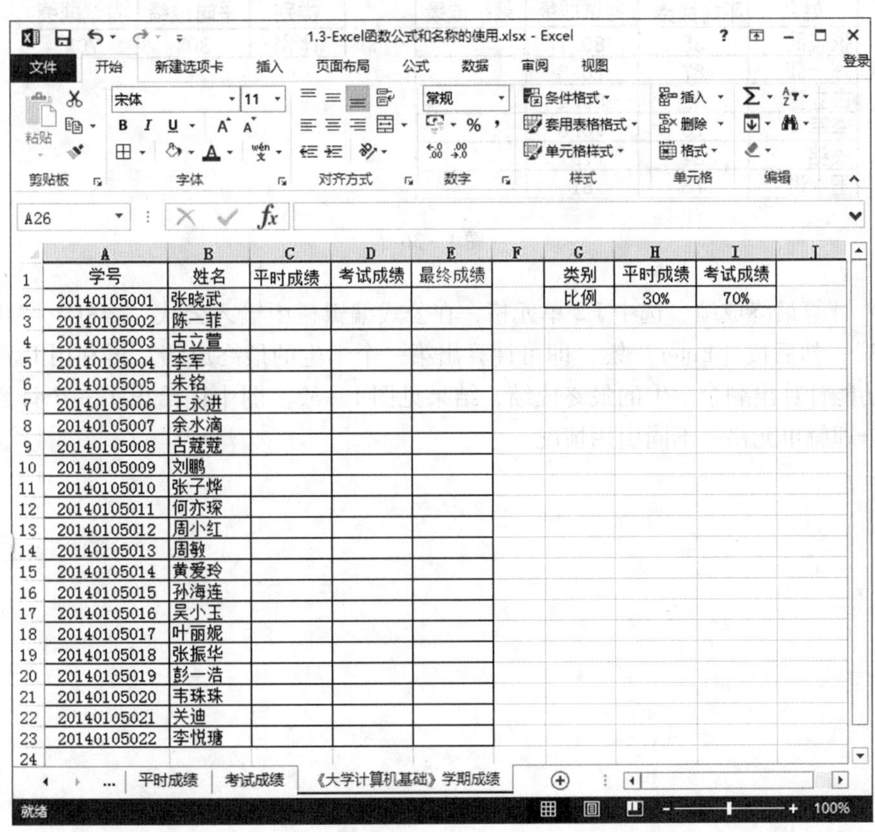

学号	姓名	平时成绩	考试成绩	最终成绩
20140105001	张晓武			
20140105002	陈一菲			
20140105003	古立萱			
20140105004	李军			
20140105005	朱铭			
20140105006	王永进			
20140105007	余水滴			
20140105008	古蔻蔻			
20140105009	刘鹏			
20140105010	张子烨			
20140105011	何亦琛			
20140105012	周小红			
20140105013	周敏			
20140105014	黄爱玲			
20140105015	孙海连			
20140105016	吴小玉			
20140105017	叶丽妮			
20140105018	张振华			
20140105019	彭一浩			
20140105020	韦珠珠			
20140105021	关迪			
20140105022	李悦瑭			

类别	平时成绩	考试成绩
比例	30%	70%

图 1－34

现在，需要计算出每个学生的最终成绩，具体操作如下：

（1）平时成绩。在“《大学计算机基础》学期成绩”工作表中，选中C2单元格，在公式编辑栏中输入公式“=平时成绩！$C2”，如图1-35所示。并利用Excel的自动填充功能填充C3:C23单元格区域。

=平时成绩!$C2

B	C	D	E
姓名	平时成绩	考试成绩	最终成绩
张晓武	85		
陈一菲			
古立萱			
李军			

图1-35

（2）考试成绩。选中D2单元格，在公式编辑栏中输入公式“=考试成绩!$C2＊考试成绩!$G$2+考试成绩!$D2＊考试成绩!$H$2”，按［Enter］键即可计算出第一个学生的考试成绩，如图1-36所示，再利用Excel的自动填充功能填充D3:D23单元格区域。

=考试成绩!$C2*考试成绩!$G$2+考试成绩!$D2*考试成绩!$H$2

B	C	D	E	F	G	H	I
姓名	平时成绩	考试成绩	最终成绩		类别	平时成绩	考试成绩
张晓武	85	80.7			比例	30%	70%
陈一菲	87	78.3					
古立萱	92	80.4					
李军	76	70.5					
朱铭	84	77.7					
王永进	76	81					

图1-36

（3）计算最终成绩。选中E2单元格，在公式编辑栏中输入公式“=$C2＊$H$2+$D2＊$I$2”，然后按［Enter］键，即可计算出第一个学生的最终成绩，再利用Excel的自动填充功能计算出剩余学生的最终成绩，结果见图1-37。图中还给出了三个计算公式，可以充分理解单元格的不同引用情况。

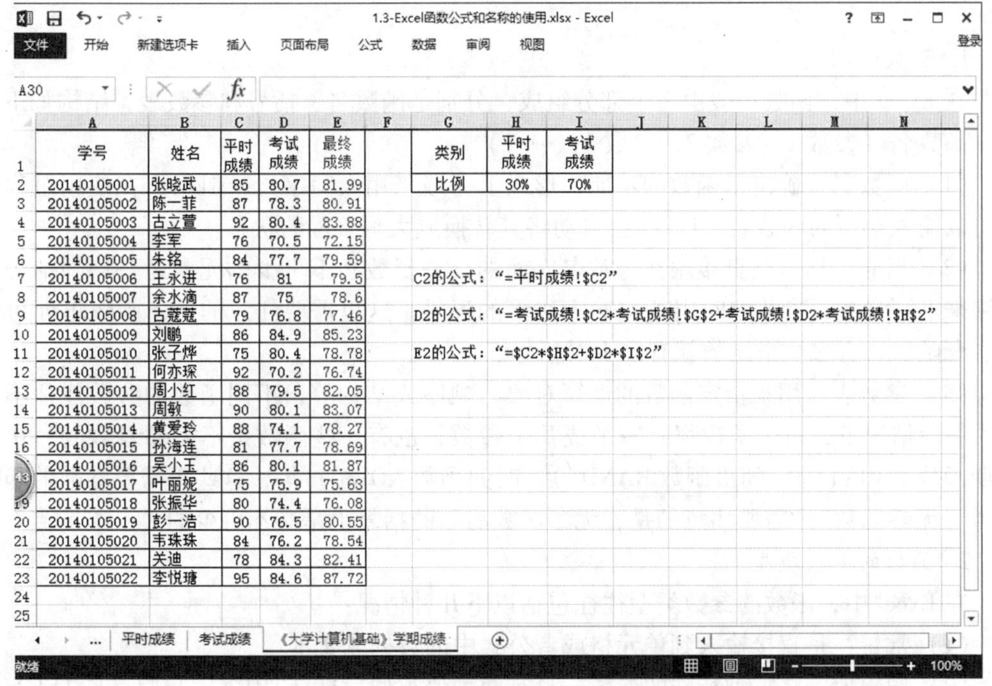

	A	B	C	D	E	F	G	H	I
1	学号	姓名	平时成绩	考试成绩	最终成绩		类别	平时成绩	考试成绩
2	20140105001	张晓武	85	80.7	81.99		比例	30%	70%
3	20140105002	陈一菲	87	78.3	80.91				
4	20140105003	古立萱	92	80.4	83.88				
5	20140105004	李军	76	70.5	72.15				
6	20140105005	朱铭	84	77.7	79.59				
7	20140105006	王永进	76	81	79.5		C2的公式："=平时成绩!$C2"		
8	20140105007	余水滴	87	75	78.6				
9	20140105008	古蔻蔻	79	76.8	77.46		D2的公式："=考试成绩!$C2*考试成绩!$G$2+考试成绩!$D2*考试成绩!$H$2"		
10	20140105009	刘鹏	86	84.9	85.23				
11	20140105010	张子烨	75	80.4	78.78		E2的公式："=$C2*$H$2+$D2*$I$2"		
12	20140105011	何亦琛	92	70.2	76.74				
13	20140105012	周小红	88	79.5	82.05				
14	20140105013	周敏	90	80.1	83.07				
15	20140105014	黄爱玲	88	74.1	78.27				
16	20140105015	孙海连	81	77.7	78.69				
17	20140105016	吴小玉	86	80.1	81.87				
18	20140105017	叶丽妮	75	75.9	75.63				
19	20140105018	张振华	80	74.4	76.08				
20	20140105019	彭一浩	90	76.5	80.55				
21	20140105020	韦珠珠	84	76.2	78.54				
22	20140105021	关迪	78	84.3	82.41				
23	20140105022	李悦瑭	95	84.6	87.72				

图 1－37

1.2.4　Excel 函数基础知识

Excel 2013 提供了很多函数供用户使用，包括常用函数、财务、日期与时间、数学与三角函数、统计、查找与引用、数据库、文本、工程、逻辑等函数，见图 1－38。利用这些函数，用户可以进行较复杂的数据统计分析，可以完成各种复杂的计算，下面将介绍函数的结构、参数类型、如何插入函数等内容。

图 1－38

1. 函数的结构

在 Excel 中，函数一般由三个部分组成，分别是函数名、括号和参数表，结构如下：

函数名（参数 1，参数 2，参数 3，……）

（1）函数名：确定了函数的功能，形式上一般采用大写字母，但用户在使用过程中也可以输入小写的函数名，Excel 会自动将其转换成大写字母的状态。

（2）括号：括号是直接跟在函数名后面的，是函数必不可少的元素之一；圆括号里面用来书写参数，参数之间用英文输入法下的逗号。这里需要注意的是，函数里面可以再嵌套函数，有多少个函数就有多少对括号。

（3）参数表：用来指定函数的运算对象、顺序或结构等，不同函数的参数往往不相同。一般情况下，每个函数都有一个或几个参数，也有一些函数是不需要参数的。比如日期函数 TODAY( )、随机函数 RAND( )、时间函数 NOW( ) 等，这些不需要参数的函数称为“无参函数”。需要注意的是，无参函数后面的括号也是必不可少的。

2. 函数的参数类型

在 Excel 中，函数的参数类型往往包括以下几种情况：

（1）常量：是直接输入到单元格或者公式中的数据或文本。

（2）逻辑值：是一种特殊的参数，只有两种值类型：真（TRUE）和假（FALSE）。

（3）数组：包括常量数组和单元格区域数组两类。比如 A1:A5 就是一个单元格区域数组。

（4）单元格引用：这是函数中最常使用的引用方式之一，前面章节已经介绍过，这里不再做详细说明。

（5）名称：为了更加直观地标识单元格或单元格区域，也可以为其赋予一个名称，从而在函数中直接以名称的形式来使用。

3. 函数的调用与嵌套

在公式或者表达式中往往要应用函数，这就是所谓的函数调用，主要有三种情况：

（1）在公式中直接调用，比如：“=SUM(B2:B12)”。

（2）在表达式中调用，比如：“=C5+SUM(A1+A4)”。

（3）函数的嵌套调用，如“=IF(RIGHT（B6,A）=“1”，“男”，“女”)，在该公式中使用了 IF 函数，IF 函数里面又调用了 RIGHT（）函数。

4. 直接插入函数

由于 Excel 自带了大量的函数，并且不同函数其参数也不相同，为了准确地使用函数进行数据计算，可以利用“插入函数”的功能，具体操作如下：

（1）选中一个单元格，比如 I15，切换到“公式”选项卡，在“函数库”组中单击“插入函数”按钮，将弹出如图 1-39 所示的对话框。

（2）在“插入函数”对话框中，选择类别“统计”，在统计组中的函数列表中选择“AVERAGE”函数，如图 1-39 所示。

插入函数
搜索函数(S):
请输入一条简短说明来描述您想做什么，然后单击"转到"
转到(G)
或选择类别(C): 统计
选择函数(N):
AVEDEV
AVERAGE
AVERAGEA
AVERAGEIF
AVERAGEIFS
BETA.DIST
BETA.INV
AVERAGE(number1,number2,...)
返回其参数的算术平均值；参数可以是数值或包含数值的名称、数组或引用
有关该函数的帮助
确定
取消

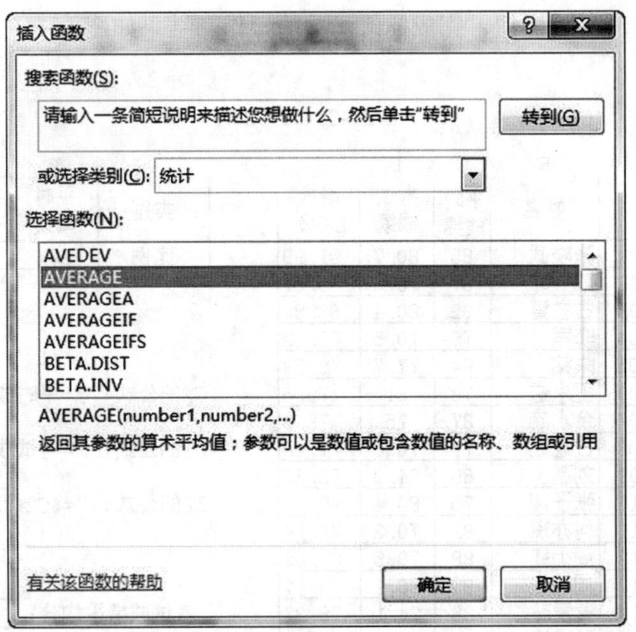

图 1－39

（3）然后单击"确定"按钮，将出现"函数参数"设置对话框，将第一个参数设置为 D2:D23，如图 1－40 所示。

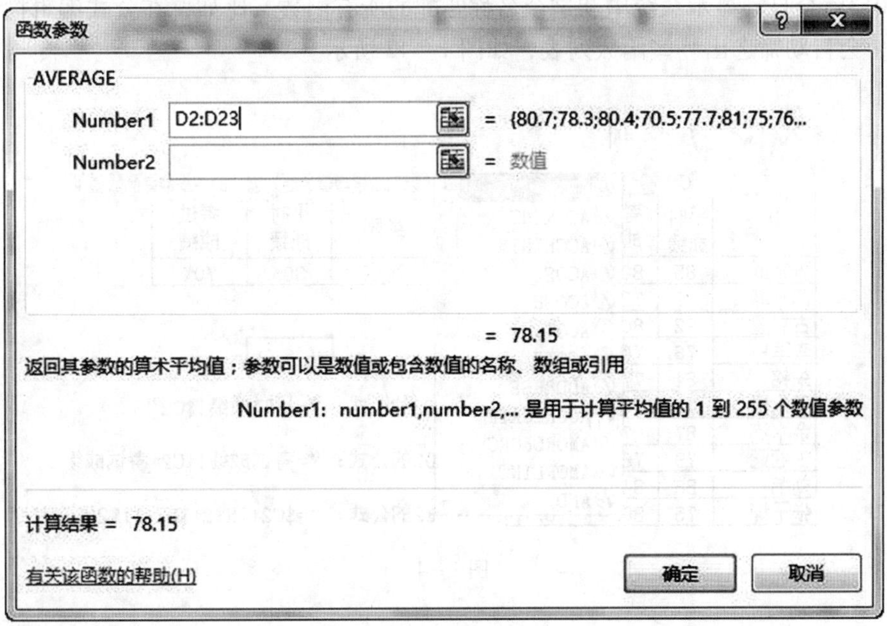

函数参数
AVERAGE
Number1 D2:D23 = {80.7;78.3;80.4;70.5;77.7;81;75;76...
Number2 = 数值
= 78.15
返回其参数的算术平均值；参数可以是数值或包含数值的名称、数组或引用
Number1: number1,number2,... 是用于计算平均值的 1 到 255 个数值参数
计算结果 = 78.15
有关该函数的帮助(H)
确定
取消

图 1－40

（4）单击“确定”按钮，完成插入函数的操作，结果如图 1－41 所示。

I15 =AVERAGE(D2:D23)

	A	B	C	D	E	F	G	H	I	J
1	学号	姓名	平时成绩	考试成绩	最终成绩		类别	平时成绩	考试成绩	
2	20140105001	张晓武	85	80.7	81.99		比例	30%	70%	
3	20140105002	陈一菲	87	78.3	80.91					
4	20140105003	古立萱	92	80.4	83.88					
5	20140105004	李军	76	70.5	72.15					
6	20140105005	朱铭	84	77.7	79.59					
7	20140105006	王永进	76	81	79.5		C2的公式：“=平时成绩!$C2”			
8	20140105007	余水滴	87	75	78.6					
9	20140105008	古蔻蔻	79	76.8	77.46		D2的公式：“=考试成绩!$C2*考试成绩			
10	20140105009	刘鹏	86	84.9	85.23					
11	20140105010	张子烨	75	80.4	78.78		E2的公式：“=$C2*$H$2+$D2*$I$2”			
12	20140105011	何亦琛	92	70.2	76.74					
13	20140105012	周小红	88	79.5	82.05					
14	20140105013	周敏	90	80.1	83.07					
15	20140105014	黄爱玲	88	74.1	78.27		考试成绩平均分：		78.15	
16	20140105015	孙海连	81	77.7	78.69					

图 1－41

如果用户对函数比较熟悉，则可以通过直接输入函数名称的方式来进行函数计算。在 Excel 2013 中，提供了函数名称提示的功能。用户只要输入函数名称的部分内容，Excel 2013就会自动显示系统中和这个名称匹配的所有函数。比如，在公式编辑栏中输入“＝A”，会自动筛选出一些函数列表，如图 1－42 所示。

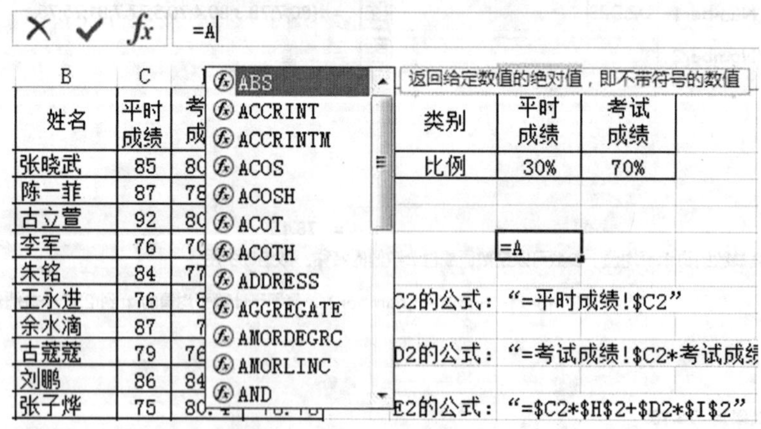

图 1－42

第 2 章　Excel 的图表分析

本章通过各种实例对 Excel 基本图表和交互式图表进行了详尽的讲解。首先介绍了图表是将工作表中的数据直观地表现出来的一种图形化方式，Excel 提供了多种内置的图表类型，如柱形图、折线图、散点图等，并通过典型实例讲解了创建和修改这些基本图表的具体操作。当基本图表不能满足实际应用需求时，用户还可以绘制更为复杂的图表或交互式图表。通过本章的学习，读者应该掌握如下内容：

（1）理解图表的基本含义，知道 Excel 2013 内置的图表类型和各自的应用范围。

（2）熟练掌握绘制基本图表的具体操作步骤，比如绘制柱形图、饼图、折线图等图表的制作过程，并能够根据图表分析数据。

（3）掌握常见的基本图表修饰方法。

（4）重点掌握绘制常见的交互式图表的基本步骤，以及 OFFSET 函数的使用，并能够根据实际应用恰到好处地使用 OFFSET 函数和设计合理的图表。

2. 1　Excel 中一般图表的绘制

利用图表来分析数据既便利又直观，图表已成为好的工作表中不可或缺的一部分。Excel 2013 提供了强大的图表功能，使用它可以根据工作表中的数据源创建图表。

所谓图表，是指以图形化的表示方式将工作表中的数据进行直观的表现。根据工作表中的数据内容创建图表，其基本目的在于能够直观地说明数据的意义，使图表更加有趣，易于阅读和评价，也可以帮助我们分析和比较数据。

在图表中，数据点一般用条形、柱形、线条、切片、点及其他形状表示，这些形状称作数据标示。创建好图表之后，可以通过对图表增加图表项，比如标题、图例、文字、网格线、趋势线及误差线等来修饰图表以强调某些信息。大部分图表项均可被移动或调整大小，也可以用颜色、对齐、图案、字体及其他格式属性来设置这些图表项的格式。

2. 1. 1　Excel 基本图表

Excel 2013 中提供了 10 种内置的图表类型，其中一些图表类型还有子图表类型。不同类型的图表有着不同的用户，可以使用户更加直观、不同角度地观察数据。图表的基本结构如图 2 –1 所示，描述如下：

（1）图表区：是一张图表的整个区域。

（2）绘图区：在图表区中由坐标轴围成的区域。

（3）直条、线条、圆点、扇面等就是数据（系列）标志，由若干数据坐标点组成一个数据系列，在一个绘图区可以采用多个数据系列绘制图形。

（4）坐标轴一般有纵、横两个轴。横轴也叫 X 轴，一般为分类轴，但 XY 散点图中的 X 轴又是数值轴；纵轴也叫 Y 轴。在三维图表中，比如三维柱形图，还有第三个轴

(Z轴)。饼图、圆环图没有坐标轴。坐标轴上有刻度线，刻度线对应的数字叫刻度线标签。坐标轴旁有轴标题。

(5) 图表标题一般位于绘图区的下方或上方，用来说明图表的内容，标题的内容要与图的内容吻合，简明扼要。

(6) 图例是为了标明图表中的数据系列。如果采用了不同的颜色和图案说明不同的事物，就需要采用图例说明，图例可根据图表的情况放在恰当的位置。

下面通过实例来说明几种常用图表的应用和特点。

柱形图常用于描述一段时间内数据的变化或显示各项数据之间的比较情况，也可以同时描述不同时期、不同类别数据的变化和差异。三维柱形图用于比较三个坐标轴上相交于类别轴上和相交于系列轴上的数值大小，如图2－1所示。

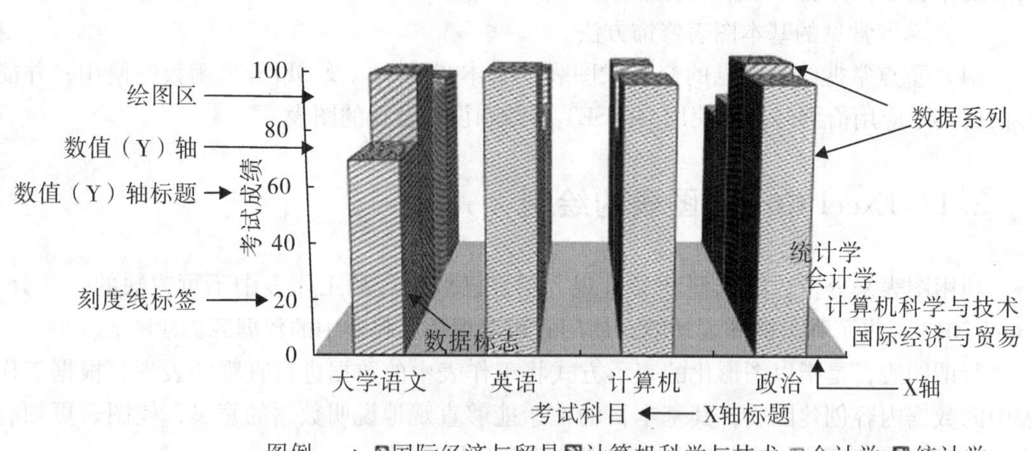

图2－1

饼图通常只能使用一组数据系列作为源数据，数据点数目也相对较少。饼图将一个圆划分为若干个扇形，每个扇形代表数据系列中的一个数据项，其大小用来表示相应数据项占该数据系列总和的比例值。所以饼图通常用来显示相对比例或对构成整体的贡献，如图2－2所示。

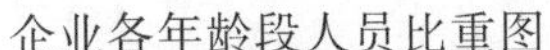

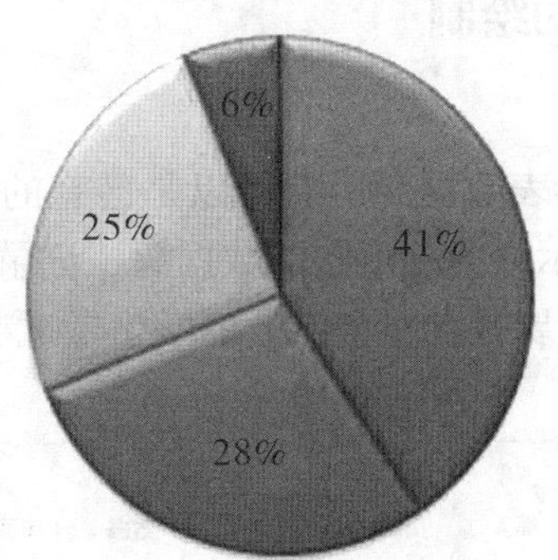

图 2－2

折线图是用直线段将各数据点连接起来而组成的图形，常用来描绘连续数据，适用于显示在相等时间间隔数据的变化趋势，也可用来分析多组数据随着时间变化的相互作用，如图 2－3 所示。

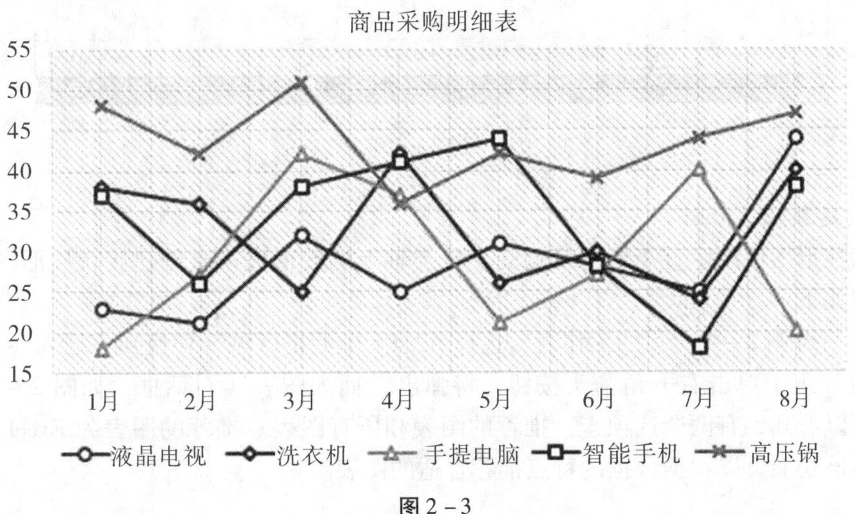

图 2－3

2.1.2　Excel 图表制作步骤

在创建图表之前，首先应对图表做一个简单的规划，根据需要生成图表的类型，把工作表中用来产生图表的数据进行适当的排列。在 Excel 中一般规定了分类轴和数据轴的概念，分类轴用于表示自变量，设为 X 轴，数据轴表示因变量，设为 Y 轴。创建任何形式的 Excel 图表都要先确定分类轴数据。为了实现较为复杂的数据分析，可以用数据轴同时反映多组数据。

制作 Excel 图表一般需要 4 个步骤：①确定数据源；②选择图表类型；③修饰图表；④指定图表存放位置。

注意：步骤①和步骤③可互换。

2.1.3 Excel 基本图表的绘制

一、柱形图的绘制

创建图表之前必须有一个图表数据源，它可以是已有的数据清单、工作表格中的数据或者外部数据。如图 2－4 所示即为柱形图的数据源，记录了四个专业的学生四门课程期末考试的平均成绩。本实例主要是针对各专业的学生考试成绩平均分进行统计分析。

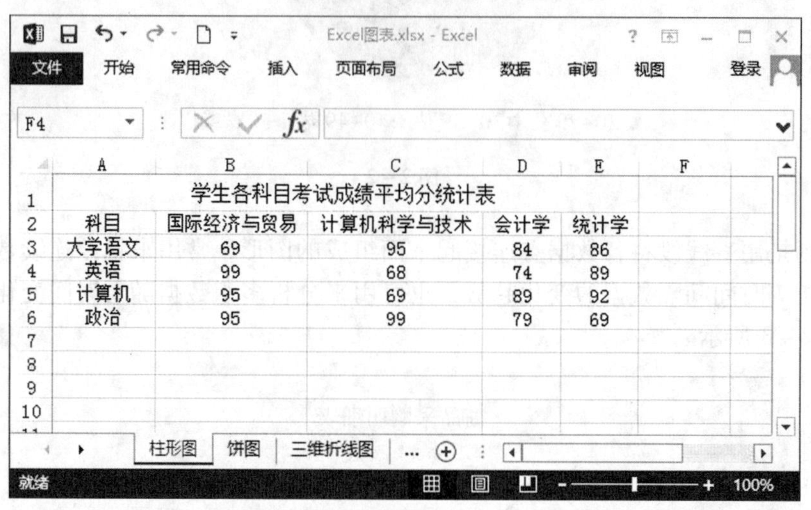

科目	国际经济与贸易	计算机科学与技术	会计学	统计学
大学语文	69	95	84	86
英语	99	68	74	89
计算机	95	69	89	92
政治	95	99	79	69

图 2－4

1. 创建簇状柱形图

簇状柱形图使用垂直矩形比较相交于分类轴上的数值大小。创建簇状柱形图的具体操作步骤如下：

（1）打开图 2－4 所示的工作表，选择 A2：E6 单元格区域，切换到“插入”选项卡，在“图表”组中单击右下角箭头按钮，将弹出“插入图表”对话框，如图 2－5 所示。从图中可以看到，有两个选项卡：推荐的图表和所有图表。推荐的图表为 Excel 2013 新增功能，该功能可以根据数据的特点推荐合适的图表。

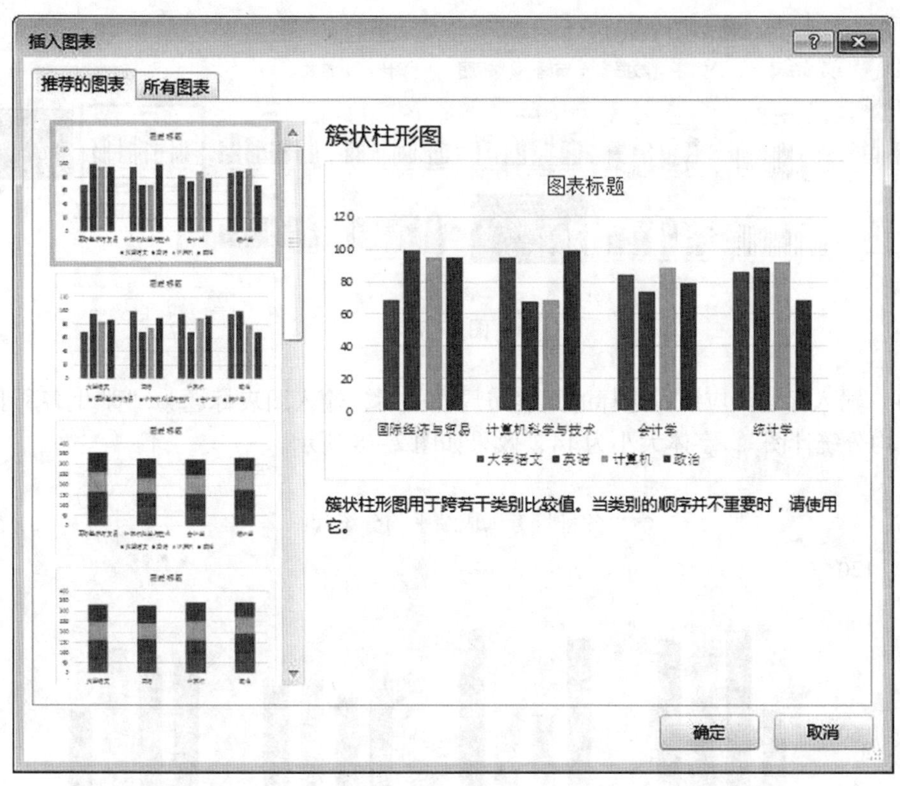

图 2-5

（2）创建图表效果。选中第一个推荐的二维柱形图，单击“确定”按钮，图 2-6 所示即为利用簇状柱形图创建的选定区域的图表效果。

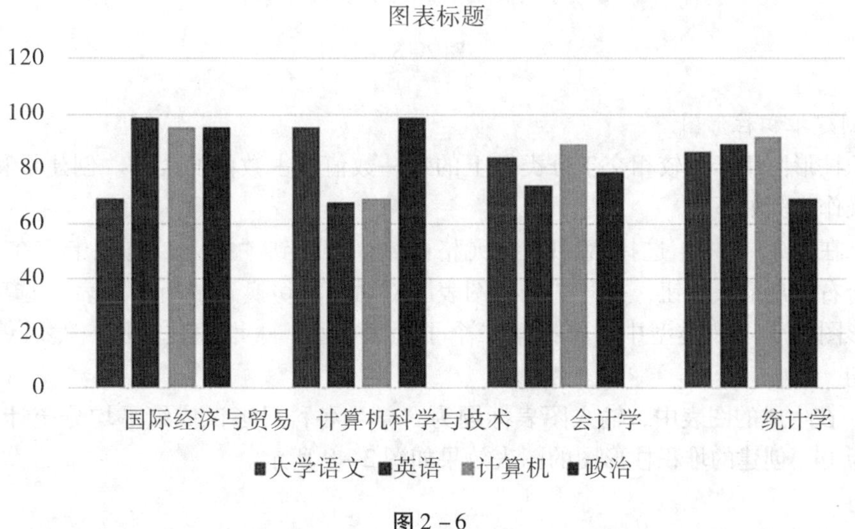

图 2-6

（3）选择图表布局。选中新创建的图表，在“图表工具—设计”选项卡下单击“图表样式”组中的快翻按钮，从展开的库中选择系统内置的“样式 7”，如图 2-7 所示。

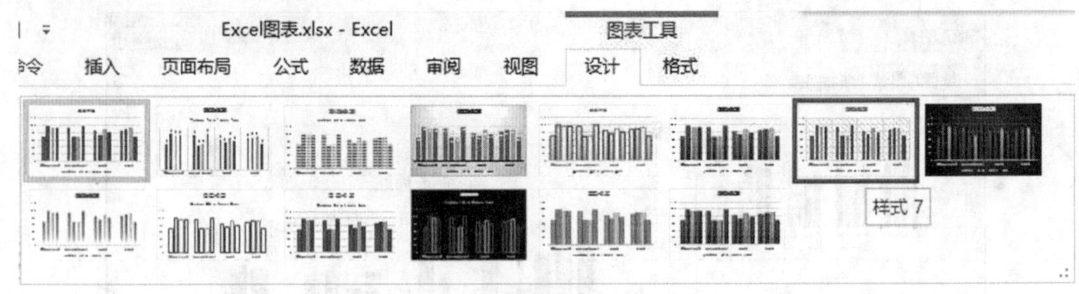

图 2－7

(4) 输入标题。应用所选择的图表布局样式后，输入图表标题为“学生各科目考试成绩平均分统计图”，字体大小为 14，效果如图 2－8 所示。

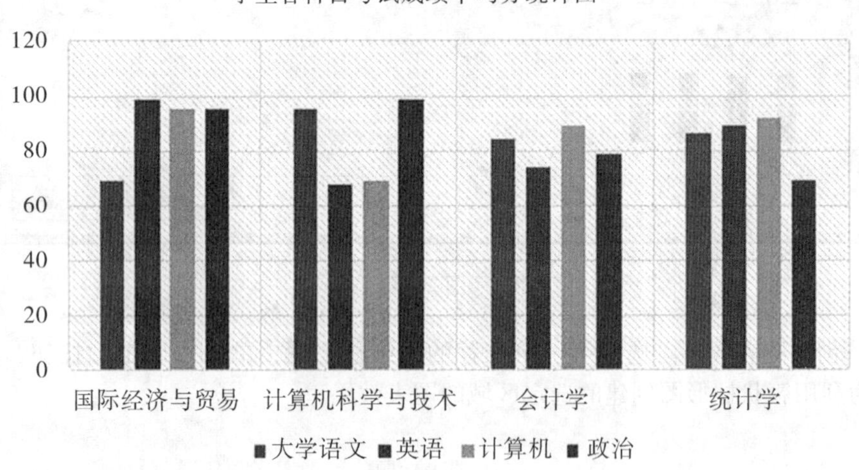

图 2－8

2. 创建堆积柱形图

堆积柱形图用于比较相交于分类轴上的每一数值所占数值的大小。创建堆积柱形图的具体操作步骤如下：

(1) 在图 2－4 中，选择 A2:E6 单元格区域，切换到“插入”选项卡，在“图表”组中单击右下角箭头按钮，打开“插入图表”对话框。切换到“所有图表”选项卡，在右侧柱形图的子图表类型中，选择第二个子图表类型——堆积柱形图，然后单击“确定”按钮。

(2) 在生成的图表中，输入图表标题为“学生各科目考试成绩平均分统计图”，字体大小为 14，创建的堆积柱形图的图表效果如图 2－9 所示。

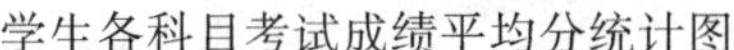

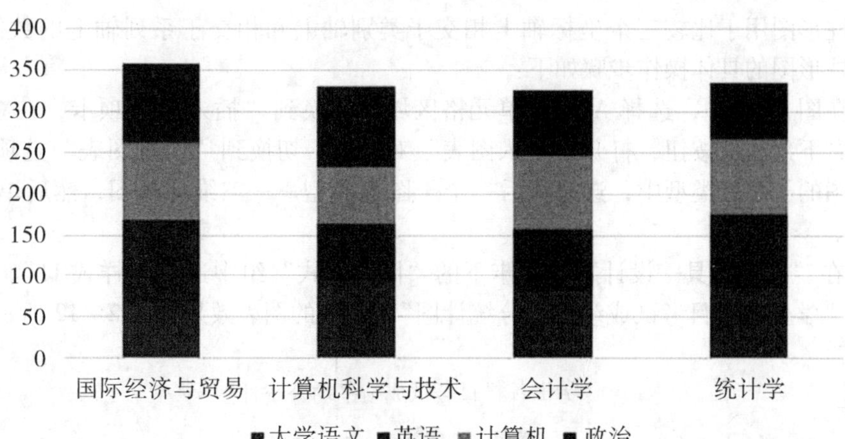

图 2 – 9

（3）选中图表，切换到“图表工具”选项卡，在“设计”功能区下的“图表样式”组中，选择“样式 5”，如图 2 – 10 所示。修饰后的最终图表见图 2 – 11。

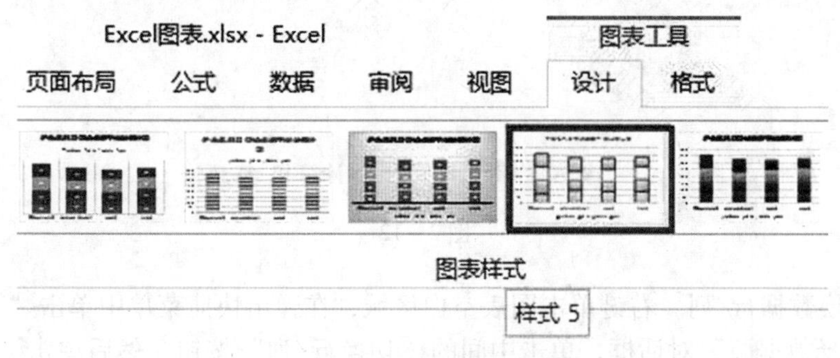

图 2 – 10

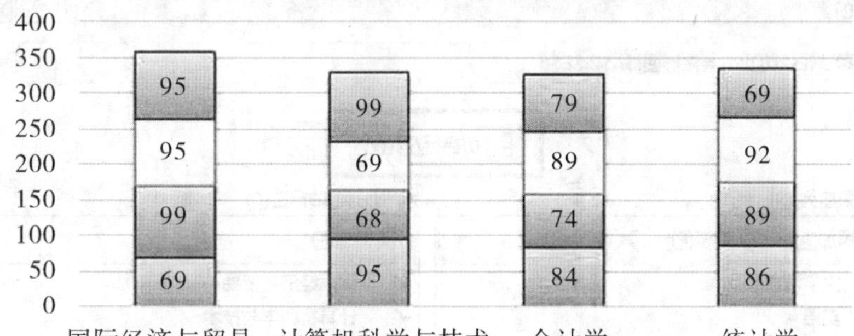

图 2 – 11

3. 创建三维柱形图

三维柱形图用于比较三个坐标轴上相交于类别轴上和相交于系列轴上的数值大小。创建三维柱形图的具体操作步骤如下：

（1）在图 2－4 中，选择 A2:E6 单元格区域，切换到“插入”选项卡，在“图表”组中单击右下角箭头按钮，打开“插入图表”对话框。切换到“所有图表”选项卡，在右侧柱形图的子图表类型中，选择最后一个子图表类型——三维柱形图，然后单击“确定”按钮。

（2）在“图表工具—设计”选项卡下的“图表样式”组中选择“样式 11”，输入图表标题为“学生各科目考试成绩平均分统计图”，创建的图表效果如图 2－12 所示。

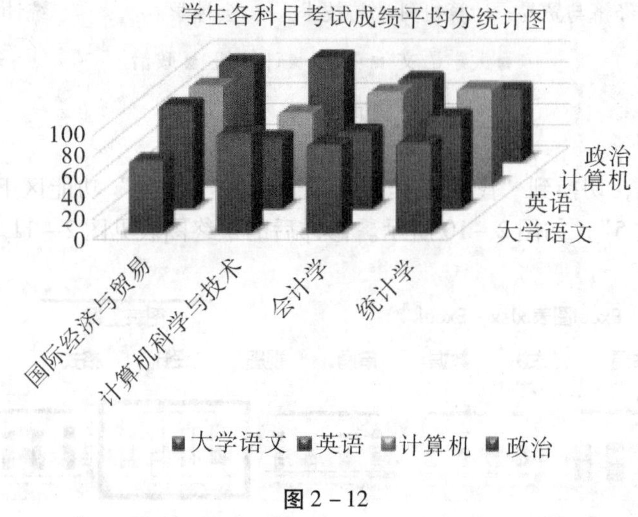

图 2－12

（3）切换数据行/列。右键单击图表空白区域，在弹出快捷菜单中单击“选择数据”，将弹出“选择数据源”对话框，单击中间的“切换行/列”按钮，然后单击“确定”，如图 2－13 所示。修饰后的最终图表见图 2－14。

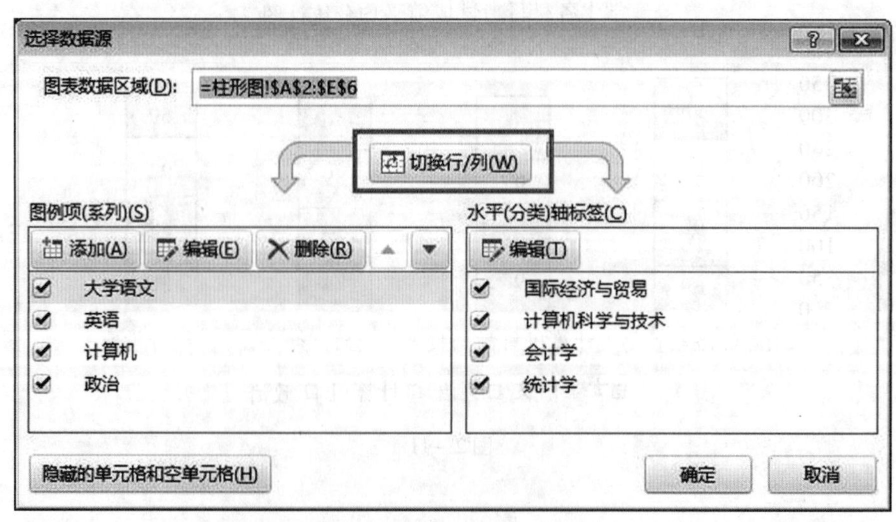

图 2－13

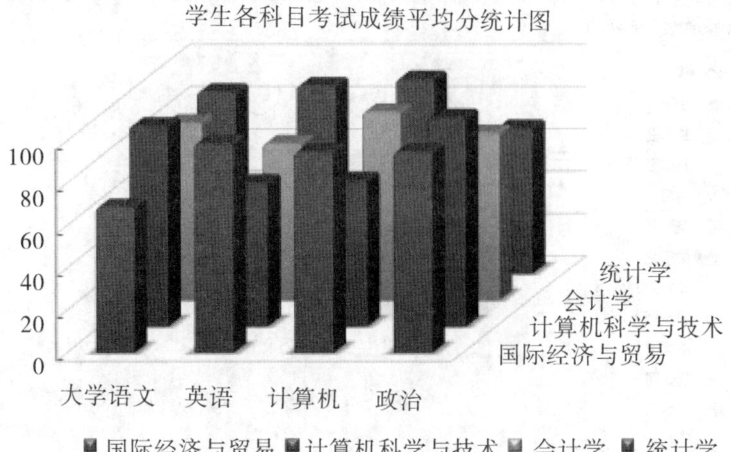

图2-14

二、饼图的绘制

某企业计划对所有员工的年龄进行分析，以确定该企业的年龄结构是否合理。由于本案例涉及的年龄段种类不多，所以选择使用饼图进行分析。饼图通常用来显示相对比例或对构成整体的贡献。通常，饼图使用的数据不应多于5个或6个数据点，如果数据点太多，饼图很难说明问题。绘制饼图的具体操作步骤如下：

(1) 新建一个工作簿，在工作表中输入年龄段和对应人数等数据，如图2-15所示。

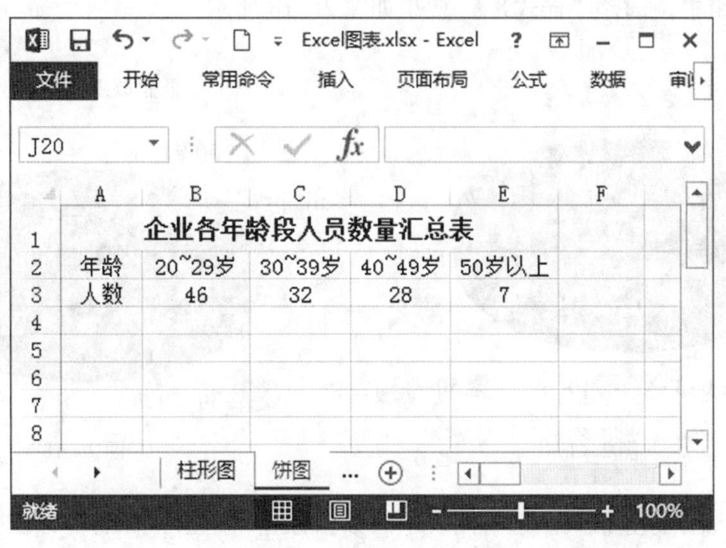

图2-15

(2) 选择A2:E3单元格区域，切换到“插入”选项卡，在“图表”组区域右下角的箭头按钮，将弹出“插入图表”对话框。切换到“所有图表”选项卡，左侧选择“饼图”，在右侧的子图表类型中选择第二个“三维饼图”，如图2-16所示。

图 2－16

（3）创建图表，图 2－17 所示即为创建选定区域的三维饼图效果。

（4）设置图表标题及更改图表样式。将图表标题更改为“企业员工年龄结构图”，并将图表标题字号设置为“11”，不加粗。选中图表，在“图表工具—设计”选项卡下的“图表样式”组中，选择“样式 8”，效果如图 2－18 所示。

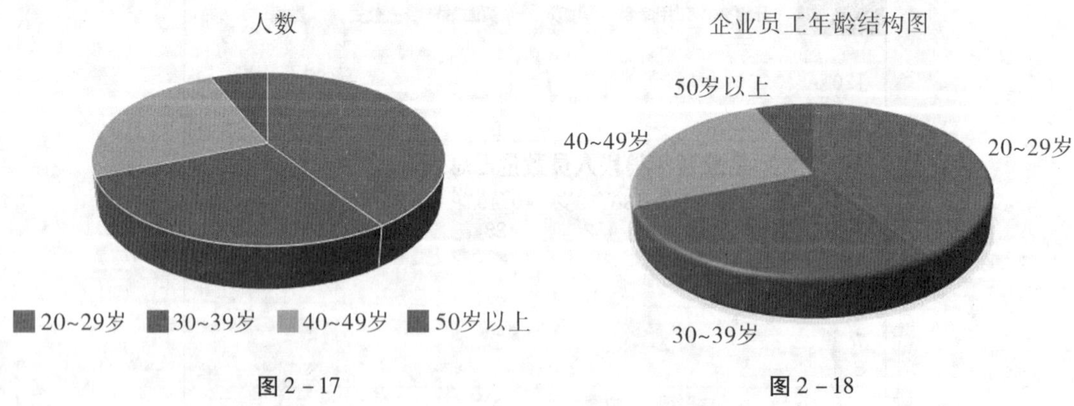

图 2－17　　图 2－18

（5）设置数据标签格式。选中图表中的数据标签，单击鼠标右键，在弹出的快捷菜单中单击“设置数据标签格式”菜单项，如图 2－19 所示。

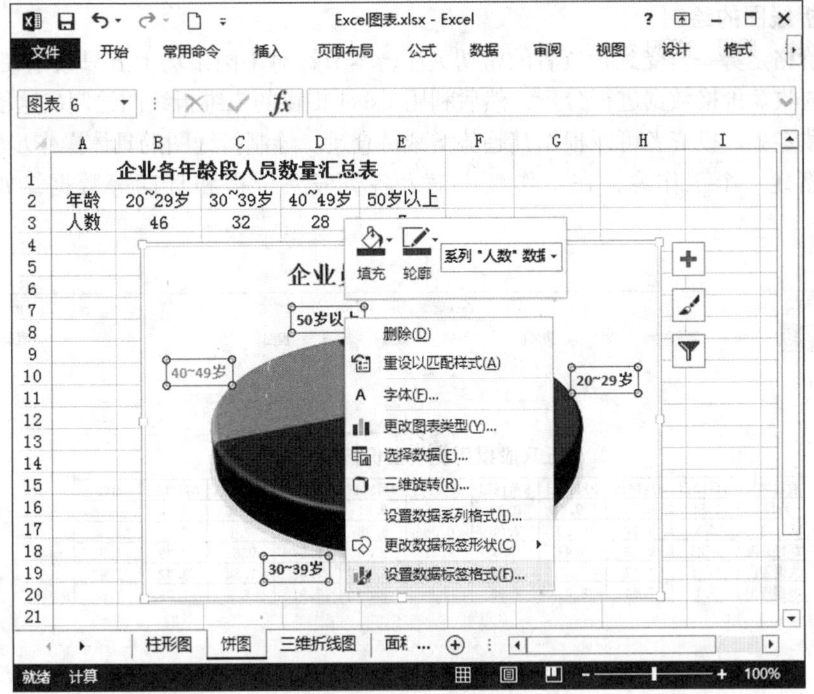

图 2－19

（6）单击“设置数据标签格式”菜单项后，右侧区域将出现“设置数据标签格式”对话框，同时选中“类别名称”和“百分比”复选框，左侧即时显示出图表效果，最终图表如 2－20 左侧图。

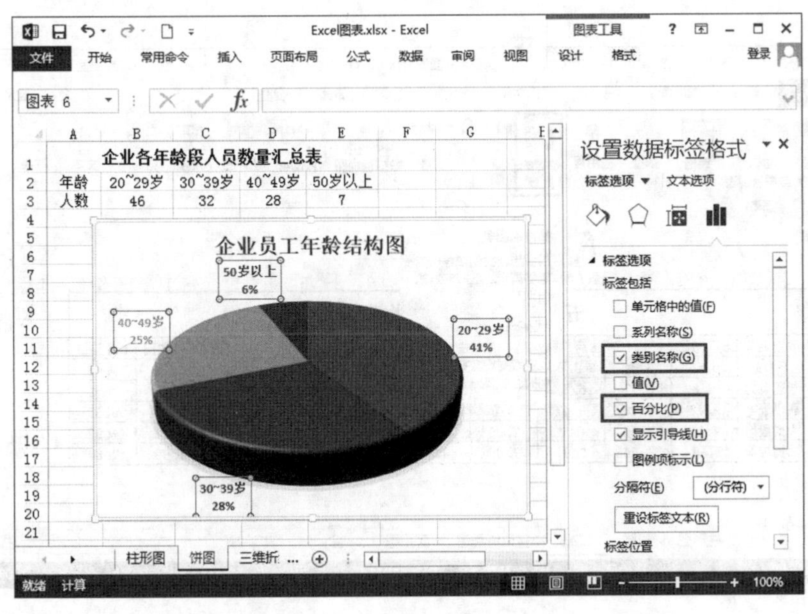

图 2－20

三、折线图的绘制

股票价格走势一直受到投资者的密切关注，本节针对中国市场上五只股票在 2014 年某个时间段的收盘价格数据进行分析，然后利用 Excel 提供的二维折线图绘制出这段时间内各股票的大致走势。投资者可以根据其趋势增减持仓量。绘制折线图的具体操作步骤如下：

（1）新建一个工作簿，在工作表中输入各类股票价格和日期等数据，如图 2－21 所示。

五只股票历史收盘价情况

股票名称	8月13日	8月14日	8月15日	8月18日	8月19日	8月20日	8月21日	8月22日	8月25日	8月26日
万科A	9.55	9.36	9.4	9.38	9.4	9.21	9.33	9.35	9.16	9.16
长江电力	6.8	6.77	6.88	7.05	6.98	6.98	7.03	7.1	7.1	7.4
联创光电	9.23	9.16	9.47	9.6	9.51	9.45	9.64	9.51	9.29	9.53
大港股份	7.11	7.17	7.2	7.26	7.45	7.41	7.66	7.84	8.32	7.92
浙富控股	7.5	7.64	8.01	7.96	7.9	8.06	7.91	7.8	7.99	7.84

图 2－21

（2）选中 A2:K7 单元格区域，切换到“插入”选项卡，在“图表”组中点击“推荐的图表”按钮，如图 2－22 所示。

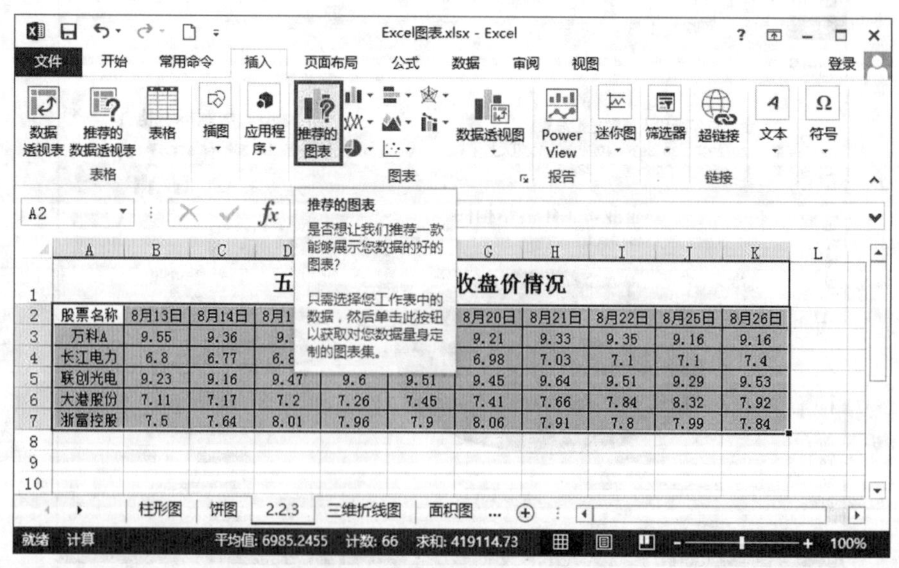

图 2－22

（3）点击“推荐的图表”按钮后，将弹出“插入图表”对话框，Excel 2013 基于本例的股票数据默认推荐的图表是折线图，如图 2－23 所示。单击“确定”按钮，创建的图表如图 2－24。

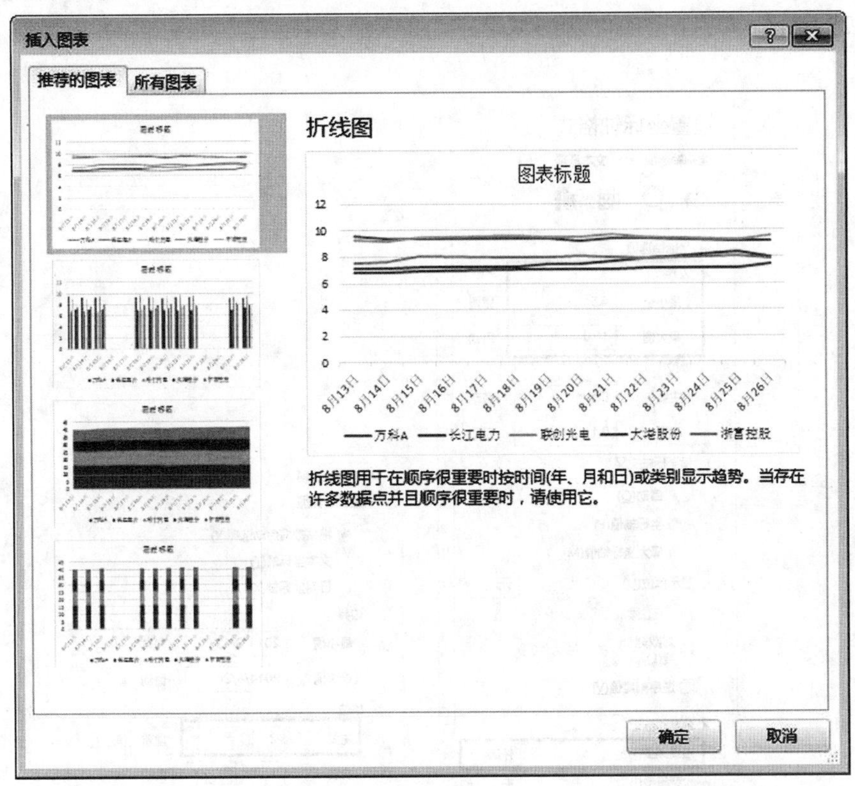

图 2－23

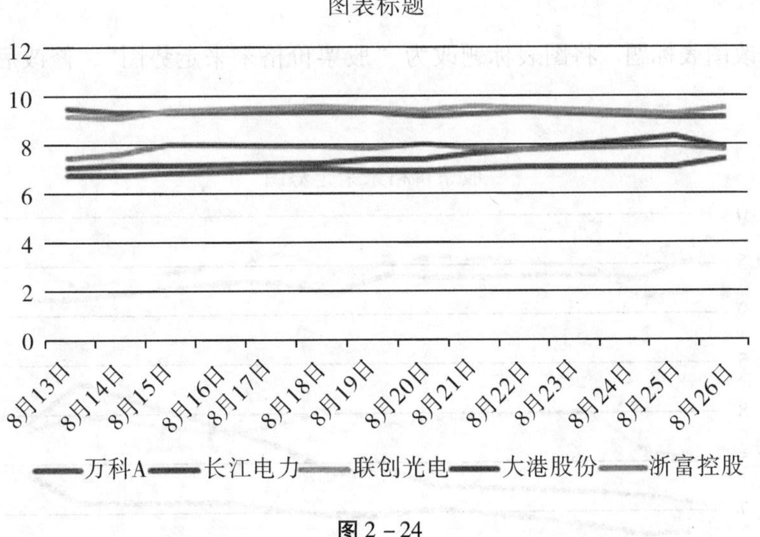

图 2－24

(4) 设置坐标轴边界。在新创建的图表中，选中纵坐标轴，单击鼠标右键，在弹出的快捷菜单中单击“设置坐标轴格式”。窗口右侧将显示“设置坐标轴格式”的对话框，在

“边界”设置中的最小值输入框中输入6.5，在最大值输入框中输入10.0，然后按［Enter］键，展开下面的“刻度线标记”选项，将“主要类型”设为“外部”。选中横坐标轴，右侧将出现对应的横坐标的选项设置，将“单位”下面的“主要”从默认的1天修改为2天，如图2－25所示。

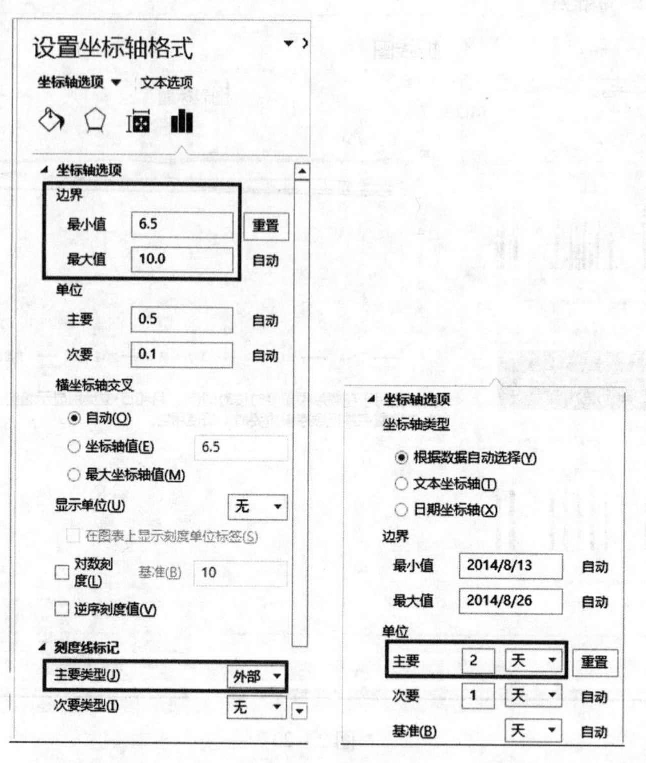

图2－25

（5）修改图表标题。将图表标题改为“股票价格未来走势图”，修改后的图表如图2－26所示。

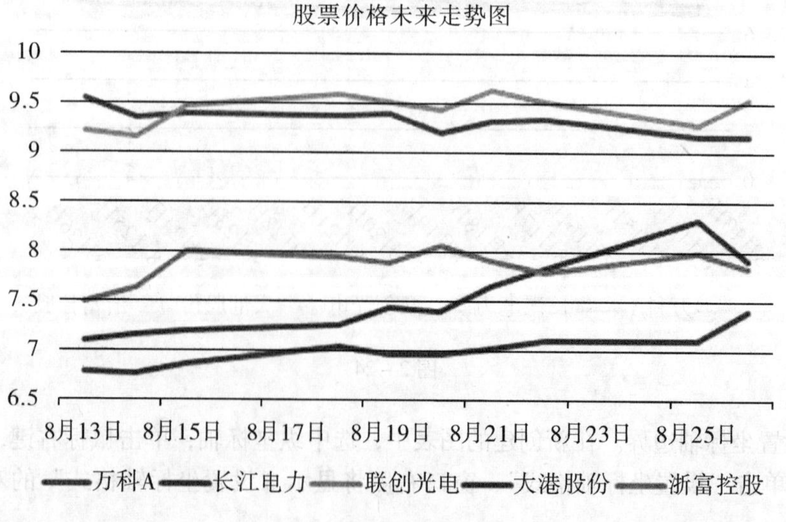

图2－26

（6）修改图表样式。选中图表，在“图表工具—设计”选项卡的“图表样式”组中，选择“样式 2”，最终效果如图 2－27 所示。

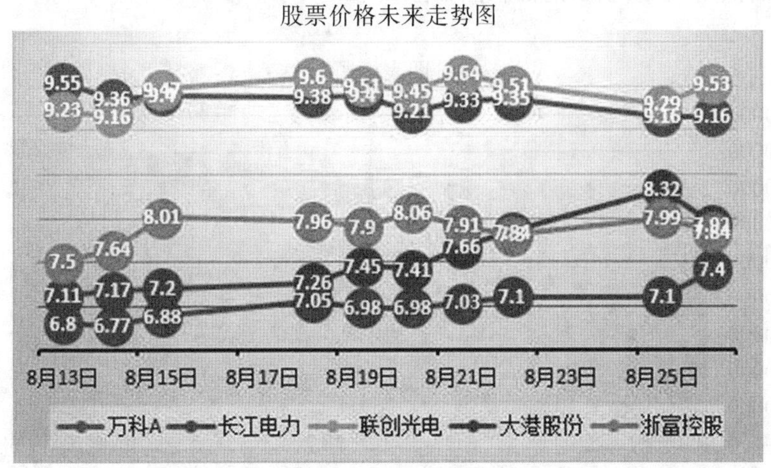

图 2－27

四、面积图的绘制

排列在工作表中的数据可以绘制到面积图中。面积图强调数量随时间而变化的程度，适用于显示有限数量的若干组数据。这里使用某商场男装、女装和童装在 2013 年四个季度的销售额作为源数据，如图 2－28 所示。

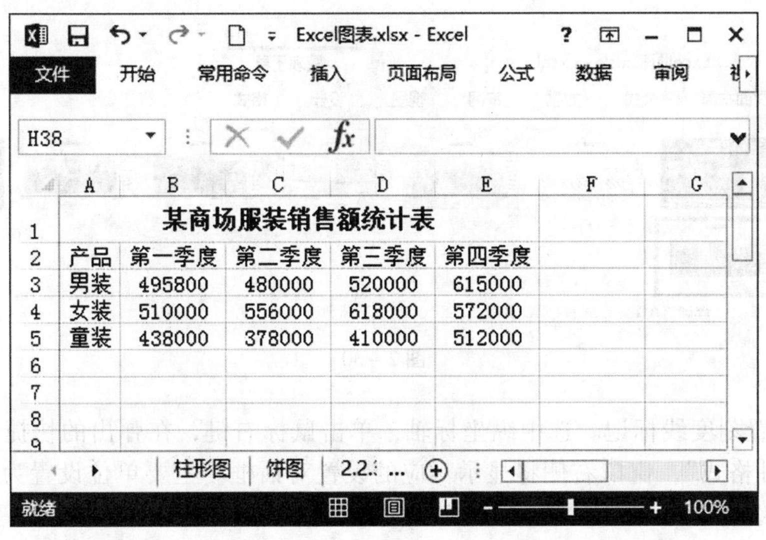

某商场服装销售额统计表

产品	第一季度	第二季度	第三季度	第四季度
男装	495800	480000	520000	615000
女装	510000	556000	618000	572000
童装	438000	378000	410000	512000

图 2－28

本案例使用“堆积面积图”来显示每种服装的销售额所占比重并随时间变化的趋势。绘制面积图的基本操作步骤如下：

（1）单击图 2－28 所示数据清单中的任一数据单元格，切换到“插入”选项卡，单击“图表”组中右下角的箭头按钮“ ”，将弹出“插入图表”对话框，切换到“所有图表”选项卡，左侧窗口中选择“面积图”，右侧的子图表类型中选择第二种子图表类型“堆积面积图”，绘制出的面积图如图 2－29 所示。

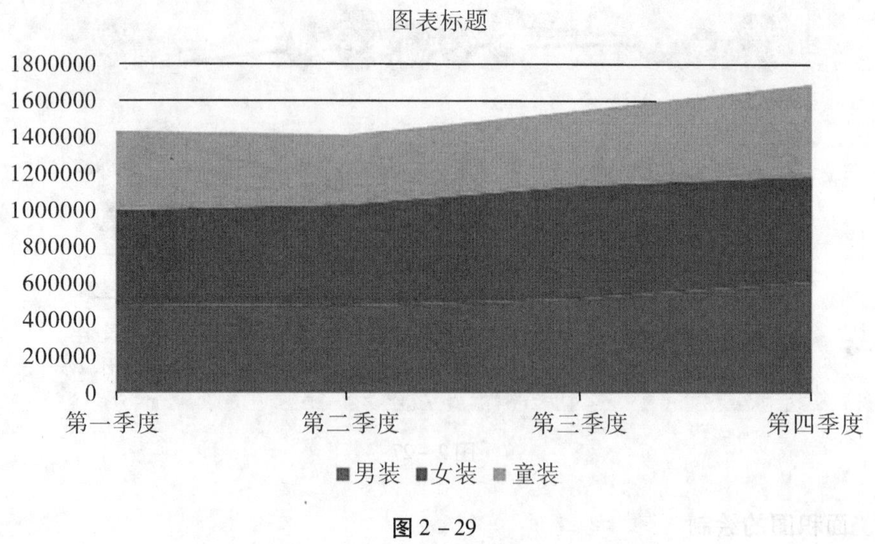

图 2－29

（2）输入并设置图表标题。将图表标题修改为“商场三类服装销售额面积图”。

（3）修改图表样式。选中图表，在“图表工具—设计”选项卡的“图表样式”组中，选择“样式 10”，如图 2－30 所示。

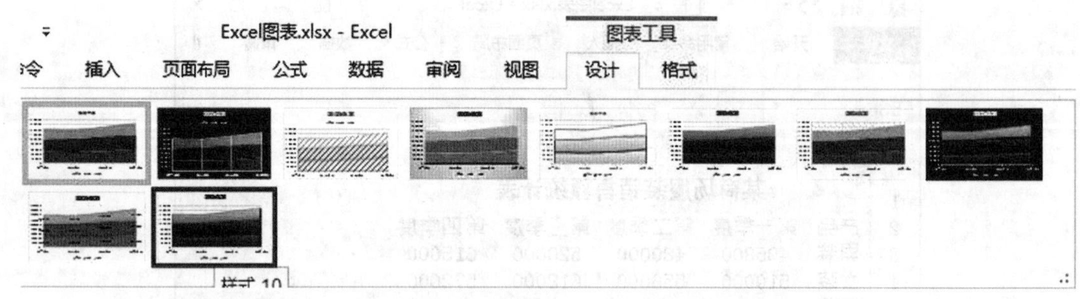

图 2－30

（4）设置刻度线标记。选中纵坐标轴，单击鼠标右键，在弹出的快捷菜单中单击“设置坐标轴格式”，窗口右侧将显示对应的设置对话框。主要单位设置为“300000”，展开“刻度线标记”，将主要类型改为“外部”，最终效果如图 2－31 所示。

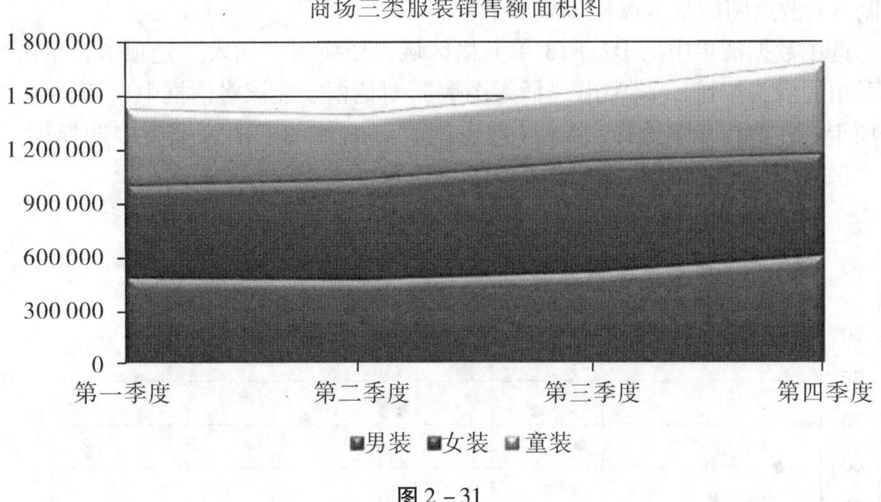

图 2－31

通过面积图，可以看出女装所占面积最大，也就是女装在该商场整年的销售额最多。

五、XY 散点图的绘制

排列在工作表中的数据可以绘制到 XY 散点图中。散点图常用于显示若干数据系列中各数值之间的关系，或者将两组数绘制为 XY 坐标的一个系列。如图 2－32 所示是用 XY 散点图分析的数据清单，该工作表保存了某个班级学生的年龄、身高、体重等数据。

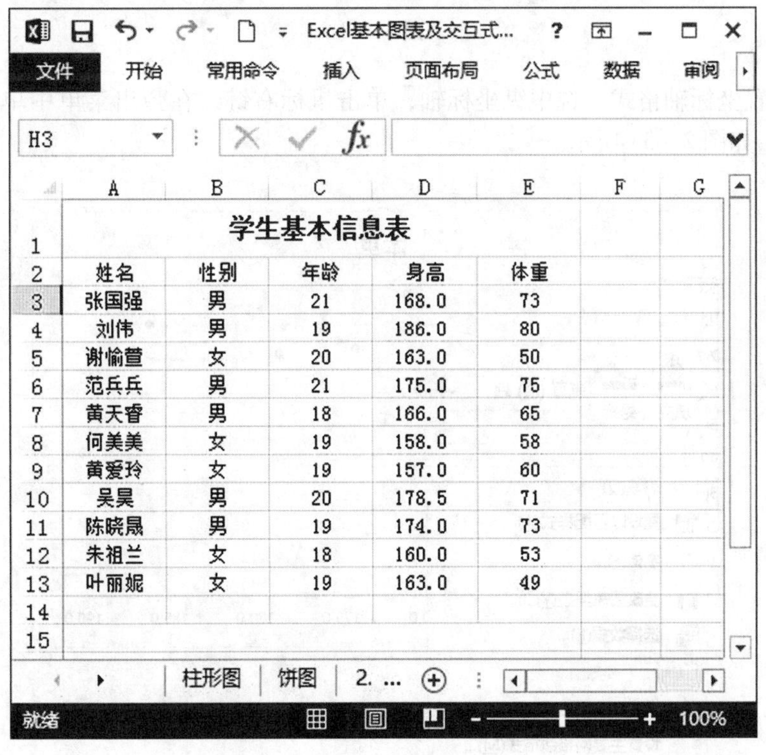

学生基本信息表

姓名	性别	年龄	身高	体重
张国强	男	21	168.0	73
刘伟	男	19	186.0	80
谢愉萱	女	20	163.0	50
范兵兵	男	21	175.0	75
黄天香	男	18	166.0	65
何美美	女	19	158.0	58
黄爱玲	女	19	157.0	60
吴昊	男	20	178.5	71
陈晓晟	男	19	174.0	73
朱祖兰	女	18	160.0	53
叶丽妮	女	19	163.0	49

图 2－32

绘制 XY 散点图的基本操作步骤如下：

（1）选中数据清单中的 D2:E13 单元格区域，切换到“插入”选项卡，单击“图表”组中右下角的箭头按钮，将弹出“插入图表”对话框。在该对话框中，切换到“所有图表”选项卡，左侧窗口中选择“XY（散点图）”，右侧的子图表类型中选择第一种子图表类型“散点图”，绘制出的散点图如图 2－33 所示。

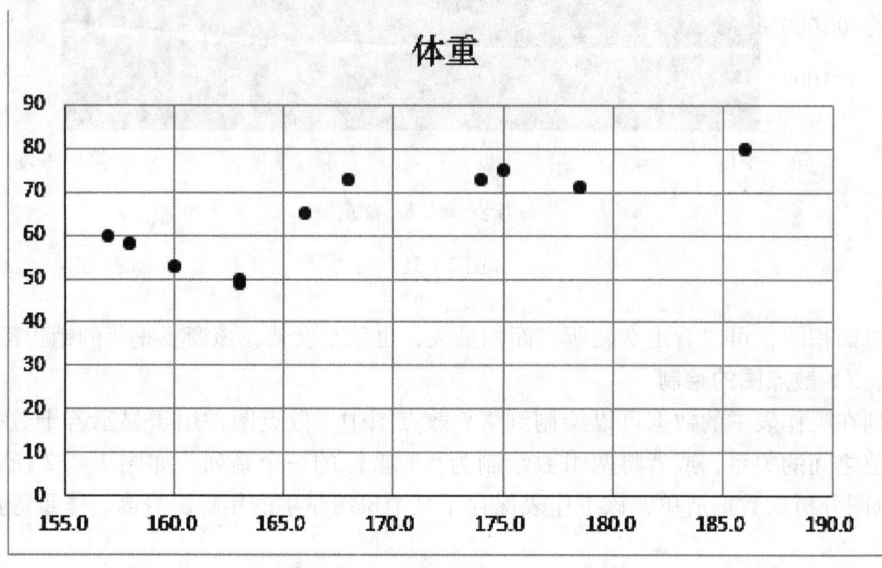

图 2－33

（2）设置坐标轴格式。选中纵坐标轴，单击鼠标右键，在弹出菜单中单击“设置坐标轴格式”，如图 2－34 所示。

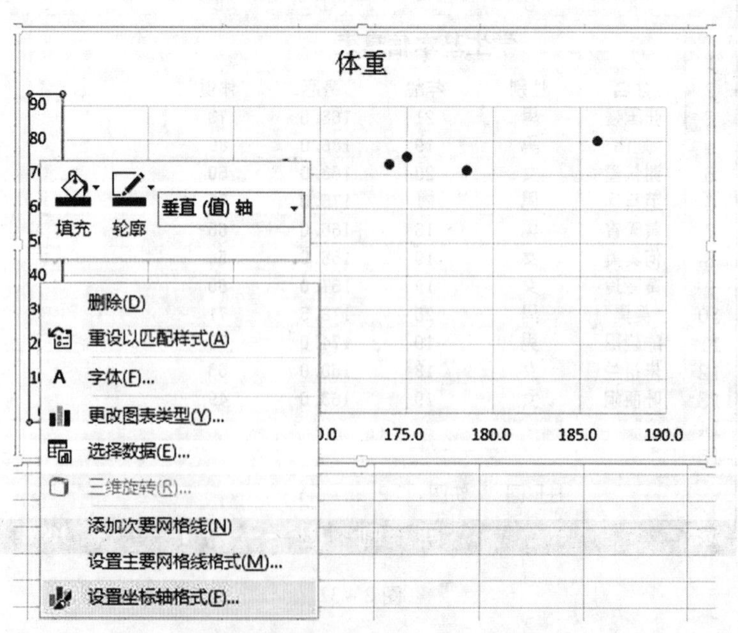

图 2－34

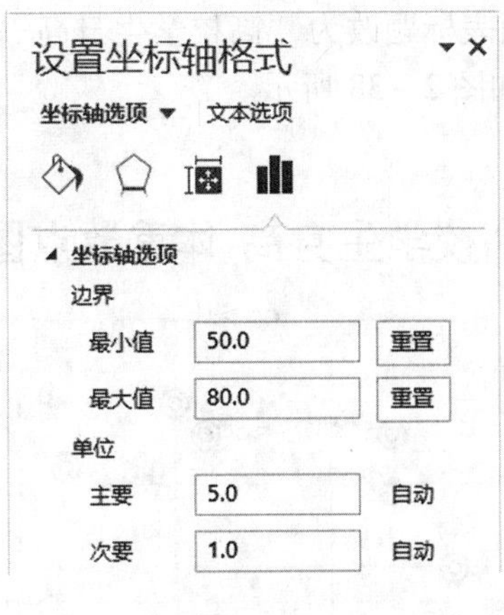

图 2－35

（3）窗口右侧将弹出“设置坐标轴格式”对话框，在该对话框中，由于体重数据介于 50～80 之间，故将坐标轴选项中的最小值设置为“50.0”，最大值设为“80.0”，主要刻度单位设置为“5.0”，如图 2－35 所示。

（4）设置完成后单击右上角的“关闭”按钮，然后选中散点图，切换到“图表工具—设计”选项卡，在“图表样式”组中选择“样式 4”，如图 2－36 所示。

（5）设置完成后，点击“关闭”按钮，这时工作表中的图表如图 2－37 所示。

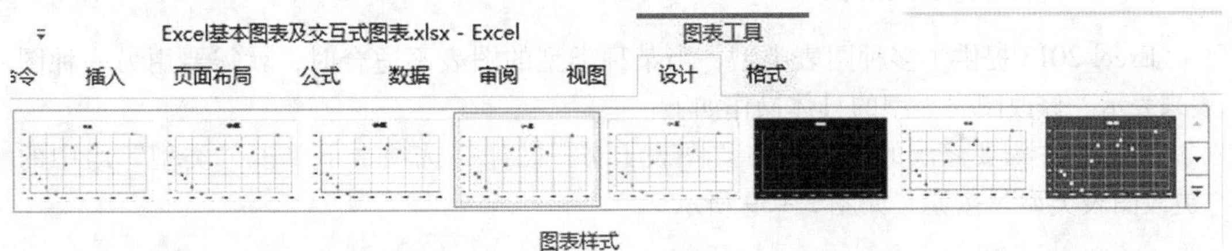

图 2－36

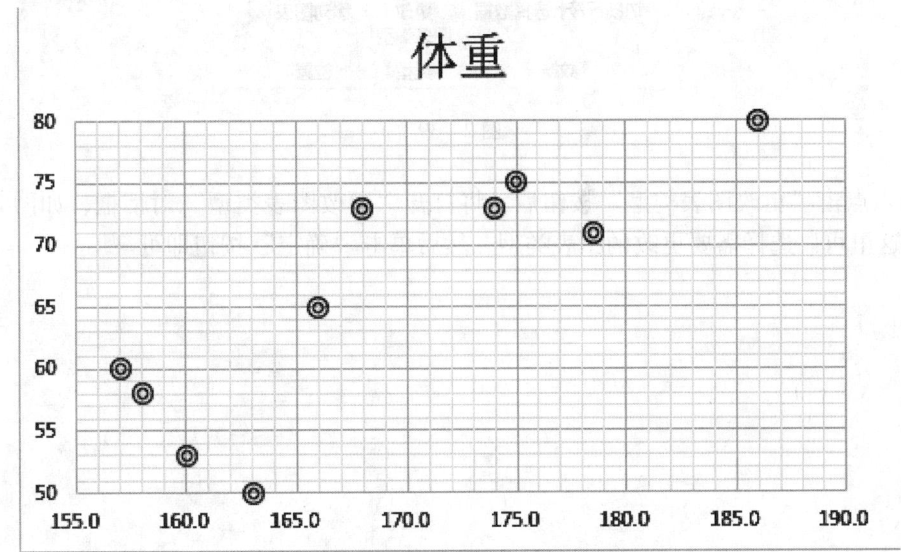

图 2－37

（6）输入图表标题。将图表标题改为“高校学生身高—体重散点图”，并将字体大小设为14，不加粗，最终效果如图2－38所示。

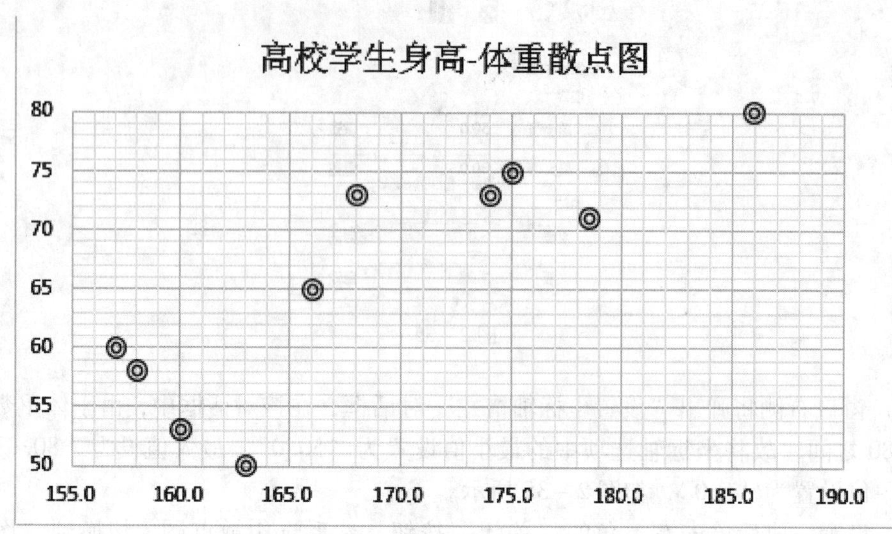

图2－38

2.1.4　修改基本图表

Excel 2013提供了多种图表类型，当某种类型的图表不适合时，就需要用另一种图表来表示。修改图表类型的具体操作如下：

（1）选中需要修改的图表，在“图表工具—设计”选项卡下单击“类型”组中的“更改图表类型”按钮，如图2－39所示。

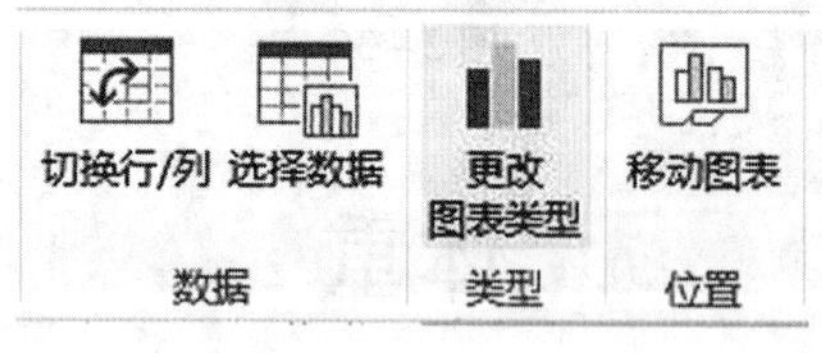

图2－39

（2）点击“更改图表类型”按钮后，将打开“更改图表类型”对话框，如图2－40所示。这里可以选择需要更改的图表类型，然后单击“确定”按钮即可。

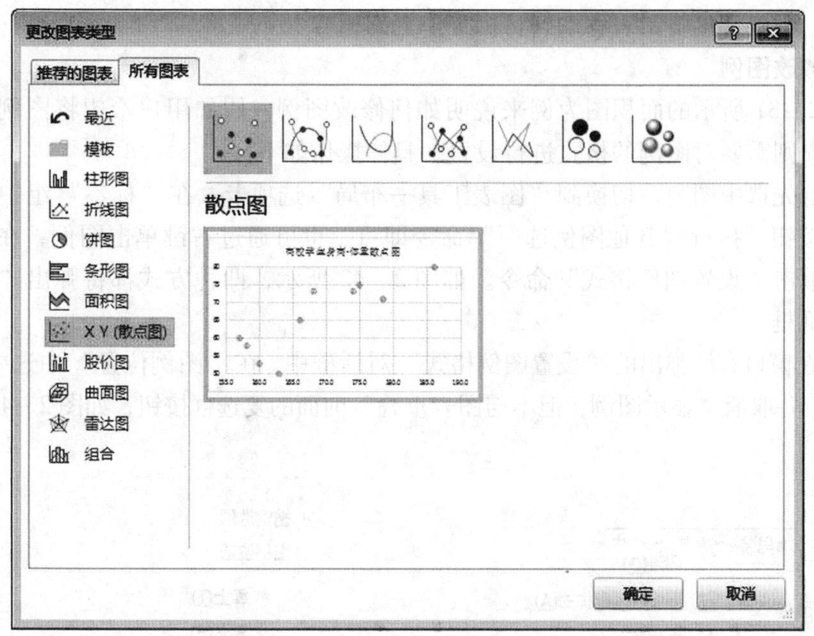

图 2－40

一、移动图表到其他工作表中

若要将已经绘制好的图表移动到其他工作表中，可以按如下操作步骤进行。

（1）选中该图表，单击鼠标右键，在弹出的快捷菜单中执行剪切命令，或直接使用[Ctrl]+[X]，这时图表将从原工作表中消失。

（2）单击目标工作表标签，切换到新的工作表中，在该工作表中选择合适的位置，然后单击鼠标右键，可以看到有三种粘贴选项：使用目标主题、保留源格式和图片。当鼠标移至某选项时，立即可以预览该选项的显示效果，如图 2－41 所示。这里选择“保留源格式”，这时图表就会出现在新的位置上了，也可以直接使用［Ctrl］+［V］。

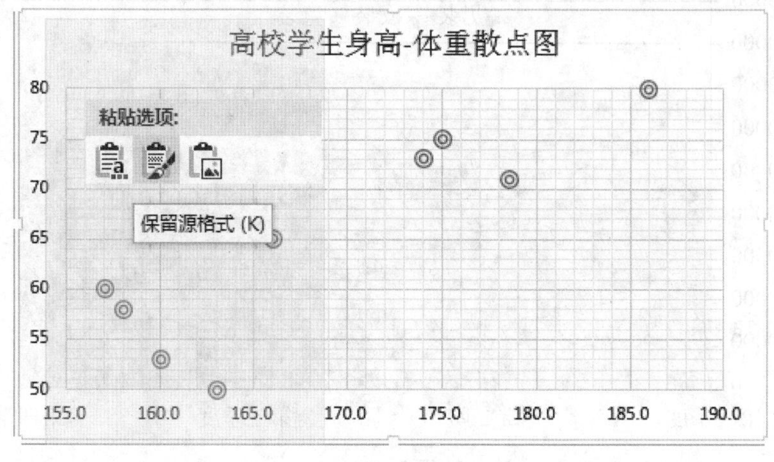

图 2－41

注意：不能直接将图表移动到目标工作表的标签上。

二、加改图例

以图2－31所示的面积图为例来说明如何修改图例。假如用户希望将图例放置在图表的上方，则需要对图例的格式进行设置，具体操作如下：

（1）首先选中图表，切换到“图表工具—布局”选项卡，在“标签”组中单击“图例”下拉按钮，执行“其他图例选项”命令即可。也可通过右键单击图例，在弹出的快捷菜单中单击“设置图例格式”命令。如图2－42所示，两种方式都将弹出“设置图例格式”对话框。

（2）在窗口右侧弹出的“设置图例格式”对话框中，在“图例位置”中选中“靠上”单选按钮，并取消“显示图例，但不与图表重叠”前面的复选框按钮，如图2－43所示。

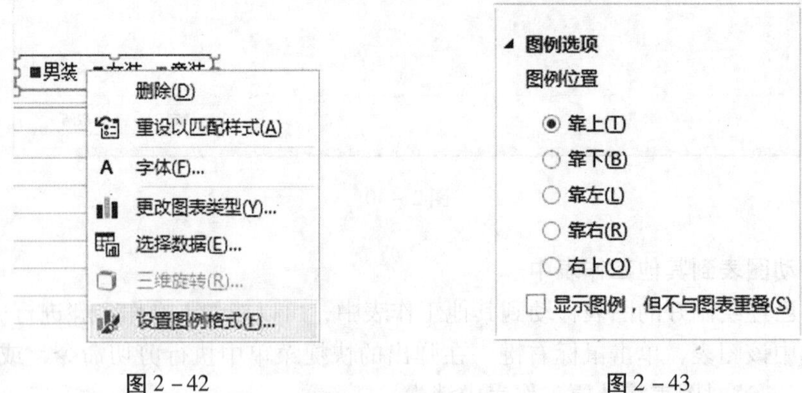

图2－42　　　　图2－43

（3）设置完成后，单击“关闭”按钮，适当调整图例位置后的图表如图2－44所示。

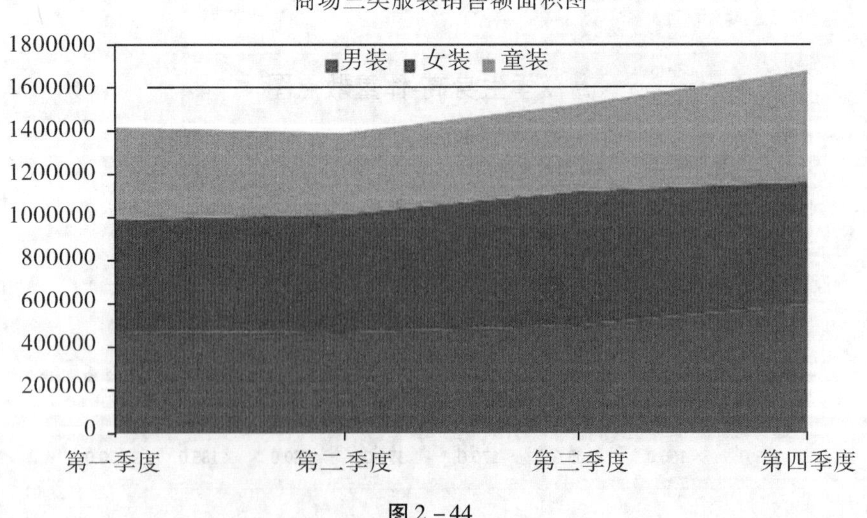

图2－44

注意：当图例为选中状态时，可随意拖动图例到指定位置。

三、加改标题

Excel 2013 默认生成的图表标题是“图表标题”，若需要为图表修改或删除标题，则需要用户自己设置。有两种常用方法可以为图表添加标题，在绘制基本图表章节中已经介绍了其中的一种，即可以通过为图表选定带有标题的布局来实现。下面介绍另一种添加标题的方法以及如何修改图表标题。

（1）选中图表，切换到“图表工具—设计”选项卡，在“图表布局”组中单击“添加图表元素”下拉按钮，如图 2－45 所示。这里，有无标题和两种放置于不同位置的标题选项（图表上方和居中覆盖）。如图 2－46 所示即为选择“居中覆盖”的显示效果。

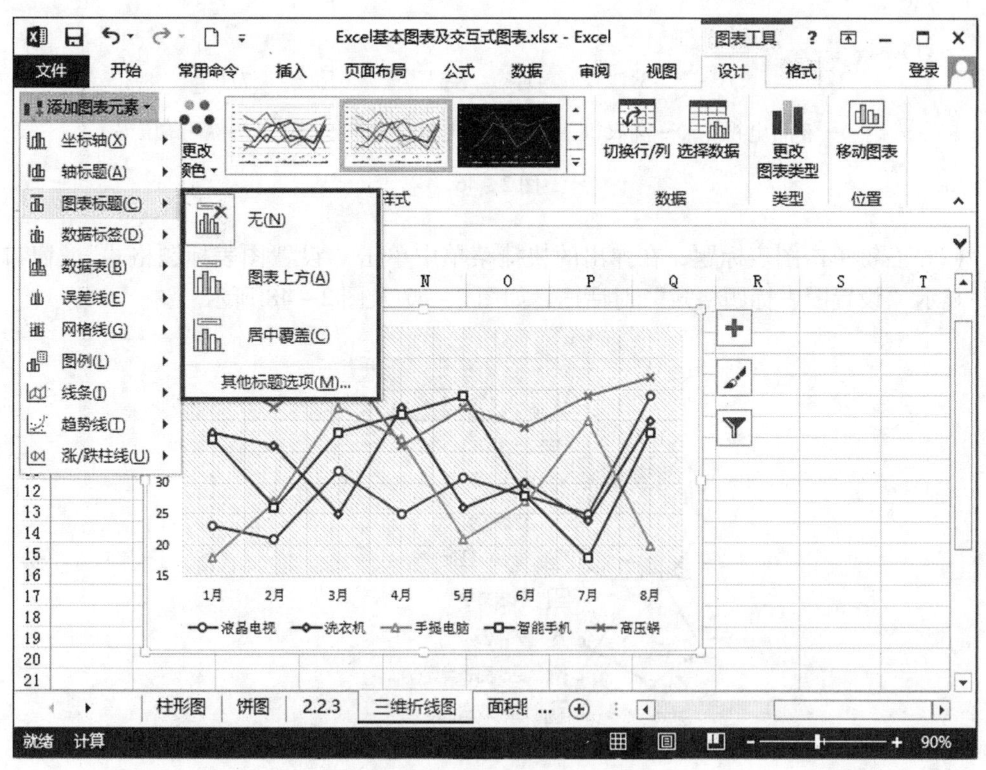

图 2－45

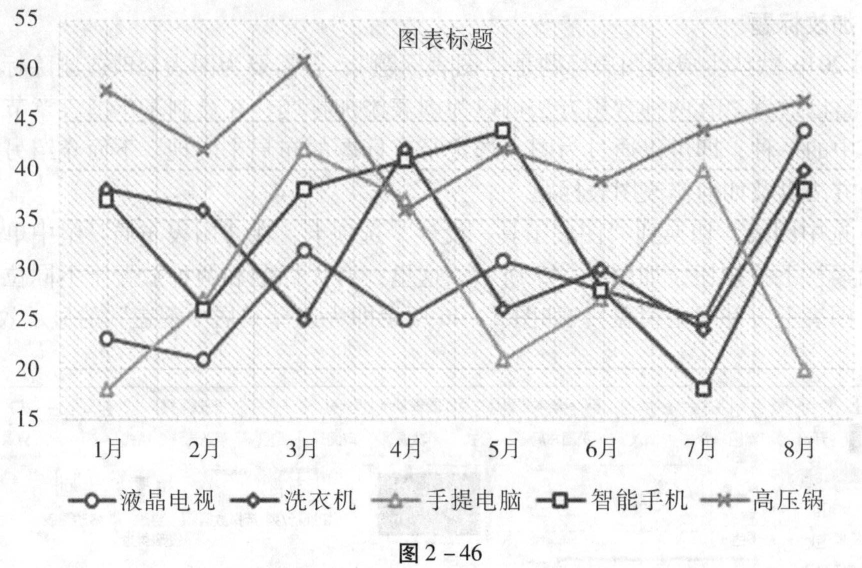

图 2－46

（2）右键单击图表标题，在弹出的快捷菜单中单击“设置图表标题格式”，窗口右侧将显示“设置图表标题格式”对话框，如图 2－47 及图 2－48 所示。

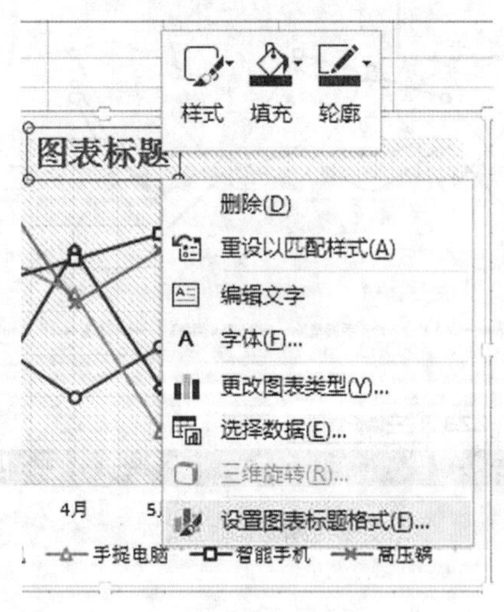

图 2－47

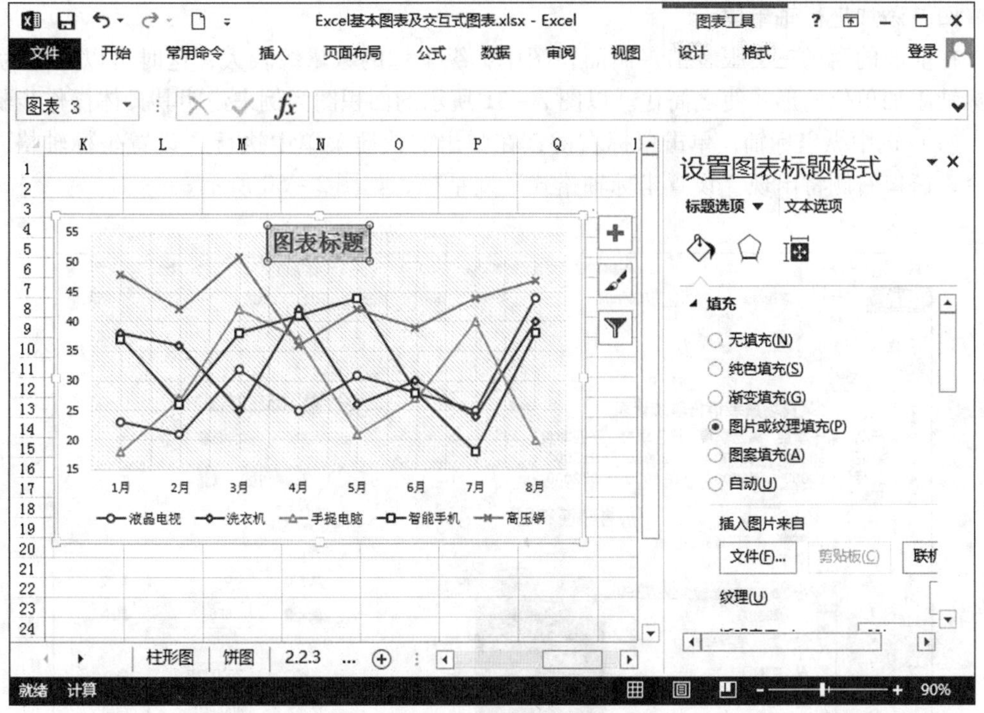

图 2－48

(3) 设置填充颜色。在“设置图表标题格式”对话框中，切换到“填充”选项卡，填充中选择“图片或纹理填充”，选择“信纸”纹理。

(4) 设置边框颜色。切换到“边框颜色”选项卡，选中“渐变线”单选按钮，其他采用默认方式。并将标题改为“商品采购图”，最终的图表效果如图 2－49 所示。

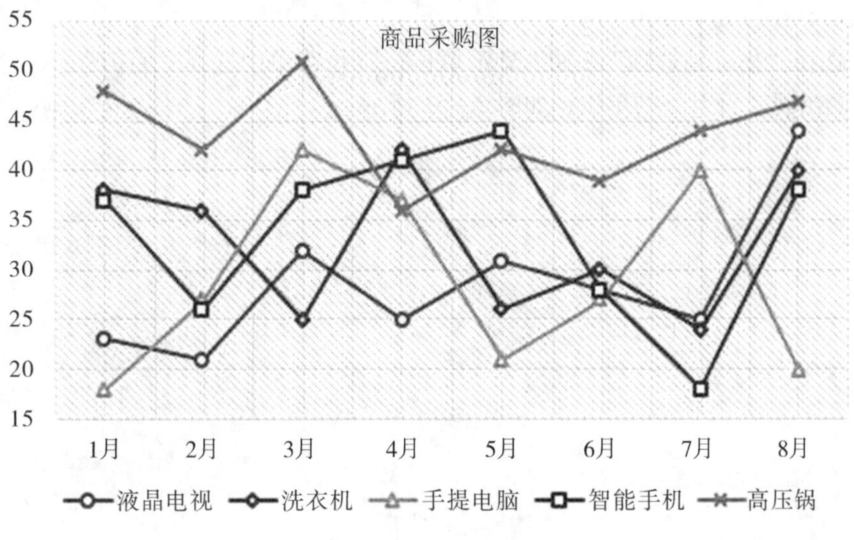

图 2－49

四、添加坐标轴单位

在前面的商场三类服装销售额面积图中，纵坐标的数量级较大，这时可以通过为该坐标轴添加单位的形式使之简化。以图 2－31 所示的面积图为例来说明其具体操作步骤。

（1）选中纵坐标轴，单击鼠标右键，在弹出的快捷菜单中执行“设置坐标轴格式”命令，窗口右侧将出现“设置坐标轴格式”对话框，如图 2－50 所示。

图 2－50

（2）选择“坐标轴选项”，在“显示单位”下拉菜单中选择“百万”，这时在纵坐标轴的左侧出现“百万”的单位，如图 2－51 所示。

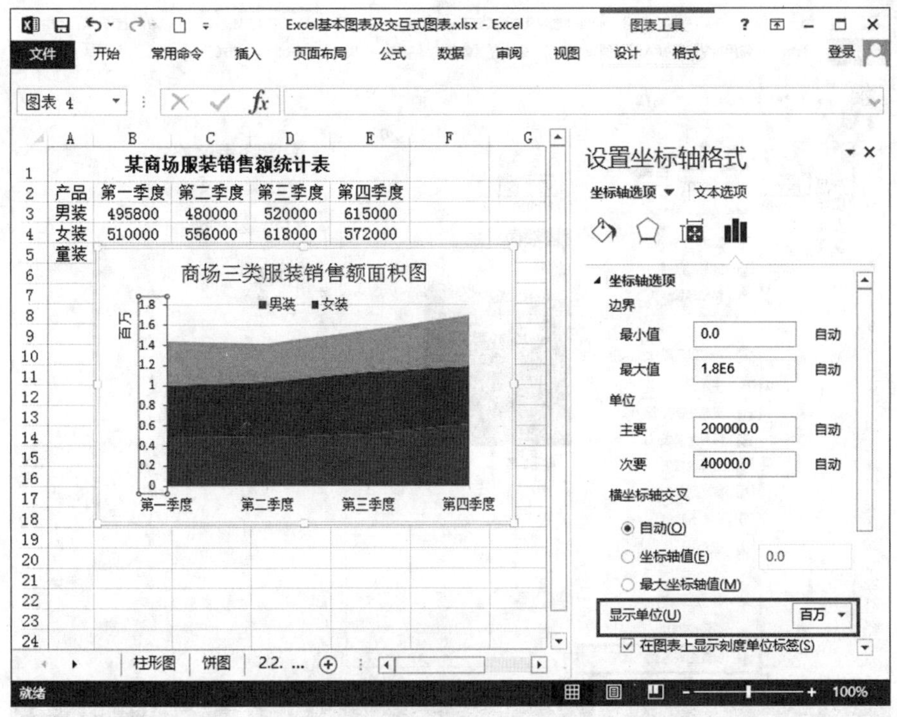

图 2－51

五、改变图表背景颜色

用户可以根据需要改变图表的背景颜色或纹理，使图表看起来更为美观。具体操作步骤如下：

（1）选中已绘制好的图表，在图表空白区域单击鼠标右键，在弹出的快捷菜单中执行“设置图表区域格式”命令，窗口右侧将出现“设置图表区域格式”对话框，如图 2－52所示。从右侧窗口可以看到，共有两个选项卡：“填充”和“边框”。通过这两个选项卡里面的设置可以对图表区进行进一步的修饰。

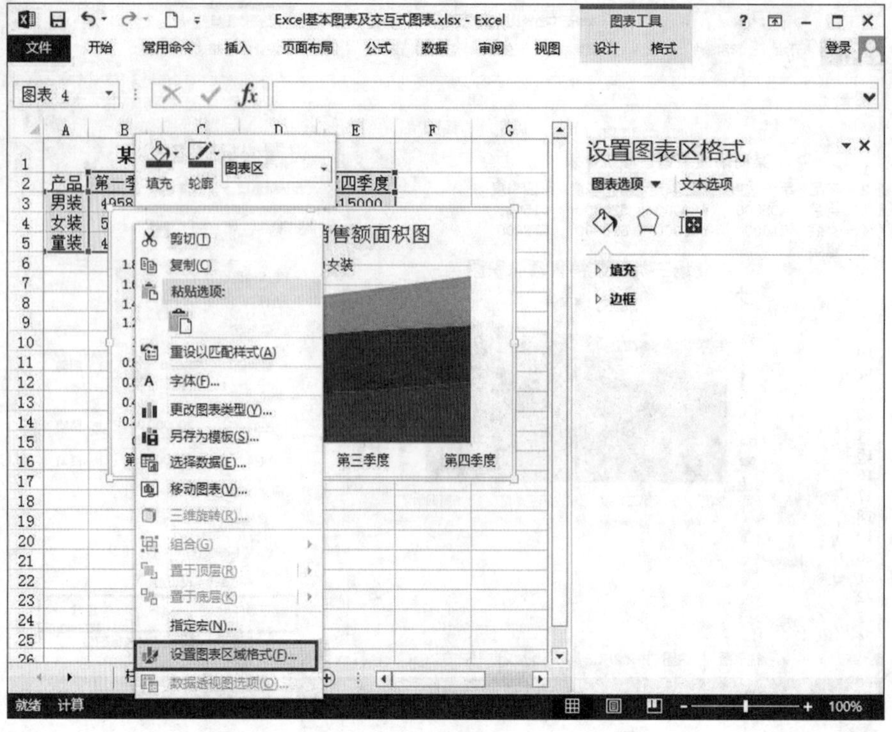

图 2－52

（2）展开“填充”选项卡，选中“渐变填充”，其他采用默认设置，如图 2－53。修改后的图表如图 2－54 所示。

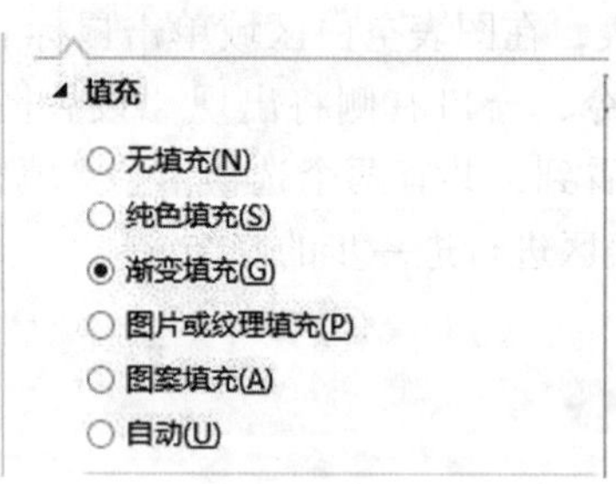

图 2－53

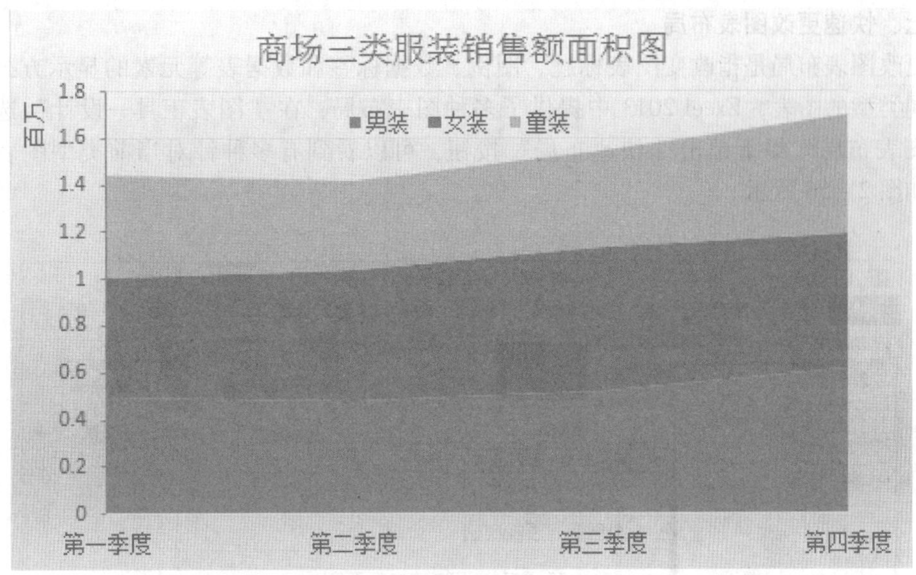

图 2－54

六、改变绘图区颜色

改变绘图区颜色的操作与改变图表背景颜色的操作相同。单击鼠标右键，在弹出的快捷菜单中执行“设置绘图区格式”命令，在右侧出现的“设置绘图区格式”对话框中进行相应的设置即可，见图 2－55。设置方法跟前面“改变图表背景颜色”节中的具体操作类似，这里不再赘述。

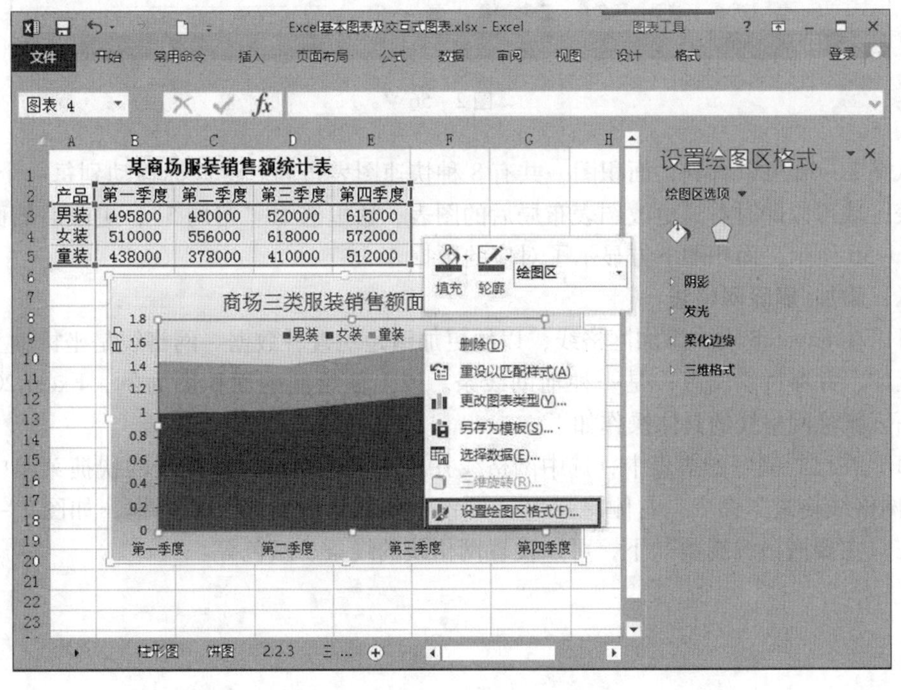

图 2－55

七、快速更改图表布局

更改图表布局是指改变图表标题、图例、数据标签和数据表等元素的显示方式。对于不同类型的图表，Excel 2013 中提供了多种图表布局，在“图表工具—设计”选项卡的“图表布局”组下单击“快速布局”按钮，可以看到有多种针对当前类型图表的布局，如图 2－56 所示。

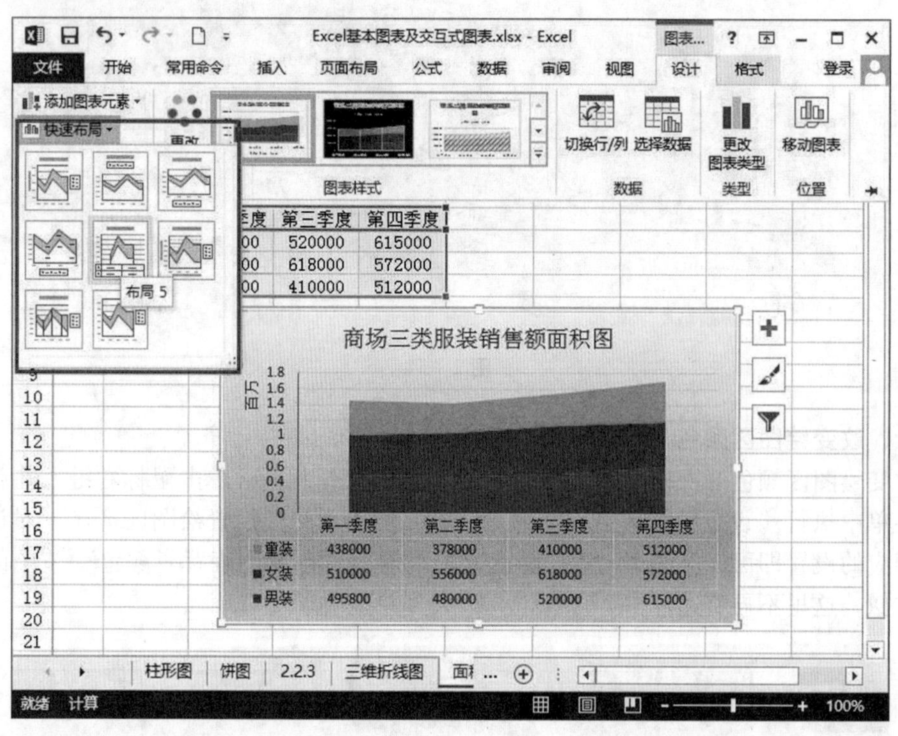

图 2－56

从图 2－56 可以看到，面积图一共有 8 种快速图表布局。将鼠标移动到每一个上面，工作表区域可以即时看到更改图表布局后的图表，这里选中“布局 5”，更改后的面积图如图 2－56 所示，面积图下方显示了对应的数据。

八、添加/删除网格线

可以在 Excel 图表中添加网格线，以便更加清楚地查看数据。网格线是坐标轴上刻度线的延伸，并穿过绘图区，是一种辅助线条。以上面绘制的面积图为例，Excel 2013 中为该图表删除网格线的具体操作如下：

（1）在已绘制好的图表中，选中网格线并单击鼠标右键，在弹出的快捷菜单中执行“设置网格线格式”命令，右侧将弹出“设置主要网格线格式”对话框，如图 2－57 所示。在“主要网格线选项”下，可以设置网格线的线条、颜色等。

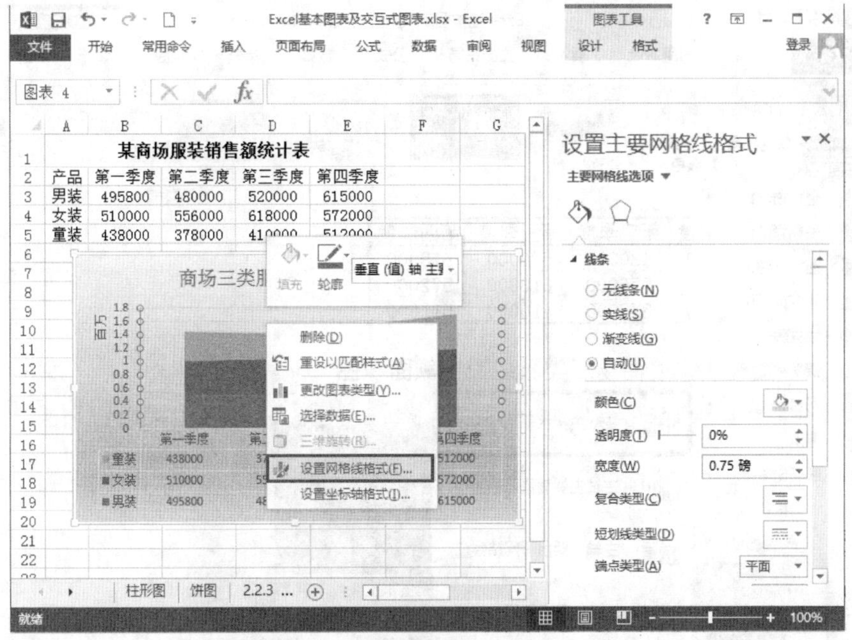

图 2－57

（2）如要删除网格线，只需在右侧的对话框中将“线条”设置为“无线条”，删除网格线后的图表如图 2－58 所示。

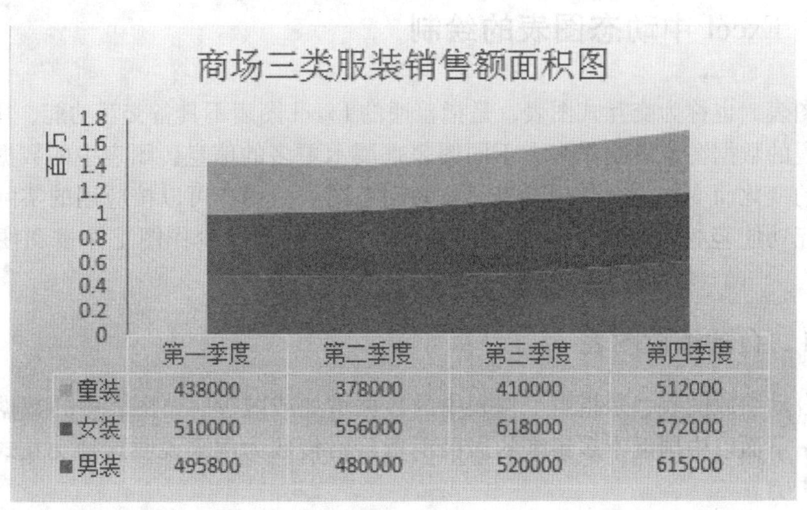

图 2－58

Excel 2013 中为该图表添加网格线的具体操作如下：

（1）选中需要添加网格线的图表，切换到“图表工具—设计”选项卡，在“图表布局”组中单击“添加图表元素”下拉按钮，执行“网格线”下的命令即可为图表添加相应的水平或垂直网格线，如图 2－59 所示。

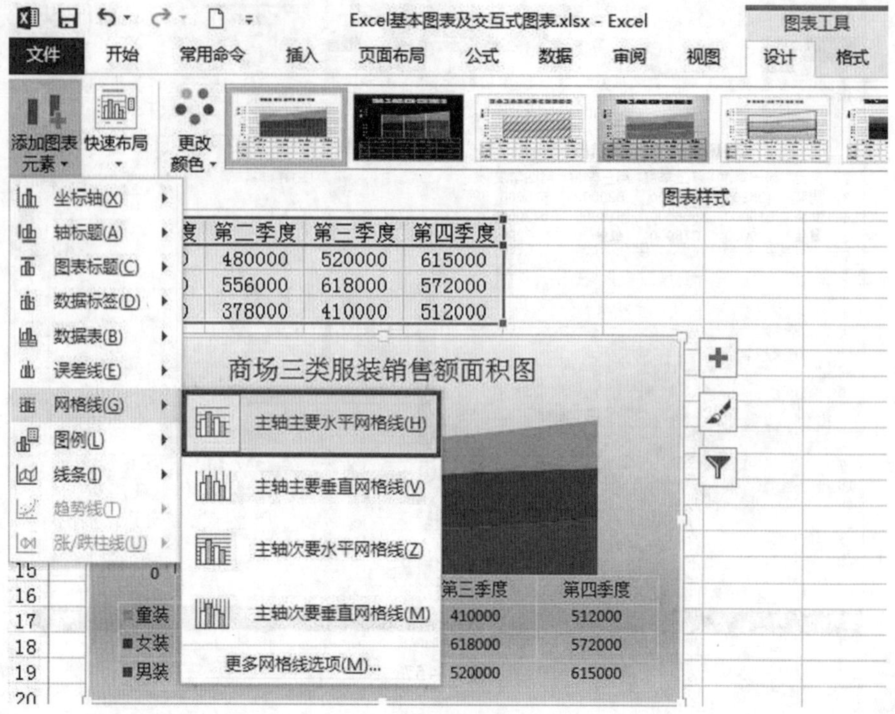

图 2-59

2.2 Excel 中动态图表的绘制

动态图表，也称为交互式图表，是指普通的 Excel 图表不具备交互功能，用户可以通过修改图表的数据源或者制作多个不同图表来展示更多的信息，图表中的数据会随着工作表环境的变化而变化。交互式图表又称为动态图表，用户可以按应用的实际需求操纵图表的交互功能轻松改变图表所展示的内容，从而达到减少作图工作量和便于展示的目的。

2.2.1 自动缩放图表

所谓自动缩放图表，是指当工作表中的数据增加或减少时，图表中的数据会随之增加或减少。下面以中国近十多年来的居民消费价格指数为例来说明这种交互式图表的特点和制作步骤。

(1) 首先，在新的工作表中输入年份和居民消费价格指数值相关的数据，如图2-60所示。

图 2－60

（2）切换到“公式”选项卡，在“定义的名称”组中，单击“定义名称”右边的下拉按钮，执行“定义名称”命令，如图 2－61 所示。

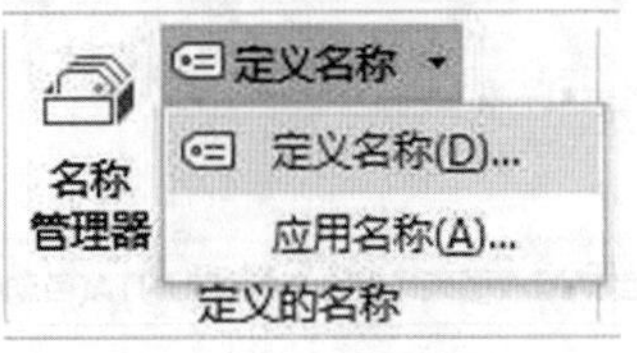

图 2－61

（3）执行“定义名称”后，将弹出“新建名称”对话框，如图 2－62 所示。在“名称”框中输入“Year”，范围选择“工作簿”，在“引用位置”框中输入“＝OFFSET(自动缩放图表!$A $2,0,0,COUNTA(自动缩放图表!$A：$A)－1,1)”，然后单击“确定”按钮。

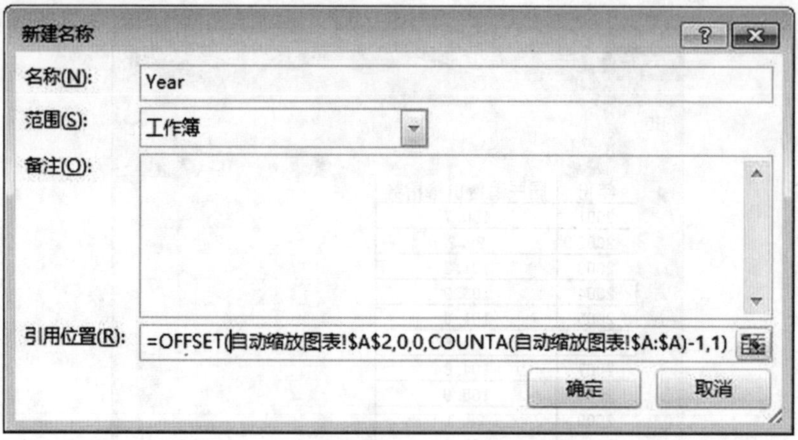

新建名称
名称(N): Year
范围(S): 工作簿
备注(O):
引用位置(R): =OFFSET(自动缩放图表!$A$2,0,0,COUNTA(自动缩放图表!$A:$A)-1,1)
确定 取消

图 2－62

这里，OFFSET 函数引用 A2 单元格，然后利用 COUNTA 函数确定该列中的数据个数，由于 A 列中第一行为标题，故计算结果减 1。

注意：OFFSET 的语法格式为：OFFSET(reference,rows,cols,height,width)，其含义为以指定的引用为参照，通过给定的偏移量，返回一个单元格或单元格区域的引用。

（4）按同样的方式创建另一个名称 CPI。如图 2－63 所示。

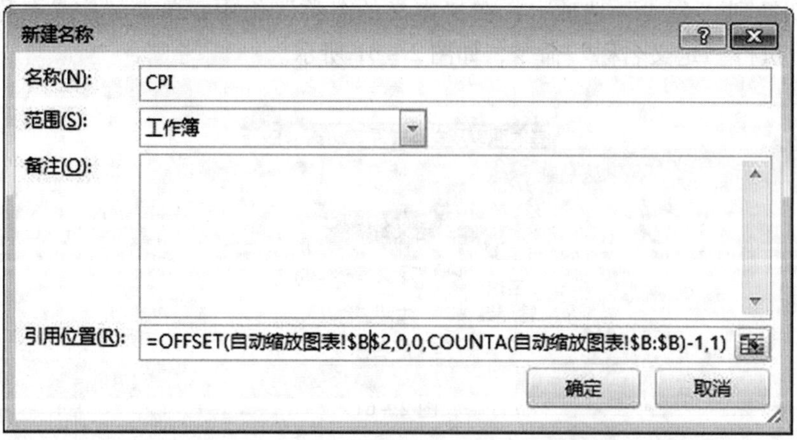

新建名称
名称(N): CPI
范围(S): 工作簿
备注(O):
引用位置(R): =OFFSET(自动缩放图表!$B$2,0,0,COUNTA(自动缩放图表!$B:$B)-1,1)
确定 取消

图 2－63

（5）定义名称后，返回到工作表中。此时，单击“定义的名称”组中的“用于公式”下拉按钮，可以看到刚才添加的 Year 和 CPI 名称，如图 2－64 所示。

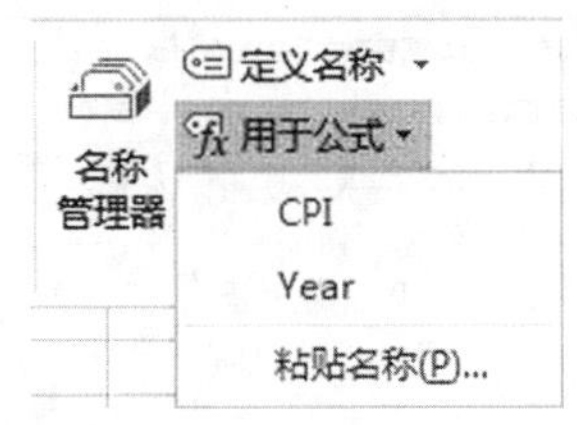

图 2－64

（6）选中 A1:B13 单元格区域，切换到“插入”选项卡，单击“图表”组中的“推荐的图表”按钮，在弹出的“插入图表”对话框中，选择第一种推荐的图表类型（折线图），如图 2－65 所示。

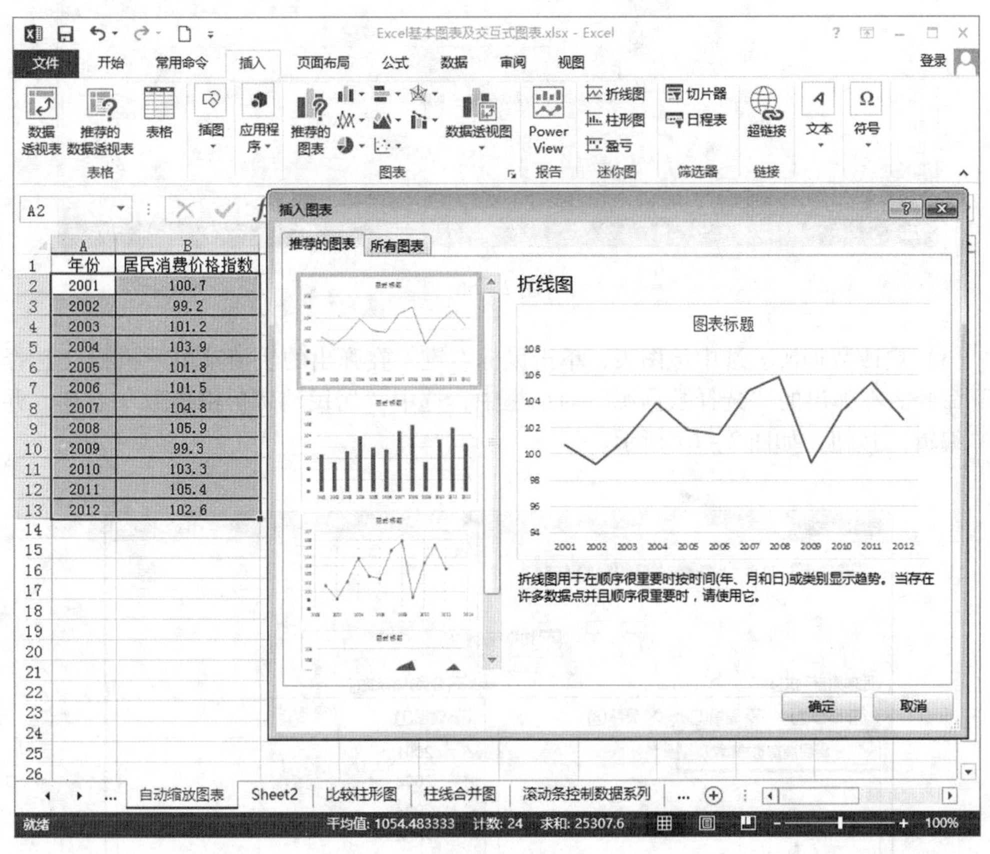

图 2－65

（7）单击“确定”按钮后将绘制基于选定区域的折线图。切换到“图表工具—设计”选项卡，在“图表样式”组中，选择第二种图表类型。并将图表标题改为“中国各年份 CPI 指数趋势图”，并添加纵坐标轴，绘制出的图表如图 2－66 所示。

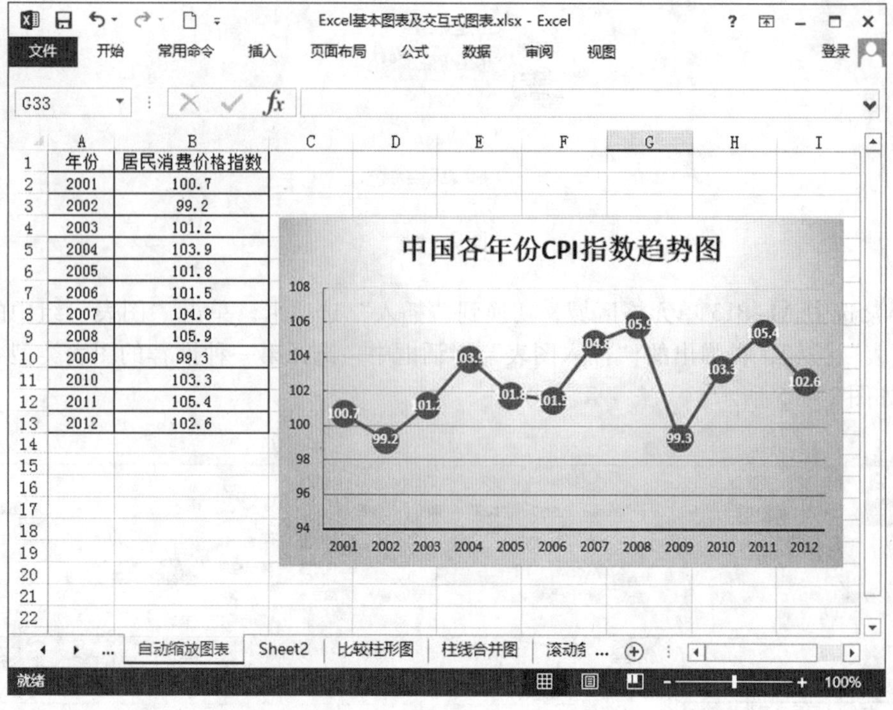

图 2-66

（8）更改数据源。选中该图表，单击鼠标右键，在弹出的快捷菜单中执行“选择数据”命令。在弹出的“选择数据源”对话框中，选中“居民消费价格指数”系列，并单击“编辑”按钮，如图 2-67 所示。

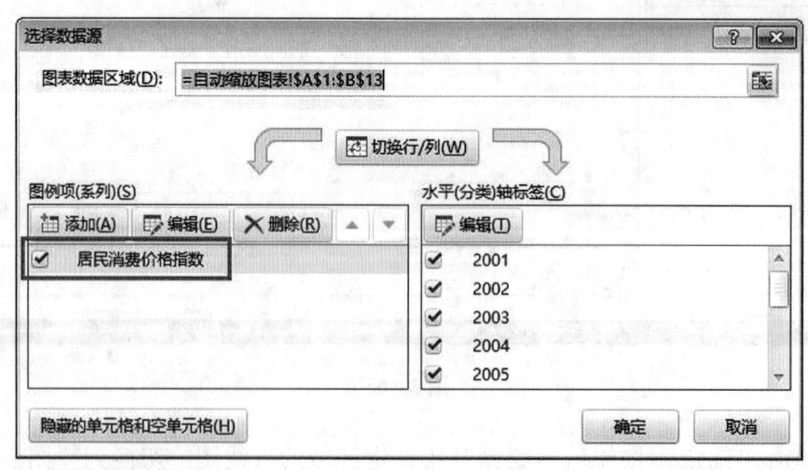

图 2-67

（9）单击“编辑”按钮后，将弹出“编辑数据系列”对话框，如图 2-68 所示。将系列值修改为“=Excel 基本图表及交互式图表.xlsx!CPI”。其中，“Excel 基本图表及交互式图表”为当前工作簿的名称。

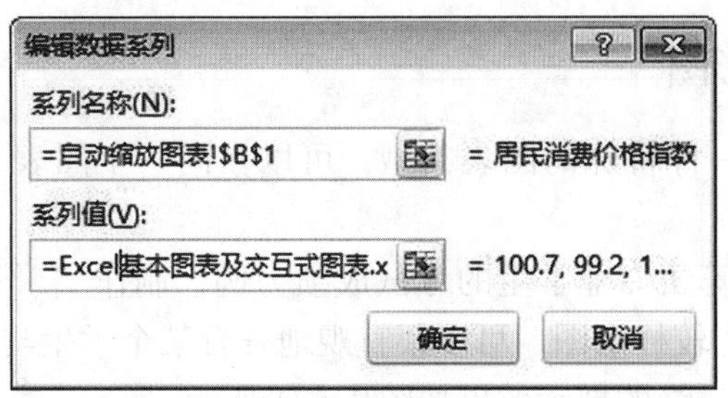

图 2－68

（10）单击“确定”按钮，返回到“选择数据源”对话框中。点击“水平（分类）轴标签”中的“编辑”按钮，将弹出“轴标签”对话框，如图 2－69 所示。在“轴标签区域”框中输入“＝Excel 基本图表及交互式图表 . xlsx ! Year”。

图 2－69

（11）此时，图表已经从静态图表转变成自动缩放图表。现在，在数据清单中添加一条数据记录，则图表上会相应增加 1 个对应点，如图 2－70 所示。同样，当删除工作表中的一条数据记录时，图表上会将对应的数据点删除掉。

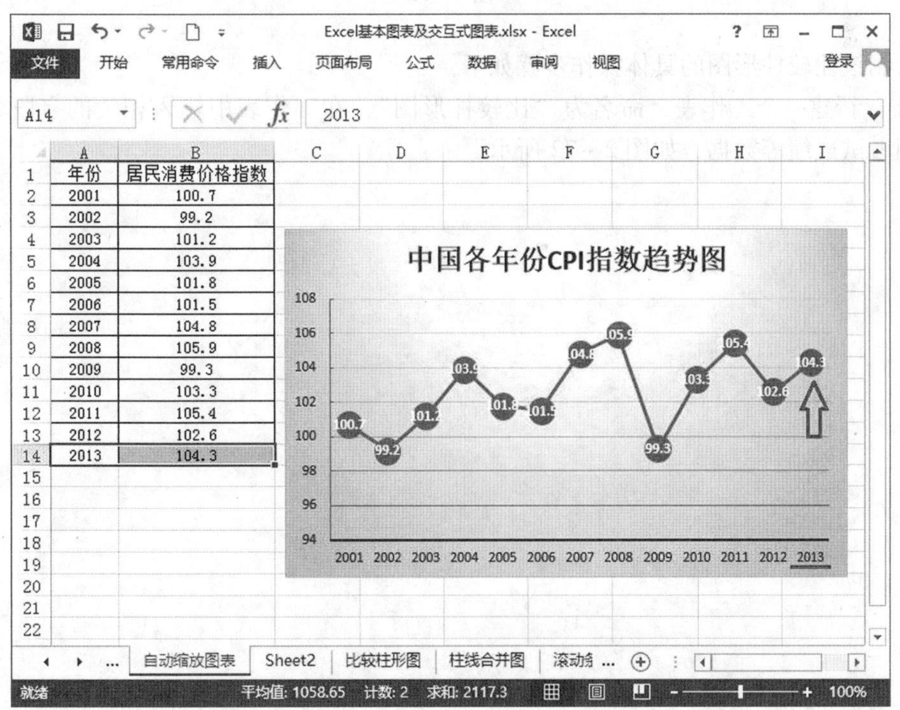

图 2－70

2.2.2 比较柱形图

“比较柱形图”是一种特殊的图表类型，可以在同一个图表上对同一类别的内容做同向比较。

本案例以某高校计算机专业学生的考试成绩为例，制作“学生个人成绩－全班平均分比较柱形图”。通过比较柱形图，可以很直观地查看某个学生与全班最高分、最低分以及平均分的比较情况，最终的展示效果如图2－71所示。

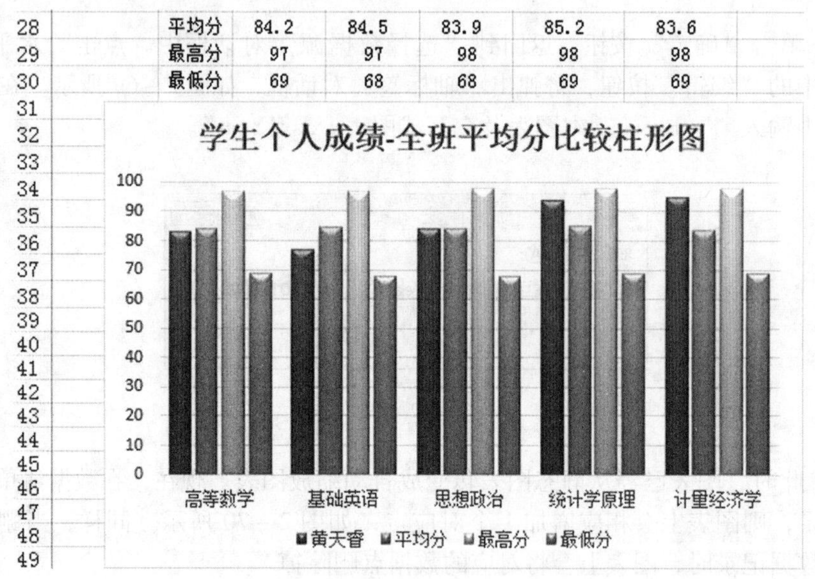

图2－71

绘制该比较柱形图的具体操作步骤如下：

（1）新建一个工作表，命名为“比较柱形图”，在工作表中输入相关的字段名和学生各门考试成绩等数据，如图2－72所示。

学号	姓名	高等数学	基础英语	思想政治	统计学原理	计量经济学
200508001	赵青	91	71	72	92	89
200508002	陈静	85	93	73	72	94
200508003	谢愉萱	83	69	96	69	80
200508004	张磊	75	90	98	95	76
200508005	林小可	78	83	77	83	75
200508006	洪伟	97	96	92	87	75
200508007	张子烨	77	94	83	82	92
200508008	何亦琛	97	86	95	82	84
200508009	黄天香	83	77	84	94	95
200508010	黄留	94	80	71	83	83
200508011	郑晓敏	69	68	96	77	76
200508012	高晴	71	87	98	71	69
200508013	李思明	92	84	94	98	78
200508014	梁雨超	70	92	80	83	76
200508015	马小雷	95	79	96	71	98
200508016	张振科	72	74	75	85	89
200508017	陈婧萌	86	95	87	71	94
200508018	姚丽妮	87	82	83	98	91
200508019	崔晓强	91	71	68	82	71
200508020	冯岩	89	81	75	98	90
200508021	陈莹	97	92	93	89	90
200508022	侯欣然	88	97	71	89	91
200508023	李林莉	72	94	80	95	83
200508024	于芳	73	93	71	87	71
200508025	赵蕾蕾	94	84	90	97	81

图 2－72

（2）计算平均分。在单元格 B28 中输入“平均分”，选中单元格 C28，在公式编辑栏中输入计算公式“＝AVERAGE(C2:C26)”，然后按回车键计算出第一门课程的平均分。利用 Excel 的自动填充功能快速填充 D28:G28 单元格，选中单元格 C28，向右拖曳 C28 右下角的填充柄至单元格 G28，即可计算出其他各门课程的平均分，最终结果如图 2－73所示。

Excel基本图表及交互式图表.xlsx - Excel

C28 =AVERAGE(C2:C26)

	A	B	C	D	E	F	G
14	200508013	李思明	92	84	94	98	78
15	200508014	梁雨超	70	92	80	83	76
16	200508015	马小雷	95	79	96	71	98
17	200508016	张振科	72	74	75	85	89
18	200508017	陈婧萌	86	95	87	71	94
19	200508018	姚丽妮	87	82	83	98	91
20	200508019	崔晓强	91	71	68	82	71
21	200508020	冯岩	89	81	75	98	90
22	200508021	陈莹	97	92	93	89	90
23	200508022	侯欣然	88	97	71	89	91
24	200508023	李林莉	72	94	80	95	83
25	200508024	于芳	73	93	71	87	71
26	200508025	赵蕾蕾	94	84	90	97	81
27							
28		平均分	84.24	84.48	83.92	85.2	83.64
29		最高分	97	97	98	98	98
30		最低分	69	68	68	69	69

Sheet2 | 比较柱形图 | 柱线合并图 | 滚动条 …

图 2 - 73

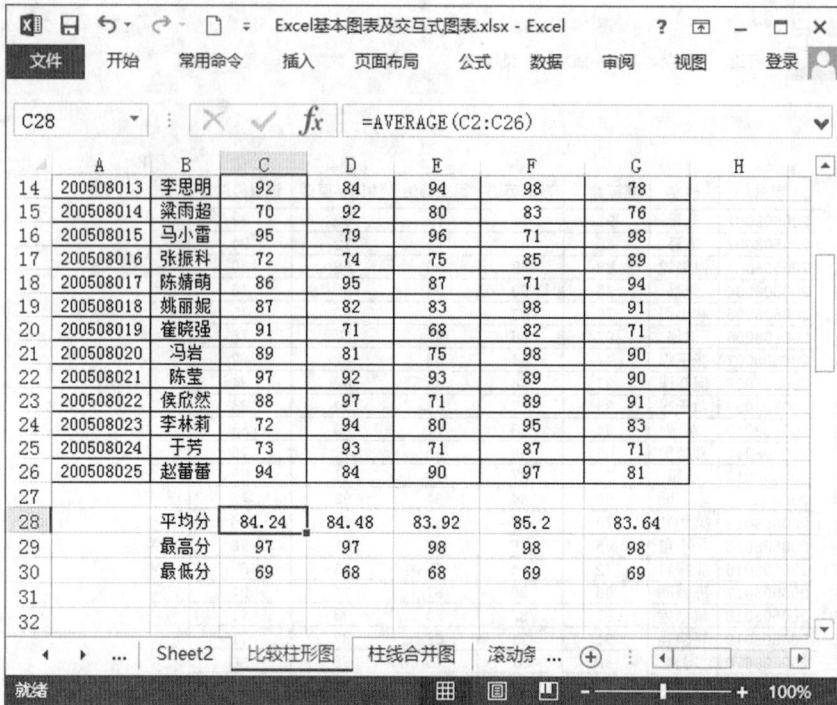

(3) 同时选中单元格区域 B1:G26 和 B28:G28，切换到“插入”选项卡，在“图表”组中单击“推荐的图表”按钮，选择第一个推荐的图表类型“簇状柱形图”，如图 2 - 74所示。

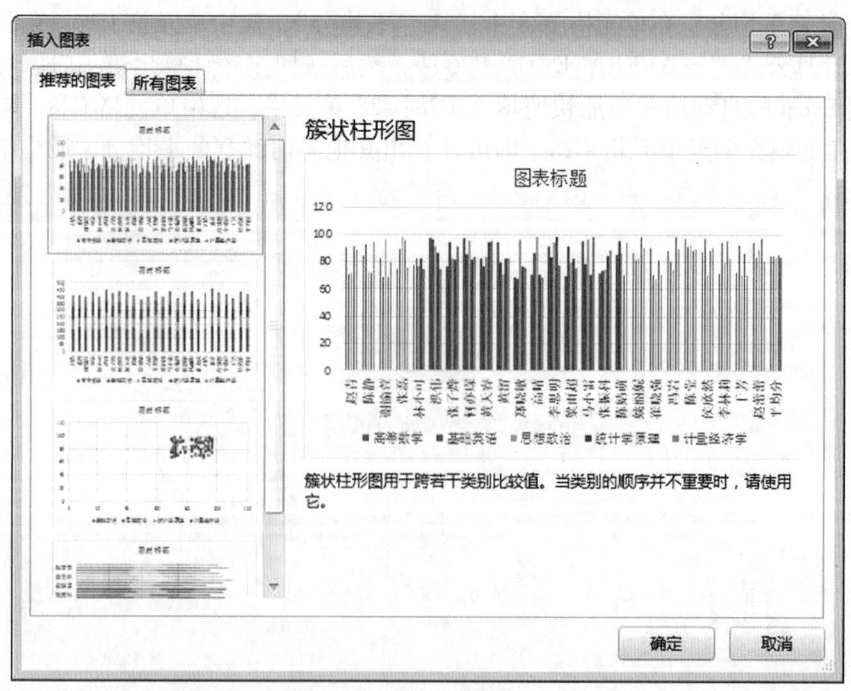

图 2 - 74

（4）将图表标题改为“学生个人成绩 - 全班平均分比较柱形图”，并添加纵坐标轴，得到的堆积柱形图如图 2 - 75 所示。

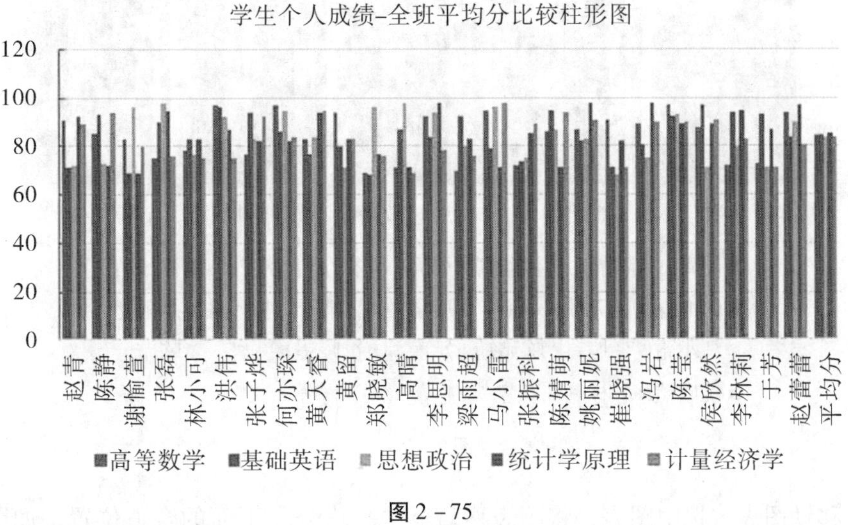

图 2 - 75

（5）切换图表的行和列。选中图表，单击鼠标右键，在弹出的快捷菜单中执行“选择数据”命令，将弹出“选择数据源”对话框，如图 2 - 76 所示。

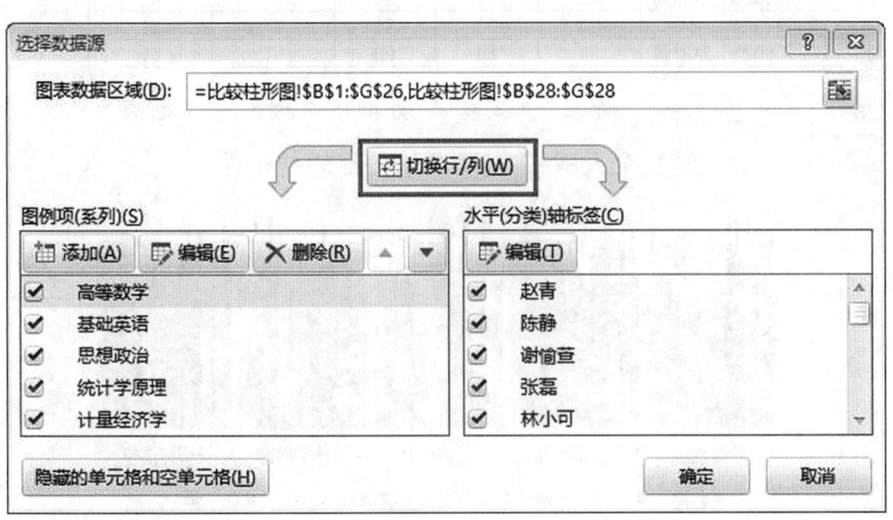

图 2 - 76

（6）在“选择数据源”对话框中，点击“切换行/列”按钮，然后单击“确定”，得到的初步柱形图如图 2 - 77 所示。

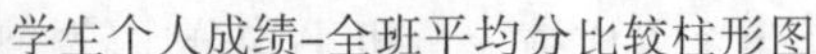

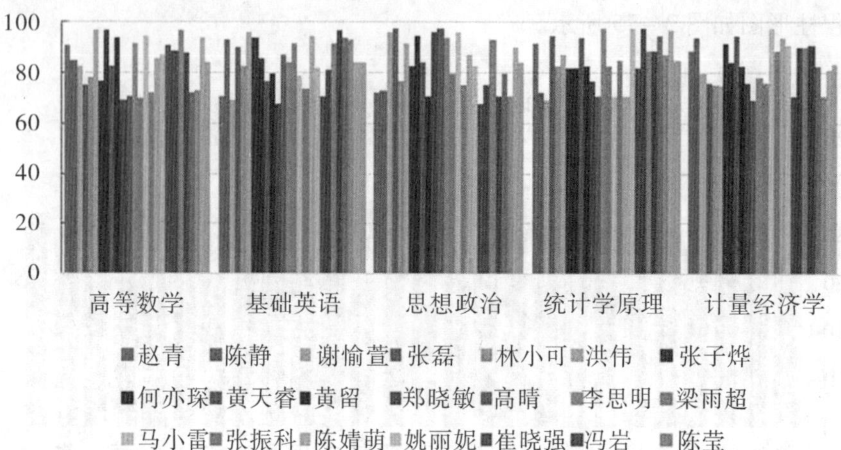

图 2－77

（7）移动图表。选中图表，将图表移动至“平均分”下面的合适位置，如图 2－78 所示。

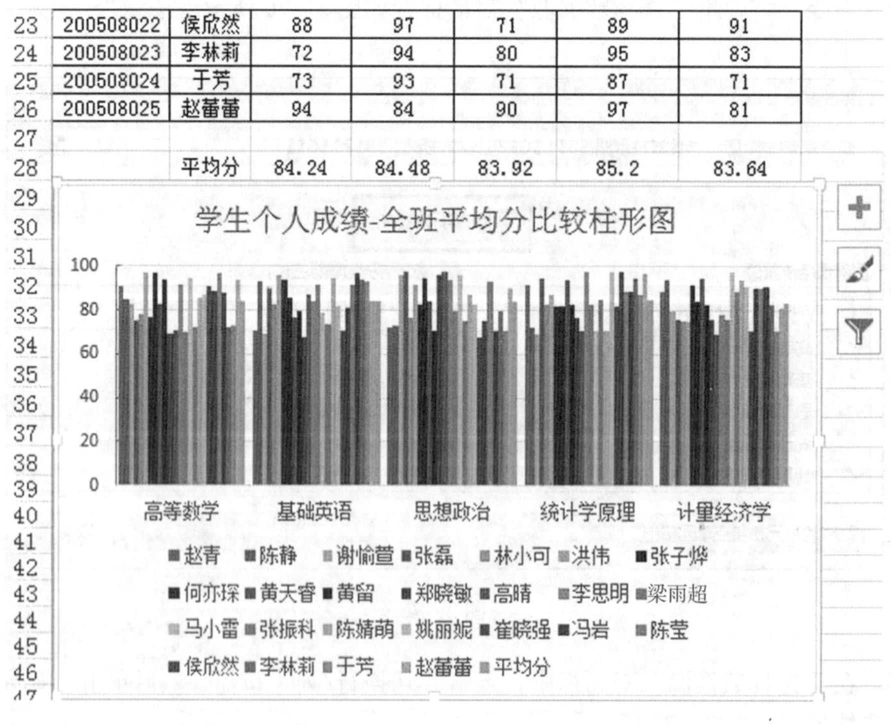

23	200508022	侯欣然	88	97	71	89	91
24	200508023	李林莉	72	94	80	95	83
25	200508024	于芳	73	93	71	87	71
26	200508025	赵蕾蕾	94	84	90	97	81
27							
28		平均分	84.24	84.48	83.92	85.2	83.64

图 2－78

（8）筛选设置。Excel 2013 为图表新增了图表筛选功能。选中图表后右侧将出现“图表筛选器”按钮，单击该按钮将出现类别和系列筛选对话框，如图 2－79 及图 2－80 所示。

图 2－79

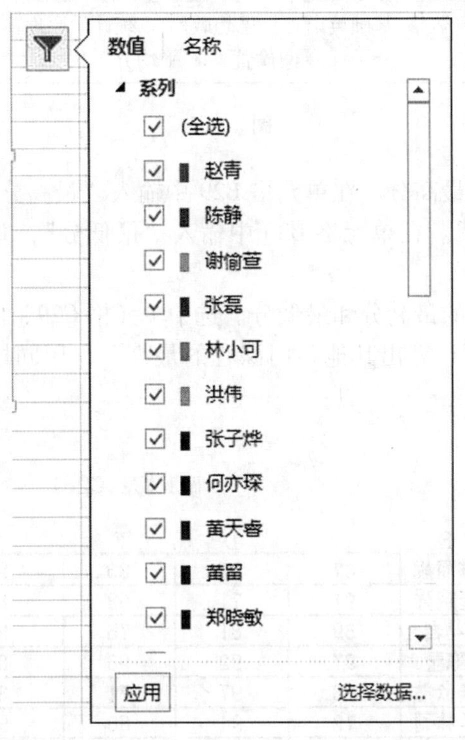

图 2－80

（9）筛选学生信息。在图 2－80 中，“系列”下选择学生“谢愉萱”和“平均分”，并单击“应用”按钮，此时图表将显示该学生和“平均分”的考试成绩，如图 2－81 所示。

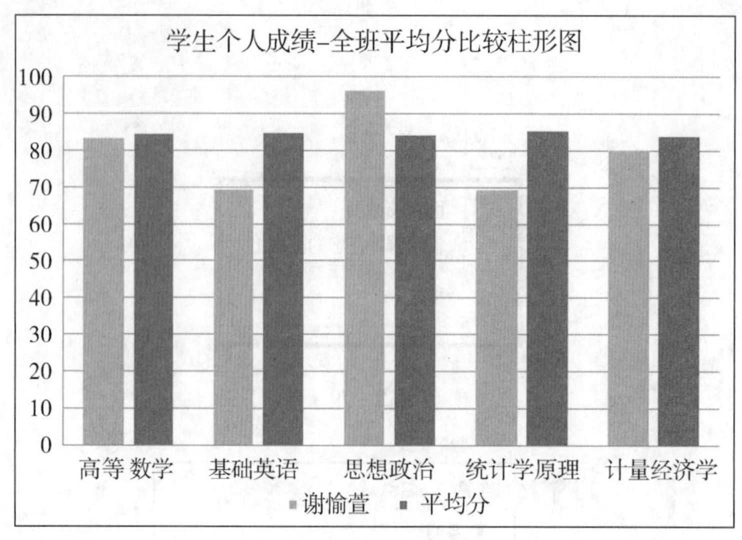

图 2－81

（10）计算最低分和最高分。在单元格 B29 中输入“最高分”，并在 C29 中输入计算公式“＝MAX(C2:C26)”。在单元格 B30 中输入“最低分”，并在 C30 中输入计算公式“＝MIN(C2:C26)”。

（11）填充其他课程的最高分和最低分。选中单元格 C29，向右拖曳 C29 右下角的填充柄至单元格 G29，即可计算出其他各门课程的最高分，用同样的方法填充最低分，最终结果如图 2－82 所示。

C30　=MIN(C2:C26)

	A	B	C	D	E	F	G
19	200508018	姚丽妮	87	82	83	98	91
20	200508019	崔晓强	91	71	68	82	71
21	200508020	冯岩	89	81	75	98	90
22	200508021	陈莹	97	92	93	89	90
23	200508022	侯欣然	88	97	71	89	91
24	200508023	李林莉	72	94	80	95	83
25	200508024	于芳	73	93	71	87	71
26	200508025	赵蕾蕾	94	84	90	97	81
27							
28		平均分	84.24	84.48	83.92	85.2	83.64
29		最高分	97	97	98	98	98
30		最低分	69	68	68	69	69

图 2－82

（12）修改图表的源数据。选中图表，单击鼠标右键，在弹出的快捷菜单中，执行“选择数据”命令，将弹出“选择数据源”对话框。单击“图表数据区域”选项框右侧的“拾取”按钮，按住［Ctrl］键，选中 B29:G29 和 B30:G30 单元格区域，将这两个区域也添加到数据引用中去，如图 2－83 所示。

图 2－83

（13）设置好后单击“拾取”按钮，然后单击“确定”按钮即可完成对图表数据源的修改。

（14）修改完成后选中图表，单击右侧图表筛选按钮，在弹出的筛选对话框中选择学生“黄天睿”及“平均分”、“最高分”、“最低分”。

（15）修改图表样式。切换到“图表工具—设计”选项卡，在“图表样式”组中选择“样式 14”，并对数据系列的颜色做一定的设置。此时图表将显示该学生和最高分、最低分以及平均分的对比情况，如图 2－84 所示。

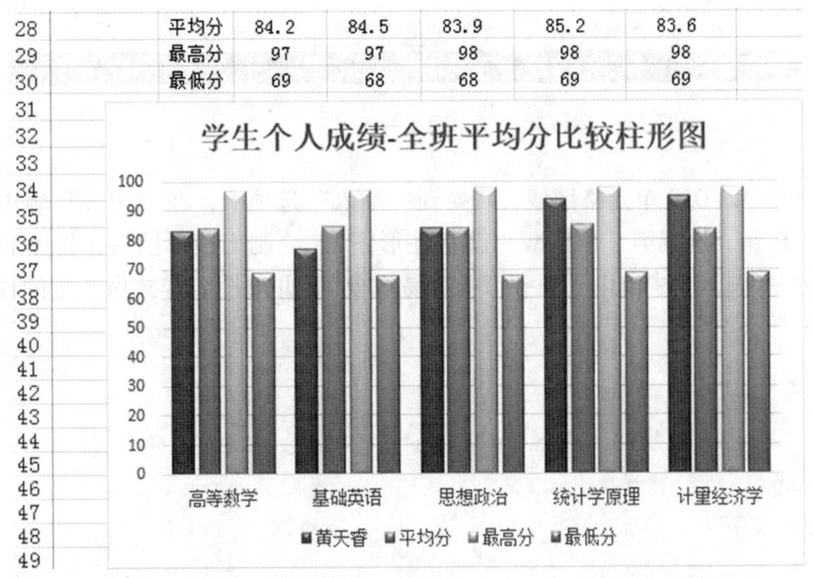

28	平均分	84.2	84.5	83.9	85.2	83.6
29	最高分	97	97	98	98	98
30	最低分	69	68	68	69	69

图 2－84

2.2.3　双坐标柱线合并图

柱线合并图是指同一个图表中，某些数据系列以柱形来表示，而另一些数据系列以折线来表示。这种图表适用于不需要知道某些数据的精确值，只需要大致趋势即可的情况。本案例以 2012 年至 2013 年每个季度的中国电子商务市场交易规模大小为例来介绍绘制双坐标柱线合并图的方法。具体操作步骤如下：

（1）新建一个工作表，命名为“柱线合并图”，在工作表中输入电子商务市场交易规模、环比增长率及同比增长率等相关数据，如图 2－85 所示。

Excel基本图表及交互式图表.xlsx - Ex...

文件 开始 常用命令 插入 页面布局 公式 数据 审阅 视图

H23

2012Q1-2013Q4中国电子商务市场交易规模			
季度	中国电子商务市场交易规模（万亿元）	环比增长率(%)	同比增长率(%)
2012Q1	1.8	-2.7	28.1
2012Q2	1.8	8.0	27.5
2012Q3	2.0	6.3	24.8
2012Q4	2.4	16.7	30.3
2013Q1	2.2	-6.4	25.4
2013Q2	2.5	11.1	28.9
2013Q3	2.4	-7.8	26.3
2013Q4	2.5	6.8	29.2

Sheet2 比较柱形图 柱线合并图

就绪 100%

图 2－85

（2）选中 A2:D10 单元格区域，切换到“插入”选项卡，在“图表”组中单击“推荐的图表”按钮，选择第一个类型“簇状柱形图”。绘制出柱形图后，将图表标题更改为“2012Q1－2013Q4 中国电子商务市场交易规模”，并对图表样式做一定的设置，结果如图 2－86 所示。

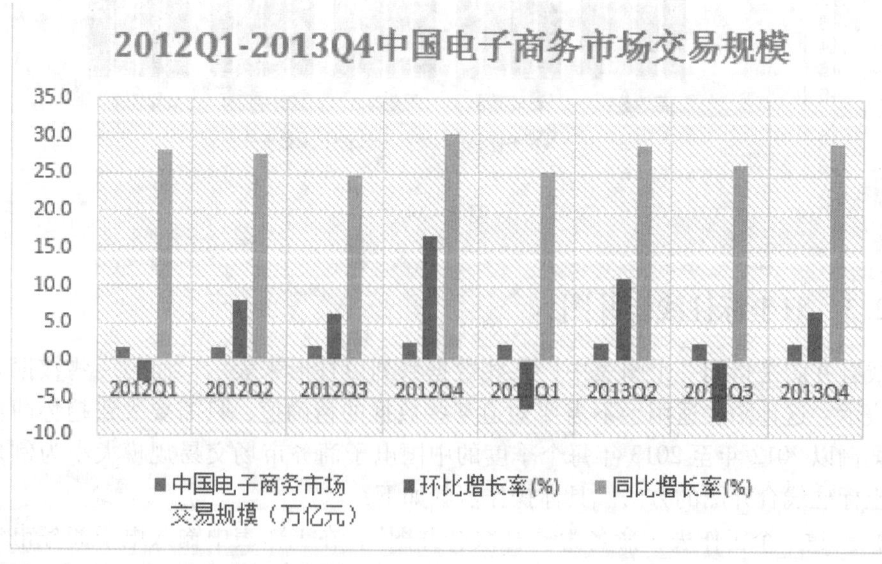

图 2－86

（3）选中“环比增长率”数据系列，单击鼠标右键，在弹出的快捷菜单中，选择“更改系列图表类型”，如图 2－87 所示。

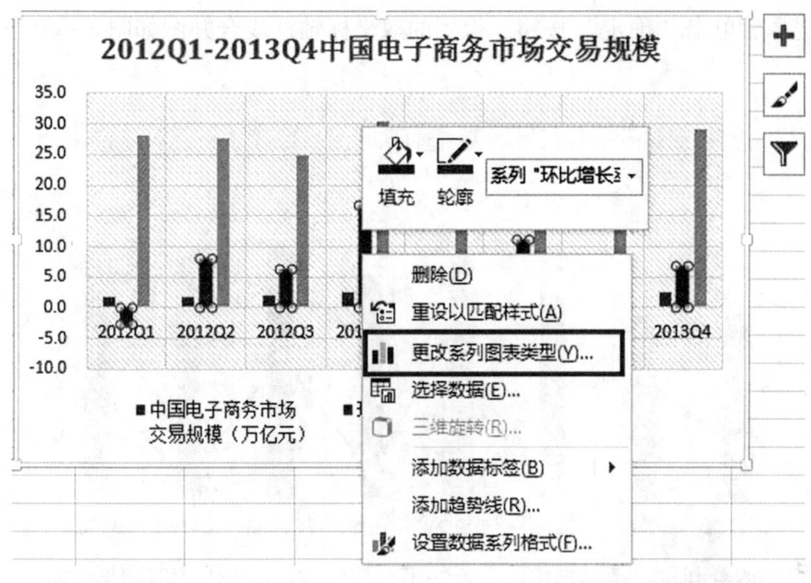

图 2－87

（4）在弹出的“更改图表类型”对话框中，将系列“环比增长率（%）”和“同比增长率（%）”的图表类型更改为“带数据标记的折线图”，并勾选右侧的“次坐标轴”前面的复选框按钮，如图 2－88 所示。

图 2－88

（5）选择后单击“确定”按钮，得到的双坐标轴柱线合并图如图2－89所示。

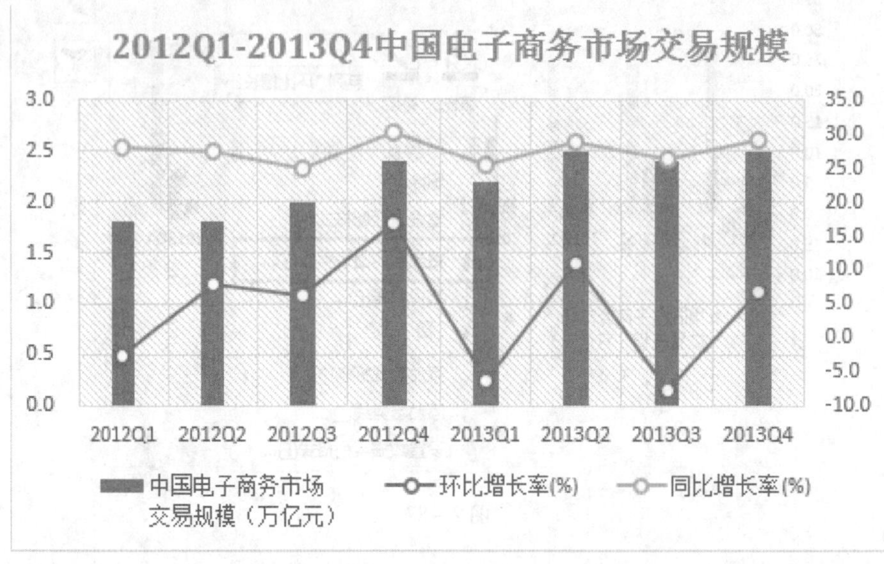

图2－89

（6）设置坐标轴格式。为了使交易量在图表下方显示，增长率在图表上方显示，这里需要对坐标轴的最大值和最小值进行设置。选中纵坐标轴并单击鼠标右键，在弹出的快捷菜单中点击“设置坐标轴格式”，将弹出“设置坐标轴格式”对话框，在该对话框中，将最大值设为“7.0”。按照同样方法，对右侧次坐标轴进行设置，将最小值设为“－50.0”，最大值设为“40.0”，如图2－90及图2－91所示。

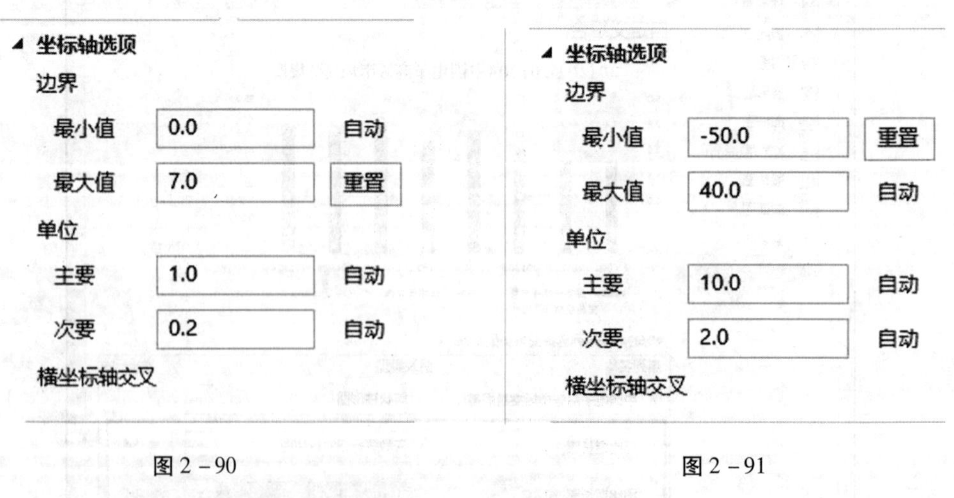

图2－90　　图2－91

（7）更改“环比增长率”的数据标记，最终绘制的双坐标柱线合并图效果如图2－92所示。

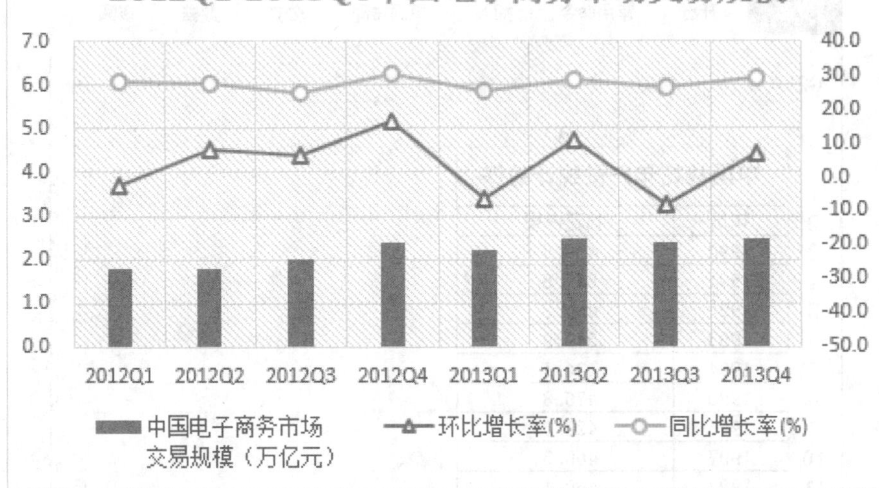

图 2－92

2.2.4　利用滚动条控制数据系列

在某些情况下，当数据量太大而无法一次性在图表中显示所有数据信息，或者根据用户需求只显示其中一部分信息时，可以利用滚动条工具来实现。

本例使用中国从 1990 年至 2012 年棉花产量的统计数据（数据来源：《中国统计年鉴2013》)，使用滚动条控制显示在三维柱形图中的数据，用户可以很方便地查看其中几个年份的统计数据。具体操作如下：

（1）新建一个工作表，命名为“滚动条控制数据系列”。在工作表中输入中国历年棉花产量的统计数据，如图 2－93 所示。

Excel基本图表及交互式...

文件 开始 常用命令 插入 页面布局 公式 数据 审阅

G21

	A	B	C	D	E
1	中国棉花年产量统计数据				
2	年份	棉花产量			
3	1990	450.8			
4	1991	567.5			
5	1992	450.8			
6	1993	373.9			
7	1994	434.1			
8	1995	476.8			
9	1996	420.3			
10	1997	460.3			
11	1998	450.1			
12	1999	382.9			
13	2000	441.7			
14	2001	532.4			
15	2002	491.6			
16	2003	486.0			
17	2004	632.4			
18	2005	571.4			
19	2006	753.3			
20	2007	762.4			
21	2008	749.2			
22	2009	637.7			
23	2010	596.1			
24	2011	659.8			
25	2012	683.6			
26					
27	单位：万吨				
28	数据来源：《中国统计年鉴2013》				
29					

... Sheet2 比较柱形图 柱线…

就绪 100%

图 2－93

（2）在 D1 单元格中输入“显示年份数:”；选中 D1 和 E1 单元格，将字号设置为 10，填充颜色设置为淡蓝色。如图 2－94 所示。

	A	B	C	D	E
1	中国棉花年产量统计数据			显示年份数：	
2	年份	棉花产量			
3	1990	450.8			
4	1991	567.5			
5	1992	450.8			
6	1993	373.9			

图 2－94

（3）定义名称 NumOfYears。选中 E1 单元格，切换到“公式”选项卡，在“定义名称”组中，执行“定义名称”下拉列表中的“定义名称”命令，将弹出“新建名称”对话框。在“名称”框中输入“NumOfYears”，“引用位置”框中输入“=滚动条控制数据系列! $E$1”，如图 2－95 所示。输入完成后单击“确定”按钮。

图 2－95

（4）定义名称 Years。选中 A3 单元格，打开“新建名称”对话框，在“名称”框中输入“Years”，“引用位置”中输入“=OFFSET（滚动条控制数据系列!$A$3,0,0,NumOfYears,1）”，如图 2－96 所示。输入完成后单击“确定”按钮。

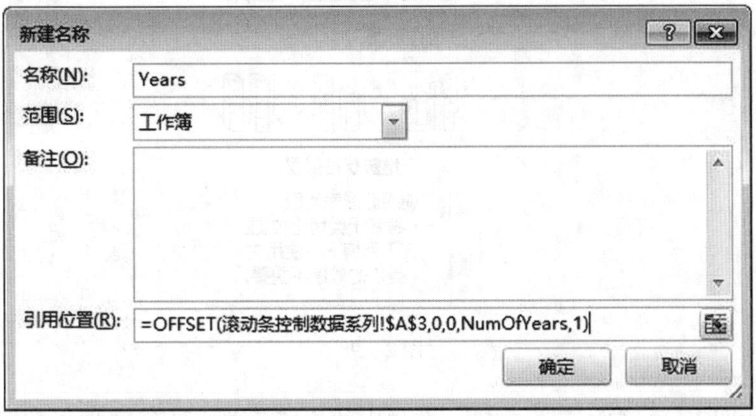

图 2－96

（5）定义名称 Output。选中 B3 单元格，打开“新建名称”对话框，在“名称”框中输入“Output”，“引用位置”中输入“=OFFSET（滚动条控制数据系列!$B$3,0,0,NumOfYears,1）”，如图 2－97 所示。

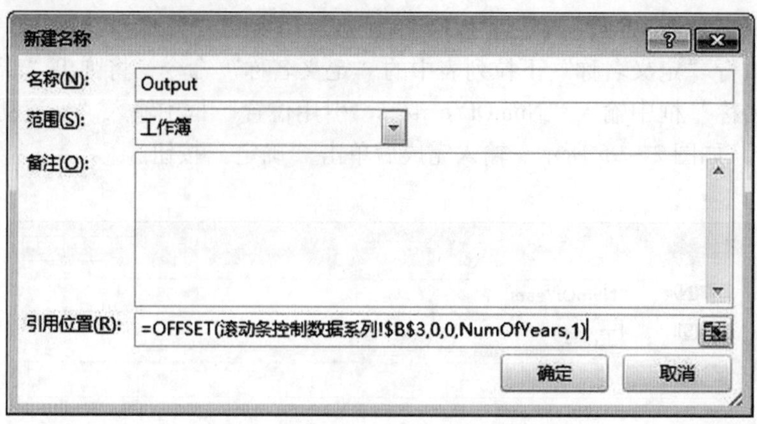

图 2－97

（6）输入完成后单击“确定”按钮，返回到工作表中，在 E1 单元格中输入初始年份数，这里输入“2”。

（7）绘制三维簇状柱形图。选中 D5 单元格，切换到“插入”选项卡，在“图表”组中单击“柱形图”按钮，在子图表类型中，选择三维簇状柱形图，如图 2－98 所示。

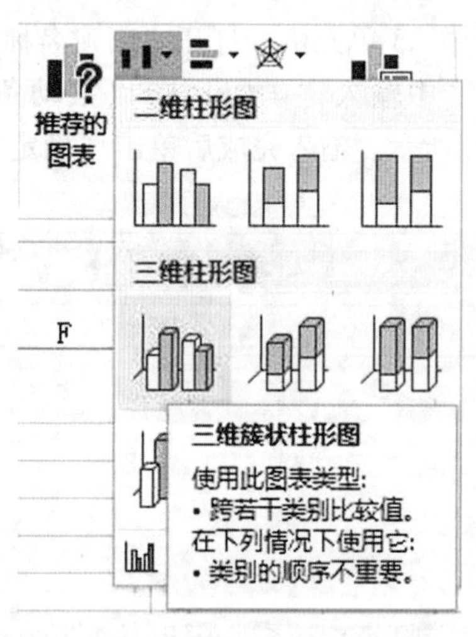

图 2－98

（8）选中图表区，单击鼠标右键，在弹出的快捷菜单中执行“选择数据”命令，将弹出“选择数据源”对话框，如图 2－99 所示。

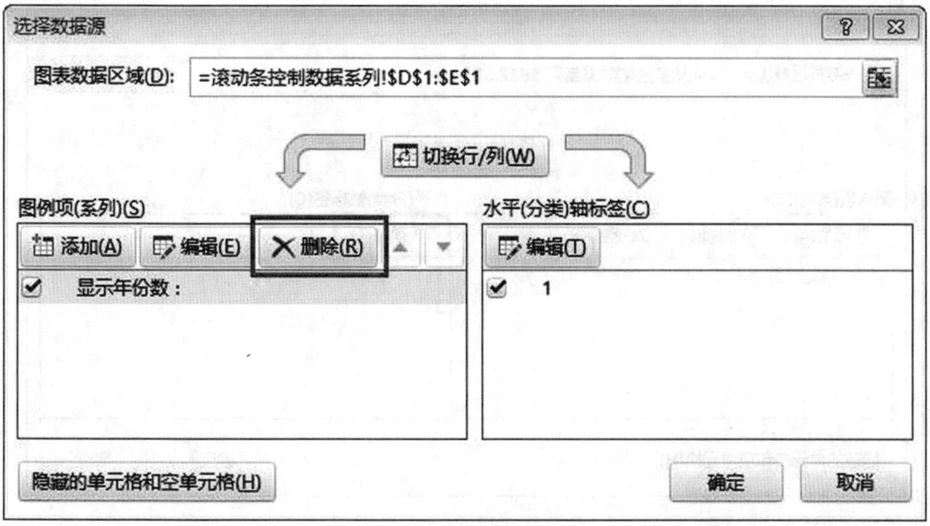

图 2－99

（9）删除当前系列，然后单击图例项（系列）下的“添加”按钮，将弹出“编辑数据系列”对话框，在系列名称中输入“＝滚动条控制数据系列!$B $2”，系列值中输入“＝Excel 基本图表及交互式图表 . xlsx ! Output”，如图 2－100 所示。

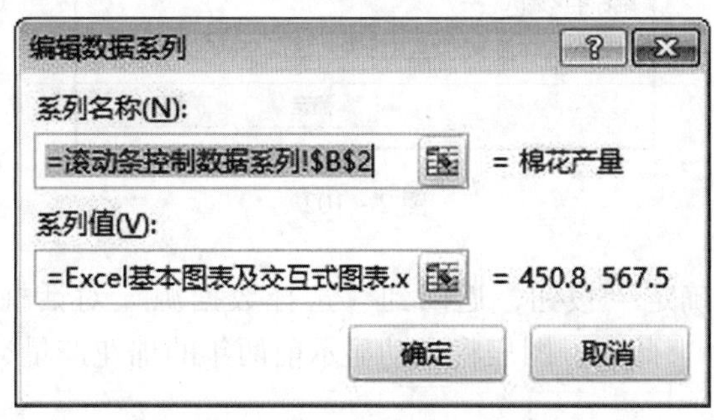

图 2－100

（10）然后单击“确定”按钮，返回到“选择数据源”对话框中。此时，水平（分类）轴标签中的“编辑”按钮变为可用，如图 2－101 所示。

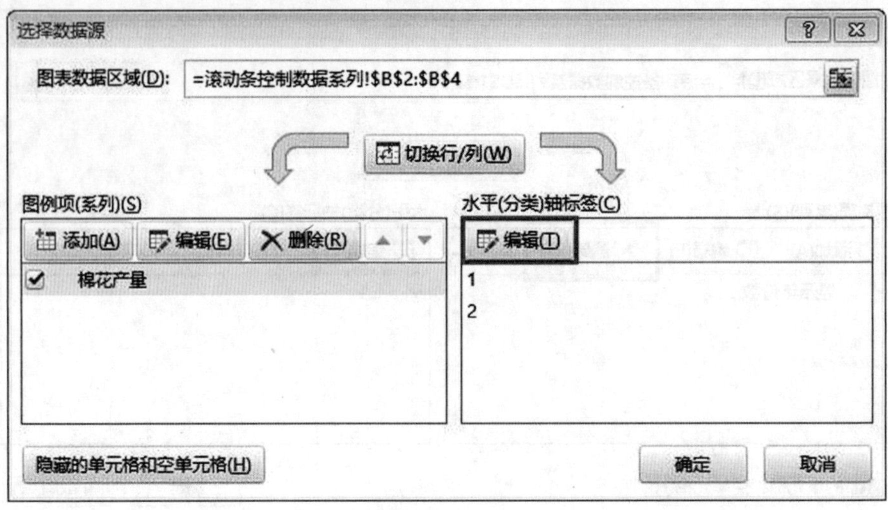

图 2-101

（11）单击水平（分类）轴标签中的"编辑"按钮，打开"轴标签"对话框，如图2-102。在"轴标签区域"框中输入"=Excel 基本图表及交互式图表.xlsx!Years"。

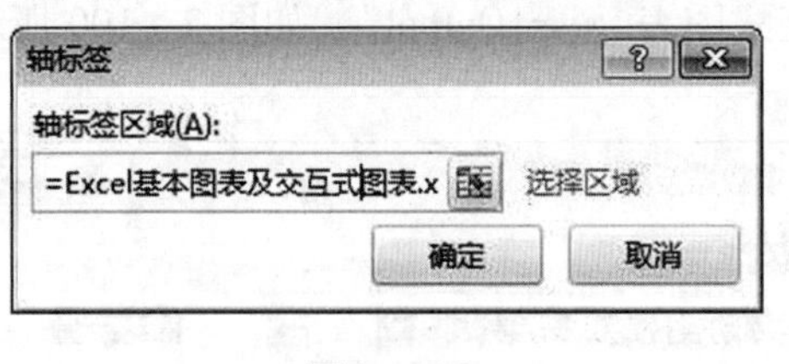

图 2-102

（12）然后单击"确定"按钮，返回到"选择数据源"对话框中。再单击"确定"按钮，返回到工作表中。此时，图表将自动显示前两年的棉花产量，如图2-103所示。

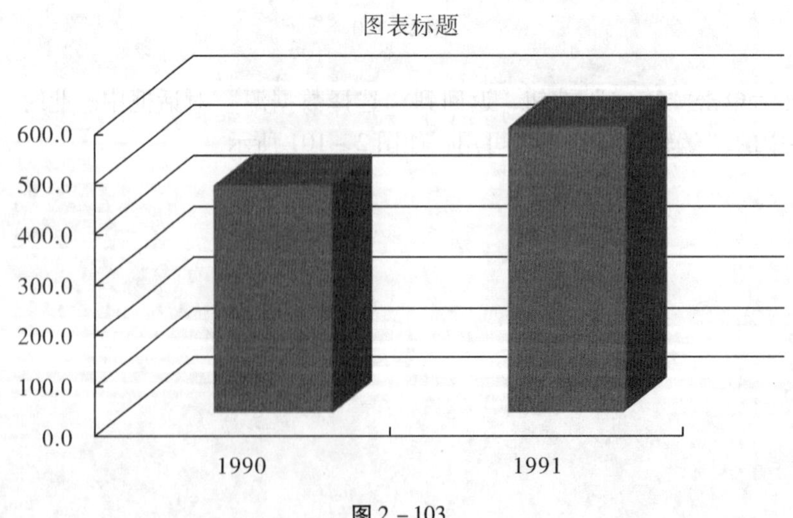

图 2-103

（13）修饰图表。将图表标题设置为“中国历年棉花年产量统计图”，字体大小设为 11，不加粗；将绘图区的背景颜色更改为“对角砖形”图案填充，并适当调整绘图区和系列的位置，修饰后的图表效果如图 2－104 所示。在 E1 单元格内输入 5，则图表自动显示前 5 年的棉花产量。

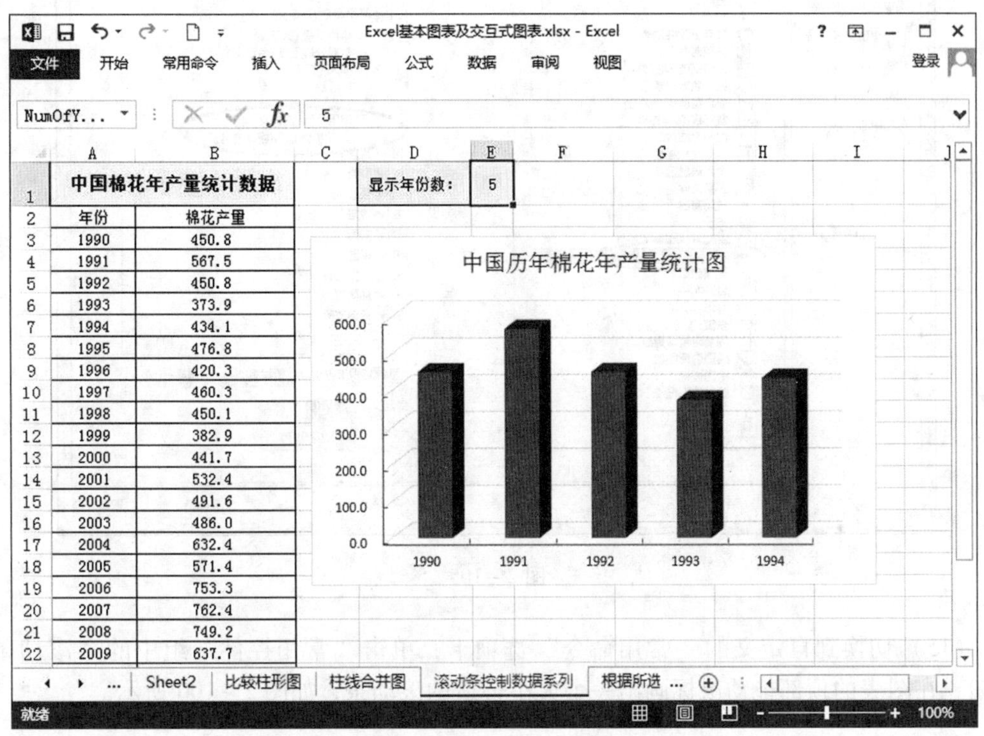

图 2－104

利用滚动条要比手动设置 E1 单元格中的数值要容易一些。下面是利用滚动条控制数据系列的步骤。

（14）添加滚动条之前，需要添加滚动条命令。切换到“文件”选项卡，执行“选项”命令将弹出“Excel 选项”对话框，选中左侧的“自定义功能区”选项卡，在下拉列表中选择“不在功能区中的命令”，然后在下方的列表中选中“滚动条（窗体控件）”，点击“添加”按钮，将其添加到一个新定义的选项卡“窗体控件”下，如图 2－105 所示。设置完成后单击“确定”按钮。

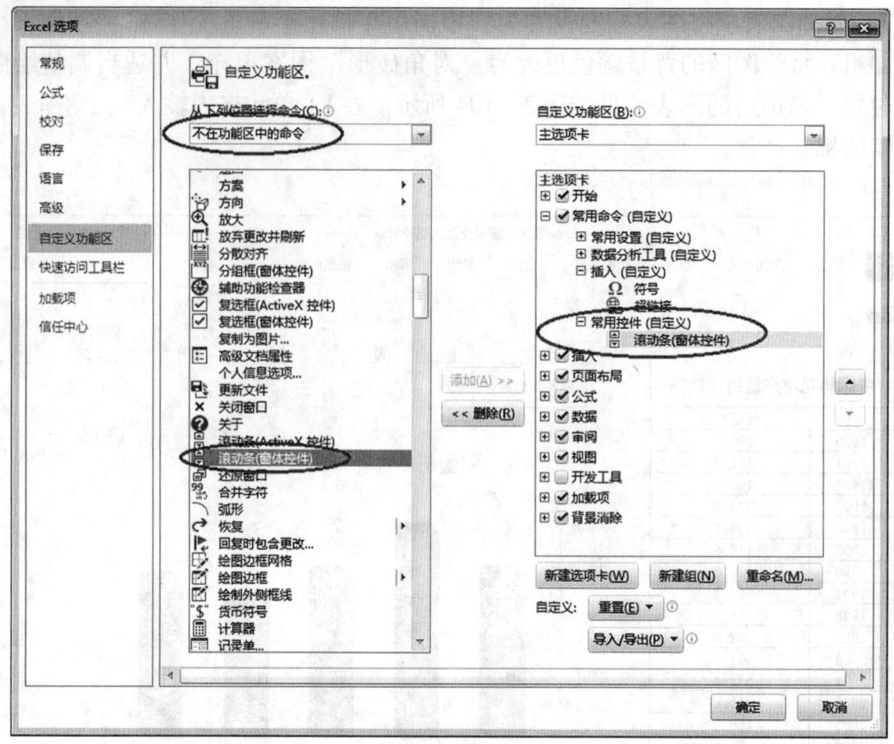

图 2－105

（15）切换到自定义的“常用命令”选项卡，单击“常用控件”组中的“滚动条”按钮，在图表的顶部拖动鼠标画出一个大小合适的滚动条，如图 2－106 所示。

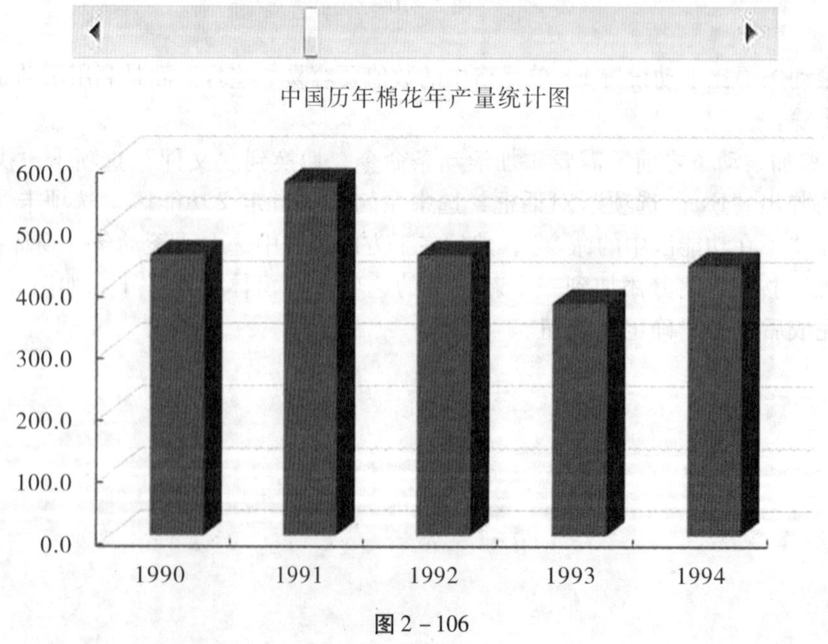

图 2－106

（16）选中“滚动条”控件，单击鼠标右键，在弹出的快捷菜单中执行“设置控件格式”命令，将打开“设置控件格式”对话框。将最小值设为“1”，最大值设为“23”，页步长设为“3”，单元格链接框中输入“NumOfYears”，并选中“三维阴影”复选框，如图 2－107 所示。

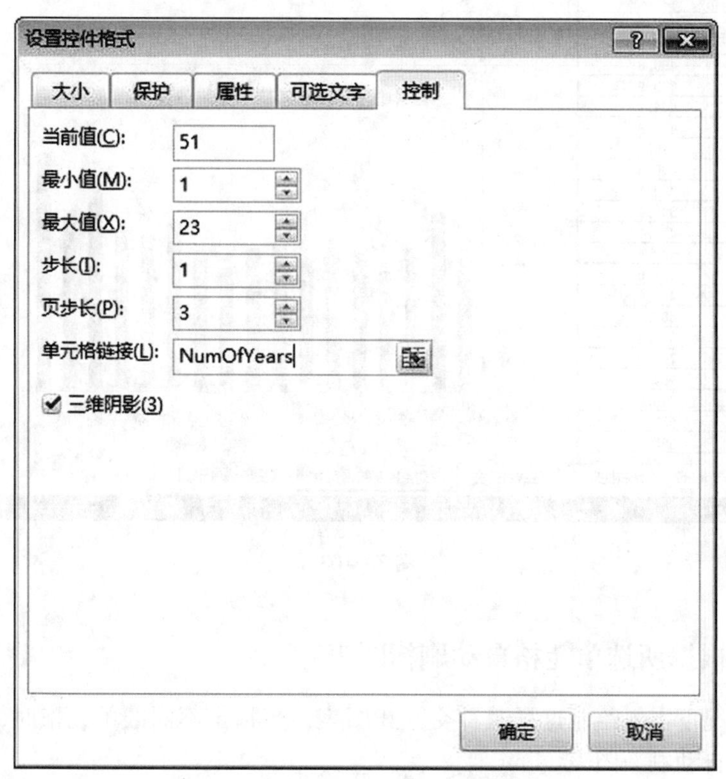

图 2－107

（17）单击“确定”按钮，返回到工作表中。选中“滚动条”控件，按住［Ctrl］键的同时选中图表区域，单击鼠标右键，从弹出的快捷菜单中执行“组合”—“组合”命令。这样，在移动图表的同时，滚动条也会随之移动。

（18）设置完成后，左右拖动滚动条，图表可以实现动态显示，如图 2－108 所示。

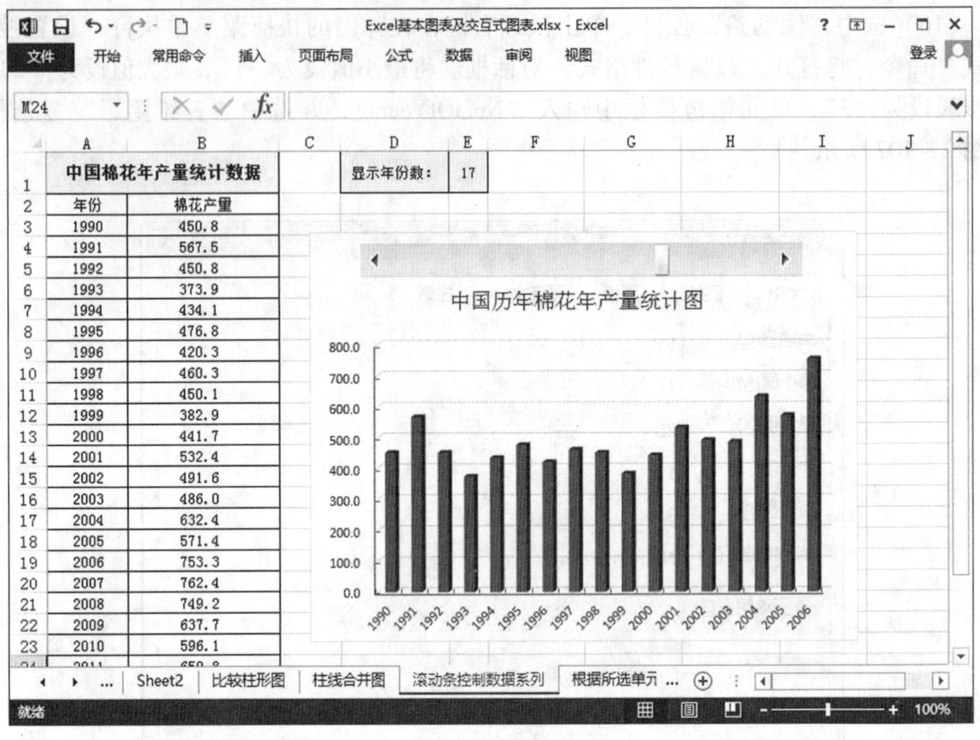

图 2－108

2.2.5 根据所选单元格自动刷新图表

在某些情况下需要绘制这样一种交互式图表，当指定不同的单元格时，图表将检测到这一情况并自动刷新图表。

本案例采用 2012 年中国五大省市农村居民家庭消费支出的统计数据，比较的指标涉及八个方面：食品、衣着、居住、家庭设备及用品、交通通信、文教娱乐、医疗保健及其他（单位：元）。本节将绘制一个根据所选定的单元格数据自动刷新的图表，比如，用户选中的单元格存放的是“居住”指标的数据，则图表将绘制五大省市在这一方面的比较情况。具体绘制步骤如下：

（1）新建一个工作表，命名为“根据所选单元格自动刷新图表”，并在工作表中输入相关数据，如图 2－109 所示。

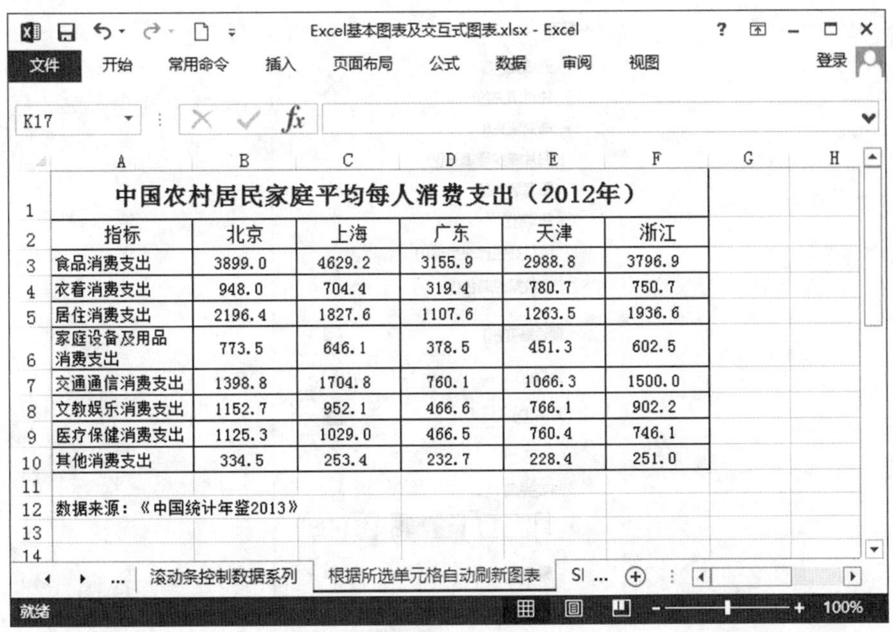

中国农村居民家庭平均每人消费支出（2012年）					
指标	北京	上海	广东	天津	浙江
食品消费支出	3899.0	4629.2	3155.9	2988.8	3796.9
衣着消费支出	948.0	704.4	319.4	780.7	750.7
居住消费支出	2196.4	1827.6	1107.6	1263.5	1936.6
家庭设备及用品消费支出	773.5	646.1	378.5	451.3	602.5
交通通信消费支出	1398.8	1704.8	760.1	1066.3	1500.0
文教娱乐消费支出	1152.7	952.1	466.6	766.1	902.2
医疗保健消费支出	1125.3	1029.0	466.5	760.4	746.1
其他消费支出	334.5	253.4	232.7	228.4	251.0

数据来源：《中国统计年鉴2013》

图 2－109

（2）选中 A2:F3 单元格区域，切换到“插入”选项卡，在“图表”组中单击“柱形图”按钮，在子图表类型中，选择二维簇状柱形图。绘制出柱形图后将图表标题的字体大小设为 14，纵坐标轴主要单位设为 1000，刻度线标记设为“内部”，并把网格线设置为虚线，设置后的图表如图 2－110 所示。

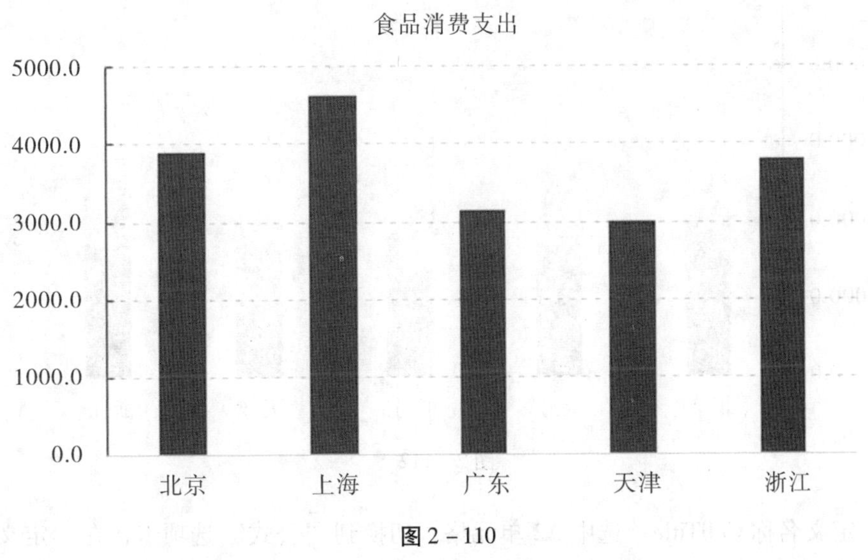

图 2－110

（3）选中数据系列，单击鼠标右键，在弹出的快捷菜单中，执行“设置数据系列格式”命令，窗口右侧将弹出“设置数据系列格式”对话框。选中左边的“填充”选项卡，选择“渐变填充”单选按钮，预设渐变中选择“顶部聚光灯—着色 1”，并将渐变光圈的颜色位置设置为 50%，如图 2－111 所示。并将边框设置为实线。

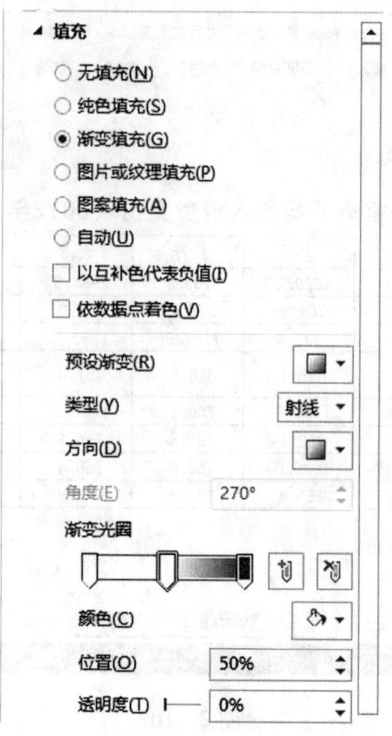

图 2－111

（4）设置完成后图表将自动显示最新的设置效果，如图 2－112 所示。

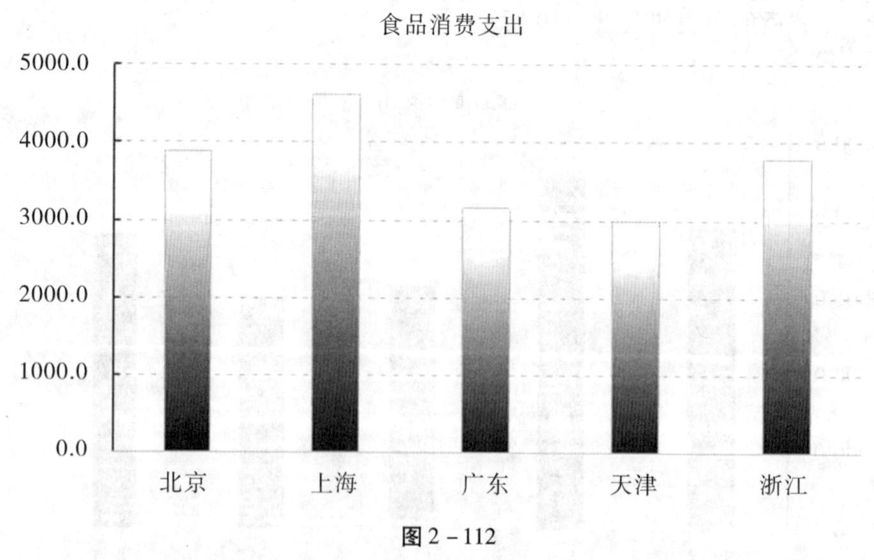

图 2－112

（5）定义名称 CellTitle。选中 A2 单元格，切换到“公式”选项卡，在“定义名称”组中，执行“定义名称”下拉列表中的“定义名称”命令，将弹出“新建名称”对话框。在“名称”框中输入“CellTitle”，“引用位置”框中输入“＝OFFSET（根据所选单元格自动刷新图表!$A3,0,0）”，如图 2－113 所示。

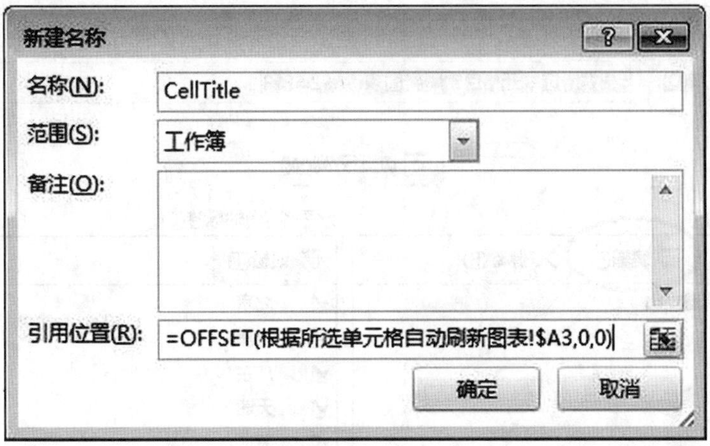

新建名称

名称(N): CellTitle

范围(S): 工作簿

备注(O):

引用位置(R): =OFFSET(根据所选单元格自动刷新图表!$A3,0,0)

确定　取消

图 2－113

（6）按同样方式定义名称 CellSource。其中，“引用位置”框中输入“＝OFFSET（根据所选单元格自动刷新图表!$A3,0,1,1,5）”，如图 2－114 所示。输入完成后，单击“确定”按钮，返回到工作表中。

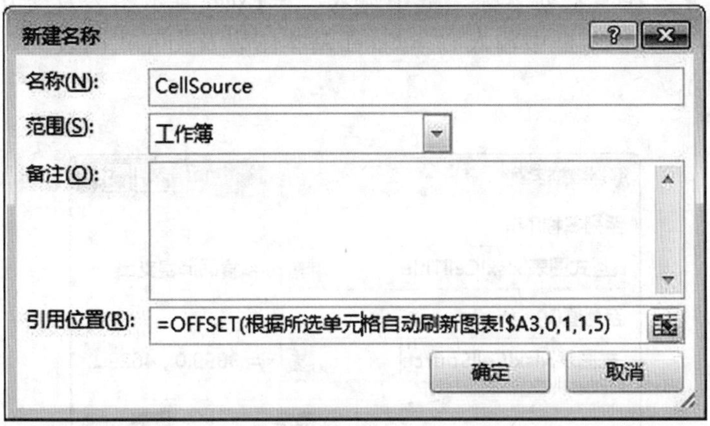

新建名称

名称(N): CellSource

范围(S): 工作簿

备注(O):

引用位置(R): =OFFSET(根据所选单元格自动刷新图表!$A3,0,1,1,5)

确定　取消

图 2－114

（7）选中图表中的数据系列，单击鼠标右键，在弹出的快捷菜单中执行“选择数据”命令，将弹出“选择数据源”对话框，如图 2－115 所示。

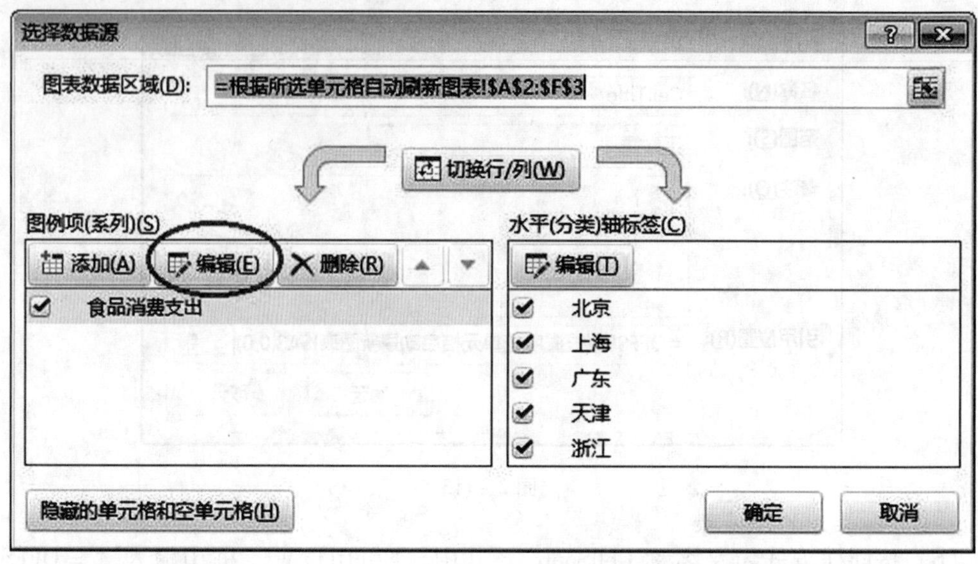

图 2－115

（8）点击图例项（系列）下的“编辑”按钮，将弹出“编辑数据系列”对话框，如图 2－116 所示。在“系列名称”框中输入“＝Excel 基本图表及交互式图表．xlsx！CellTitle”，在“系列值”框中输入“＝Excel 基本图表及交互式图表．xlsx！CellSource”，如图 2－116 所示。

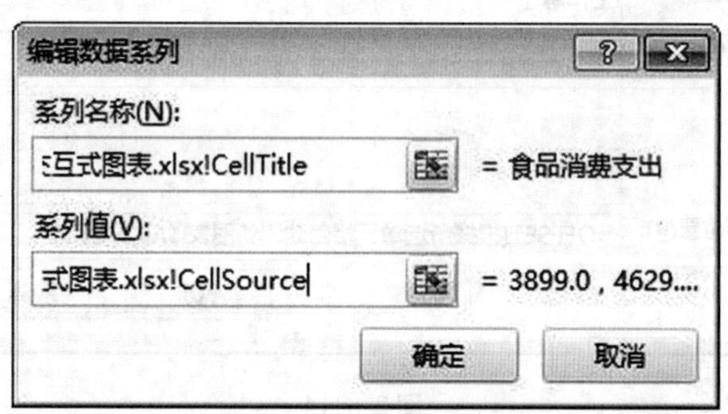

图 2－116

（9）单击“确定”按钮，返回到工作表中。此时，当选择一个比较指标后，按［F9］键将自动更新图表。比如，若鼠标选中人均消费支出指标，按［F9］键，则图表将自动更新并显示，如图 2－117 所示。

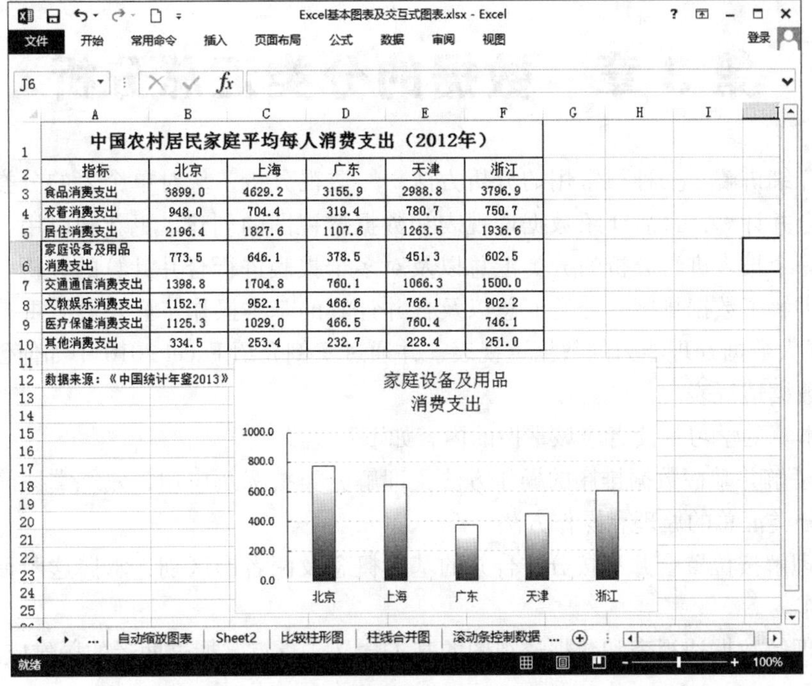

中国农村居民家庭平均每人消费支出（2012年）

指标	北京	上海	广东	天津	浙江
食品消费支出	3899.0	4629.2	3155.9	2988.8	3796.9
衣着消费支出	948.0	704.4	319.4	780.7	750.7
居住消费支出	2196.4	1827.6	1107.6	1263.5	1936.6
家庭设备及用品消费支出	773.5	646.1	378.5	451.3	602.5
交通通信消费支出	1398.8	1704.8	760.1	1066.3	1500.0
文教娱乐消费支出	1152.7	952.1	466.6	766.1	902.2
医疗保健消费支出	1125.3	1029.0	466.5	760.4	746.1
其他消费支出	334.5	253.4	232.7	228.4	251.0

数据来源：《中国统计年鉴2013》

图 2－117

（10）利用 VBA 宏程序代码，使得选中不同的指标时，不需要按［F9］键图表即可自动更新。按［ALT］+［F11］进入 Visual Basic 编辑器，从左上窗口中双击“Sheet11（根据所选单元格自动刷新图表）”，右侧将出现代码窗口，在代码窗口的左侧下拉列表中选择“Worksheet”，在右侧的下拉列表中选择“SelectionChange”，在光标所在处输入程序代码，如图 2－118 所示。

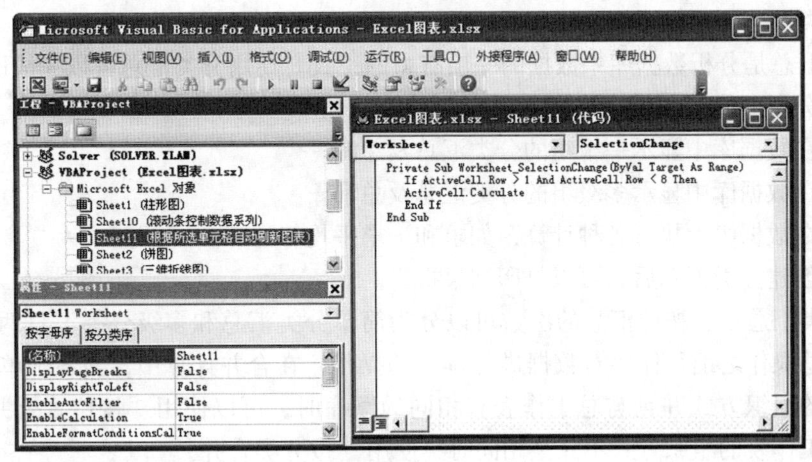

图 2－118

（11）输入完成后，返回到 Excel 工作表中。此时，当选中某个比较指标时，图表将自动更新。

第3章 数据的分类汇总分析

本章详细讲解了一种很常用的分析方法——透视分析，从对单个表的分类汇总，到多个表的合并计算，最后介绍数据透视表和数据透视图的创建、更新和应用。透视分析涉及对同一个报表进行分析的分类汇总以及对多个报表进行合并计算的分析。本章通过典型例子讲解了数据排序、分类汇总以及合并计算的基本操作步骤。最后重点介绍了体现 Excel 强大数据处理能力的数据透视表，并通过案例介绍 Excel 2010 中如何创建、更新以及应用数据透视表。

通过本章的学习，读者应该掌握的内容如下：

（1）了解并掌握数据排序的操作方法，理解分类指标及应用，熟练掌握简单分类汇总和多级分类汇总的原理和操作方法。

（2）理解按位置合并和按分类合并的基本概念及两者的区别，掌握这两种合并计算的基本操作。

（3）理解数据透视表和数据透视图的基本含义，重点掌握这两者的操作应用。

3.1 数据分类汇总的意义和作用

分类汇总功能是使用 Excel 时常用的一种工具，利用 Excel 可自动计算数据清单中的分类汇总和总计值。当插入自动分类汇总时，Excel 将分级显示数据清单，以便为每个分类汇总显示和隐藏明细数据行。如果要插入分类汇总，可以先将数据进行排序，以便将要进行分类汇总的行组合到一起。然后，为包含数字的列计算分类汇总。如果数据不是以数据库的形式来组织，或者只需单个的汇总，则可使用“自动求和”按钮，而不是使用自动分类汇总。

分类汇总是分析数据库中数据的一项有力的工具。使用分类汇总可以完成以下工作：

（1）分析 Excel 如何创建数据组。

（2）在数据库中显示一级组的分类汇总及总和。

（3）在数据库中显示多级组的分类汇总及总和。

（4）在数据组上执行各种计算，如求和、求平均等计算。

（5）创建分类汇总后，可以打印结果报告。

在分类汇总中，按照汇总的次数可以分为简单分类汇总和多级分类汇总两类。在进行分类汇总操作之前往往要对数据进行排序的操作。在合并计算中，当各个单独工作表具有相同的组织方式并且与总工作表有相同的顺序时，可以使用“按位置合并”；当各个独立的工作表的组织方式不完全相同时，使用“按分类合并”。

3.2 数据排序与数据筛选

对数据进行排序是统计分析必不可少的组成部分。数据筛选是对数据进行有条件和选择性的列举显示。Excel 2013 提供了强大的数据排序和筛选功能，有利于对数据进行高效的管理和统计分析。

3.2.1 数据排序

股市行情涉及大量的数据，在如此庞大的数据集合中，通过浏览一只一只股票的方式查找所关注的某股票行情往往不可取。利用 Excel 2013 强大的数据排序功能可以快速、有效地整理数据，帮助我们快速找到所关注的股票，比如价格最高的股票、涨幅最大的股票等。

在 Excel 2013 中，可以按文本、数字以及日期等按升序或降序对数据进行排序。还可以按自定义序列（如大、中、小）或单元格的格式（单元格颜色、字体颜色、单元格图标）进行排序。大多数的数据排序都是对列排序，也可以对行进行排序。

图 3-1 所示是 2013 年某日上市股票行情数据，假如要将股票先按涨跌幅降序排序，涨跌幅相同时再按成交量进行排序，其具体操作步骤如下：

（1）选中数据清单中的任一单元格，在“开始”选项卡中，执行“编辑”组的“排序和筛选”下拉按钮中的“自定义排序”命令，将弹出“排序”对话框。

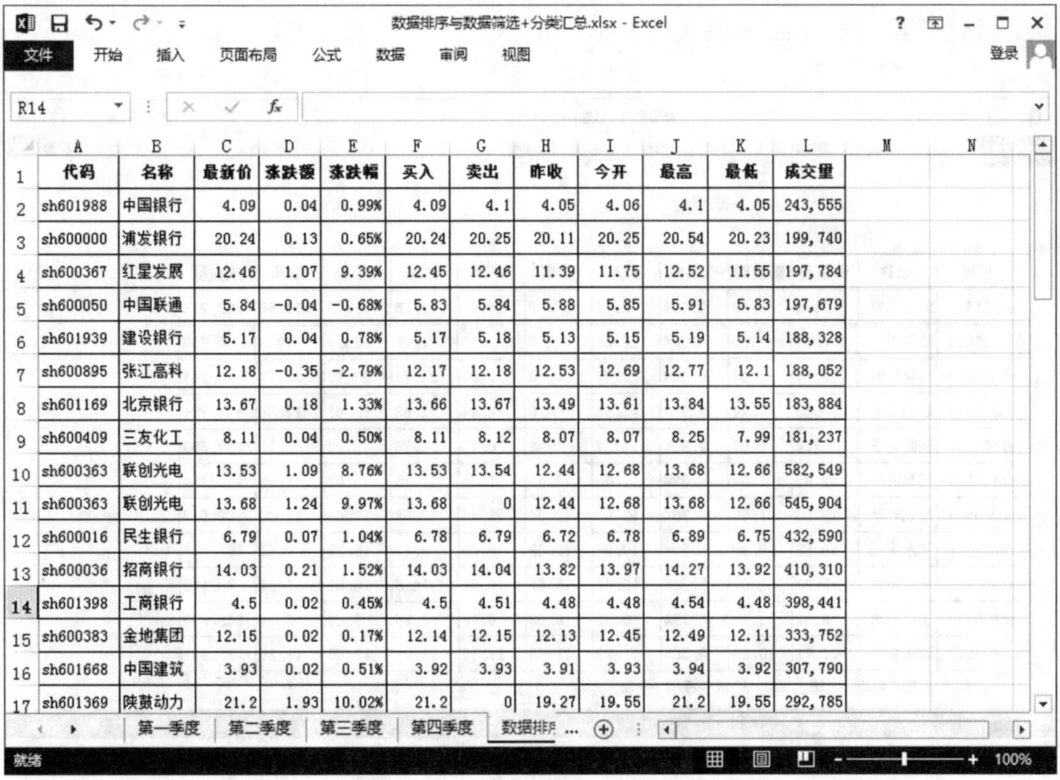

数据排序与数据筛选+分类汇总.xlsx - Excel

代码	名称	最新价	涨跌额	涨跌幅	买入	卖出	昨收	今开	最高	最低	成交量
sh601988	中国银行	4.09	0.04	0.99%	4.09	4.1	4.05	4.06	4.1	4.05	243,555
sh600000	浦发银行	20.24	0.13	0.65%	20.24	20.25	20.11	20.25	20.54	20.23	199,740
sh600367	红星发展	12.46	1.07	9.39%	12.45	12.46	11.39	11.75	12.52	11.55	197,784
sh600050	中国联通	5.84	-0.04	-0.68%	5.83	5.84	5.88	5.85	5.91	5.83	197,679
sh601939	建设银行	5.17	0.04	0.78%	5.17	5.18	5.13	5.15	5.19	5.14	188,328
sh600895	张江高科	12.18	-0.35	-2.79%	12.17	12.18	12.53	12.69	12.77	12.1	188,052
sh601169	北京银行	13.67	0.18	1.33%	13.66	13.67	13.49	13.61	13.84	13.55	183,884
sh600409	三友化工	8.11	0.04	0.50%	8.11	8.12	8.07	8.07	8.25	7.99	181,237
sh600363	联创光电	13.53	1.09	8.76%	13.53	13.54	12.44	12.68	13.68	12.66	582,549
sh600363	联创光电	13.68	1.24	9.97%	13.68	0	12.44	12.68	13.68	12.66	545,904
sh600016	民生银行	6.79	0.07	1.04%	6.78	6.79	6.72	6.78	6.89	6.75	432,590
sh600036	招商银行	14.03	0.21	1.52%	14.03	14.04	13.82	13.97	14.27	13.92	410,310
sh601398	工商银行	4.5	0.02	0.45%	4.5	4.51	4.48	4.48	4.54	4.48	398,441
sh600383	金地集团	12.15	0.02	0.17%	12.14	12.15	12.13	12.45	12.49	12.11	333,752
sh601668	中国建筑	3.93	0.02	0.51%	3.92	3.93	3.91	3.93	3.94	3.92	307,790
sh601369	陕鼓动力	21.2	1.93	10.02%	21.2	0	19.27	19.55	21.2	19.55	292,785

第一季度 | 第二季度 | 第三季度 | 第四季度 | 数据排序...

图 3-1

（2）在“排序”对话框中，指定主要关键字为“涨跌幅”，排序依据为“数值”，排序方式为“降序”；单击左上角的“添加条件”按钮添加一个次要关键字，并设定“成交量”为次要关键字，排序依据为“数值”，排序方式为“降序”，这时的排序对话框如图 3 – 2 所示。

列		排序依据	次序
主要关键字	涨跌幅	数值	降序
次要关键字	成交量	数值	降序

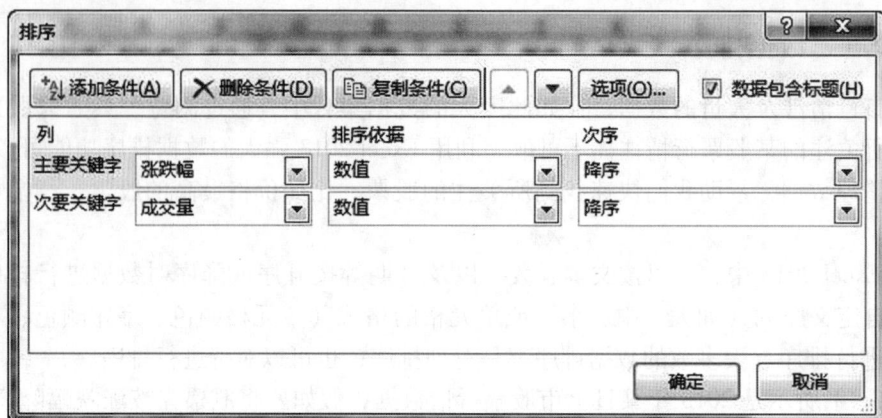

图 3 – 2

(3) 设置完成后，单击“确定”按钮，排序后的结果如图 3 – 3 所示。从图中可以看出，“陆家嘴”和“科达机电”具有相同的涨跌幅 10%，然而“陆家嘴”的成交量较大，故位于第二位，而“科达机电”排在第三位。

	A	B	C	D	E	F	G	H	I	J	K	L
1	代码	名称	最新价	涨跌额	涨跌幅	买入	卖出	昨收	今开	最高	最低	成交量
2	sh601369	陕鼓动力	21.2	1.93	10.02%	21.2	0	19.27	19.55	21.2	19.55	292,785
3	sh600663	陆家嘴	20.9	1.9	10.00%	20.89	20.9	19	19.6	20.9	19.6	86,739
4	sh600499	科达机电	22.77	2.07	10.00%	22.77	0	20.7	22.77	22.77	22.77	6,661
5	sh600363	联创光电	13.68	1.24	9.97%	13.68	0	12.44	12.68	13.68	12.66	545,904
6	sh600237	铜峰电子	7.4	0.67	9.96%	7.4	0	6.73	6.78	7.4	6.78	169,693
7	sh600367	红星发展	12.46	1.07	9.39%	12.45	12.46	11.39	11.75	12.52	11.55	197,784
8	sh600363	联创光电	13.53	1.09	8.76%	13.53	13.54	12.44	12.68	13.68	12.66	582,549
9	sh600651	飞乐音响	10.08	0.79	8.50%	10.08	10.09	9.29	9.43	10.22	9.43	152,531
10	sh600980	北矿磁材	15.69	1.07	7.32%	15.68	15.69	14.62	14.5	16.01	14.2	78,143
11	sh600220	江苏阳光	6.52	0.33	5.33%	6.51	6.52	6.19	6.26	6.58	6.21	249,959
12	sh600639	浦东金桥	11.72	0.59	5.30%	11.72	11.73	11.13	11.28	11.85	11.25	23,391

图 3 – 3

注意：在 Excel 2003 版本中，每次最多只能按 3 个字段进行排序。Excel 2013 在排序方面的功能则有所增强，字段数目增加至 64 个，即最多可以按 64 列进行排序。另外，当数据量很大（行数目很多）时，在 Excel 表格中向下滚动时，自动筛选按钮和表格标题将一起显示在表格列中，这样可以对数据进行快速排序和筛选，而不必一直向上回滚至表格顶部。

Excel 排序非常方便，用于排名次特别顺手，最常用的方法有函数法和公式法，下面以股票按涨跌幅进行排名次为例来说明其具体操作。

1. 利用排位函数 RANK( )

RANK 函数的主要功能是返回一个数值在一组数值中的排位。如果数据清单已经排过序了，则数值的排位即为它当前在数据清单中的位置。

语法：RANK(number,ref,[order])。其中，number 为需要排位的数，ref 为包含一组数的数组或引用，order 指明排序方式，默认为 0，order 为 0 时按降序排位，order 不为 0 时按升序排位。

具体操作如下：

（1）在图 3－3 的排序结果中，在 M1 单元格中输入“名次”二字，然后选中 M2 单元格，在公式编辑栏中输入公式：＝RANK(E2,E:E)”，如图 3－4 所示。这里，将E～L 列的数据隐藏起来了。

在这个公式中，number 是指 E2 单元格中的 10.02%；ref 指的是 E 列的数据；order 省略，默认为降序排位。即：按降序计算 E2 单元格在 E 列数据中所排的位置。

（2）利用 Excel 的自动填充功能快速填充其他排位项。将鼠标指针指向 M2 单元格右下角，当鼠标指针变成黑色实线加号时，按住左键，向下拖动至 M19 单元格后放手。排位的结果如图 3－5 所示。

M2　=RANK(E2,E:E)

	A	B	C	D	M
1	代码	名称	最新价	涨跌额	名次
2	sh601369	陕鼓动力	21.2	1.93	1
3	sh600663	陆家嘴	20.9	1.9	
4	sh600499	科达机电	22.77	2.07	
5	sh600363	联创光电	13.68	1.24	
6	sh600237	铜峰电子	7.4	0.67	
7	sh600367	红星发展	12.46	1.07	
8	sh600363	联创光电	13.53	1.09	
9	sh600651	飞乐音响	10.08	0.79	
10	sh600980	北矿磁材	15.69	1.07	
11	sh600220	江苏阳光	6.52	0.33	
12	sh600639	浦东金桥	11.72	0.59	
13	sh600552	方兴科技	39.87	1.98	
14	sh600267	海正药业	29.95	1.47	
15	sh600874	创业环保	7.83	0.38	
16	sh600658	电子城	11.56	0.56	
17	sh600220	江苏阳光	6.5	0.31	
18	sh600329	中新药业	31	1.38	
19	sh600875	东方电气	51.71	1.27	

图 3－4

M2　=RANK(E2,E:E)

	A	B	C	D	M
1	代码	名称	最新价	涨跌额	名次
2	sh601369	陕鼓动力	21.2	1.93	1
3	sh600663	陆家嘴	20.9	1.9	2
4	sh600499	科达机电	22.77	2.07	2
5	sh600363	联创光电	13.68	1.24	4
6	sh600237	铜峰电子	7.4	0.67	5
7	sh600367	红星发展	12.46	1.07	6
8	sh600363	联创光电	13.53	1.09	7
9	sh600651	飞乐音响	10.08	0.79	8
10	sh600980	北矿磁材	15.69	1.07	9
11	sh600220	江苏阳光	6.52	0.33	10
12	sh600639	浦东金桥	11.72	0.59	11
13	sh600552	方兴科技	39.87	1.98	12
14	sh600267	海正药业	29.95	1.47	13
15	sh600874	创业环保	7.83	0.38	14
16	sh600658	电子城	11.56	0.56	15
17	sh600220	江苏阳光	6.5	0.31	16
18	sh600329	中新药业	31	1.38	17
19	sh600875	东方电气	51.71	1.27	18

图 3－5

从排位结果可以看出，当 RANK 函数中 ref 所引用的数据区域有重复数的话，函数返回相同的排位数，但将影响后续数值的排位，随后的名次将空缺。比如，这里的 10.00%

出现了两次，其排位均为2，而9.97%的排位为4（这里没有排位为3的数值）。

2. 利用条件函数IF()

IF函数主要用于判断数值或公式的真假值，根据逻辑测试的真假值返回不同的结果，该函数也称为条件函数。

语法：IF(logical_test，[value_if_true]，[value_if_false])。其中，logical_test为计算结果为TRUE或FALSE的任意值或表达式，此参数可用于任何比较运算符；value_if_true表示logical_test为TRUE时返回的值；value_if_false表示logical_test为FALSE时返回的值。

IF函数最多可以嵌套七层，用value_if_true和value_if_false参数可以构造相当复杂的检测条件。利用该函数对股票按涨跌幅进行排名次的具体操作如下：

（1）在M2单元格中输入1，选中M3单元格，在公式编辑栏中输入公式：=IF(E3=E2,M2,M2+1)。

这个公式中，logical_test是E3=E2，value_if_true是M2，value_if_false是M2+1。即：如果E3单元格的涨跌幅与E2单元格的涨跌幅相同，则显示E2单元格的值；如果不同，则为E2单元格的值加1。

（2）利用Excel的自动填充功能快速填充M4:M21单元格。将鼠标指针指向M3单元格右下角，当鼠标指针变成黑色实线加号时，按住左键向下拖动将公式向下复制到M19单元格后放手。最终的排名结果如图3-6所示。

用这种方法排的名次不会出现空缺，相同涨跌幅的排名仍然相同。

M3 =IF(E3=E2,M2,M2+1)

	A	B	C	D	M
1	代码	名称	最新价	涨跌额	名次
2	sh601369	陕鼓动力	21.2	1.93	1
3	sh600663	陆家嘴	20.9	1.9	2
4	sh600499	科达机电	22.77	2.07	2
5	sh600363	联创光电	13.68	1.24	3
6	sh600237	铜峰电子	7.4	0.67	4
7	sh600367	红星发展	12.46	1.07	5
8	sh600363	联创光电	13.53	1.09	6
9	sh600651	飞乐音响	10.08	0.79	7
10	sh600980	北矿磁材	15.69	1.07	8
11	sh600220	江苏阳光	6.52	0.33	9
12	sh600639	浦东金桥	11.72	0.59	10
13	sh600552	方兴科技	39.87	1.98	11
14	sh600267	海正药业	29.95	1.47	12
15	sh600874	创业环保	7.83	0.38	13
16	sh600658	电子城	11.56	0.56	14
17	sh600220	江苏阳光	6.5	0.31	15
18	sh600329	中新药业	31	1.38	16
19	sh600875	东方电气	51.71	1.27	17

图3-6

M3 =M2+(E3<E2)

	A	B	C	D	M
1	代码	名称	最新价	涨跌额	名次
2	sh601369	陕鼓动力	21.2	1.93	1
3	sh600663	陆家嘴	20.9	1.9	2
4	sh600499	科达机电	22.77	2.07	2
5	sh600363	联创光电	13.68	1.24	3
6	sh600237	铜峰电子	7.4	0.67	4
7	sh600367	红星发展	12.46	1.07	5
8	sh600363	联创光电	13.53	1.09	6
9	sh600651	飞乐音响	10.08	0.79	7
10	sh600980	北矿磁材	15.69	1.07	8
11	sh600220	江苏阳光	6.52	0.33	9
12	sh600639	浦东金桥	11.72	0.59	10
13	sh600552	方兴科技	39.87	1.98	11
14	sh600267	海正药业	29.95	1.47	12
15	sh600874	创业环保	7.83	0.38	13
16	sh600658	电子城	11.56	0.56	14
17	sh600220	江苏阳光	6.5	0.31	15
18	sh600329	中新药业	31	1.38	16
19	sh600875	东方电气	51.71	1.27	17

图3-7

3. 公式法

利用公式法将股票按涨跌幅排名的操作步骤如下：

（1）在 M2 单元格中输入 1，选中 M3 单元格，在公式编辑栏中输入公式“＝M2＋(E3＜E2)”。

该公式的含义是：如果 E 列该单元格中的涨跌幅小于它上面单元格中的涨跌幅，则其对应的名次为上一单元格的名次加 1；如果该单元格的涨跌幅与上面单元格的值相等，则其名次等于上一单元格的名次。

（2）利用 Excel 的自动填充功能快速填充其他单元格。把鼠标指针指向 M3 单元格右下角，当鼠标指针变成黑色实线加号时，按住左键向下拖动，直到 M19 单元格后放开。结果如图 3－7 所示。

使用该公式法得到的排名结果和使用 IF 函数一样，名次不会出现空缺，相同涨跌幅的排名仍然相同。

3.2.2　自动筛选

Excel 2013 提供了多种数据筛选的方法，本节将介绍自动筛选，后续章节中将介绍自定义筛选和高级筛选。自动筛选适用于对数据进行简单的条件筛选，筛选时将不满足条件的数据暂时隐藏起来，只显示符合条件的数据，是一种最简单的数据筛选方式。

在进行股票买卖操作之前，往往需要从成百上千只股票中查找所关注的股票，利用 Excel 2013 提供的自动筛选功能能够快速查找所需股票，操作简单。比如，要显示成交量前 10 名的股票，其基本操作步骤如下：

（1）选中数据清单中的任一数据单元格，切换到“数据”选项卡，在“排序和筛选”组中单击“筛选命令”，这时，数据清单中每列的标志旁边都会出现一个下拉箭头。如图 3－8 所示。

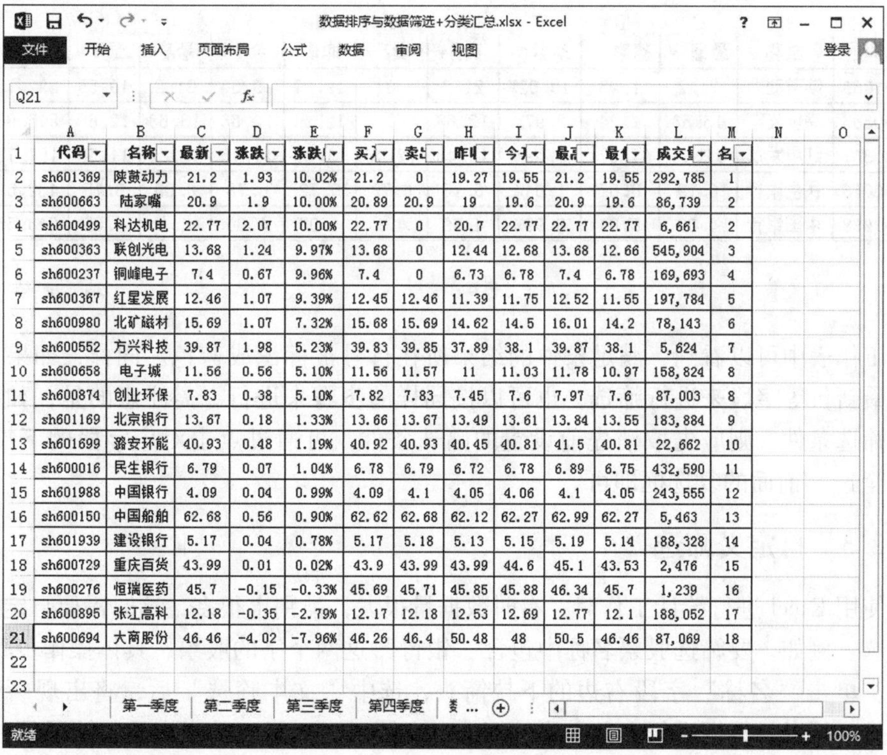

数据排序与数据筛选+分类汇总.xlsx - Excel

文件　开始　插入　页面布局　公式　数据　审阅　视图　登录

Q21

	A	B	C	D	E	F	G	H	I	J	K	L	M
1	代码	名称	最新	涨跌	涨跌(	买入	卖出	昨收	今开	最高	最低	成交量	名
2	sh601369	陕鼓动力	21.2	1.93	10.02%	21.2	0	19.27	19.55	21.2	19.55	292,785	1
3	sh600663	陆家嘴	20.9	1.9	10.00%	20.89	20.9	19	19.6	20.9	19.6	86,739	2
4	sh600499	科达机电	22.77	2.07	10.00%	22.77	0	20.7	22.77	22.77	22.77	6,661	2
5	sh600363	联创光电	13.68	1.24	9.97%	13.68	0	12.44	12.68	13.68	12.66	545,904	3
6	sh600237	铜峰电子	7.4	0.67	9.96%	7.4	0	6.73	6.78	7.4	6.78	169,693	4
7	sh600367	红星发展	12.46	1.07	9.39%	12.45	12.46	11.39	11.75	12.52	11.55	197,784	5
8	sh600980	北矿磁材	15.69	1.07	7.32%	15.68	15.69	14.62	14.5	16.01	14.2	78,143	6
9	sh600552	方兴科技	39.87	1.98	5.23%	39.83	39.85	37.89	38.1	39.87	38.1	5,624	7
10	sh600658	电子城	11.56	0.56	5.10%	11.56	11.57	11	11.03	11.78	10.97	158,824	8
11	sh600874	创业环保	7.83	0.38	5.10%	7.82	7.83	7.45	7.6	7.97	7.6	87,003	8
12	sh601169	北京银行	13.67	0.18	1.33%	13.66	13.67	13.49	13.61	13.84	13.55	183,884	9
13	sh601699	潞安环能	40.93	0.48	1.19%	40.92	40.93	40.45	40.81	41.5	40.81	22,662	10
14	sh600016	民生银行	6.79	0.07	1.04%	6.78	6.79	6.72	6.78	6.89	6.75	432,590	11
15	sh601988	中国银行	4.09	0.04	0.99%	4.09	4.1	4.05	4.06	4.1	4.05	243,555	12
16	sh600150	中国船舶	62.68	0.56	0.90%	62.62	62.68	62.12	62.27	62.99	62.27	5,463	13
17	sh601939	建设银行	5.17	0.04	0.78%	5.17	5.18	5.13	5.15	5.19	5.14	188,328	14
18	sh600729	重庆百货	43.99	0.01	0.02%	43.9	43.99	43.99	44.6	45.1	43.53	2,476	15
19	sh600276	恒瑞医药	45.7	-0.15	-0.33%	45.69	45.71	45.85	45.88	46.34	45.7	1,239	16
20	sh600895	张江高科	12.18	-0.35	-2.79%	12.17	12.18	12.53	12.69	12.77	12.1	188,052	17
21	sh600694	大商股份	46.46	-4.02	-7.96%	46.26	46.4	50.48	48	50.5	46.46	87,069	18
22													
23													

第一季度　第二季度　第三季度　第四季度　数 ...

就绪　100%

图 3－8

（2）单击“成交量”字段右边的下拉箭头，将显示其下拉列表，选中“数字筛选”后，将出现一弹出菜单。这里，可以对数据进行多种方式的筛选，有等于、不等于、大于、大于或等于、小于、小于或等于、介于、前10项、高于平均值、低于平均值和自定义筛选，可以选择一个作为数据筛选的条件。如图3－9所示。

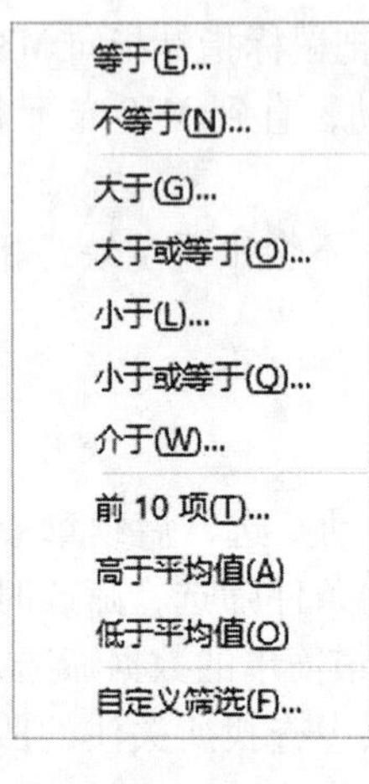

图3－9

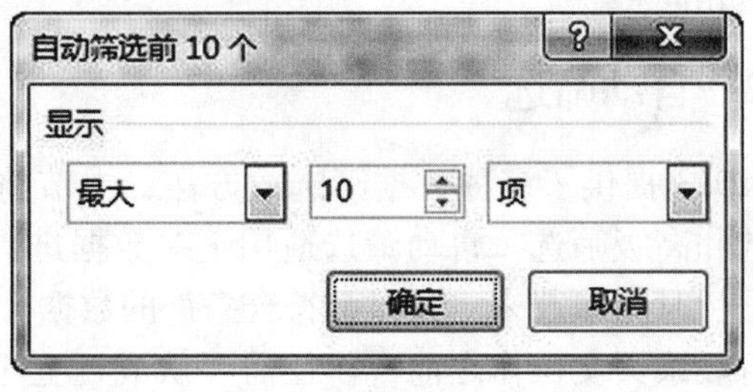

图3－10

（3）在“数字筛选”弹出菜单中，单击“前10项”，将出现“自动筛选前10个”对话框，如图3－10所示。可以根据需要设置按最大值或最小值进行筛选，筛选哪几项。这里设置筛选最大的前5项。筛选结果如图3－11所示。

	A	B	C	D	E	F	G	H	I	J	K	L	M
1	代码	名称	最新	涨跌	涨跌	买	卖	昨	今	最高	最	成交量	名
2	sh601369	陕鼓动力	21.2	1.93	10.02%	21.2	0	19.27	19.55	21.2	19.55	292,785	1
5	sh600363	联创光电	13.68	1.24	9.97%	13.68	0	12.44	12.68	13.68	12.66	545,904	3
7	sh600367	红星发展	12.46	1.07	9.39%	12.45	12.46	11.39	11.75	12.52	11.55	197,784	5
14	sh600016	民生银行	6.79	0.07	1.04%	6.78	6.79	6.72	6.78	6.89	6.75	432,590	11
15	sh601988	中国银行	4.09	0.04	0.99%	4.09	4.1	4.05	4.06	4.1	4.05	243,555	12

图3－11

从工作表中可以看到，满足条件的结果所在行号被标识成蓝色。同样，如果要按涨跌幅、最新价等字段来进行筛选，也可以按同样的步骤来进行。需注意的是，如果只设置一个筛选条件，则应先取消先前设置的筛选条件，可通过点击对应字段的下拉箭头，选中“全选”前面的复选框即可。

3.2.3 自定义筛选

在使用Excel进行统计工作时，有时数据量很大，类别也很多，这时需要自定义条件进行筛选。例如，要筛选股票名称中包含“银行”这两个字的股票，具体操作步骤如下：

（1）单击“名称”字段右边的下拉箭头，选中“文本筛选”后，将出现一弹出菜单。这里，可以对数据进行多种方式的筛选，有等于、不等于、开头是、结尾是、包含、不包含以及自定义筛选，可以选择一个作为数据筛选的条件。如图 3－12 所示。

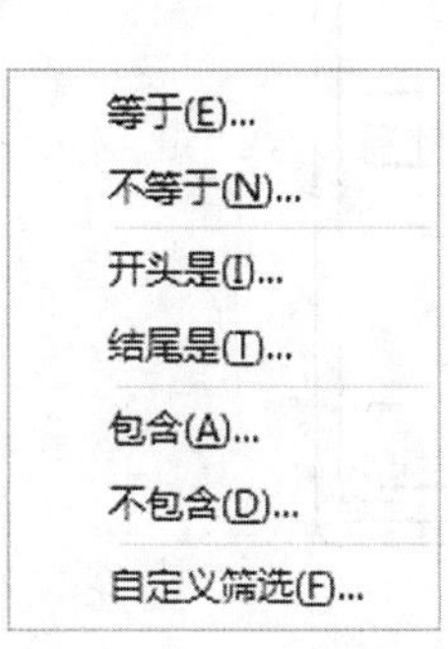

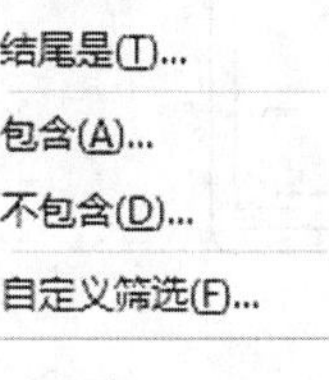

图 3－12

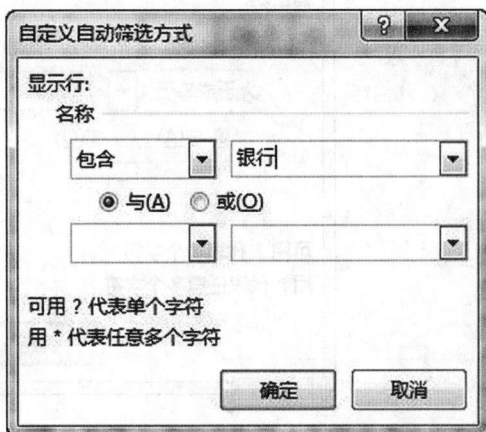

自定义自动筛选方式
显示行:
名称
包含　银行
与(A)　或(O)
可用 ? 代表单个字符
用 * 代表任意多个字符
确定　取消

图 3－13

（2）单击“自定义筛选”，将弹出“自定义自动筛选方式”对话框，如图 3－13 所示。在第一行左侧的运算符下拉框中选择“包含”，右侧框中输入“银行”，也可以输入“＝”号，然后利用“＊”和“?”通配符实现筛选条件。其中，“?”代表单个字符，“＊”代表任意多个字符。

（3）设置完成后，单击“确定”按钮，筛选结果如图 3－14 所示。

	A	B	C	D	E	F	G	H	I	J	K	L	M
1	代码	名称	最新	涨跌	涨跌	买入	卖出	昨收	今开	最高	最低	成交量	名
12	sh601169	北京银行	13.67	0.18	1.33%	13.66	13.67	13.49	13.61	13.84	13.55	183,884	9
14	sh600016	民生银行	6.79	0.07	1.04%	6.78	6.79	6.72	6.78	6.89	6.75	432,590	11
15	sh601988	中国银行	4.09	0.04	0.99%	4.09	4.1	4.05	4.06	4.1	4.05	243,555	12
17	sh601939	建设银行	5.17	0.04	0.78%	5.17	5.18	5.13	5.15	5.19	5.14	188,328	14

图 3－14

利用自定义筛选功能可以实现更为复杂的筛选。例如，要筛选股票名称包含“银行”两个字，并且成交量大于 200000 的股票，具体操作步骤如下：

（1）单击“名称”字段右边的下拉箭头，选中“文本筛选”弹出菜单中的“自定义筛选”。

（2）在“自定义自动筛选方式”对话框中，第一行左侧的运算符下拉框中选择“包含”运算符，在右侧框中输入“银行”，然后单击“确定”按钮，到目前为止，操作步骤和前面的相同。

（3）单击“成交量”字段右边的下拉箭头，选中“数字筛选”弹出菜单中的“自定义筛选”。

（4）在弹出的“自定义自动筛选方式”对话框中，第一行左侧的运算符下拉框中选择“大于或等于”运算符，在右边的框中输入“200000”，设置完成后的对话框如图 3－15所示。

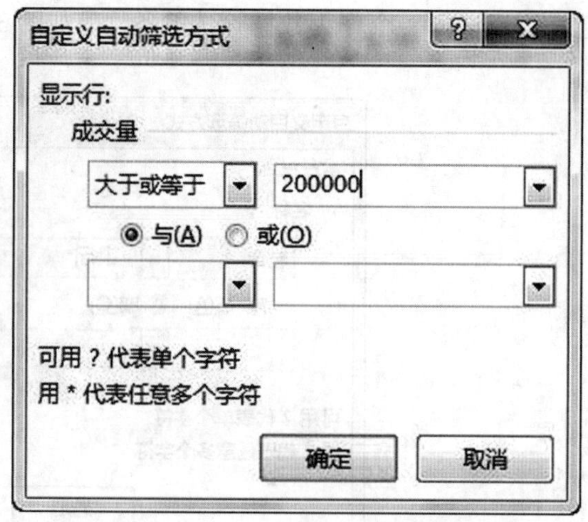

图 3－15

（5）设置完成后，单击“确定”按钮，最后的筛选结果如图 3－16 所示。

	A	B	C	D	E	F	G	H	I	J	K	L	M
1	代码	名称	最新	涨跌	涨跌	买入	卖出	昨收	今开	最高	最低	成交量	名
14	sh600016	民生银行	6.79	0.07	1.04%	6.78	6.79	6.72	6.78	6.89	6.75	432,590	11
15	sh601988	中国银行	4.09	0.04	0.99%	4.09	4.1	4.05	4.06	4.1	4.05	243,555	12

图 3－16

3.2.4 高级筛选

从上两节介绍的自动筛选和自定义筛选可以看出，自定义筛选相对于自动筛选而言，虽然能够实现较为复杂的筛选，但是同时最多只能使用两个运算符，这点可从图 3－15 所示的“自定义自动筛选方式”对话框可以看到。若要实现更为复杂的筛选，例如，要筛选涨跌幅在 5%～10%之间且最新价在 5～15 元之间的股票，或者涨跌幅在－2%～2%之间且最新价在 5～15 元之间的股票，自动筛选则不能实现，这时就需要使用高级筛选功能。具体操作步骤如下：

（1）设置条件区域。一般选择在数据清单的下方建立条件区域。条件区域的第一行设置条件的字段名，下面设置相关的条件。每个条件由关系运算符和相应的值构成，同一行的条件相互间的关系是“与”关系，不同行的条件相互间的关系是“或”关系。设置后的条件区域如图 3－17 所示。

23	涨跌幅	涨跌幅	最新价	最新价
24	>=-2	<=2	>=5	<=15
25	>=5	<=10	>=5	<=15

图 3－17

（2）选择数据清单中的任一单元格，切换到“数据”选项卡，在“排序和筛选”组中，单击“筛选”右侧的“高级”按钮，将弹出“高级筛选”对话框，如图 3－18 和图 3－19所示。显示筛选结果的方式有两种：“在原有区域显示筛选结果”或者“将筛选结果复制到其他位置”，这里采用默认方式，在原有区域显示筛选结果。另外指定列表区域和条件区域。

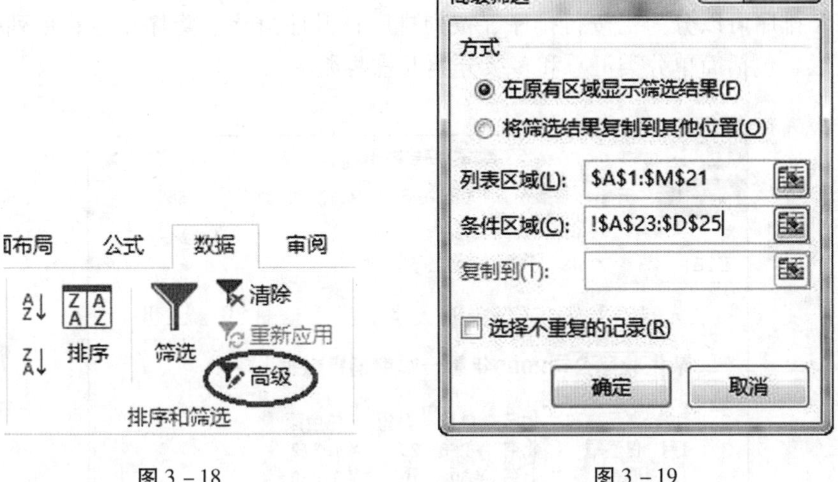

图 3－18　　　　图 3－19

（3）设置完成后，单击“确定”按钮，筛选结果如图 3－20 所示。

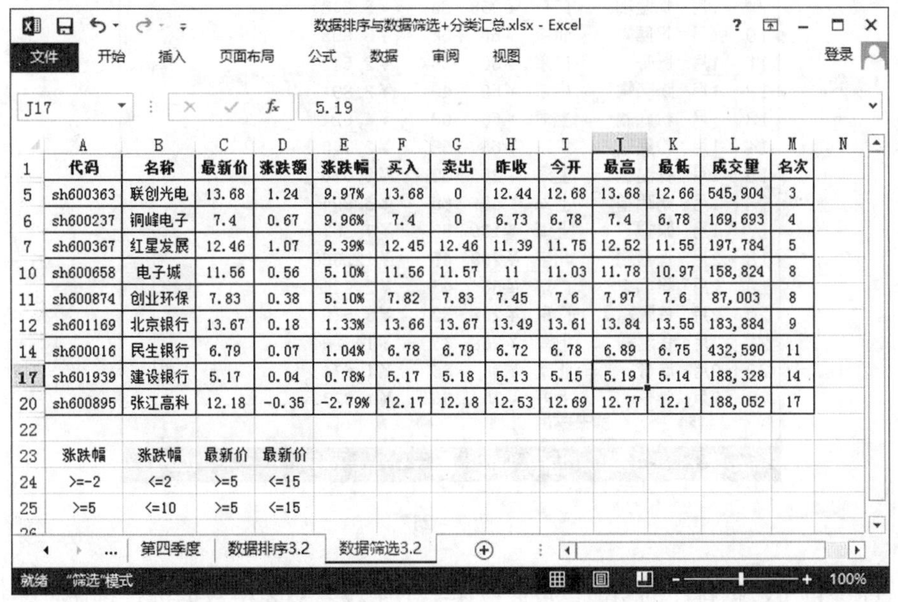

	A	B	C	D	E	F	G	H	I	J	K	L	M
1	代码	名称	最新价	涨跌额	涨跌幅	买入	卖出	昨收	今开	最高	最低	成交量	名次
5	sh600363	联创光电	13.68	1.24	9.97%	13.68	0	12.44	12.68	13.68	12.66	545,904	3
6	sh600237	铜峰电子	7.4	0.67	9.96%	7.4	0	6.73	6.78	7.4	6.78	169,693	4
7	sh600367	红星发展	12.46	1.07	9.39%	12.45	12.46	11.39	11.75	12.52	11.55	197,784	5
10	sh600658	电子城	11.56	0.56	5.10%	11.56	11.57	11	11.03	11.78	10.97	158,824	8
11	sh600874	创业环保	7.83	0.38	5.10%	7.82	7.83	7.45	7.6	7.97	7.6	87,003	8
12	sh601169	北京银行	13.67	0.18	1.33%	13.66	13.67	13.49	13.61	13.84	13.55	183,884	9
14	sh600016	民生银行	6.79	0.07	1.04%	6.78	6.79	6.72	6.78	6.89	6.75	432,590	11
17	sh601939	建设银行	5.17	0.04	0.78%	5.17	5.18	5.13	5.15	5.19	5.14	188,328	14
20	sh600895	张江高科	12.18	-0.35	-2.79%	12.17	12.18	12.53	12.69	12.77	12.1	188,052	17
22													
23	涨跌幅	涨跌幅	最新价	最新价									
24	>=-2	<=2	>=5	<=15									
25	>=5	<=10	>=5	<=15									

图 3－20

3.3 两种分类汇总方法

所谓分类汇总，是指在列表中对数据进行归类，不仅增加了表格的可读性，并且使得用户可以方便地对数据作进一步的分析和判断，对数据做出高效管理。这一功能在工作表的统计分析中有着十分重要的作用。需要注意的是，在进行分类汇总操作前，需要对数据进行排序，这两种操作往往是同时出现的。Excel 2013 提供了强大的数据排序和汇总功能，排序可以分为：按行排序、按列排序；升序排序、降序排序；单列排序、多列排序。汇总包括简单分类汇总和多级分类汇总两类。

某化妆品公司2009年第一季度销售数据

	A	B	C	D	E	F
1	某化妆品公司2009年第一季度销售数据					
2	月份	产品名称	地区	单价	数量	总金额
3	1月	保湿霜	北京	¥268	29	¥7,772
4	1月	唇膏	上海	¥30	102	¥3,050
5	1月	唇膏	北京	¥30	125	¥3,738
6	1月	眼霜	广东	¥139	48	¥6,672
7	1月	防晒霜	北京	¥59	85	¥5,015
8	1月	眼霜	北京	¥139	49	¥6,811
9	1月	保湿霜	广东	¥268	36	¥9,648
10	1月	粉底液	北京	¥68	56	¥3,808
11	1月	唇膏	广东	¥30	85	¥2,542
12	1月	防晒霜	广东	¥59	49	¥2,891
13	1月	粉底液	上海	¥68	68	¥4,624
14	1月	粉底液	广东	¥68	55	¥3,740
15	1月	保湿霜	上海	¥268	32	¥8,576
16	1月	防晒霜	上海	¥59	66	¥3,894
17	1月	眼霜	上海	¥139	53	¥7,367
18	2月	保湿霜	北京	¥268	45	¥12,060
19	2月	粉底液	广东	¥68	43	¥2,924
20	2月	保湿霜	广东	¥268	32	¥8,576
21	2月	保湿霜	上海	¥268	53	¥14,204
22	2月	唇膏	北京	¥30	56	¥1,674
23	2月	唇膏	上海	¥30	66	¥1,973

图 3-21

Excel 提供了数据排序的功能，可以按照某个字段名对表格数据进行排序，使得杂乱无章的数据变得有规律。我们现在需要统计某化妆品公司在 2013 年的四个季度在各个地区的销售情况，如图 3-21 所示，这里共有 4 个工作表，每个工作表保存一个季度的销售数据。这里，我们针对“第一季度”工作表，将这些交易数据对“月份”字段作为主要关键字、地区作为次要关键字进行排序，具体操作步骤如下：

（1）在工作表中单击任意一个数据单元格，比如 C8 单元格。

（2）切换到“开始”选项卡，单击“编辑”组的“排序和筛选”下拉按钮，执行“自定义排序”命令，将弹出“排序”对话框，如图 3－22 所示。

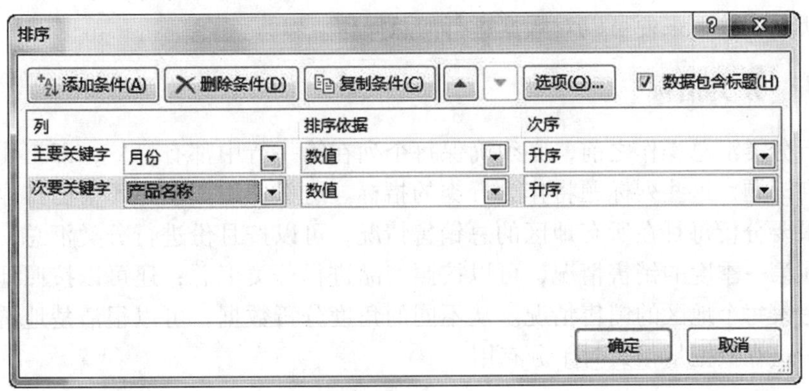

图 3－22

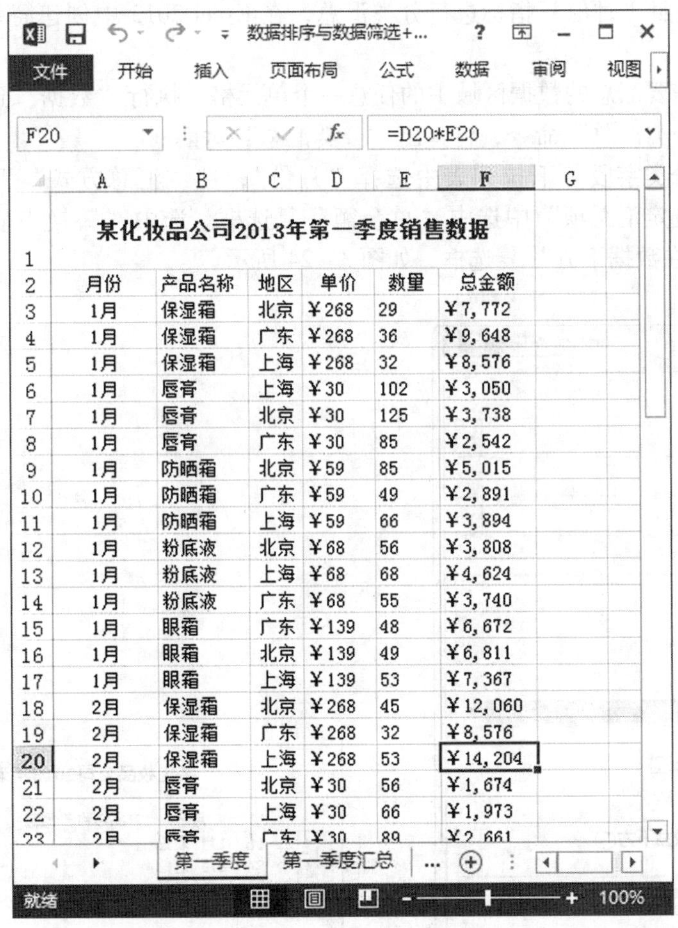

某化妆品公司2013年第一季度销售数据

月份	产品名称	地区	单价	数量	总金额
1月	保湿霜	北京	¥268	29	¥7,772
1月	保湿霜	广东	¥268	36	¥9,648
1月	保湿霜	上海	¥268	32	¥8,576
1月	唇膏	上海	¥30	102	¥3,050
1月	唇膏	北京	¥30	125	¥3,738
1月	唇膏	广东	¥30	85	¥2,542
1月	防晒霜	北京	¥59	85	¥5,015
1月	防晒霜	广东	¥59	49	¥2,891
1月	防晒霜	上海	¥59	66	¥3,894
1月	粉底液	北京	¥68	56	¥3,808
1月	粉底液	上海	¥68	68	¥4,624
1月	粉底液	广东	¥68	55	¥3,740
1月	眼霜	广东	¥139	48	¥6,672
1月	眼霜	北京	¥139	49	¥6,811
1月	眼霜	上海	¥139	53	¥7,367
2月	保湿霜	北京	¥268	45	¥12,060
2月	保湿霜	广东	¥268	32	¥8,576
2月	保湿霜	上海	¥268	53	¥14,204
2月	唇膏	北京	¥30	56	¥1,674
2月	唇膏	上海	¥30	66	¥1,973
2月	唇膏	广东	¥30	89	¥2,661

图 3－23

（3）在“排序”对话框中，主要关键字的下拉菜单中选择“年份”，次序的下拉菜单中有按升序排列、降序排序以及自定义次序，这里选择“升序”；单击“添加条件”添加次要关键字，在其下拉菜单中选择“产品名称”，次序中也选择“升序”。然后点击“确定”按钮，返回到工作表中。此时，工作表将首先按照“月份”进行升序的排序，从1月份一直到3月份，如果月份相同则按照“地区”进行升序排序。排序后的结果如图3－23所示，接下来便可以对数据进行汇总操作。

3.3.1 分类指标

在进行分类汇总操作之前，必须确保每个列在第一行中都有标签，即工作表中的每列都要有列标题，这些列标题将作为分类的指标。这里使用图3－23中已排序好的销售数据，如果要分析每月在所有地区的总销售情况，可以按月份进行分类汇总；如果要考察某产品在第一季度的销售情况，可以按照产品进行分类汇总；还可以按照地区进行分类汇总以考察每个地区的销售情况。从不同的角度分析数据，可以很清楚地看出数据的发展趋势，这在数据量很大时十分有用。

3.3.2 简单分类汇总

这里假设按照“月份”指标进行分类汇总，在 Excel 2013 中创建简单分类汇总的基本步骤如下：

（1）选择需要汇总的数据区域中的任意一个单元格，执行“数据”选项卡—“分级显示”组—“分类汇总”命令，将弹出“分类汇总”对话框。

（2）在“分类字段”下拉列表中选择“月份”；在“汇总方式”下拉列表中选择“求和”；在“选定汇总项”中选中“总金额”复选框。选中“替换当前分类汇总”和“汇总结果显示在数据下方”复选框，如图3－24所示。

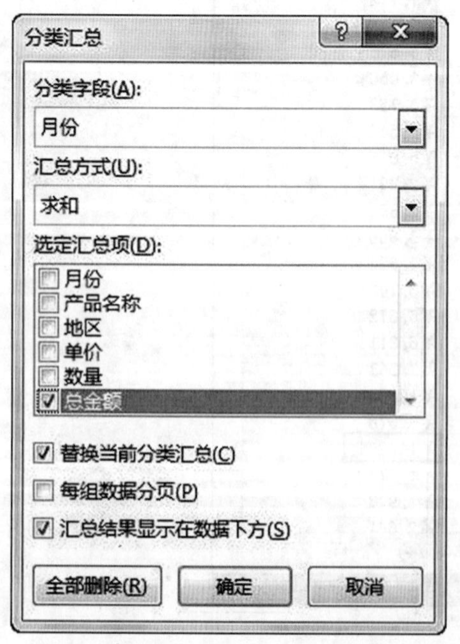

图3－24

	A	B	C	D	E	F
1	某化妆品公司2013年第一季度销售数据					
2	月份	产品名称	地区	单价	数量	总金额
18	1月 汇总					￥80,147
34	2月 汇总					￥74,634
50	3月 汇总					￥75,453
51	总计					￥230,234
52						

图3－25

（3）设置完毕后，单击“确定”按钮，返回到工作表。此时，Excel 已按照设置自动进行了汇总计算。在工作表的左上侧将出现“1 2 3”，单击它可以打开或收缩分类数据。收缩到第 2 级，效果如图 3 – 25 所示。

（4）单击左边目录栏中的“加号”和“减号”，可以打开或者折叠某个汇总项目的具体内容。单击最上面的符号“✚”，将展开 1 月份的具体数据，如图 3 – 26 所示。

如果要取消分类汇总，恢复原先的数据表格，可以再次打开图 3 – 24 中的“分类汇总”对话框，单击其中的“全部删除”按钮即可。

F18　=SUBTOTAL(9,F3:F17)

	A	B	C	D	E	F
1	某化妆品公司2013年第一季度销售数据					
2	月份	产品名称	地区	单价	数量	总金额
3	1月	保湿霜	北京	¥268	29	¥7,772
4	1月	保湿霜	广东	¥268	36	¥9,648
5	1月	保湿霜	上海	¥268	32	¥8,576
6	1月	唇膏	上海	¥30	102	¥3,050
7	1月	唇膏	北京	¥30	125	¥3,738
8	1月	唇膏	广东	¥30	85	¥2,542
9	1月	防晒霜	北京	¥59	85	¥5,015
10	1月	防晒霜	广东	¥59	49	¥2,891
11	1月	防晒霜	上海	¥59	66	¥3,894
12	1月	粉底液	北京	¥68	56	¥3,808
13	1月	粉底液	上海	¥68	68	¥4,624
14	1月	粉底液	广东	¥68	55	¥3,740
15	1月	眼霜	广东	¥139	48	¥6,672
16	1月	眼霜	北京	¥139	49	¥6,811
17	1月	眼霜	上海	¥139	53	¥7,367
18	1月 汇总					¥80,147
34	2月 汇总					¥74,634
50	3月 汇总					¥75,453
51	总计					¥230,234

图 3 – 26

3.3.3　多级分类汇总

如果需要，在简单分类汇总的基础上还可以再创建多级分类汇总，操作十分简单。下面在上节的汇总结果基础上创建二级分类汇总，具体步骤如下：

（1）在当前分类汇总结果中，选择任意一个数据单元格，执行“数据”选项卡—“分级显示”组—“分类汇总”按钮，将弹出“分类汇总”对话框。

（2）在“分类汇总”对话框中，分类字段选择“产品名称”，汇总方式选择“求和”，选定汇总项选择“总金额”，并且取消选择“替换当前分类汇总”复选框，“汇总结果显示在数据下方”复选框将变成灰色，不可选，如图 3 – 27 所示。

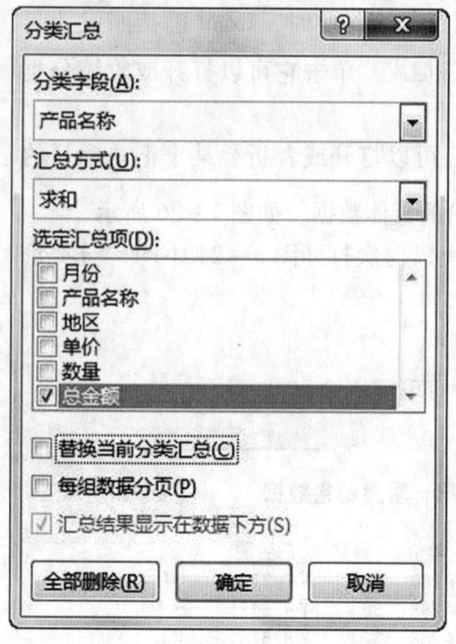

图 3－27

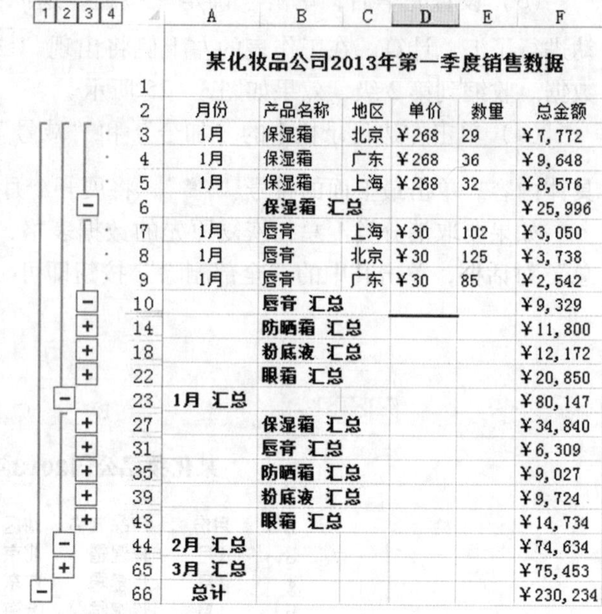

	A	B	C	D	E	F
1	某化妆品公司2013年第一季度销售数据					
2	月份	产品名称	地区	单价	数量	总金额
3	1月	保湿霜	北京	￥268	29	￥7,772
4	1月	保湿霜	广东	￥268	36	￥9,648
5	1月	保湿霜	上海	￥268	32	￥8,576
6		保湿霜 汇总				￥25,996
7	1月	唇膏	上海	￥30	102	￥3,050
8	1月	唇膏	北京	￥30	125	￥3,738
9	1月	唇膏	广东	￥30	85	￥2,542
10		唇膏 汇总				￥9,329
14		防晒霜 汇总				￥11,800
18		粉底液 汇总				￥12,172
22		眼霜 汇总				￥20,850
23	1月 汇总					￥80,147
27		保湿霜 汇总				￥34,840
31		唇膏 汇总				￥6,309
35		防晒霜 汇总				￥9,027
39		粉底液 汇总				￥9,724
43		眼霜 汇总				￥14,734
44	2月 汇总					￥74,634
65	3月 汇总					￥75,453
66	总计					￥230,234

图 3－28

（3）设置完毕后，单击“确定”按钮即可，最终结果如图 3－28 所示。

（4）最后，收缩到第 3 级，复制汇总后的结果，使用选择性粘贴命令粘贴在一个新的工作表中，命名为“第一季度汇总”。在选择性粘贴的粘贴选项中，选择数值选项。然后对数据的格式做相应的设置，整理后的结果如图 3－29 所示。

	A	B
1	第一季度汇总	
2	产品名称	总金额
3	保湿霜 汇总	￥25,996
4	唇膏 汇总	￥9,329
5	防晒霜 汇总	￥11,800
6	粉底液 汇总	￥12,172
7	眼霜 汇总	￥20,850
8		
9	保湿霜 汇总	￥34,840
10	唇膏 汇总	￥6,309
11	防晒霜 汇总	￥9,027
12	粉底液 汇总	￥9,724
13	眼霜 汇总	￥14,734
14		
15	保湿霜 汇总	￥34,572
16	唇膏 汇总	￥6,488
17	防晒霜 汇总	￥10,266
18	粉底液 汇总	￥8,976
19	眼霜 汇总	￥15,151

图 3－29

3.4　合并计算

通过上面的分类汇总操作，我们已经得到了第一季度的销售汇总数据。按照类似的操作方法，可以完成第二季度、第三季度和第四季度的销售数据的汇总。现在我们需要将公司全年的化妆品销售数据进行汇总。使用 Excel 2013 的“合并计算命令”可以将多个单独工作表中的数据合并计算到一个主工作表中，这些单独工作表可以和主工作表位于同一个工作簿中，也可以位于不同的工作簿。当单独工作表中的数据发生变化时，合并工作表中的数据将自动更新。

3.4.1　按位置合并

所谓“按位置合并”，是指按照同样的顺序对所有单独工作表中的数据进行排列并将它们放在同一个位置中。假设已经得到四个季度的销售汇总数据，并且分别存放在单独的工作表“第一季度汇总”、“第二季度汇总”、“第三季度汇总”、“第四季度汇总”中。在进行位置合并操作之前，我们必须确保每个单独工作表中的数据区域采用的是列表的格式。所谓“列表”格式，是指数据区域的第一行中，每一列都有标签，并且是相同的标签，同一列包含相似的数据，并且没有空行或者空列。在 Excel 2013 中，按位置进行合并计算的基本操作步骤如下：

（1）首先，新建主工作表用来存放合并计算的数据，这里主工作表存放在同一个工作簿中，命名为“全年汇总”。选定“全年汇总”工作表为当前工作表，并选定存放合并数据的单元格区域。如图 3－30 所示。

图 3－30

（2）切换到“数据”选项卡，在“数据工具”组中单击“合并计算”按钮，如图 3－31所示，此时将弹出“合并计算”对话框。

分列
快速填充
删除重复项
数据验证
合并计算
模拟分析
关系
数据工具

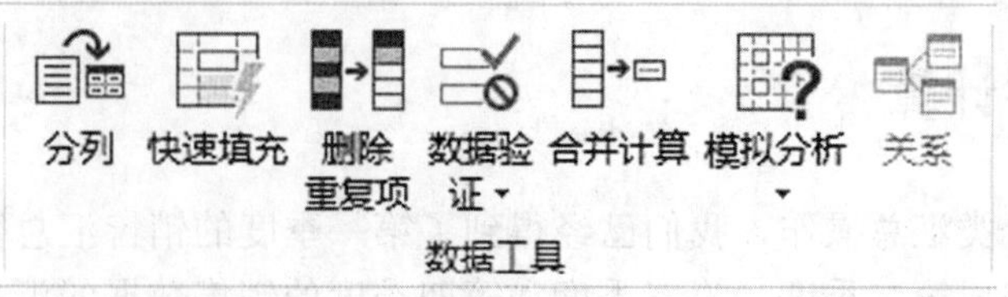

图 3－31

（3）在“合并计算”对话框中，“函数”下拉列表中选择“求和”，单击“引用位置”的折叠按钮，切换到“第一季度汇总”工作表中，选定 B3:B7 数据单元格区域。然后单击还原按钮，再单击“添加”按钮，这时选定的第一个要合并的数据单元格区域已经添加到“所有引用位置”框中。同理，将“第一季度汇总”工作表中的其他两组数据添加到“所有引用位置”框中，这时的对话框如图 3－32 所示。

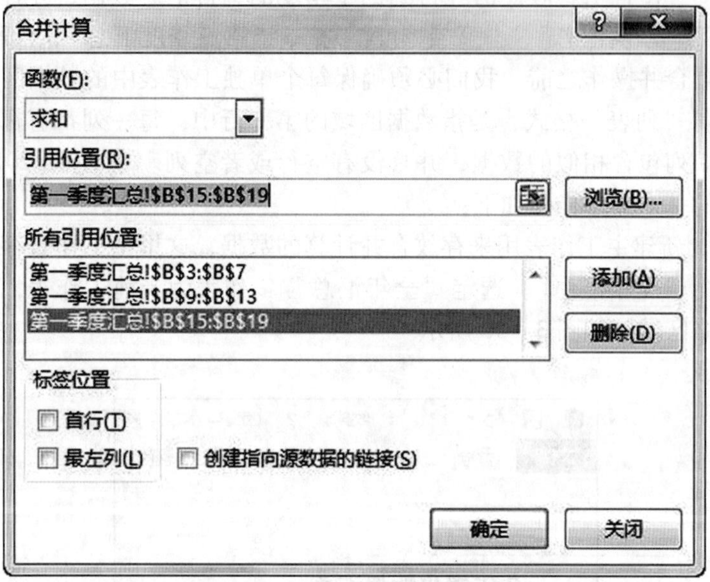

合并计算
函数(F):
求和
引用位置(R):
第一季度汇总!$B$15:$B$19
浏览(B)...
所有引用位置:
第一季度汇总!$B$3:$B$7
第一季度汇总!$B$9:$B$13
第一季度汇总!$B$15:$B$19
添加(A)
删除(D)
标签位置
首行(T)
最左列(L)
创建指向源数据的链接(S)
确定
关闭

图 3－32

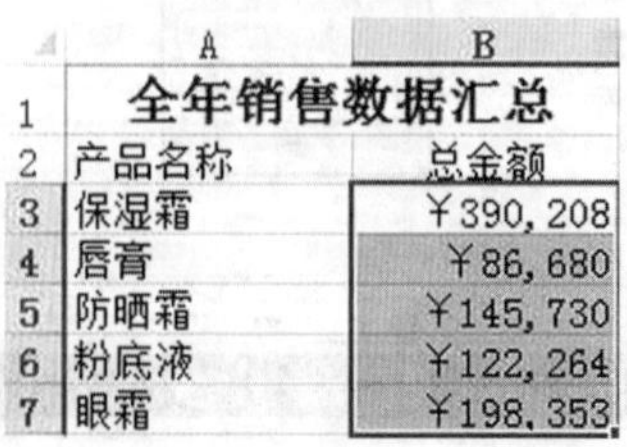

	A	B
1	全年销售数据汇总	
2	产品名称	总金额
3	保湿霜	￥390, 208
4	唇膏	￥86, 680
5	防晒霜	￥145, 730
6	粉底液	￥122, 264
7	眼霜	￥198, 353

图 3－33

（4）分别切换到“第二季度汇总”、“第三季度汇总”和“第四季度汇总”工作表，做同样的操作，将所有数据单元格添加进来，然后单击“确定”按钮完成合并计算。合并计算的结果如图 3－33 所示。

若要设置合并计算，以便当源数据改变时合并数据会自动更新，在“合并计算”对话框中必须选中“创建指向源数据的链接”复选框。要注意的是，只有当总工作表位于其他工作簿中时，才能选中此复选框。一旦选中此复选框，则不能对在合并计算中包括哪些单元格和区域进行更改，并且存放合并数据的总工作表中存放的不是单纯的合并数据，而是计算合并数据的公式。

3.4.2　按分类合并

当单独工作表中的数据的组织方式不完全相同时，比如，每个月销售的产品不完全相同时，则不能简单地采用上述按位置合并的方法，而需要采用“按分类合并”。但是所有单独工作表必须具有相同的行标签和列标签，以便能够和主工作表中的数据相匹配。按分类合并的操作步骤与按位置合并大致相同，具体步骤如下：

（1）首先，新建主工作表用来存放合并计算的数据，这里主工作表存放在同一个工作簿中，命名为“全年汇总 2”。选定“全年汇总 2”工作表为当前工作表，并选定存放合并数据的单元格区域。与按位置合并不同的是，这时要同时选定分类指标所在的单元格区域。如果不能确定有多少个类，可以只选定第一行。如图 3－34 所示。

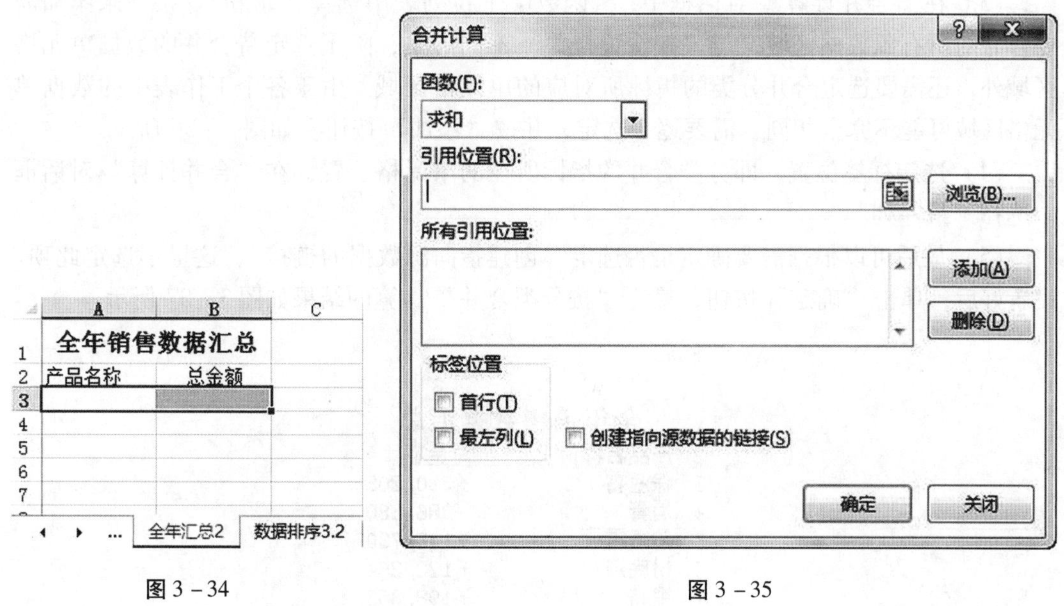

图 3－34　　　　图 3－35

（2）切换到“数据”选项卡，在“数据工具”组中单击“合并计算”按钮，将弹出“合并计算”对话框，如图 3－35 所示。

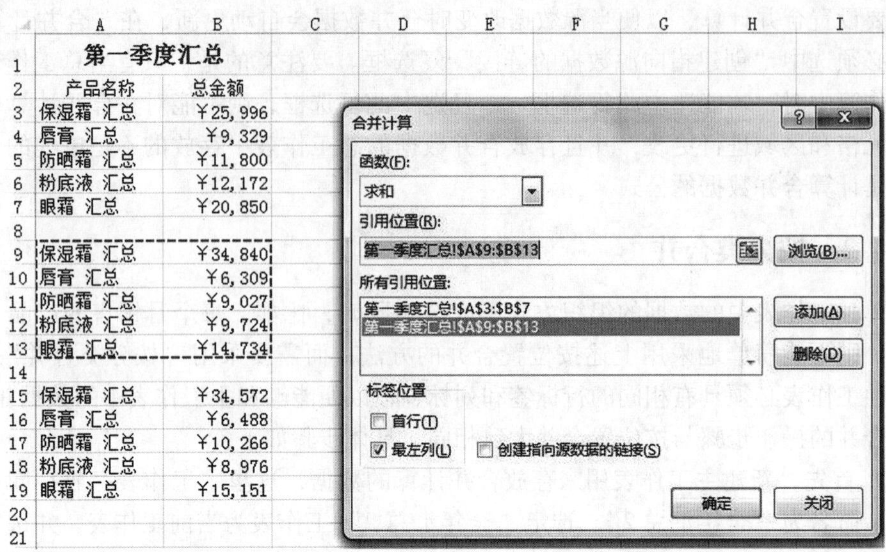

图 3－36

(3) 在“合并计算”对话框中，“函数”下拉列表中选择“求和”。接下来添加需要合并的所有源数据区域，与“按位置合并”不同的是，除了选定待合并的数据单元格区域外，还需要选定合并分类的指标所对应的单元格区域。由于各个工作表中的数据单元格区域可能不完全相同，需要逐个选定，并按“添加”按钮。如图 3－36 所示。

(4) 选定标签位置，即分类合并的指标所在的单元格位置，在“合并计算”对话框中选择“最左列”。

(5) 最后可以根据需要确定是否选定“创建指向源数据的链接”，这里不选定此项。设置好后，单击“确定”按钮，最终“按分类合并”计算的结果如图 3－37 所示。

	A	B
1	全年销售数据汇总	
2	产品名称	总金额
3	保湿霜	￥390,208
4	唇膏	￥86,680
5	防晒霜	￥145,730
6	粉底液	￥122,264
7	眼霜	￥198,353

图 3－37

注意：由于没有选定“创建指向源数据的链接”，合并后的单元格中存放的是合并计算的结果，而不是公式，并且当源工作表中的数据改变时，总工作表中的数据不会作相应的更新。

3.5 数据透视表

在前面的章节中，我们介绍了数据透视表的基本含义及其强大的数据合并、汇总和

分析能力，这是 Excel 2010 强大数据处理功能的具体体现，并简单地介绍了 Excel 2010 中是如何创建数据透视表的。本节将详细介绍数据透视表的创建、更新以及如何调整分析步长、查看数据的不同汇总、添加/删除字段、分类显示数据、调整显示方向等。

这里仍然使用上述化妆品公司 2013 年四个季度的销售数据，为了分析方便，我们将四个季度的数据放置到一个新的工作表中，命名为“全年销售数据”。

3.5.1 创建数据透视表

在 Excel 2013 中创建数据透视表的操作步骤如下：

(1) 选择数据清单中的任意一个单元格，单击“插入”选项卡，单击“数据透视表”下拉按钮，执行“数据透视表”命令，将弹出如图 3－38 所示的“创建数据透视表”对话框。

图 3－38

(2) 在“请选择要分析的数据”选区中，默认已经选定了前面所选单元格所在的数据区域，也可以重新选择数据区域，单击右边的折叠按钮，选择完数据区域后单击展开按钮即可。在“选择放置数据透视表的位置”选区中，可以选择在新工作表中或者在现有工作表中放置数据透视表。这里选择“现有工作表”，并选定放置数据透视表的位置。这里选定 H5 单元格，Excel 创建的数据透视表会默认从该单元格往右下角延伸，然后单击“确定”按钮。

(3) 单击“确定”后，在当前工作表的右边将出现“数据透视表字段”列表框。在字段复选框中选中“月份”、“地区”和“总金额”三项，其中“总金额”作为求和项、“月份”作为行标签、“地区”作为列标签，该字段默认是在行标签区域内，可拖动该字段到列标签区域内即可。在“数据透视表字段”列表框中设置的同时，数据透视表会即时显示相应的结果。如图 3－39 所示。

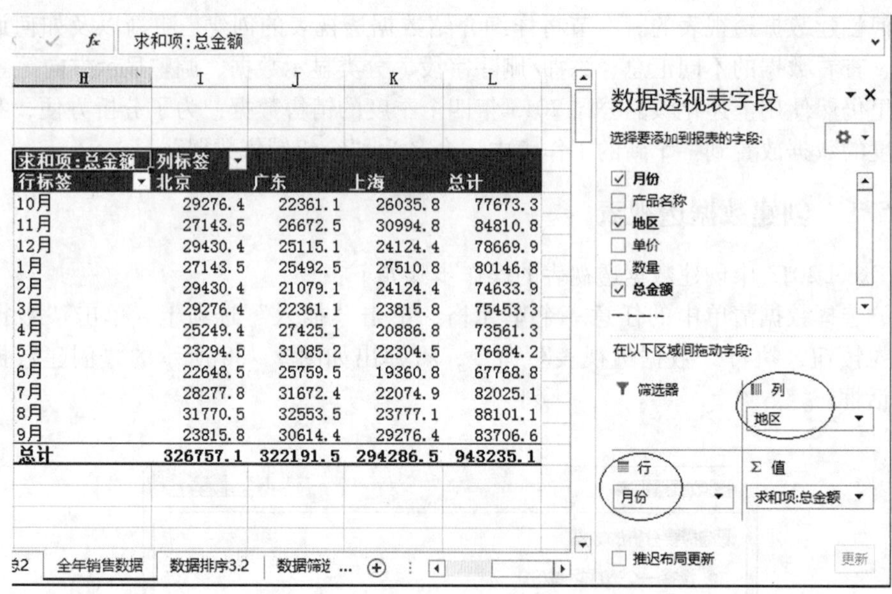

求和项:总金额	列标签			
行标签	北京	广东	上海	总计
10月	29276.4	22361.1	26035.8	77673.3
11月	27143.5	26672.5	30994.8	84810.8
12月	29430.4	25115.1	24124.4	78669.9
1月	27143.5	25492.5	27510.8	80146.8
2月	29430.4	21079.1	24124.4	74633.9
3月	29276.4	22361.1	23815.8	75453.3
4月	25249.4	27425.1	20886.8	73561.3
5月	23294.5	31085.2	22304.5	76684.2
6月	22648.5	25759.5	19360.8	67768.8
7月	28277.8	31672.4	22074.9	82025.1
8月	31770.5	32553.5	23777.1	88101.1
9月	23815.8	30614.4	29276.4	83706.6
总计	326757.1	322191.5	294286.5	943235.1

图 3－39

（4）通过上面创建的数据透视表，我们一眼可以看出每个地区每个月的销售总额，例如，广东在5月份的销售金额为31085.2元。如果我们需要考察每种化妆品在各地区的整年销售情况，可以将报表的字段重新设置，“地区”作为行标签，“产品名称”作为列标签，得到的新数据透视表如图3－40所示。

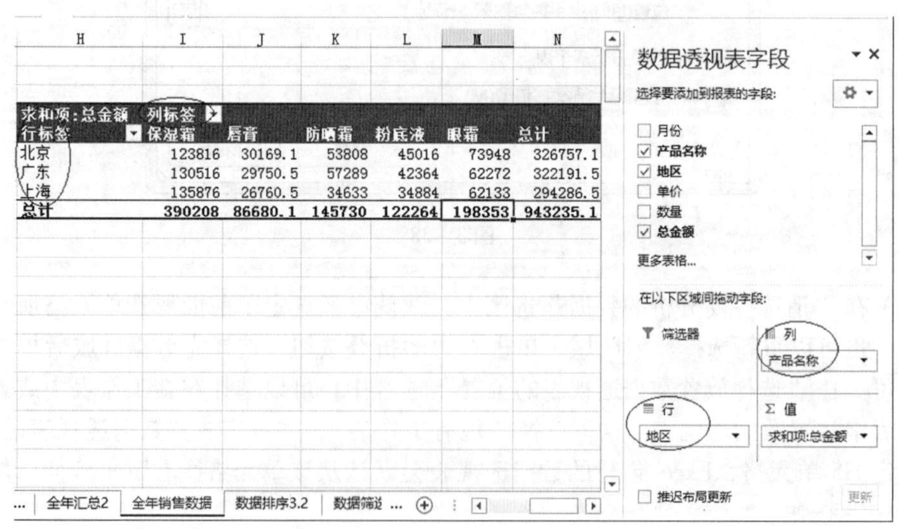

求和项:总金额	列标签					
行标签	保湿霜	唇膏	防晒霜	粉底液	眼霜	总计
北京	123816	30169.1	53808	45016	73948	326757.1
广东	130516	29750.5	57289	42364	62272	322191.5
上海	135876	26760.5	34633	34884	62133	294286.5
总计	390208	86680.1	145730	122264	198353	943235.1

图 3－40

使用数据透视表可以很好地分析数据之间的关系。但相对于数据透视表而言，数据透视图提供了一种更为可视化、更为直观的方式来显示数据以及数据之间的关系。本节将介绍如何创建和更新数据透视图，以及数据透视图的应用。

下面以创建数据透视表的数据清单为例，介绍在 Excel 2013 中是如何创建数据透视图的。基本操作步骤如下：

（1）选定数据清单中的任意一个单元格，单击“插入”选项卡，单击“图表”组的“数据透视表”按钮，将弹出如图 3－41 所示的“创建数据透视表”对话框。

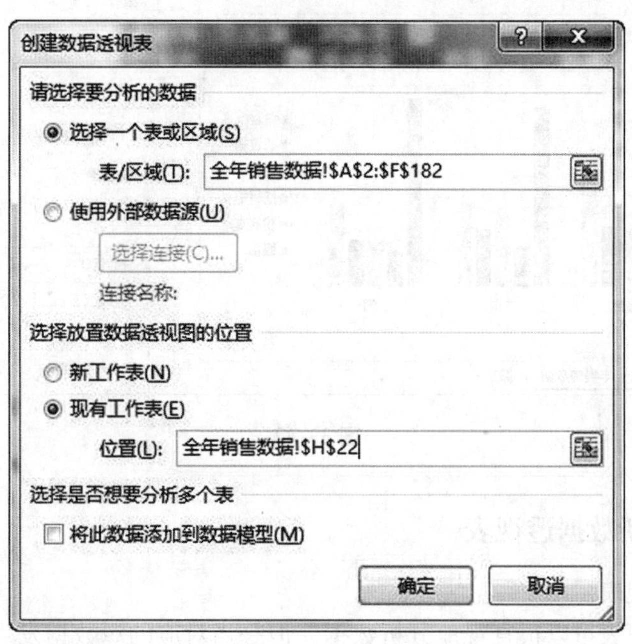

图 3－41

（2）在“请选择要分析的数据”选区中，默认已经选定了前面所选单元格所在的数据区域，也可以重新选择数据区域，单击右边的折叠按钮，选择完数据区域后单击展开按钮即可。在“选择放置数据透视图的位置”选区中，可以选择在新工作表中或者在现有工作表中放置数据透视表。这里选择“现有工作表”，并选定放置数据透视图的位置。这里选定 H22 单元格，Excel 创建的数据透视图会默认从该单元格往右下角延伸，然后单击“确定”按钮。

（3）单击“确定”后，在当前工作表的右边将出现“数据透视图字段”列表任务窗框。在字段复选框中选中“产品名称”、“地区”和“总金额”三项，其中“总金额”作为求和项、“产品名称”作为图例字段、“地区”作为轴字段。

（4）在“数据透视图字段”列表框中设置的同时，数据透视图会即时显示相应的结果。最终结果如图 3－42 所示。

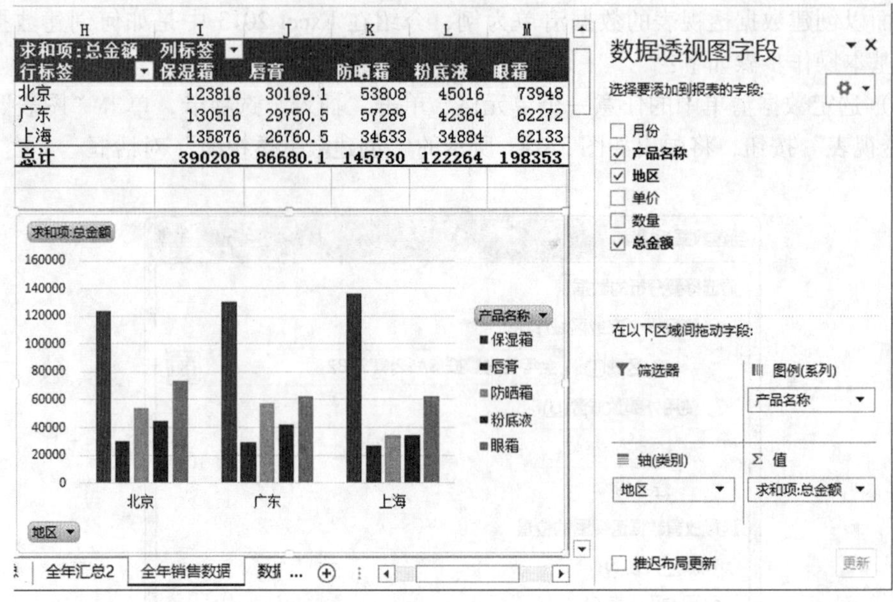

图 3－42

3.5.2 更新数据透视表

一、数据透视表

通过数据透视表可以很直观地分析数据，但是当对应的源数据发生变化时，数据透视表并不会自动更新，并且数据透视表中的数据都是汇总计算的结果，具有“只读”性，因而也不能直接对数据透视表的内容进行修改。这时只能使用 Excel 提供的刷新数据命令来实现。Excel 2013 提供了三种常用的方法来更新数据透视表。

1. 直接利用快捷菜单中的“刷新”命令

选中数据透视表中任意一个单元格，单击鼠标右键将弹出图 3－43 所示的菜单，执行其中的“刷新”命令即可更新整个数据透视表。图 3－44 所示是右击“行标签”或“列标签”时弹出的快捷菜单，执行这里的“刷新”命令将产生相同的结果。

图 3－43

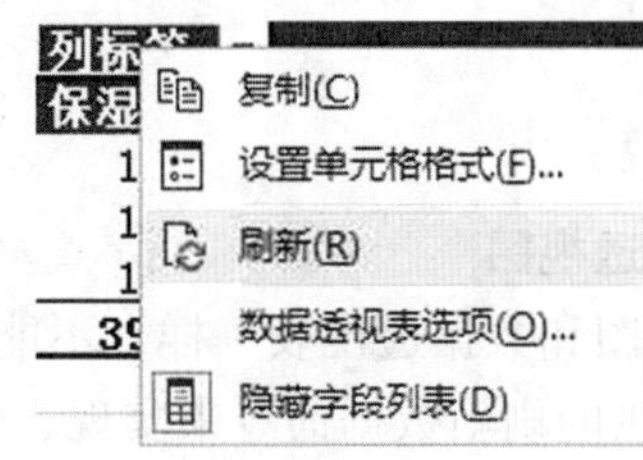

图 3－44

2. 利用“数据”功能区中的“全部刷新”按钮

单击数据透视表中任意一个数据单元格，点击“数据”选项卡，在“连接”组中点击“全部刷新”按钮即可更新整个数据透视表，也可通过组合键[Ctrl]+[Alt]+[F5]来刷新。如图 3－45 所示。

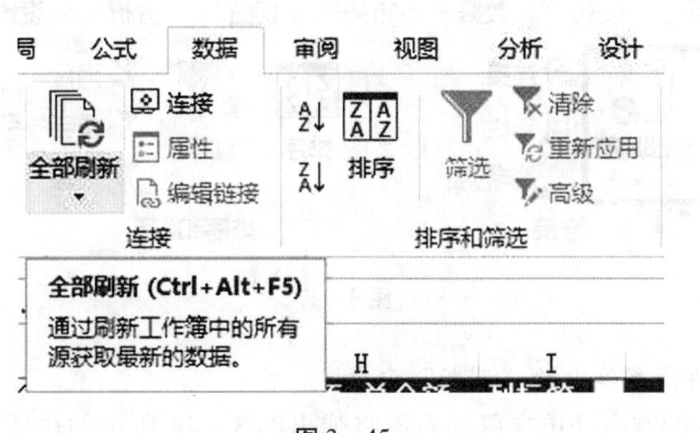

图 3－45

3. 利用“数据透视表工具”栏下的“刷新”按钮

单击数据透视表中任意一个数据单元格，标签式菜单栏将出现“数据透视表工具”栏，其中有 2 个选项卡，“分析”和“设计”选项卡。切换到“分析”选项卡，在“数据”组中单击“刷新”按钮即可，如图 3－46 所示。

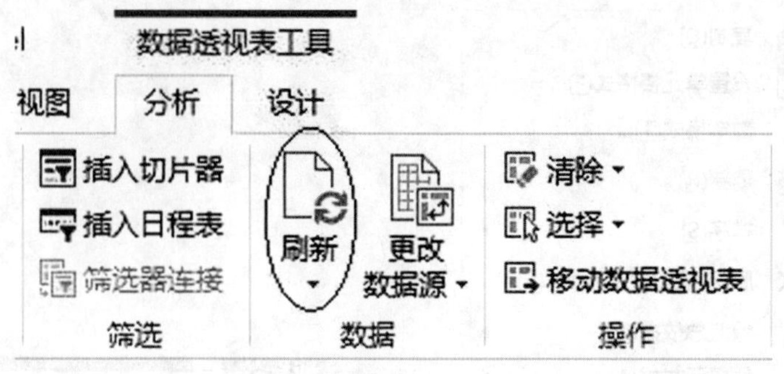

图 3－46

二、数据透视图

数据透视图和数据透视表一样，不能通过直接对数据透视图的内容进行修改，只能使用 Excel 提供的刷新数据命令来实现。Excel 2013 提供了三种常用的方法来更新数据透视图。

1. 利用“数据”功能区中的“全部刷新”按钮

选中数据透视图，点击“数据”选项卡，在“连接”组中点击“全部刷新”按钮即可更新整个数据透视图。如图 3－47 所示。

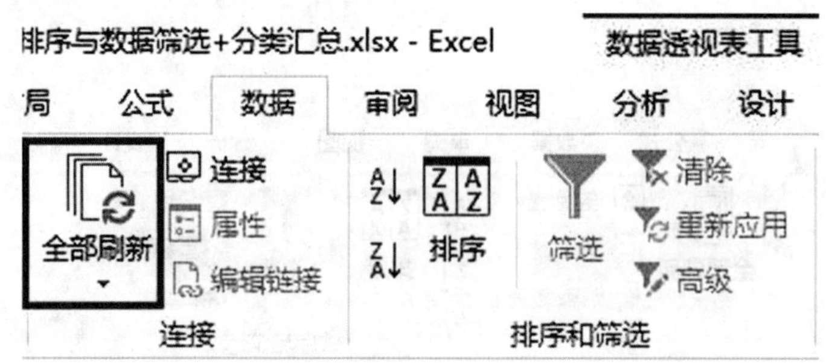

图 3－47

2. 直接利用快捷菜单中的“刷新”命令

在数据透视图的空白处单击鼠标右键将弹出图 3－48 所示的快捷菜单，执行其中的“刷新数据”命令即可更新整个数据透视图。

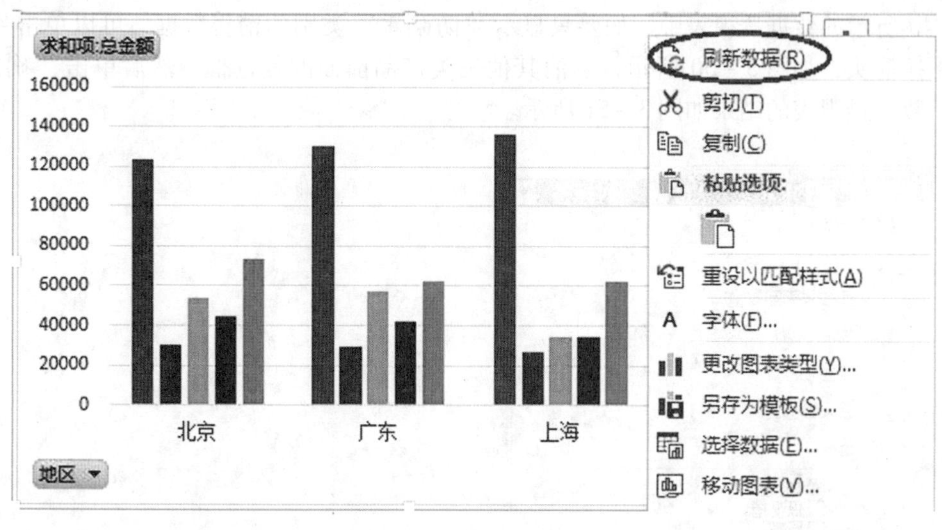

图 3－48

3. 直接“数据透视图工具”中的刷新命令

选定数据透视图，标签式菜单栏将出现“数据透视图工具”栏，其中有 4 个选项卡，即“视图”、“分析”、“设计”和“格式”选项卡。切换到“分析”选项卡，在“数据”组中单击“刷新”按钮即可，如图 3－49 所示。

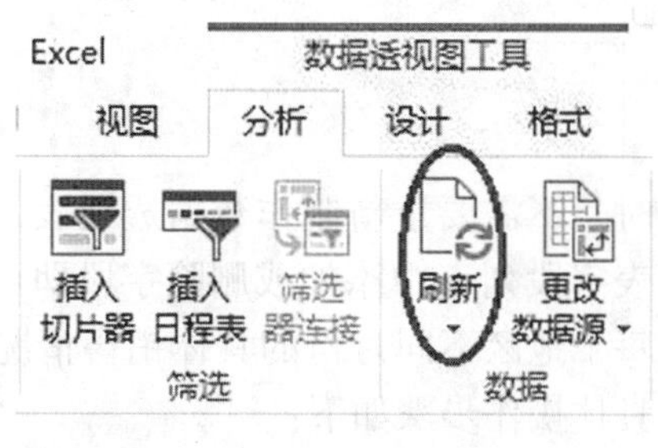

图 3－49

3. 5. 3　应用数据透视表

数据透视表最重要的优点是，面对同一个工作表的数据，可以从不同的分析角度出发来分析不同维度的数据之间的关系，进而挖掘出不同的数据价值，即为“透视分析”。在透视分析的过程中，可以对数据透视表进行各种操作，比如折叠或展开要关注结果的数据级别，查看数据的不同汇总，添加或删除分析指标，改变数据透视表的样式等。

一、数据透视表

1. 分类显示数据

Excel 2013 的数据透视表中，行标签、列标签的右边有分类选项箭头。当不需要显示所有分类的数据，或者当数据量很大时会只显示用户所关心的数据，可以单击对应分类下拉箭头，在里面作相应的选择即可，也可以通过排序和筛选操作来完成。例如，在

图3－40所示的数据透视表中，如要只显示“防晒霜”类别的销售数据，可以单击列标签的下拉箭头，如图3－50所示，取消其他三类产品前面的复选框，然后单击“确定”按钮，数据透视表的结果如图3－51所示。

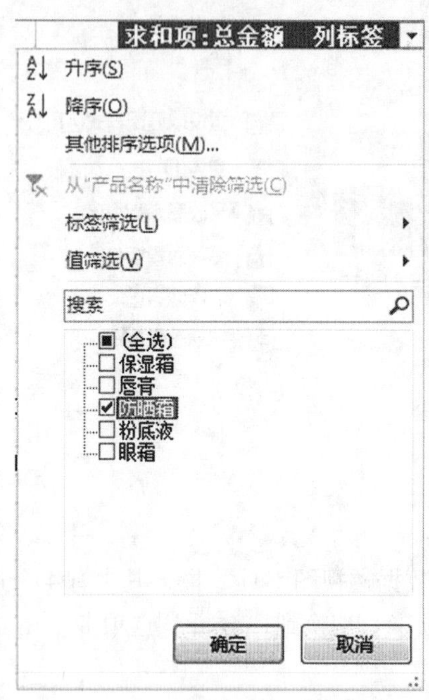

图3－50

求和项:总金额	列标签	
行标签	防晒霜	总计
北京	53808	53808
广东	57289	57289
上海	34633	34633
总计	145730	145730

图3－51

2. 添加/删除字段

当需要分析不同的指标时，不需要重新制作数据透视表，只需在原数据透视表的基础上，根据需要在数据透视表字段列表中添加或删除字段即可。对于图3－40所示的数据透视表，需要进一步分析每个地区不同月份的具体销售情况时，可以将“月份”字段添加到行标签或列标签中。具体操作步骤如下：

（1）选中数据透视表中的任意一个单元格，工作表的右侧将显示数据透视表字段列表对话框。

（2）在数据透视表字段列表对话框中，选中“月份”字段前面的复选框，这里该字段被添加到行标签中，并且位于地区字段的下方。如果需要，可以将其拖至地区字段上方或者拖至列标签中。

（3）设置完毕之后，数据透视表会自动更新，如图3－52所示。

类似地，如果要在数据透视表中删除某个字段，只需要在复选框中取消该字段即可。

求和项:总金额	列标签					
行标签	保湿霜	唇膏	防晒霜	粉底液	眼霜	总计
⊟北京	123816	30169.1	53808	45016	73948	326757.1
10月	12864	1973.4	5074	3944	5421	29276.4
11月	7772	3737.5	5015	3808	6811	27143.5
12月	12060	1674.4	5015	4148	6533	29430.4
1月	7772	3737.5	5015	3808	6811	27143.5
2月	12060	1674.4	5015	4148	6533	29430.4
3月	12864	1973.4	5074	3944	5421	29276.4
4月	8308	3169.4	4602	3332	5838	25249.4
5月	9380	1644.5	4484	3060	4726	23294.5
6月	9380	1644.5	1357	4012	6255	22648.5
7月	8576	3049.8	4661	4624	7367	28277.8
8月	10452	3737.5	6962	3808	6811	31770.5
9月	12328	2152.8	1534	2380	5421	23815.8
⊟广东	130516	29750.5	57289	42364	62272	322191.5
10月	9380	2362.1	3658	2652	4309	22361.1
11月	9648	2541.5	4071	3740	6672	26672.5
12月	11524	2661.1	3304	4012	3614	25115.1
1月	9648	2541.5	2891	3740	6672	25492.5
2月	8576	2661.1	3304	2924	3614	21079.1
3月	9380	2362.1	3658	2652	4309	22361.1
4月	11524	2960.1	3304	4216	5421	27425.1
5月	15008	2631.2	4838	3604	5004	31085.2
6月	9916	2840.5	4602	3536	4865	25759.5
7月	12060	1674.4	7257	4148	6533	31672.4
8月	9648	2541.5	9204	4488	6672	32553.5
9月	14204	1973.4	7198	2652	4587	30614.4
⊞上海	135876	26760.5	34633	34884	62133	294286.5
总计	390208	86680.1	145730	122264	198353	943235.1

图 3－52

3. 调整显示方向

在图 3－52 所示的数据透视表中，“地区”和“月份”是作为行标签的，对应的数据分别在不同的行显示，称作行方向显示；“产品名称”是作为列标签的，对应的数据显示在不同的列，称作列方向显示。此外，还可以设置页字段，让数据按页方向显示。

比如，我们要分析对比同一月份各地区的销售情况，目前的可读性比较差，可以将“月份”字段按页方向显示。在数据透视表字段列表中直接将它拖至“报表筛选”区域中即可，如图 3－53 所示。这里显示的是 6 月份的销售情况，单击“月份”字段右边的下拉箭头，也可以显示其他月份的情况，或者选择全部。

月份	6月					
求和项:总金额	列标签					
行标签	保湿霜	唇膏	防晒霜	粉底液	眼霜	总计
北京	9380	1644.5	1357	4012	6255	22648.5
广东	9916	2840.5	4602	3536	4865	25759.5
上海	10988	1853.8	1829	1632	3058	19360.8
总计	30284	6338.8	7788	9180	14178	67768.8

图 3－53

4. 改变计算函数

在数据透视表中，数值型字段的计算函数默认是求和函数，非数值字段的计算函数默认是计数函数。在实际应用中可以根据需要选择其他函数进行多种计算。Excel 2010 为数据透视表提供的计算函数有求和、计数、平均值、最大值、最小值、乘积、数值计算以及标准方差等。在图3－52中，如果要统计整年平均每个月的销售金额，而不是总金额，可以使用平均数函数，具体操作如下：

（1）选定数据透视表中任意一个数据，点击鼠标右键，在快捷菜单中选择“值字段设置”，将弹出“值字段设置”对话框。

（2）在“值字段设置”对话框中，将计算类型改为“平均值”，如图3－54所示。

（3）设置完毕后，点击“确定”按钮，得到的数据透视表如图3－55所示。

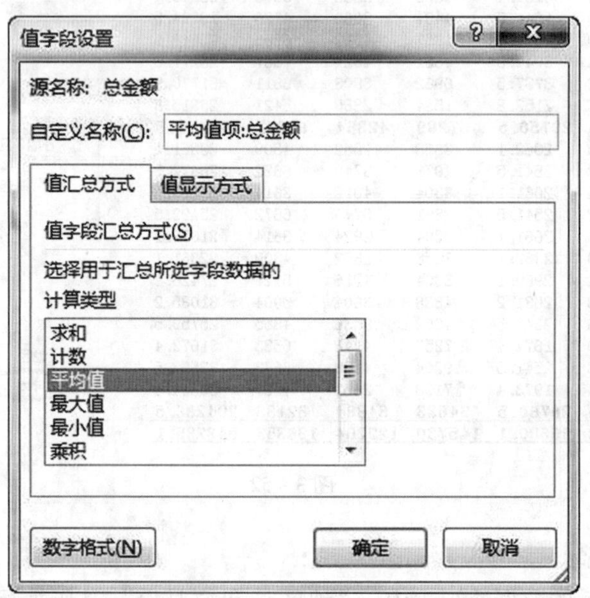

图3－54

平均值项:总金额	列标签				
行标签	保湿霜	唇膏	防晒霜	粉底液	眼霜	总计
⊟北京	**10318**	**2514.091667**	**4484**	**3751.333333**	**6162.333333**	**5445.951667**
10月	12864	1973.4	5074	3944	5421	5855.28
11月	7772	3737.5	5015	3808	6811	5428.7
12月	12060	1674.4	5015	4148	6533	5886.08
1月	7772	3737.5	5015	3808	6811	5428.7
2月	12060	1674.4	5015	4148	6533	5886.08
3月	12864	1973.4	5074	3944	5421	5855.28
4月	8308	3169.4	4602	3332	5838	5049.88
5月	9380	1644.5	4484	3060	4726	4658.9
6月	9380	1644.5	1357	4012	6255	4529.7
7月	8576	3049.8	4661	4624	7367	5655.56
8月	10452	3737.5	6962	3808	6811	6354.1
9月	12328	2152.8	1534	2380	5421	4763.16
⊟广东	**10876.33333**	**2479.208333**	**4774.083333**	**3530.333333**	**5189.333333**	**5369.858333**
10月	9380	2362.1	3658	2652	4309	4472.22
11月	9648	2541.5	4071	3740	6672	5334.5
12月	11524	2661.1	3304	4012	3614	5023.02
1月	9648	2541.5	2891	3740	6672	5098.5
2月	8576	2661.1	3304	2924	3614	4215.82
3月	9380	2362.1	3658	2652	4309	4472.22
4月	11524	2960.1	3304	4216	5421	5485.02
5月	15008	2631.2	4838	3604	5004	6217.04
6月	9916	2840.5	4602	3536	4865	5151.9
7月	12060	1674.4	7257	4148	6533	6334.48
8月	9648	2541.5	9204	4488	6672	6510.7
9月	14204	1973.4	7198	2652	4587	6122.88
⊞上海	**11323**	**2230.041667**	**2886.083333**	**2907**	**5177.75**	**4904.775**
总计	**10839.11111**	**2407.780556**	**4048.055556**	**3396.222222**	**5509.805556**	**5240.195**

图3－55

5. 改变数据显示方式

一般情况下，数据透视表中显示的都是实际得到的汇总数据，当我们需要进一步分析数据之间的特殊关系时，比如差异关系、构成关系等，可以通过设置数据透视表的显示方式来实现。Excel 2013 提供了多种不同的数据显示方式，如百分比、差异、指数、升序、降序等，用户可以根据需要选择最合适的数据显示方式。例如，我们要分析每个月份的销售增长情况，可以选择差异的数据显示方式，具体操作如下：

（1）选定任意一个数据字段，点击鼠标右键，在快捷菜单中选择“值字段设置”，将弹出“值字段设置”对话框。

（2）在“值字段设置”对话框中，切换到“值显示方式”选项卡，如图 3－56 所示，将计算类型改为“平均值”，值显示方式下拉列表中选择“差异”显示方式，基本字段选择“月份”，基本项选择“（上一个）”。

（3）设置完毕后，点击“确定”按钮，得到的数据透视表如图 3－57 所示。

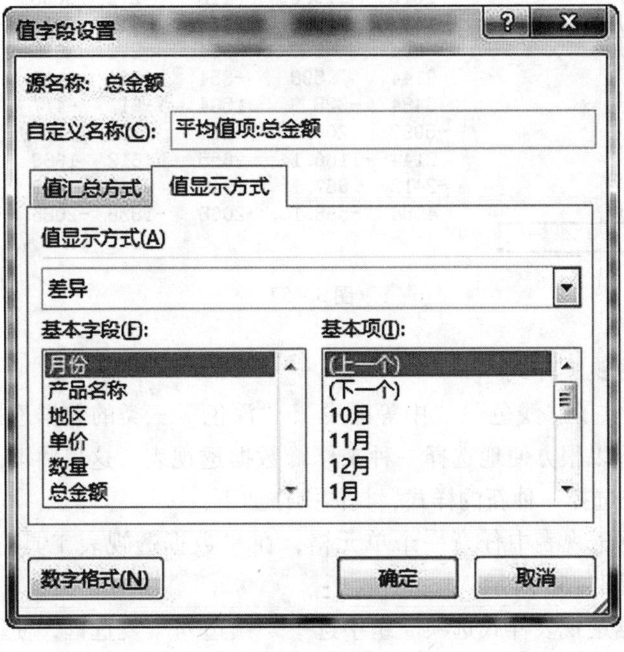

图 3－56

平均值项:总金额	列标签					
行标签	保湿霜	唇膏	防晒霜	粉底液	眼霜	总计
⊟北京						
10月						
11月	-5092	1764.1	-59	-136	1390	-426.58
12月	4288	-2063.1	0	340	-278	457.38
1月	-4288	2063.1	0	-340	278	-457.38
2月	4288	-2063.1	0	340	-278	457.38
3月	804	299	59	-204	-1112	-30.8
4月	-4556	1196	-472	-612	417	-805.4
5月	1072	-1524.9	-118	-272	-1112	-390.98
6月	0	0	-3127	952	1529	-129.2
7月	-804	1405.3	3304	612	1112	1125.86
8月	1876	687.7	2301	-816	-556	698.54
9月	1876	-1584.7	-5428	-1428	-1390	-1590.94
⊟广东						
10月						
11月	268	179.4	413	1088	2363	862.28
12月	1876	119.6	-767	272	-3058	-311.48
1月	-1876	-119.6	-413	-272	3058	75.48
2月	-1072	119.6	413	-816	-3058	-882.68
3月	804	-299	354	-272	695	256.4
4月	2144	598	-354	1564	1112	1012.8
5月	3484	-328.9	1534	-612	-417	732.02
6月	-5092	209.3	-236	-68	-139	-1065.14
7月	2144	-1166.1	2655	612	1668	1182.58
8月	-2412	867.1	1947	340	139	176.22
9月	4556	-568.1	-2006	-1836	-2085	-387.82
⊟上海						

图 3－57

6. 设置数据透视表样式

Excel 2013 提供了"浅色"、"中等深浅"、"深色" 三类的数据透视表样式，总共有 85 种样式，用户可以很方便地选择一种来修饰数据透视表。这里将演示如何为图 3－57 所示的数据透视表选择一种新的样式，具体操作如下：

（1）选定数据透视表中任意一个单元格，在"数据透视表工具"栏中切换到"设计"选项卡，如图 3－58 所示。

（2）在"数据透视表样式选项"组中选中"镶边列"复选框，使得偶数列和奇数列的格式互不相同，可读性更强。

（3）在"数据透视表样式"组中，选中需要的样式，这里选择"浅色"类样式 26，之后得到的数据透视表如图 3－59 所示。

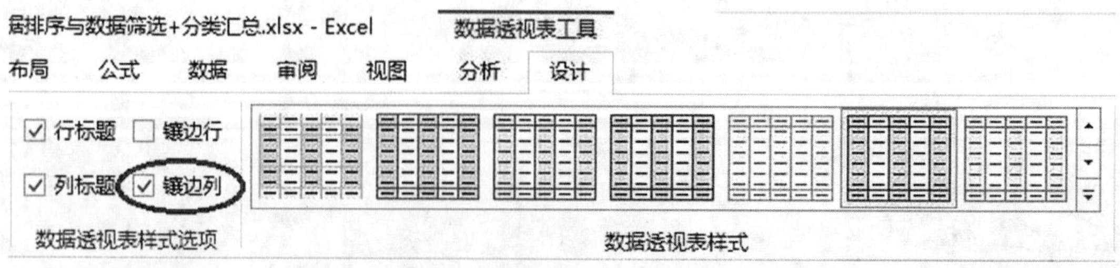

图 3－58

求和项:总金额	列标签					
行标签	保湿霜	唇膏	防晒霜	粉底液	眼霜	总计
⊟北京	123816	30169.1	53808	45016	73948	326757.1
10月	12864	1973.4	5074	3944	5421	29276.4
11月	7772	3737.5	5015	3808	6811	27143.5
12月	12060	1674.4	5015	4148	6533	29430.4
1月	7772	3737.5	5015	3808	6811	27143.5
2月	12060	1674.4	5015	4148	6533	29430.4
3月	12864	1973.4	5074	3944	5421	29276.4
4月	8308	3169.4	4602	3332	5838	25249.4
5月	9380	1644.5	4484	3060	4726	23294.5
6月	9380	1644.5	1357	4012	6255	22648.5
7月	8576	3049.8	4661	4624	7367	28277.8
8月	10452	3737.5	6962	3808	6811	31770.5
9月	12328	2152.8	1534	2380	5421	23815.8
⊟广东	130516	29750.5	57289	42364	62272	322191.5
10月	9380	2362.1	3658	2652	4309	22361.1
11月	9648	2541.5	4071	3740	6672	26672.5
12月	11524	2661.1	3304	4012	3614	25115.1
1月	9648	2541.5	2891	3740	6672	25492.5
2月	8576	2661.1	3304	2924	3614	21079.1
3月	9380	2362.1	3658	2652	4309	22361.1
4月	11524	2960.1	3304	4216	5421	27425.1
5月	15008	2631.2	4838	3604	5004	31085.2
6月	9916	2840.5	4602	3536	4865	25759.5
7月	12060	1674.4	7257	4148	6533	31672.4
8月	9648	2541.5	9204	4488	6672	32553.5
9月	14204	1973.4	7198	2652	4587	30614.4
⊞上海	135876	26760.5	34633	34884	62133	294286.5
总计	390208	86680.1	145730	122264	198353	943235.1

图 3 – 59

二、数据透视图

和数据透视表类似，可以对数据透视图进行各种操作。下面简单介绍一下在 Excel 2013 中如何设置数据透视图的样式、设计其图表布局、添加趋势线等。

1. 设计数据透视图

在“数据透视图工具”栏的“设计”功能区中，Excel 2013 提供了 48 种图表样式和 11 种图表布局，用户可以很方便地选择一种来修饰数据透视图。另外，在“布局”和“格式”功能区中，可以对数据透视图进行一系列的设置，比如可以设置坐标轴的格式、设置网格线、图表标题、艺术字样式等。下面我们对图 3 – 42 所示的数据透视图进行一系列简单的修饰，具体操作如下：

（1）切换到“设计”选项卡，在“图表布局”组中选择“快速布局”下的布局 5，将图表标题设为“某化妆品公司 2013 年各类产品销售情况”，字体大小设为 11，坐标轴标题设为“销售总金额（单位：元）”。

（2）切换到“格式”选项卡，在“形状样式”组的“形状效果”下拉列表中，将“阴影”设置成“外部—右下斜偏移”。

（3）设置纵坐标轴格式。将主要刻度单位设为“40000. 0”。这时，设置后的数据透视图如图 3 – 60 所示。

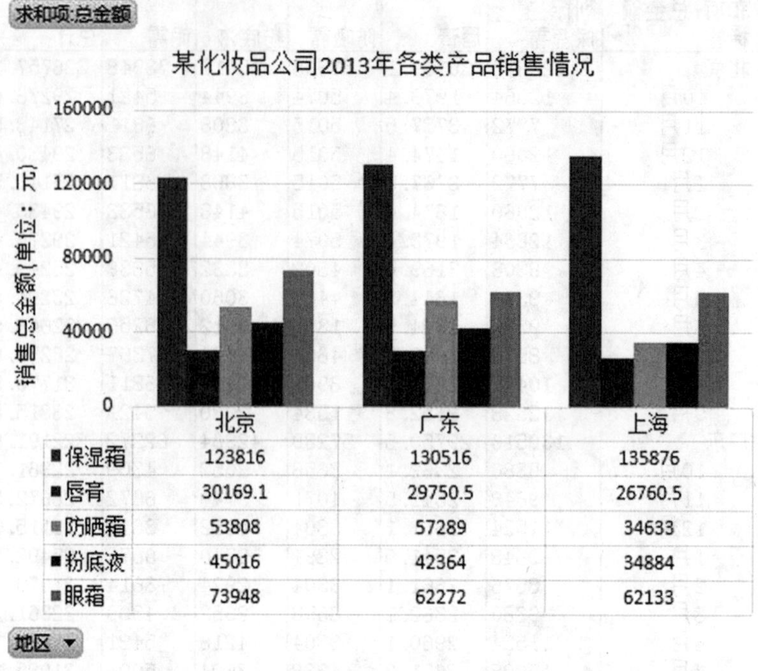

图 3－60

（4）另外，可以很简单地交换数据透视图中坐标轴的数据，即将标在 X 轴上的数据移至 Y 轴上，标在 Y 轴上的数据移至 X 轴上。具体操作是，切换到“设计”选项卡，单击“数据”组中的“切换行/列”即可，如图 3－61 所示。将图 3－60 作如此操作后的数据透视图如图 3－62 所示。

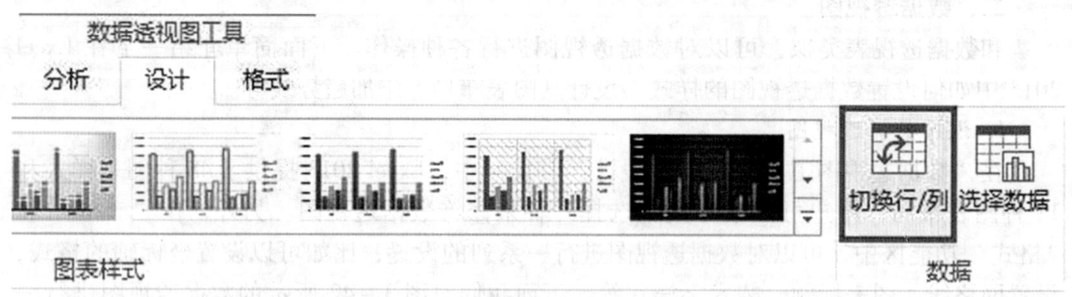

图 3－61

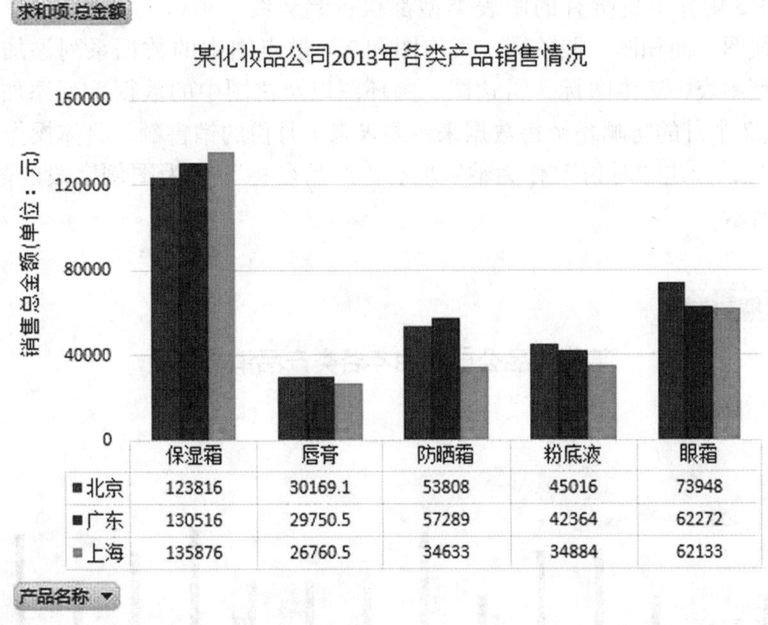

图3－62

2. 趋势线分析

Excel 2013 为图表提供了趋势线的功能。所谓趋势线，是以图形化的方式显示数据的预测趋势，也称为“回归分析”。利用回归分析，可以在图表中根据实际的数据扩展趋势线，从而预测未来数据。Excel 2013 提供了 6 种趋势线（回归分析类型），分别是：线性、指数、对数、多项式、幂以及移动平均。下面简单介绍各种趋势线的特点和应用情形。

（1）线性趋势线：适用于简单线性数据集的最佳拟合直线。当数据点的构成图案类似于一条直线时，说明数据是线性的，且以恒定的速率递增或递减。

（2）指数趋势线：当数据以指数函数的形式递增或者递减时使用该趋势线。但必须注意的一点是，当数据中存在零值或负值时，就不能使用该趋势线。

（3）对数趋势线：说明数据递增或递减的速度很快，但很快又趋于平稳，则对数趋势是最佳的拟合曲线。这种趋势线适用于正值和负值。

（4）多项式趋势线：当数据波动较大时使用这种曲线，常用于分析大量数据的偏差。多项式的阶数由数据曲线中的拐点数目来确定。例如，二阶多项式趋势线只有一个拐点，三阶多项式趋势线通常有两个拐点。

（5）幂趋势线：当数据以特定的速率增加时，幂趋势线是最佳选择。与指数趋势线一样，当数据中若有零值或者负值时，就不能使用该趋势线。

（6）移动平均趋势线：该趋势线是对数据作了平滑处理之后所得到的，可以更清晰地显示数据的发展趋势。它使用指定数目的数据点，取其平均值作为趋势线中的一个点。例如，如果指定的数据点数目是 2，那么第一个和第二个数据点的平均值就作为移动平均趋势线中的第一个点，第二个和第三个数据点的平均值作为趋势线的第二个点，以此类推得到整条趋势线。

Excel 2013 中并不是所有的图表类型都执行趋势线。可以向非堆积型二维柱形图、条形图、折线图、面积图、股价图、气泡图和 XY 散点图中的数据系列添加趋势线，但不能向堆积型图表、三维图标、雷达图、圆环图以及饼图中的数据系列添加趋势线。下面以现有的 12 个月的防晒霜销售数据来预测未来 1 月份的销售额。具体操作步骤如下：

（1）首先，创建“月份”作为轴字段、“产品名称”作为图例字段的数据透视图，如图 3 – 63 所示。

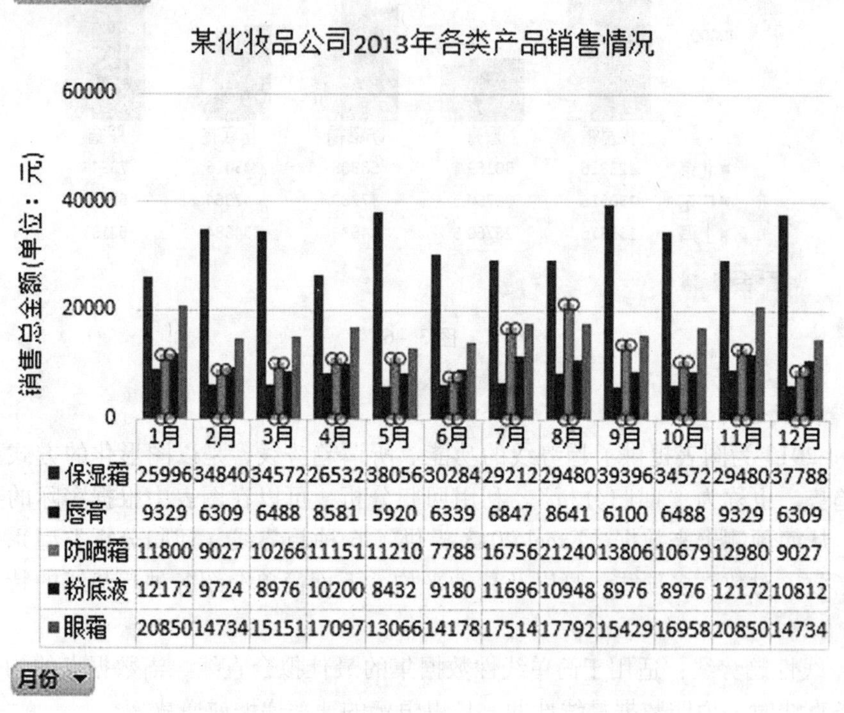

	1月	2月	3月	4月	5月	6月	7月	8月	9月	10月	11月	12月
保湿霜	25996	34840	34572	26532	38056	30284	29212	29480	39396	34572	29480	37788
唇膏	9329	6309	6488	8581	5920	6339	6847	8641	6100	6488	9329	6309
防晒霜	11800	9027	10266	11151	11210	7788	16756	21240	13806	10679	12980	9027
粉底液	12172	9724	8976	10200	8432	9180	11696	10948	8976	8976	12172	10812
眼霜	20850	14734	15151	17097	13066	14178	17514	17792	15429	16958	20850	14734

图 3 – 63

（2）在数据透视图中，选中防晒霜销售数据系列的任意一个柱形数据点，单击鼠标右键，在弹出的快捷菜单中单击“添加趋势线”命令，右侧将弹出“设置趋势线格式”对话框，如图 3 – 64 所示。

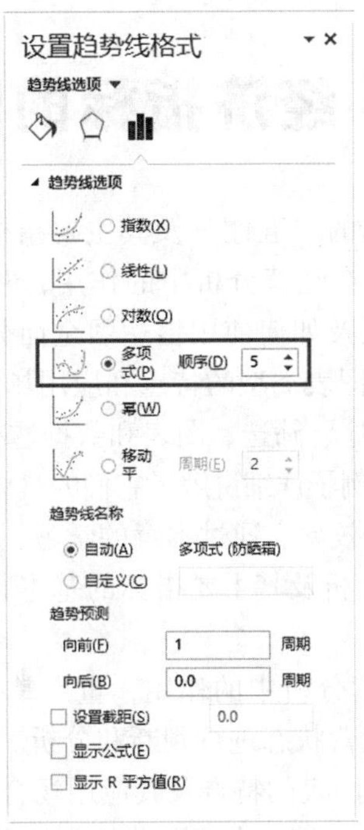

图 3－64

（3）从图 3－63 中的数据曲线可以看出，数据波动较大，适合多项式趋势线的特点，所以选中“多项式”回归分类类型。另外，数据曲线中大致有 4 个拐点，于是设置多项式的“顺序”为“5”。在趋势预测的“向前”中，输入 1 周期。

（4）设置完毕后，点击“关闭”按钮。添加了前推一个周期的趋势线的数据透视图，如图 3－65 所示。

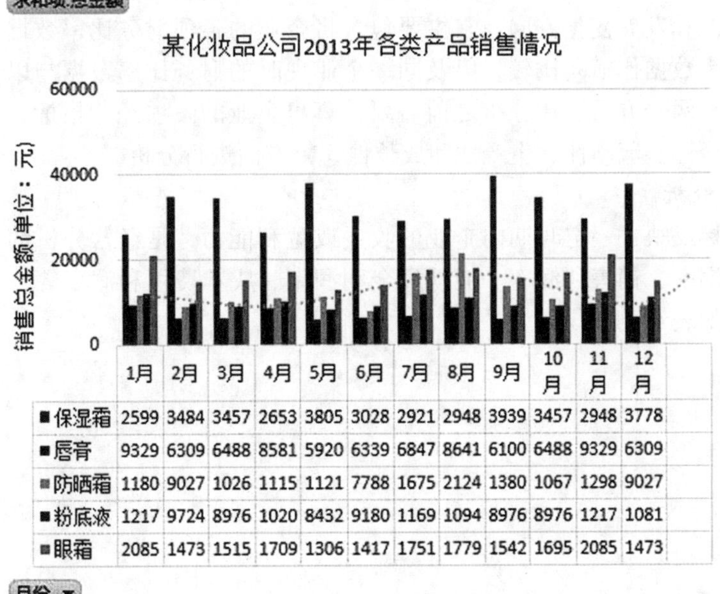

	1月	2月	3月	4月	5月	6月	7月	8月	9月	10月	11月	12月
■保湿霜	2599	3484	3457	2653	3805	3028	2921	2948	3939	3457	2948	3778
■唇膏	9329	6309	6488	8581	5920	6339	6847	8641	6100	6488	9329	6309
■防晒霜	1180	9027	1026	1115	1121	7788	1675	2124	1380	1067	1298	9027
■粉底液	1217	9724	8976	1020	8432	9180	1169	1094	8976	8976	1217	1081
■眼霜	2085	1473	1515	1709	1306	1417	1751	1779	1542	1695	2085	1473

图 3－65

第4章　经济指标的图表分析

本章首先介绍企业经营分析的“五性”及其主要指标的含义和基本公式。然后详细讲解了Excel提供的雷达图工具在经营分析中的作用，并通过典型例子说明雷达图的结构、制作雷达图的操作方法，以及如何使用雷达图全面分析企业的整体运营状态，同时也介绍了Excel提供的其他常用图表类型的特点和应用场合。本章还从股市分析的应用出发，介绍了Excel 2013提供的排序、筛选、图表和数据透视表功能在股市行情分析和股票收益核算中的作用，并通过典型例子详细讲解了它们的具体操作步骤。最后介绍了Excel宏的使用，主要目的在于提高工作效率。通过本章的学习，读者应该掌握如下内容：

（1）了解企业的经营比率分析及其主要指标的基本含义和公式，掌握计算企业的各项经营比率的方法。

（2）理解雷达图在企业经营分析中的作用，重点掌握制作雷达图的基本操作方法，并能熟练运用雷达图对企业的运营状态进行判断和分析。

（3）理解Excel中其他常用图表的特点及其应用场合，并熟练掌握其制作过程。

（4）掌握数据排序、三种数据筛选在股票分析中的具体操作应用。

（5）重点掌握制作K线图、移动平均线和KD线的具体操作步骤，并能够根据曲线分析股票的变动趋势。

（6）能够根据实际数据情况建立股票收益计算器，熟练掌握如何利用数据透视表功能建立股票的明细账和汇总账。

4.1　经营比率分析

经营比率分析，通常是用一个数据除以另一个数据求出比率，然后加以分析和评估企业的经营情况和发展变化方向。它主要包含将企业的各项财务比率数据与其他企业或行业的财务比率数据作横向比较，以及同一企业现时的财务比率数据与以往的财务比率数据作纵向比较两个方面。在分析之前需要计算出企业的各项经营指标，一般可从企业的收益性、安全性、流动性、生产性和成长性5个方面进行分析。

1. 收益性分析

收益性指标反映了一定时期内企业的收益或盈利能力，是经营分析的重点。主要指标有总资金利润率、销售利润率、流动资金利润率、成本费用利润率等，其基本含义及相应计算公式如表4－1所示。

表 4-1　收益性指标

收益性指标		
收益性比率	基本含义	计算公式
总资金利润率	一个较为全面反映企业总资产利用效果的主体指标，它既能较好地反映劳动生产率的高低，也能反映企业资金的使用情况和经营成果。	$总资金利润率=\frac{利润总额}{国有资产+自有资产+负债}$
销售利润率	用于反映企业总的收益水平的重要指标。	$销售利润率=\frac{利润总额}{销售收入}$
净利润率	一般来说，投资大、周转速度慢的企业，该指标较高；而投资少、周转速度快的企业，该指标较低。因此一般不能只用该比例判断企业的经营成绩。	$净利润率=\frac{净利润}{净销售收入}$
成本费用利润率	用于反映企业为取得利润所付出的成本代价。	$成本费用利润率=\frac{净收益+利息费用+所得税}{成本费用总额}$
流动资金利润率	分析流动资金利润率，可以更深入地分析企业的经营状况。	$流动资金利润率=\frac{利润总额}{流动资金+流动负债}$
销售收入对费用率	该指标用于反映直接费用之外的其他费用的使用情况，对于生产费用或不变成本有增大趋势的企业有重大意义。	$销售收入对费利率=\frac{车间经费+企业管理费}{销售总收入}$
销售额经常利润率	反映企业的分配能力的一项指标。	$销售额经常利润率=\frac{经常利润}{销售总收入}$

2. 安全性分析

收益性分析主要分析企业的获利能力，而安全性分析则主要判断企业经营的安全程度，也可以说是分析企业在财务上的平衡状况和稳定性，目的在于观察企业在一定时期内的偿债能力。最主要的安全性指标及计算公式如表 4-2 所示。还可以进一步分析固定资产长期适合率、股东权益比率、利息保障倍数、占用资金率和内部留成率等指标。

表4－2　安全性指标

安全性指标		
安全性比率	基本含义	计算公式
流动比率	反映企业短期内偿债的能力，对银行来说，则是判断企业信用状态的指标。它表示企业短期内应该支付的流动负债，拥有多少流动资产。该指标比率越高，流动负债得到偿还的保障就越大。经验认为，理想的流动率是2：1，但实际上很难达到。	$流动比率=\frac{流动资产}{流动负债}$
速动比率	是指可以立即用来作为支付手段的资产，主要包括流动资产中的现金、存款、有价证券、应收账款等。流动资产中除去存货后即为速动资产。速动比率即速动资产与流动负债的比率。其理想值为1：1，即两者几乎相当。	$速动比率=\frac{速动资产}{流动负债}$
固定比率	是固定资产与自有资金平衡程度的比率。由于投入固定资产的资金必须通过折旧或是转卖他人才能收回投资，因此回收期通常较长。所以投向固定资产的资金必须是长期稳定的。而最长期、最稳定的资金就是自有资金，所以固定比率通过观察固定资产与自有资产的比率反映企业的安全性。	$固定比率=\frac{固定资产}{自有资产}$
资产负债率	用来反映企业总资产中负债所占的比率。比率越高，则负债资金在总资产中所占比重越高，风险也越大；比率越低，说明企业在偿债时存在着资金缓冲。因此，资金负债率要保持适当水平，一般低于50%的资产负债率比较好。	$资产负债率=\frac{负债总额}{资产总额}$

3. 流动性分析

流动性指标主要用于观察一定时期内企业的资金周转情况，它反映了企业是虚胖型还是精瘦型。流动性指标主要由企业的总资本周转期计算。主要指标含义及计算公式如表4－3所示。

表4－3　流动性指标

流动性指标		
流动性比率	基本含义	计算公式
总资产周转率	用于反映全部资产的使用率的指标。比率越高，说明资产利用率越高，盈利能力越强。	$总资产周转率=\frac{销售收入}{资产总额}$
流动资产周转率	该指标用于反映流动资产的利用率。	$流动资金周转率=\frac{销售收入}{流动资产总额}$
固定资产周转率	该指标用于反映固定资产的利用率。	$固定资产周转率=\frac{销售收入}{固定资产总额}$
应收账款周转率	用于反映年度应收账款转换成现金的平均次数，比率越高，表明收款速度越快，则坏账造成的可能性就越小。	$应收账款周转率=\frac{销售收入}{应收账款总额}$

（续上表）

流动性指标		
流动性比率	基本含义	计算公式
盘存资产周转率	该指标比率越高，表明资金回收越快，效率越高。	$盘存资产周转率=\frac{销售收入}{盘存资产平均额}$

4. 生产性分析

生产性指标主要反映企业在一定时期内的经济效益，主要是经营能力、经营水平和成果的分配，是反映企业生产活动质量的重要指标之一。经济效益与经济收益是两个不同的概念，但又是密切联系在一起的。经济效益是产出与投入的比率，而经济收益是产出与投入的差额。经济效益越好，则经济收益也越好。良好的生产性指标是企业在经济市场中获得优胜的基础。主要生产性指标及计算公式如表4－4所示。

表4－4　生产性指标

生产性指标		
生产性比率	基本含义	计算公式
人均销售收入	用于反映企业人均销售能力的指标。	$人均销售收入=\frac{销售收入}{平均职工人数}$
人均净利润	用于反映企业经营管理水平的指标。	$人均净利润=\frac{净利润}{平均职工人数}$
人均资产总额	反映了企业的生产经营能力，比率越高，企业的经营能力越好。	$人均资产总额=\frac{资产总额}{平均职工人数}$
人均工资	反映企业经营成果的分配状况。	$人均工资=\frac{工资总额}{平均职工人数}$
固定资产投资率	反映企业固定资产的投资效益。	$固定资产投资率=\frac{净资产}{固定资产原值}$

5. 成长性分析

成长性指标主要用于反映在一定时期内企业经营活动的发展变化趋势，属于企业经营状态的动态分析。一个企业即使收益性高，但若成长性不好，则表明它未来盈利能力会有所下降。主要的成长性指标包括销售收入增长率、固定资产增长率、总利润增长率、人员增长率以及产品成本降低率。其计算公式比较简单，均为该指标的当期值与基期值之比，如表4－5所示。

表4－5　成长性指标

成长性指标		
成长性比率	基本含义	计算公式
销售收入增长率	反映销售收入的变化趋势。	$销售收入增长率=\frac{本期销售收入}{前期销售收入}$

（续上表）

成长性指标		
成长性比率	基本含义	计算公式
固定资产增长率	反映固定资产的变化趋势。	固定资产增长率 = $\frac{本期固定资产}{前期固定资产}$
总利润增长率	反映总利润的变化趋势。	总利润增长率 = $\frac{本期总利润额}{前期总利润额}$
人员增长率	反映企业人员的变化趋势。	人员增长率 = $\frac{本期职工人数}{前期职工人数}$
产品成本降低率	反映产品成本的变化趋势。一般来说，产品成本越低，在市场竞争中越具有优势，获得的利润往往也越高。	产品成本降低率 = $\frac{本期产品成本}{前期产品成本}$

4.2 经营雷达图分析

使用前文的方法，可以很容易地计算企业的各项经营比率，但仅通过数据表反映并不大直观，更理想的方式是通过图表来反映数据的特征，如最小值、最大值、变化趋势及多组数据间的相互关系，雷达图就是专门用于多指标体系分析的专业图表，它能使用户一目了然地了解企业各项经营指标的发展趋势。

4.2.1 雷达图的结构

雷达图一般是由三个同心圆和一组区域（坐标轴）构成的。每个区域表示一个指标项。同心圆中最小的圆表示同行业的最差水平或者平均水平的0.5；中间的圆表示同行业标准水平或是平均水平，又称为准线；最大的圆表示同行业平均水平的1.5倍，即为同行业先进水平。

在每个区域内，从圆心指向外圆的线段表示相应的指标线，指标的刻度由该企业的相关指标及同行业水平决定。当所有指标的刻度都标在各指标线上后，将所有的点连接成一个封闭曲线，这就是企业的发展状况。如果某项指标位于平均线以内，说明该指标低于同行业标准水平，有待改进。而对于接近甚至低于最小圆的指标，则是企业经营的危险信号。如果某项指标高于平均线，说明该企业相应方面具有优势，处于理想状态。图4－1即为一个描述某企业经营状况的雷达图，其共有五个坐标轴，分别表示企业的收益性、安全性、流动性、生产性和成长性指标。

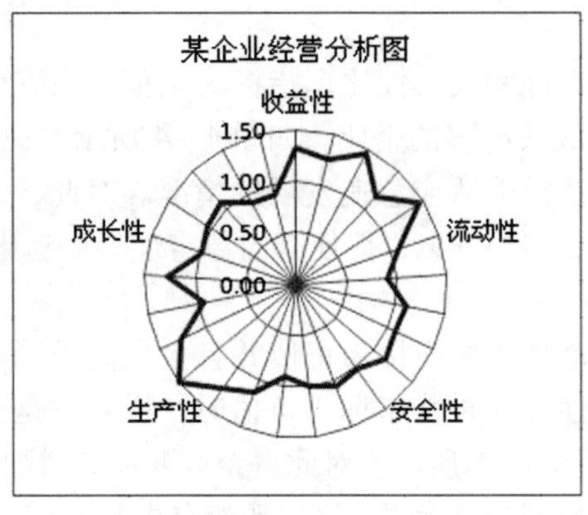

图 4 – 1

4.2.2　雷达图的类型

根据雷达图的不同形状，通常可以将企业大致分为以下几种类型。

1. 稳定理想型

当企业的“五性”指标均较为均匀地分布在标准区（雷达图中，中间圆与外圆之间的区域即为标准区）内，即所有比率指标值都为正值时，称该企业属于“稳定理想型”的企业。如图 4 – 2 所示。当企业处于这种状况时，表明该企业具有很完善的经营体制，经营素质好。此时，企业可以采取积极推进的策略，增加设备投资，扩大企业规模，开展多种经营方式等措施。同时可注意加强研究、开发新产品、加大广告宣传等先行投资。理想的经营状态变化规律是稳定理想型—成长型—稳定理想型，或者是稳定理想型—积极扩大型—稳定理想型。

2. 保守型

当企业的收益性、流动性和安全性比率指标为正值，而生产性、成长性比率指标为负值时，称该企业属于“保守型”的企业。如图 4 – 3 所示。说明该企业过分强调财务安全性，属于保守型的经营素质。老企业相对于新企业更容易处于这种状态。此时，企业应注意改进市场销售策略，开发新的产品，增强技术和设备上的投资和改造等问题，促使其向稳定理想型趋势发展，同时应避免向消极安全型趋势转化。

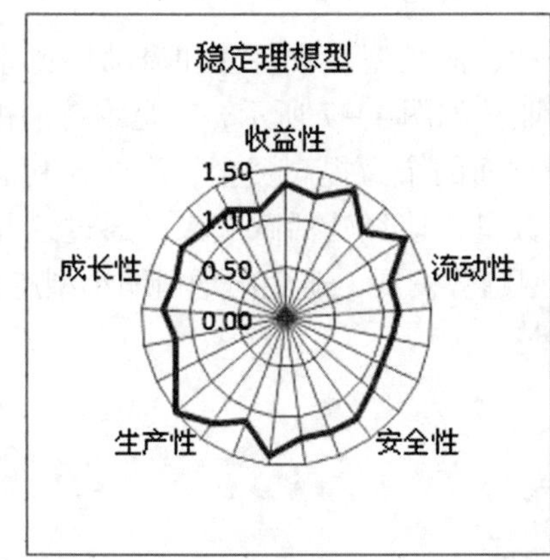

图 4 – 2

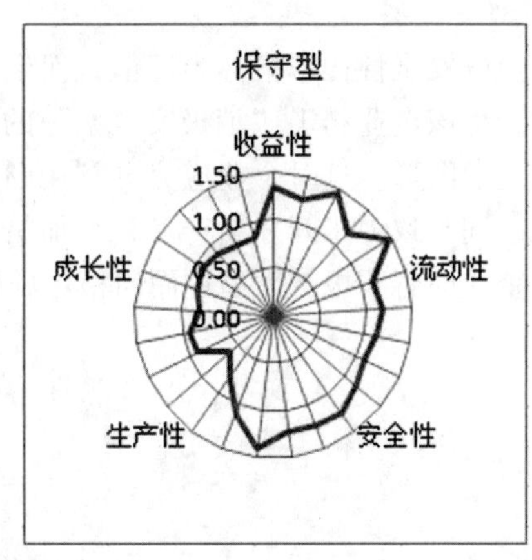

图 4 – 3

3. 成长型

当企业的收益性、流动性和成长性比率指标为正值，而安全性、生产性比率指标为负值时，称该企业属于“成长型”的企业。如图4－4所示。说明该企业的经营状况处于恢复上升时期，然而财政还没能适应急速发展的情况。对此，企业要注意增加销售并进行资金调度，争取积累到更多的资金，促使其向稳定理想型趋势发展。

4. 特殊型

当企业的收益性和流动性比率指标为正值并且大大高于同行业标准水平，生产性比率指标也为正值，而安全性和成长性指标为负值时，说明它是拥有特殊技术的企业，属于“特殊型”的企业。如图4－5所示。对此，企业要注意增加销售并且积累资金，促使其向成长型进而向稳定理想型趋势发展，同时要避免向均衡缩小型趋势转化。

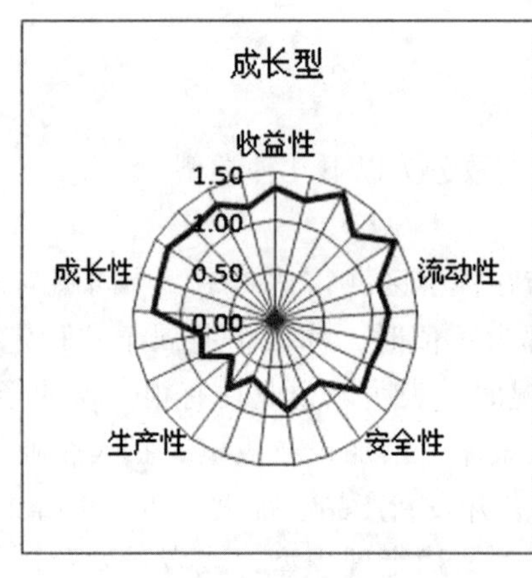

图4－4

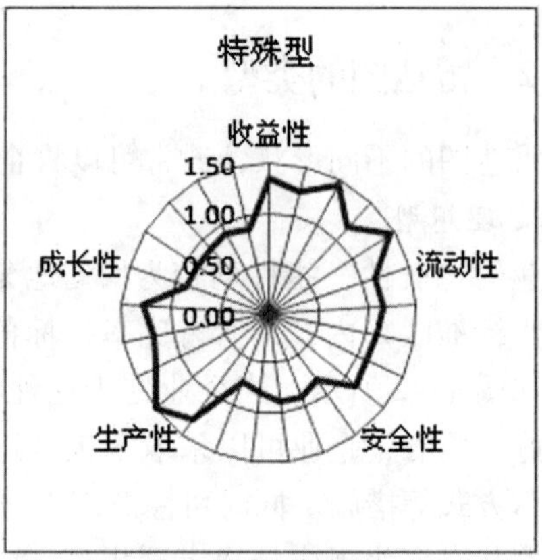

特殊型
收益性
1.50
1.00
0.50
0.00
流动性
成长性
生产性
安全性

图4－5

5. 积极扩大型

当企业的安全性、成长性和生产性比率指标为正值，而流动性、收益性比率指标为负值时，称该企业属于“积极扩大型”的企业。企业从数量的角度扩大经营时通常会出现这种情况。如图4－6所示。这时企业应根据市场需求制订出详尽的利润计划，投产高附加值产品，同时要注意节约，促使企业朝着稳定理想型趋势发展，避免向活动型、均衡缩小型趋势转化。

6. 消极安全型

当企业的安全性比率指标为正值，而生产性、成长型、收益性和流动性比率指标均为负值时，称该企业属于“消极安全型”的企业。如图4－7所示，这是维持消极经营时最容易出现的图形。这时企业应充分利用财务方面的余力提高资金、生产、利润、销售等的增长，同时致力于开发新产品，增加员工数量，使经营活跃起来，通过这几方面的努力，使企业向着积极扩大型进而向稳定理想型趋势发展，避免向均衡缩小型趋势发展。

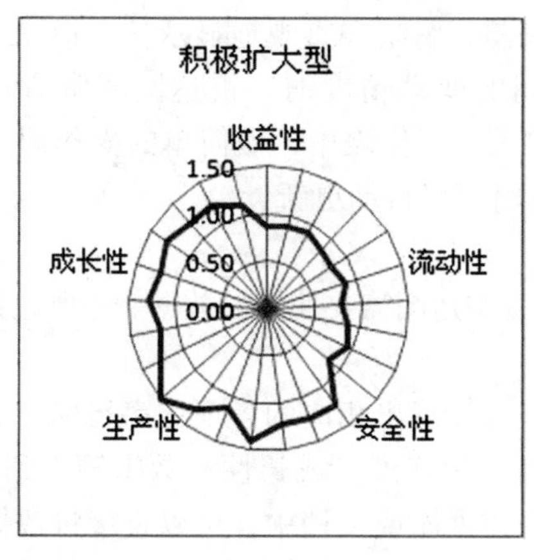

图 4 – 6

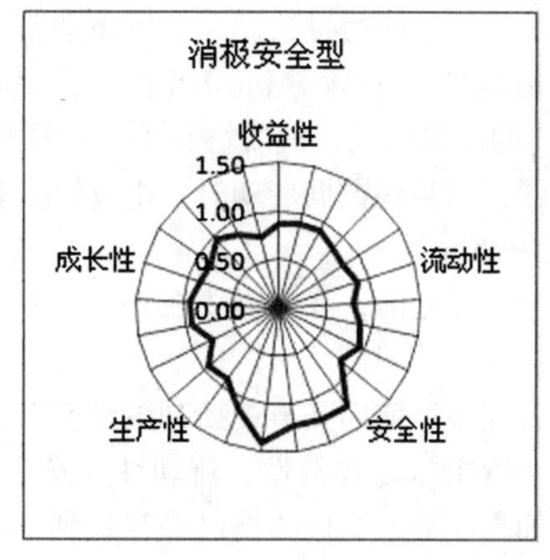

图 4 – 7

7. 活动型

当企业的成长性、生产性比率指标为正值，收益性、流动性和安全性比率指标为负值时，表示该企业处于活动型。这是企业处于销售额急速增长，业绩回升时期所处于的一种状态，如图 4 – 8 所示。当企业处于活动型时，如果遇到资金不足的情况，发展就存在问题。因此，这时企业应积极采取增加资金、制订长期利润计划的措施，促使其向成长型进而向稳定理想型趋势发展。

8. 均衡缩小型

当企业的 5 项比率指标都低于标准水平（即“五性”均为负值）时，称该企业属于“均衡缩小型”，这是企业经营状况表现最差的情形，也是企业在发展过程中最需要注意避免的一种经营状况，如图 4 – 9 所示。这时应该要全方位地根据企业所处的内外部发展环境、经营方式、产品发展方向等制定策略，设法通过均衡缩小型向活动型—成长型趋势发展，进而向稳定理想型趋势发展，避免被淘汰出局的厄运。

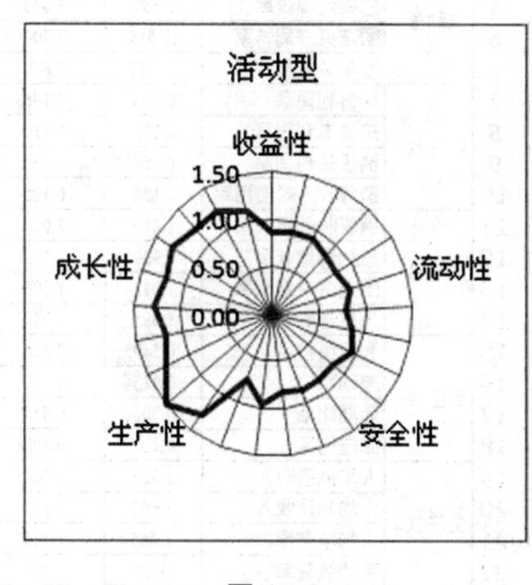

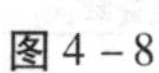

图 4 – 8

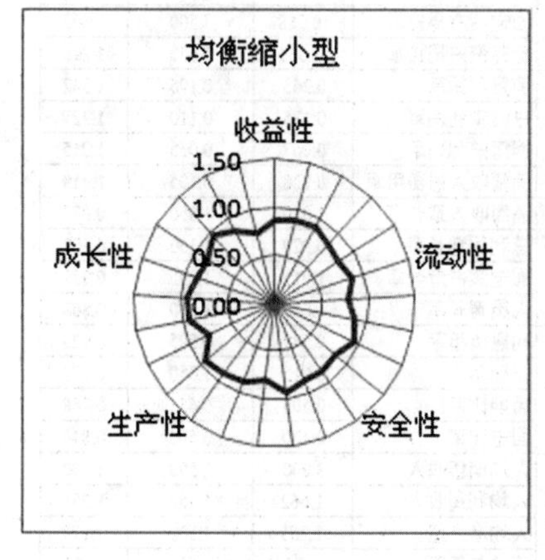

图 4 – 9

4. 2. 3　雷达图制作步骤

由于企业的经营分析比率涉及多项指标，仅通过简单的 Excel 数据表格不能直观地反映出计算的结果。而通过绘制雷达图将非常完整、清晰和直观地显示各项指标之间的关系，特别是应用于经营分析需考查它们之间的变动情况时，雷达图非常有用。利用Excel 2013 的图表功能，只需将有关的数据输入到工作表中，做简单的操作即可方便地制作雷达图，当某些数据变动时，相应的图形将可以自动更新。

1. 数据的准备

创建雷达图之前，我们需要在 Excel 中准备雷达图需要使用的数据。主要包括几方面的内容。

（1）首先根据前面几节中所列的计算公式，计算出相应的各项比率指标。然后将企业的 5 项经营指标（收益性、流动性、安全性、生产性、成长性）数据输入到 Excel 工作表中。如果相关的指标数据已经存入到某些数据库或文档中，可以直接将数据导入到 Excel 工作表中。

（2）经营分析通常需要将该企业的实际值与同行业的标准值进行比较分析。所以在 Excel 工作表中，还需要输入相关的行业标准值，即参考指标。图 4－10 是已准备好有关数据的工作表的一部分。

（3）雷达图是使用本企业相关实际指标值与同行业标准值的比值数据来制作的。因此，还需计算出所有的指标比值。选定 E3 单元格，输入计算指标比值的公式“＝C3/D3”。注意，这里应使用相对地址。填充其他指标比值：选定 E3 单元格，将鼠标移至当前单元格的右下角填充柄，当鼠标指针变为“✚”形状时，按住鼠标左键向下拖动到 E22 放开，即可完成全部的数据计算。最后计算结果如图 4－11 所示。

	A	B	C	D	E
1	某公司经营比率总汇表				
2	项目	指标名称	实际值	行业标准值	比值
3	流动性	流动资金周转率	2.315	1.950	1.187
4		总资金周转率	1.665	1.600	1.041
5		固定资产周转率	10.518	7.500	1.402
6		盘存资产周转率	12.511	9.650	1.296
7	收益性	销售利润率	0.263	0.196	1.342
8		总资本利润率	0.135	0.110	1.227
9		销售总利润率	0.067	0.055	1.215
10		销售收入对费用率	0.128	0.105	1.219
11	成长性	销售收入增长率	1.019	1.050	0.970
12		总利润增长率	0.929	1.150	0.808
13		固定资产增长率	1.015	1.095	0.927
14		人员增长率	1.085	1.250	0.868
15	安全性	利息负担率	0.549	0.595	0.923
16		流动率	0.915	1.050	0.871
17		活期比率	0.503	0.655	0.768
18		固定比率	0.420	0.500	0.840
19	生产性	人均销售收入	3.000	2.500	1.200
20		人均利润收入	1.662	1.350	1.231
21		人均净产值	1.765	1.500	1.177
22		劳动装备率	3.16	2.550	1.239

图 4－10

E3　fx　=C3/D3

	A	B	C	D	E
1	某公司经营比率总汇表				
2	项目	指标名称	实际值	行业标准值	比值
3	流动性	流动资金周转率	2.315	1.950	1.187
4		总资金周转率	1.665	1.600	1.041
5		固定资产周转率	10.518	7.500	1.402
6		盘存资产周转率	12.511	9.650	1.296
7	收益性	销售利润率	0.263	0.196	1.342
8		总资本利润率	0.135	0.110	1.227
9		销售总利润率	0.067	0.055	1.215
10		销售收入对费用率	0.128	0.105	1.219
11	成长性	销售收入增长率	1.019	1.050	0.970
12		总利润增长率	0.929	1.150	0.808
13		固定资产增长率	1.015	1.095	0.927
14		人员增长率	1.085	1.250	0.868
15	安全性	利息负担率	0.549	0.595	0.923
16		流动率	0.915	1.050	0.871
17		活期比率	0.503	0.655	0.768
18		固定比率	0.420	0.500	0.840
19	生产性	人均销售收入	3.000	2.500	1.200
20		人均利润收入	1.662	1.350	1.231
21		人均净产值	1.765	1.500	1.177
22		劳动装备率	3.16	2.550	1.239

图 4－11

2. 创建雷达图

下面以图 4－11 数据表中的数据为例，在 Excel 2010 中创建雷达图，主要有以下几个步骤：

（1）选定 A2:A22 单元格区域，然后按住［Ctrl］键，再选定 E2:E22 单元格区域。单击“插入”选项卡—“图表”组—“推荐的图表”按钮，将弹出“插入图表”对话框。

（2）在“所有图表”选项卡下选择“雷达图”，可以看到一共有三类雷达图：雷达图、带数据标记的雷达图和填充雷达图。如图 4－12 所示，选定第一种雷达图并单击“确定”按钮，绘制出的雷达图如图 4－13 所示。

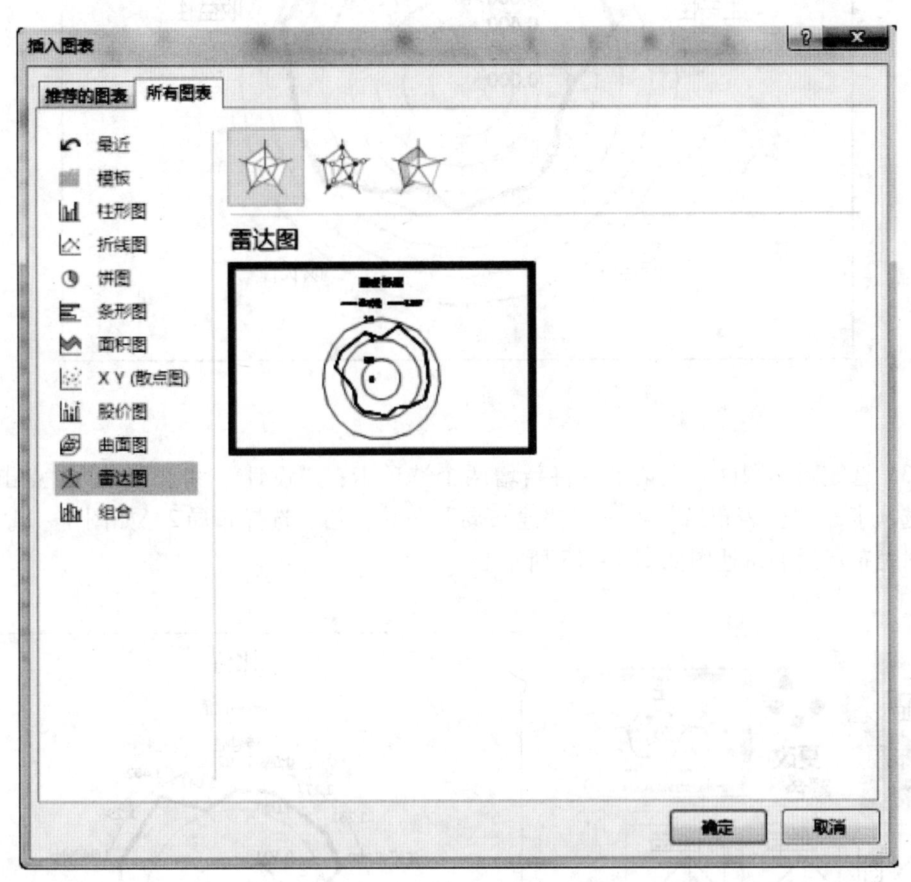

图 4－12

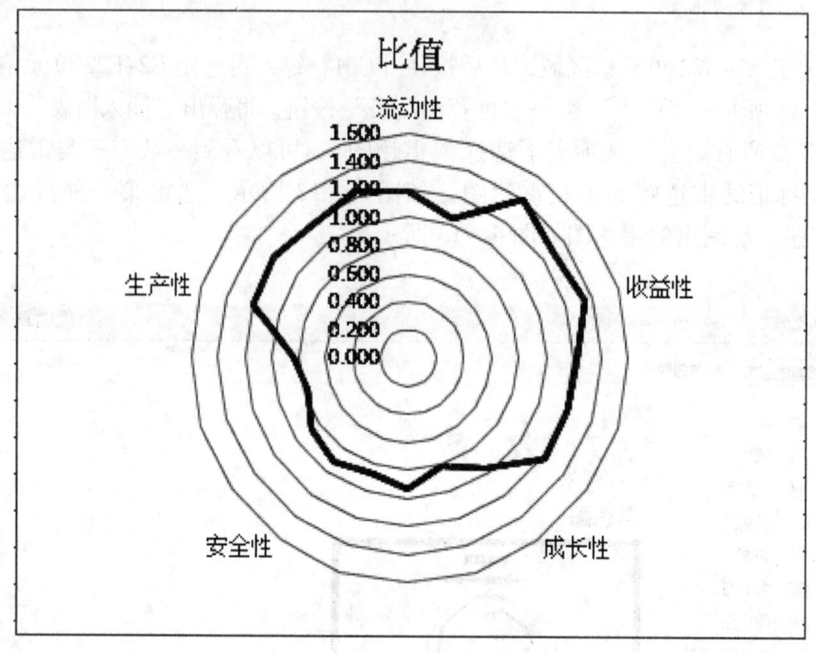

图 4－13

（3）选定雷达图区，主菜单栏将新增两个选项卡：“设计”和“格式”。点击“设计”选项卡—“图表布局”组—“快速布局”下拉按钮，选择布局 2，如图 4－14 所示。更改图表布局后的雷达图如图 4－15 所示。

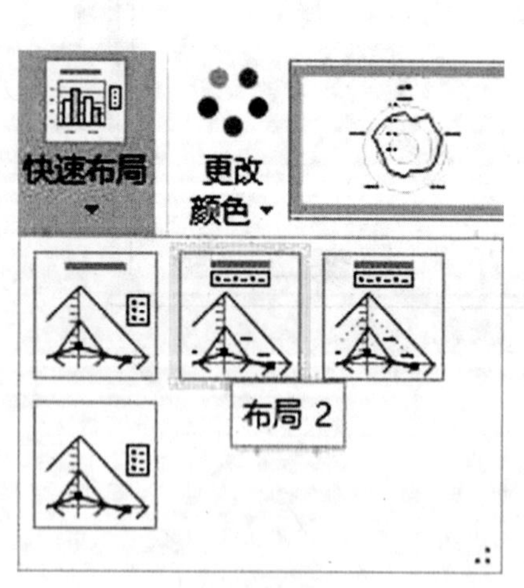

图 4－14

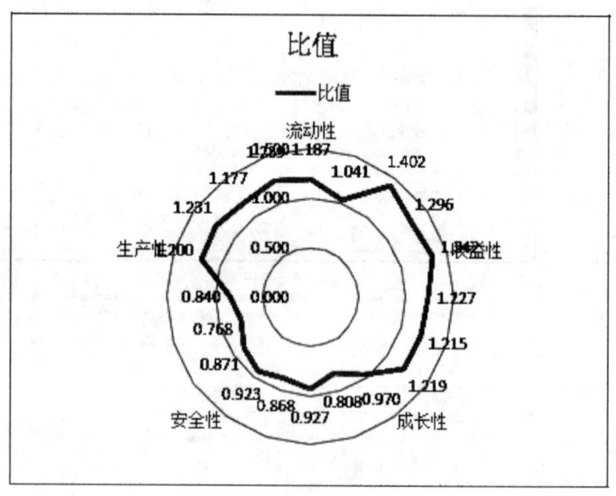

图 4－15

（4）添加图标标题。选择并单击图表标题，当鼠标变成输入模式时可以输入雷达图的标题，这里输入“企业经营分析图”，字体大小为 11。双击“图表标题”可以设置标题格式，例如填充格式、边框颜色、边框样式等。

（5）设置坐标轴和网格线。双击坐标轴和网格线将会弹出设置对话框，可以设置是否显示坐标轴和网格线，这里按默认值设置。选择纵坐标轴，单击右键，在弹出的快捷菜单中选择“设置坐标轴格式”，将弹出对应的对话框，在“标签”选项卡下，将“标签位置”设置为“无”，即不显示坐标轴上刻度线的值。

（6）设置图例和数据系列格式。双击图例可以选择是否显示图例以及显示图例的位置，这里选择不显示图例。双击数据曲线将弹出“设置数据系列格式”对话框，可以设置数据标记类型以及是否填充，这里选择“无”。每当选择不同的选项，雷达图区都会显示相应的图形示例预览。

（7）设置数据标签格式。如果需要在雷达图上方便地查看各指标比率的具体数值，可以设置数据标签格式。右键单击数据曲线上的任意一点，在弹出的快捷菜单中选择“添加数据标签”命令，将自动在雷达图显示各具体指标值。这时，修改好的雷达图如图 4－16 所示。

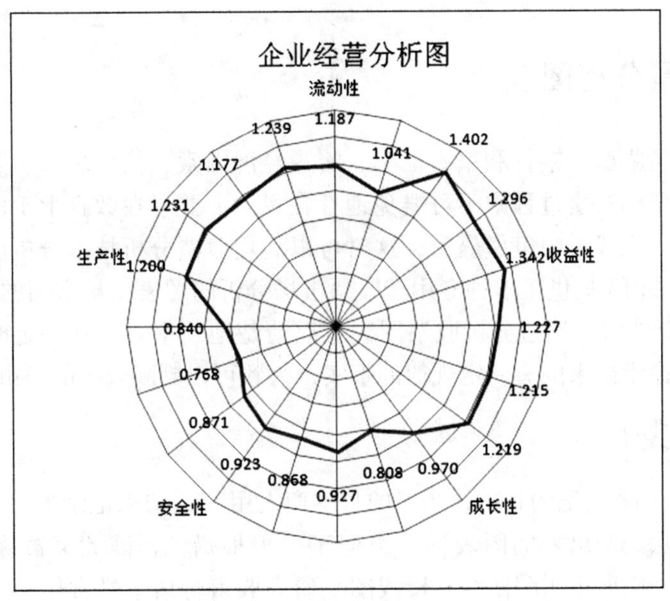

图 4－16

（8）最后可以选择是将图表作为新工作表插入到工作簿中，还是将图表作为对象插入在指定的工作表中。点击“设计”功能区—“位置”组—“移动图表”按钮，将弹出如图 4－17 所示的对话框，这里选择将图表作为新工作表插入工作簿，并将新工作表命名为“企业经营分析图”。

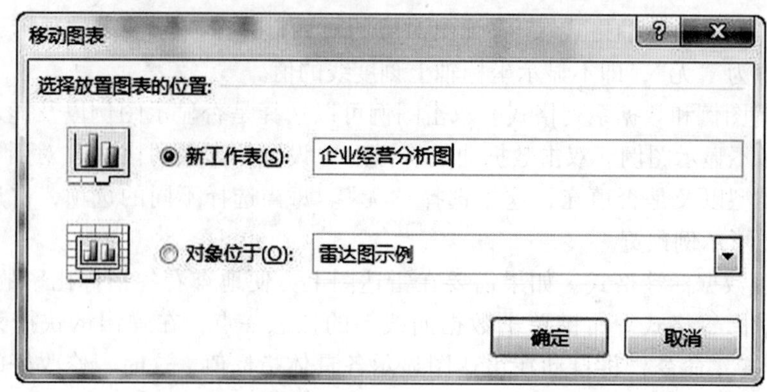

图 4-17

4.3 股票分析图表

由于受到通货膨胀、银行利率、汇率、宏观经济因素、社会环境、企业经营状况等因素的影响，股票的买卖过程中不可避免地存在风险。要想在数百上千的股票中挑选有发展潜力的股票，在股市中争做赢家，这时可以利用股票分析技术分析股票市场价格的发展趋势。Excel 2013 提供了多种专用于股票市场分析的图表，最常用的图表有 K 线图、移动平均线和 KD 线等。通过分析股票图表可以清楚地观察股票在一定时期内的涨跌和变化趋势，根据摸索出来的有一定规律的事实，大致可以判断未来的股市行情。

4.3.1 K 线图

K 线图起源于 18 世纪的日本，当时的日本商人用 K 线图来记录米市的行情和价格波动。由于这种方法绘制出来的图表形状类似于一根根蜡烛，因此又被称为“蜡烛图”，加上有黑白之分，因而也叫阴阳线。K 线图是研究股市行情中最常用的工具，它能够全面地分析市场的真正变化，既可以看到股价趋势的强弱、买卖双方力量平衡的变化，同时也能够较准确地预测后市走向。

1. K 线图的基本画法

以时间为横坐标，价格为纵坐标，将每日的 K 线连续绘出即成 K 线图。若是以每个分析周期的开盘价、最高价、最低价和收盘价绘制而成，则为典型的“单日 K 线图”。在 K 线图中，矩形有阳线和阴线之分，一般情况下用红色矩形表示阳线，黑色矩形表示阴线。目前很多软件都可以用彩色实体来表示阴线和阳线，在国内股票和期货市场中，往往使用红色表示阳线，绿色表示阴线。但同时应注意的是，在欧美股票以及外汇市场中，采用的习惯恰好和国内相反。在这些市场上，通常用绿色表示阳线，红色表示阴线。

2. 基本概念

在 K 线图中，常用一个带上影线和下影线的矩形来表示股票的变动情况。矩形，即“阳线”和“阴线”，我们也可以称之为“实体”。最高价和最低价分别与实体之间用一根较细的线连接起来。最高价和实体之间的细线称为“上影线”，最低价和实体之间的细线称为“下影线”。对于“阳线”，矩形的底部表示股票的开盘价，顶部表示收盘价，

矩形的高度即为该日股票的上涨幅度。而对于“阴线”正好相反，底部表示的是股票的收盘价，顶部表示开盘价，表明股票在该日是下跌的，矩形的高度即为该股票的下跌幅度。如果开盘价正好等于收盘价，则用十字线来表示。

上述的 K 线图是日 K 线图。按同样的方法，如果用一分钟股票的价格来绘制 K 线图，就称为 1 分 K 线图。如果用一个月的数据绘制 K 线图，就称为 1 月 K 线图。在一些财经网站或者专业的图表软件中，可以看到 5 分 K 线图、10 分 K 线图、30 分 K 线图等周期的 K 线图，周期的多少可以根据需要灵活选择。

3. 利用 Excel 绘制 K 线图

在 Excel 2013 中，一共有四种类型的 K 线图，即“盘高—盘低—收盘图”、“开盘—盘高—盘低—收盘图”、“成交量—盘高—盘低—收盘图”和“成交量—开盘—盘高—盘低—收盘图”。需要注意的是：K 线图数据在 Excel 工作表中的组织方式非常重要，例如，要创建“成交量—开盘—盘高—盘低—收盘图”，所有数据都不可缺并且应根据顺序输入列标题来排列数据。

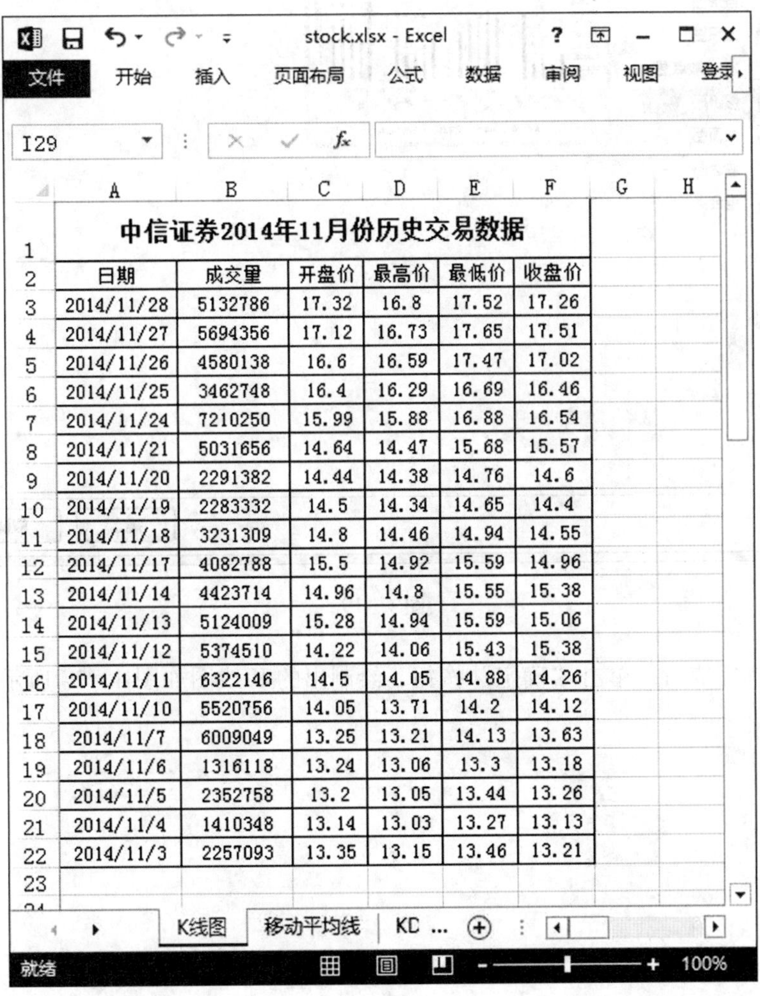

中信证券2014年11月份历史交易数据

日期	成交量	开盘价	最高价	最低价	收盘价
2014/11/28	5132786	17.32	16.8	17.52	17.26
2014/11/27	5694356	17.12	16.73	17.65	17.51
2014/11/26	4580138	16.6	16.59	17.47	17.02
2014/11/25	3462748	16.4	16.29	16.69	16.46
2014/11/24	7210250	15.99	15.88	16.88	16.54
2014/11/21	5031656	14.64	14.47	15.68	15.57
2014/11/20	2291382	14.44	14.38	14.76	14.6
2014/11/19	2283332	14.5	14.34	14.65	14.4
2014/11/18	3231309	14.8	14.46	14.94	14.55
2014/11/17	4082788	15.5	14.92	15.59	14.96
2014/11/14	4423714	14.96	14.8	15.55	15.38
2014/11/13	5124009	15.28	14.94	15.59	15.06
2014/11/12	5374510	14.22	14.06	15.43	15.38
2014/11/11	6322146	14.5	14.05	14.88	14.26
2014/11/10	5520756	14.05	13.71	14.2	14.12
2014/11/7	6009049	13.25	13.21	14.13	13.63
2014/11/6	1316118	13.24	13.06	13.3	13.18
2014/11/5	2352758	13.2	13.05	13.44	13.26
2014/11/4	1410348	13.14	13.03	13.27	13.13
2014/11/3	2257093	13.35	13.15	13.46	13.21

图 4－18

这里使用图4－18中信证券2014年11月份历史交易数据为例，下面是绘制出“成交量—开盘—盘高—盘低—收盘图”K线图的具体操作步骤：

（1）选中数据所在的单元格区域，这里选择A2:F22单元格区域。

（2）切换到“插入”选项卡，在“图表”组中点击“推荐的图表”按钮，将弹出“插入图表”对话框，切换到“所有图表”选项卡，在左侧列表中选中“股价图”，如图4－19所示，选中股价图中第4种图表“成交量—开盘—盘高—盘低—收盘图”。

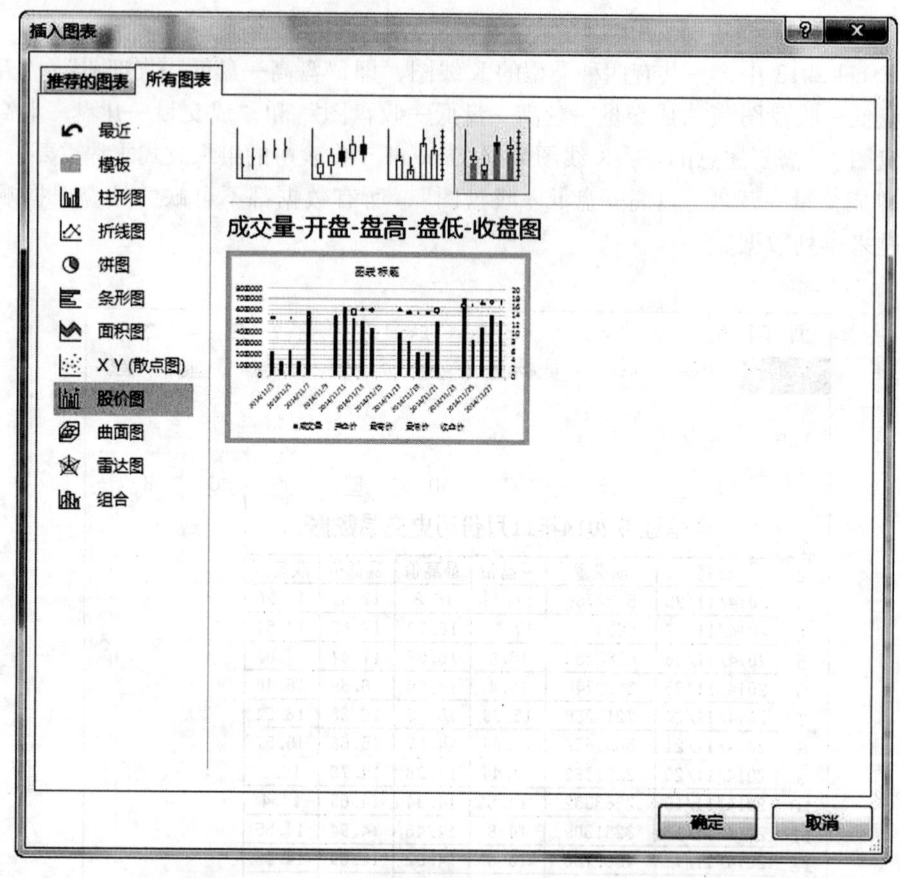

图4－19

（3）选择完成后，单击“确定”按钮，绘制出的K线图如图4－20所示。

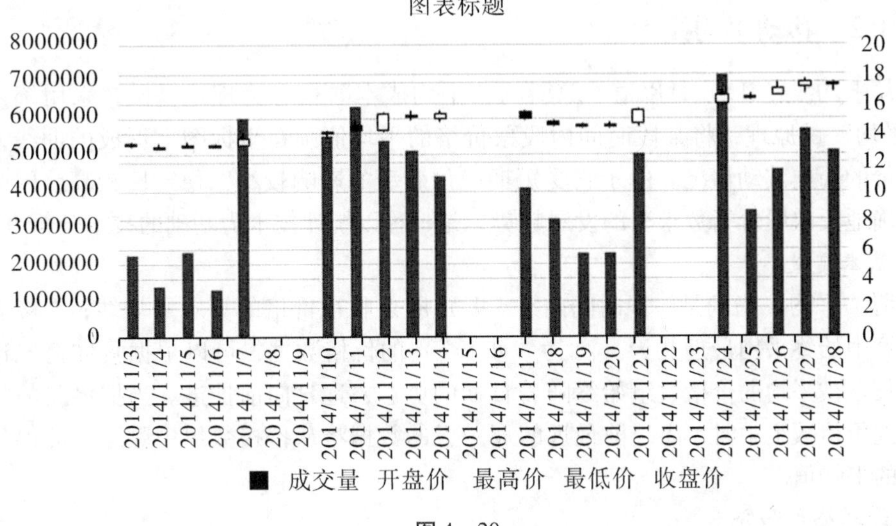

图4-20

（4）修饰K线图。右击成交量对应的坐标轴，在弹出菜单中选择“设置坐标轴格式”，将出现“设置坐标轴格式”对话框，将“显示单位”设为“千”；同样，右键单击右侧股票价格对应坐标轴，在弹出的“设置坐标轴格式”对话框中，将最小值设为11，最大值设为18；时间坐标轴的主要刻度单位设置为7天。最后，修改图表标题为“中信证券股价图”，字体大小设为11，修饰后的图表如图4-21所示。

注意：在该K线图中有两个纵坐标，分别用于标识成交量和股票价格。

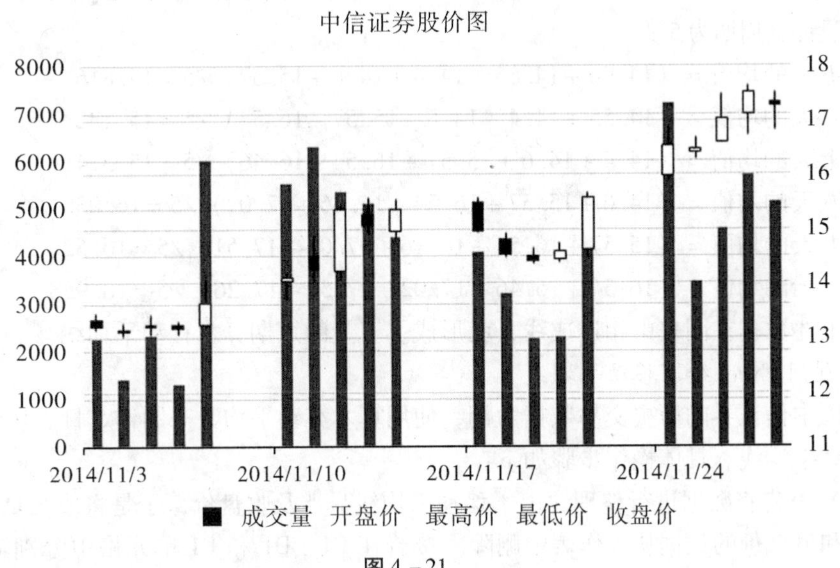

图4-21

从该K线图中，可以看到股票每日的最高价、最低价、开盘价、收盘价、涨跌幅以及成交量等信息，该图较为全面地反映了股价的变动情况。另外，K线图还能清楚地反映出买卖双方力量的强弱。

4.3.2 移动平均线

移动平均线（MA）是以道·琼斯的“平均成本”概念为理论基础，采用统计学中“移动平均”的原理，将某段时间内股票价格的平均值画在坐标图上形成的曲线，用来显示股价的历史波动情况。由于它受短期股价变动的影响较小，稳定性较高，因此可以较为准确地反映股价指数未来的发展趋势，是一种以统计技术为基础的技术分析方法。

1. 基本定义

所谓“平均”指的是一段时间内（*n* 天）股票收市价格的算术平均线；“移动”是指在计算中始终采用最近几天（称为“步长”）的价格数据，可以根据具体情况选择固定的步长。被平均的价格数组始终随着日期的更迭，逐日向前推进。当把最新的收市价格纳入到价格数组中时，离当前最远的那一天的数据将从价格数组中删除，即得到了最新一天的平均值。

2. 计算公式和分类

根据计算周期的长短，移动平均线可分为短期移动平均线（如5日、10日）、中期移动平均线（如30日）和长期移动平均线（如60日、120日）。其中，短期移动平均线通常对股价的波动更为敏感，因此也称作快速移动平均线。同样地，长期移动平均线被称为慢速移动平均线。

在统计学中，移动平均线按算法可以分为算术移动平均线、加权移动平均线、阶梯形移动平均线、指数平滑移动平均线等，下面介绍最为常用的算术移动平均线。

举例说明：以上面中信证券连续10天的历史交易为例，从11月17号至11月26号的收盘价分别为：14.96、14.55、14.4、14.6、15.57、16.54、16.46、17.02、17.51、17.26。

假设计算周期为5天：

第五天的均值 = (14.96 + 14.55 + 14.4 + 14.6 + 15.57) /5 = 14.816

第六天的均值 = (14.55 + 14.4 + 14.6 + 15.57 + 16.54) /5 = 15.132

第七天的均值 = (14.4 + 14.6 + 15.57 + 16.54 + 16.46) /5 = 15.514

第八天的均值 = (14.6 + 15.57 + 16.54 + 16.46 + 17.02) /5 = 16.038

第九天的均值 = (15.57 + 16.54 + 16.46 + 17.02 + 17.51) /5 = 16.62

第十天的均值 = (16.54 + 16.46 + 17.02 + 17.51 + 17.26) /5 = 16.958

将上述数据在图表中相连成线，就形成了五天的短期算术移动平均线。

3. 利用Excel绘制移动平均线

仍以中信证券的历史交易数据为例，使用算术移动平均数来制作5日、10日和30日算术移动平均线。具体操作步骤如下：

（1）首先将数据进行整理。由于移动平均线只涉及收盘价，于是将成交量、开盘价、最高价和最低价的数据从工作表中删除。接着在C1、D1和E1单元格中分别输入“5日平均”、“10日平均”和“30日平均”。

（2）选中C7单元格，在公式编辑栏中输入公式“=AVERAGE(B2:B6)”，计算出前5天的平均值，如图4-22所示。然后，将鼠标移至右下角，当光标显示十字符号时，利用Excel的自动填充功能快速填充其他区域。

C7 =AVERAGE(B2:B6)

	A	B	C	D	E
1	日期	收盘价	5日平均	10日平均	30日平均
2	2014/6/3	11.31			
3	2014/6/4	11.26			
4	2014/6/5	11.41			
5	2014/6/6	11.3			
6	2014/6/9	11.18			
7	2014/6/10	11.5	11.292		
8	2014/6/11	11.37			
9	2014/6/12	11.33			
10	2014/6/13	11.46			
11	2014/6/16	11.65			
12	2014/6/17	11.54			

图 4－22

（3）选中 D12 单元格，在公式编辑栏中输入公式“＝AVERAGE（B2:B11）”，计算出前 10 天的算术平均值，并利用 Excel 的自动填充功能快速填充区域 D13:D124，如图 4－23 所示。

D12 =AVERAGE(B2:B11)

	A	B	C	D	E
1	日期	收盘价	5日平均	10日平均	30日平均
2	2014/6/3	11.31			
3	2014/6/4	11.26			
4	2014/6/5	11.41			
5	2014/6/6	11.3			
6	2014/6/9	11.18			
7	2014/6/10	11.5	11.292		
8	2014/6/11	11.37	11.33		
9	2014/6/12	11.33	11.352		
10	2014/6/13	11.46	11.336		
11	2014/6/16	11.65	11.368		
12	2014/6/17	11.54	11.462	11.377	
13	2014/6/18	11.46	11.47	11.4	
14	2014/6/19	11.23	11.488	11.42	
15	2014/6/20	11.3	11.468	11.402	
16	2014/6/23	11.25	11.436	11.402	
17	2014/6/24	11.38	11.356	11.409	

图 4－23

（4）选中 E17 单元格，按照同样的方法，计算出前 30 天的算术平均值，并填充相应区域。计算出所需要的数据，结果如图 4－24 所示。为了便于观察数据，这里隐藏了 2～31行的数据。

	A	B	C	D	E
1	日期	收盘价	5日平均	10日平均	30日平均
32	2014/7/15	11.69	11.504	11.501	11.416333
33	2014/7/16	11.67	11.542	11.529	11.429
34	2014/7/17	11.69	11.596	11.546	11.442667
35	2014/7/18	11.85	11.654	11.561	11.452
36	2014/7/21	11.76	11.722	11.591	11.470333
37	2014/7/22	12	11.732	11.618	11.489667
38	2014/7/23	12.12	11.794	11.668	11.506333
39	2014/7/24	12.51	11.884	11.74	11.531333
40	2014/7/25	12.66	12.048	11.851	11.570667
41	2014/7/28	13.22	12.21	11.966	11.610667
42	2014/7/29	13.14	12.502	12.117	11.663
43	2014/7/30	13.02	12.73	12.262	11.716333
44	2014/7/31	13.16	12.91	12.397	11.768333
45	2014/8/1	12.83	13.04	12.544	11.832667
46	2014/8/4	13.61	13.074	12.642	11.883667
47	2014/8/5	13.43	13.152	12.827	11.962333
48	2014/8/6	13.47	13.21	12.97	12.030667
49	2014/8/7	13.08	13.3	13.105	12.104
50	2014/8/8	13.06	13.284	13.162	12.16
51	2014/8/11	13.36	13.33	13.202	12.214667
52	2014/8/12	13.23	13.28	13.216	12.278
53	2014/8/13	13.38	13.24	13.225	12.338667
54	2014/8/14	13.17	13.222	13.261	12.401333
55	2014/8/15	13.32	13.24	13.262	12.455667

图 4－24

（5）选中制作移动平均线所需数据所在的区域 A、C、D 和 E 列，切换到“插入”选项卡，在“图表”组中单击右下角的按钮，在弹出的“插入图表”对话框中，选择“折线图”的第一种子图表类型。

绘制出移动平均线后作一定的修饰，将纵坐标轴的最小刻度设为 7，最大刻度设为 10，刻度线标记的“主要类型”设为“外部”，完成后的图表如图 4－25 所示。

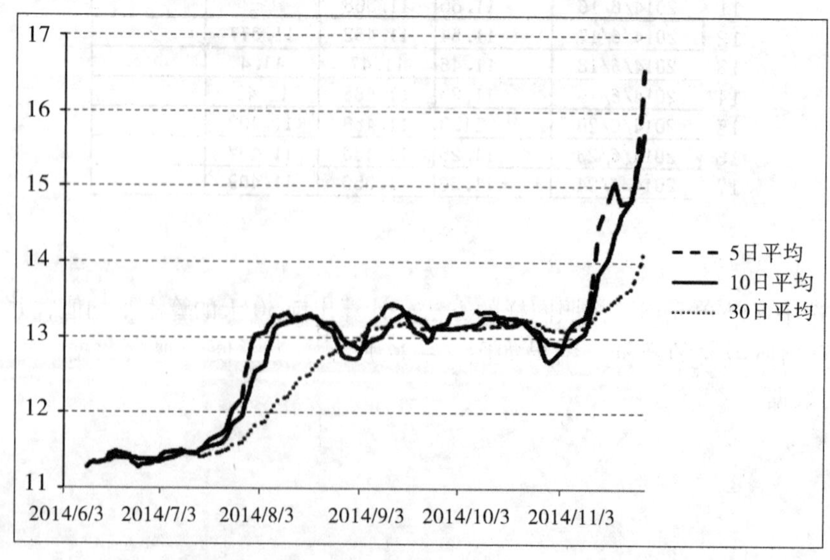

图 4－25

根据移动平均线的起落大致可以判断股票的变动趋势，从图 4 - 25 中可以看出，中信证券在近期具有上涨的趋势。通过观察移动平均线的起落，可以明确地显示股票的真正基本趋势。

4.3.3　KD 线

随机指数（KD 线），是建立在随机指标基础上的图形分析方法，对于短线投资，是一项必不可少的工具。它很好地综合了动量指标（MTM）、强弱指标（RSI）和移动平均线的优点，研究最高价、最低价与收市价的关系，即计算这些价格波动的真实波幅，反映价格走势的强弱，更能准确地分析买卖信号，显示股市的真实波动。它在图表上由 K 线和 D 线两条线组成，K 线是一条快速平均线，十分敏感，而 D 线则是一条慢速平均线，相对较缓和，因此 KD 线又称为快慢平均线。

1. 计算方法

在计算 K 值和 D 值之前，应对每一交易日计算 RSV 值（Raw Stochastic Vlaue，未成熟随机值），计算公式为：

RSV =（收盘价 - 最近 n 日最低价）÷（最近 n 日最高价 - 最近 n 日最低价）×100

K 线：RSV 的 D1 日的移动平均　　D 线：K 值的 D2 日的移动平均

其中，n、D1、D2 为天数，一般取值为 9、3、3。

2. 评价

KD 线是一种短期、敏感的指标，分析比较全面，但是计算方法比较烦琐，比强弱指数复杂。在使用过程中，常有 J 线指标，J 值的计算利用了 K 值和 D 值，计算公式为：J = 3K - 2D。J 值为 D 值和 K 值之乖离，当 J 值大于 100 时为超买，小于 10 时为超卖。

3. 利用 Excel 绘制 KD 线

仍以中信证券的历史交易数据为例，制作 9 日 KD 线的具体操作步骤如下：

（1）在 G1、H1 和 I1 单元格中分别输入“RSV”、“K” 和 “D”。

（2）选中 G10 单元格，在公式编辑栏中输入公式，计算出 9 日的 RSV：=(F4 - MIN(E2:E10)) /(MAX (D2:D10) - MIN(E2:E10))。并利用 Excel 的自动填充功能快速填充区域 G11:G124，如图 4 - 26 所示。

G11 =(F5-MIN(E3:E11))/(MAX(D3:D11)-MIN(E3:E11))

	A	B	C	D	E	F	G	H	I	J
1	日期	成交量	开盘价	最高价	最低价	收盘价	RSV	K	D	
2	2014/6/3	588470	11.32	11.52	11.3	11.31				
3	2014/6/4	461481	11.31	11.31	11.17	11.26				
4	2014/6/5	521452	11.24	11.43	11.2	11.41				
5	2014/6/6	592651	11.41	11.42	11.2	11.3				
6	2014/6/9	565838	11.21	11.38	11.13	11.18				
7	2014/6/10	1209674	11.24	11.53	11.17	11.5				
8	2014/6/11	652214	11.4	11.47	11.32	11.37				
9	2014/6/12	440530	11.36	11.42	11.3	11.33				
10	2014/6/13	949416	11.32	11.58	11.3	11.46	0.622			
11	2014/6/16	1074136	11.49	11.7	11.45	11.65	0.298			
12	2014/6/17	570873	11.6	11.65	11.49	11.54	0.088			
13	2014/6/18	488895	11.53	11.62	11.46	11.46	0.649			
14	2014/6/19	643611	11.46	11.54	11.18	11.23	0.421			
15	2014/6/20	472106	11.23	11.31	11.17	11.3	0.302			
16	2014/6/23	421417	11.29	11.35	11.23	11.25	0.547			
17	2014/6/24	374488	11.26	11.41	11.25	11.38	0.906			
18	2014/6/25	312743	11.37	11.37	11.23	11.27	0.698			

图 4 – 26

（3）在 H10 和 I10 单元格中，输入第一个 K 值和 D 值的公式：=G10。

（4）选中 H11 单元格，在公式编辑栏中输入公式：=(2*H10+G11)/3，计算出第二个 K 值，并利用 Excel 的自动填充功能快速填充区域 H12:H124。

（5）选中 I11 单元格，在公式编辑栏中输入公式：=(2*I10+H11)/3，计算出第二个 D 值，并填充相应区域 I12:I124。计算出所需要的数据，结果如图 4 – 27 所示。为了便于观察数据，这里隐藏了 2～9 行的数据。

	A	B	C	D	E	F	G	H	I
1	日期	成交量	开盘价	最高价	最低价	收盘价	RSV	K	D
10	2014/6/13	949416	11.32	11.58	11.3	11.46	0.622	0.622	0.622
11	2014/6/16	1074136	11.49	11.7	11.45	11.65	0.298	0.514	0.586
12	2014/6/17	570873	11.6	11.65	11.49	11.54	0.088	0.372	0.515
13	2014/6/18	488895	11.53	11.62	11.46	11.46	0.649	0.464	0.498
14	2014/6/19	643611	11.46	11.54	11.18	11.23	0.421	0.450	0.482
15	2014/6/20	472106	11.23	11.31	11.17	11.3	0.302	0.401	0.455
16	2014/6/23	421417	11.29	11.35	11.23	11.25	0.547	0.449	0.453
17	2014/6/24	374488	11.26	11.41	11.25	11.38	0.906	0.602	0.503
18	2014/6/25	312743	11.37	11.37	11.23	11.27	0.698	0.634	0.546
19	2014/6/26	572776	11.28	11.46	11.28	11.4	0.547	0.605	0.566
20	2014/6/27	444977	11.4	11.45	11.31	11.42	0.125	0.445	0.526
21	2014/6/30	583540	11.45	11.54	11.41	11.46	0.289	0.393	0.481
22	2014/7/1	433305	11.5	11.52	11.38	11.41	0.216	0.334	0.432
23	2014/7/2	676554	11.43	11.51	11.37	11.5	0.568	0.412	0.425
24	2014/7/3	768784	11.47	11.61	11.44	11.54	0.105	0.310	0.387
25	2014/7/4	523209	11.52	11.65	11.51	11.55	0.405	0.341	0.372
26	2014/7/7	385747	11.55	11.6	11.47	11.49	0.452	0.378	0.374
27	2014/7/8	455200	11.5	11.55	11.4	11.5	0.486	0.414	0.387
28	2014/7/9	680492	11.54	11.57	11.4	11.4	0.294	0.374	0.383
29	2014/7/10	461613	11.39	11.44	11.35	11.4	0.500	0.416	0.394
30	2014/7/11	445137	11.4	11.58	11.37	11.51	0.633	0.489	0.426

图4－27

（6）选中制作KD线所需数据所在的区域A、H和I列，切换到“插入”选项卡，在“图表”组中选择“折线图”的第一种子图表类型。绘制出KD线后作一定的修饰，将纵坐标轴的最小刻度设为0.2，刻度线标记的“主要类型”设置为“内部”，横坐标的主要刻度单位设置为天，图表标题设为“中信证券KD线”，完成后的图表如图4－28所示。

根据前面介绍的指标判断方法，从上面的KD线图我们可看出，在3月22日，当D值从小于K值变成大于K值时，即K线从上方向下穿越D线，形成K线在D线下方时，表明是卖出时机。在1月28号，K值从小于D值变成大于D值时，即K线从下方向上穿越D线，形成K线在D线上方时，表明是买进时机。

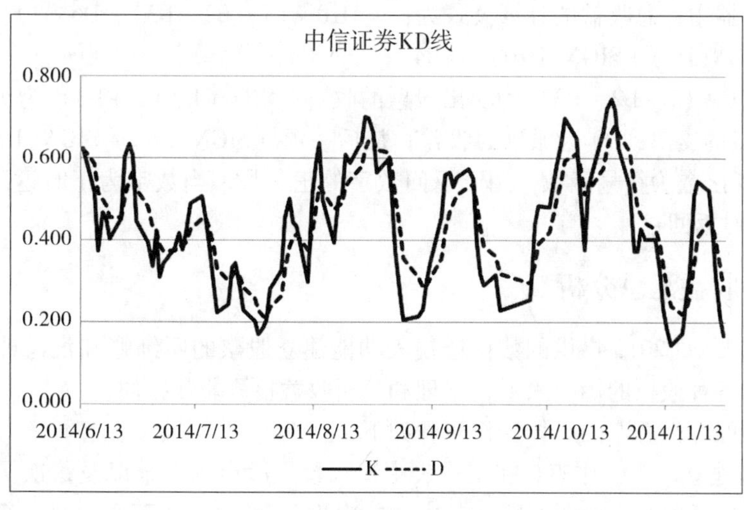

图4－28

4.4 股票收益分析案例

在股票的买卖过程中，除了涉及股票的买卖价格外，还要考虑各种税费，比如印花税、手续费、通信费等，有些情况下还有送股、派息、分红等，这就使得计算股票的收益相当麻烦。利用 Excel 2013 的功能可以制作股票收益计算器，将相关的参数设置好，就可以很容易完成这项工作。

4.4.1 股票收益计算器

图 4 – 29 所示是一个股票收益计算器，其中，手续费和通信费在各证券公司并不完全相同，可以根据实际情况输入相应的数据，但是手续费最低收取标准是 5 元，不到 5 元都按 5 元计算。至于通信费，是按每笔交易计算的，目前的收费情况是，上海、深圳本地交易收取 1 元，其他地区收取 5 元。只需输入买卖股票的成交价格、成交数量、送股、配股、派息，以及所需税费等数据信息，利用该计算器即可立即计算出相应的收益。

	A	B	C	D
1	股票收益计算器			
2	印花税：	0.10%		
3	手续费：	0.30%		
4	通信费：	¥4.00		
5	类型	成交数量	成交价格	总金额
6	买入：	3200	21.82	69824
7	送股：	300		
8	配股：	200	12	2400
9	派息：	2900	0.8	2320
10	卖出：	3600	23.35	84060
11	总收益：	¥13,532.46		

图 4 – 29

在该计算器中，总收益的计算公式为：= D10 * (1 – B2 – B3) – D6 * (1 + B2 + B3) – D8 + D9 – (SIGN(D6) + SIGN(D10)) * B4。

这里，D10 * (1 – B2 – B3) 为卖出股票的收益；D6 * (1 + B2 + B3) 为买入股票的成本；D8 为配股的支出；D9 为派息的收益；最后一项 (SIGN(D6) + SIGN(D10)) * B4 为通信费，SIGN 函数为符号函数，用于返回数字的正负号，当数字为正时返回 1，为零时返回 0，为负时返回 –1。

4.4.2 收益汇总分析

本节利用 Excel 2013 提供的数据透视表功能建立股票的明细账和汇总账，这对于经常买入和卖出各种股票的用户来说，管理和分析收益核算非常方便。

建立明细账和汇总账的具体操作步骤如下：

(1) 首先建立一个工作表，在工作表中输入投入股市的资金以及每次买卖的明细数据。图 4 – 30 所示即为一个明细账，其中，首次投入金额为 50 万元，每一行是一次交易

的数据。这里需注意的是，若为买入股票或配股，则相应的金额应为负值，否则将得到有误的结果。另外，将存入金额所对应的股票代码设置为“000000”。

日期	类型	股票代码	股票名称	成交价格	成交数量	金额	总金额
2008/11/18	存入	000000				￥600,000.00	￥500,000.00
2008/11/22	买入	000001	深发展A	￥10.95	18000	￥-197,100.00	￥302,900.00
2008/11/22	买入	601857	中国石油	￥11.53	6000	￥-69,180.00	￥233,720.00
2008/11/26	送股	000001	深发展A		500		￥233,720.00
2008/11/26	买入	000002	万科A	￥6.85	15000	￥-102,750.00	￥130,970.00
2008/11/28	配股	601857	中国石油	￥3.88	1200	￥-4,656.00	￥126,314.00
2008/12/1	送股	601857	中国石油		300		￥126,314.00
2008/12/9	卖出	601857	中国石油	￥11.88	7000	￥83,160.00	￥209,474.00
2008/12/10	卖出	000001	深发展A	￥11.32	18000	￥203,760.00	￥413,234.00
2009/2/28	存入	000000				￥200,000.00	￥613,234.00
2009/2/1	派息	000002	万科A	￥0.25		￥3,750.00	￥616,984.00
2009/4/2	买入	601857	中国石油	￥11.57	20000	￥-231,400.00	￥381,834.00
2009/4/2	买入	600000	浦发银行	￥21.82	18000	￥-392,760.00	￥-10,926.00
2009/4/3	卖出	600000	浦发银行	￥22.35	18000	￥402,300.00	￥391,374.00
2009/4/3	买入	600002	邯郸钢铁	￥4.31	25000	￥-107,750.00	￥283,624.00
2009/4/9	配股	600002	邯郸钢铁	￥1.20	600	￥-720.00	￥282,904.00
2009/4/13	卖出	600002	邯郸钢铁	￥4.38	25600	￥112,128.00	￥395,032.00
2009/4/13	买入	000001	深发展A	￥16.71	19500	￥-325,845.00	￥69,187.00
2009/4/15	卖出	000002	万科A	￥8.69	15000	￥130,350.00	￥199,537.00
2009/5/6	卖出	000001	深发展A	￥17.03	19500	￥332,085.00	￥531,622.00
2009/5/5	卖出	601857	中国石油	￥12.12	20000	￥242,400.00	￥774,022.00

图 4－30

（2）选择数据清单中的任意一个单元格，单击“插入”选项卡，单击“数据透视表”下拉按钮，执行“数据透视表”命令，将弹出如图 4－31 所示的“创建数据透视表”对话框。

图 4－31

（3）在“请选择要分析的数据”选区中，默认已经选定了前面所选单元格所在的数据区域，也可以重新选择数据区域，单击右边的折叠按钮，选择完数据区域后单击展开按钮即可。在“选择放置数据透视表的位置”选区中，可以选择在新工作表中或者现有工作表中放置数据透视表，这里选择“新工作表”，然后单击“确定”按钮。

（4）单击“确定”按钮，在当前工作表的右边将出现“数据透视表字段”列表框。在字段复选框中选中“类型”、“股票代码”和“金额”三项，其中“金额”作为求和项；“股票代码”作为行标签，按股票分类；“类型”作为列标签，按类型进行分类汇总，该字段默认是在行标签区域内，可拖动该字段到列标签区域内即可。如图 4－32 所示。

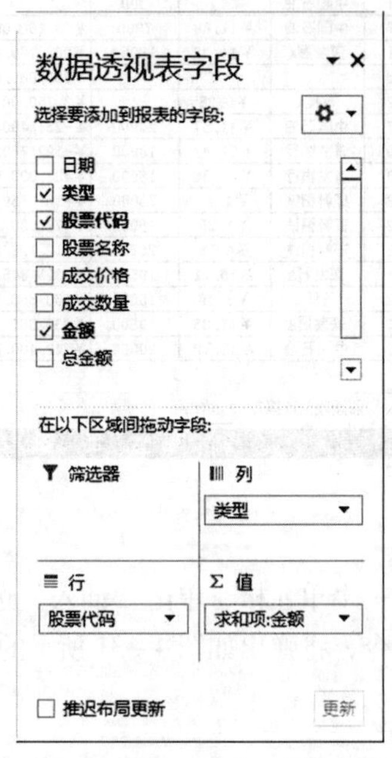

图 4－32

（5）建立好的数据透视表如图 4－33 所示。

	A	B	C	D	E	F	G	H
1								
2								
3	求和项:金额	列标签						
4	行标签	存入	买入	卖出	派息	配股	送股	总计
5	000000	700000						700000
6	000001		-508710	526789				18079
7	000002		-102750	130350	3750			31350
8	600000		-392760	402300				9540
9	600002		-107750	112128		-720		3658
10	601857		-294815	325560		-4656		26089
11	总计	700000	-1406785	1497127	3750	-5376		788716

图 4－33

由该数据透视表可以看出，每一行的总计项反映相应股票的汇总情况。比如股票000002，总共买入的金额为 102750 元，卖出金额总计 130350 元，派息为 3750 元，总计盈利金额为 31350。每一列为各类操作对应的相关金额汇总，比如股票 600002 和 601857 有配股，其他股票则没有。

（6）在数据透视表字段列表中，选中成交数量前面的复选框，并取消金额前面的复选框，同时将成交数量作为求和项，这时的数据透视表如图 4－34 所示。

	A	B	C	D	E	F	G	H
1								
2								
3	**求和项:成交数量**	**列标签**						
4	**行标签**	**存入**	**买入**	**卖出**	**派息**	**配股**	**送股**	**总计**
5	000000							
6	000001		36200	36700			500	73400
7	000002		15000	15000				30000
8	600000		18000	18000				36000
9	600002		25000	25600		600		51200
10	601857		25500	27000		1200	300	54000
11	**总计**		**119700**	**122300**		**1800**	**800**	**244600**

图 4－34

从该透视表中可以看出每只股票买入、卖出、配股和送股的数量。比如，股票601857 总共卖出的数量为 27000，其中 25500 股是买入的，配股 1200 股，送股 300 股。

第 5 章 经济管理数据的预测分析模型

本章详细介绍了常用的预测分析方法。常用的预测分析方法包括：时间序列预测法、回归分析预测法和趋势预测法。时间序列预测法有移动平均分析法和指数平滑分析法两种。讲解了两种分析方法的基本思想、各自的适用范围，然后通过典型例子讲解如何利用 Excel 2013 提供的移动平均分析工具、指数平滑分析工具进行预测分析的具体操作。最后介绍回归分析预测中，如何建立多元线性回归模型、回归模型的检验，以及使用 Excel 2013 进行预测分析的应用操作。

时间序列是将历史数据按时间顺序排列起来所得到的序列，一般用 x_1，x_2，…，$x_{t,\cdots}$ 表示。时间序列预测法是分析时间序列的变化趋势，预测目标的未来值，常用于分析影响事物的主要因素比较困难的情况。如果历史数据是按时间序列排列并呈周期性变化的，在进行时间序列预测分析之前需要削减周期性变化的因素，这时应该对数据进行平滑处理。常用的平滑预测算法有移动平均法和指数平滑法。

5.1 移动平均法预测模型

“移动平均”分析工具基于过去一定时期内变量的平均值，对未来值进行预测。移动平均值提供了由所有历史数据的平均值所代表的趋势信息，可以消除受到周期变动或随机波动的影响，预测经济收入、销售量或其他趋势（即趋势线）。移动平均法共分为三类：简单移动平均法、趋势移动平均法以及加权移动平均法。

5.1.1 简单移动平均法计算式

简单移动平均法非常简单，过去一定时期内数据序列的简单平均数就是对未来的预测数。其基本公式如下：

$$y_{(t+1)} = \frac{1}{N}\sum_{j=1}^{N} x_{(t-j+1)} = \frac{x_1 + x_2 + \cdots + x_{(t-N+1)}}{N}, t > N$$

其中，N 为进行移动平均计算的过去期间的个数，$x_{(t-j+1)}$ 为第（$t-j+1$）期的实际值，$y_{(t+1)}$ 为第（$t+1$）期的预测值。这里，对于 N 的选取，应尽可能与现象的发展周期相一致，这样以 N 项的平均数组成的新序列可以削减原始数据序列的波动性。选取的 N 值过大可能会去掉更多的观测值，过小则不能消除其他因素的影响。当 N 值固定不变时，t 向前移动一个时期，将新增一个新数据并删除一个远期数据，即将 t 周期的一次移动平均数作为 $t+1$ 周期的预测值，其预测公式为：

$$\hat{x}_{(t+1)} = y_{(t+1)}$$

5.1.2 趋势移动平均法计算式

当时间序列没有明显的变化趋势时，简单移动平均法就能够准确地反映出实际情况；但是当时间序列出现线性或指数等变化趋势时，使用简单移动平均法得到的预测会出现滞后偏差。这时可以使用趋势移动平均法对其进行修正，修正的方法是在一次移动平均的基础上再做二次移动平均，利用移动平均滞后偏差的规律找出其发展趋势，然后建立预测模型。其基本公式如下：

$$y_t^2 = \frac{1}{N}\sum_{j=1}^{N} y_{(t-j+1)}^1 = \frac{y_t^1 + y_{(t-1)}^1 + \cdots + y_{(t-N+1)}^1}{N}, t > N$$

这里，$y_t{}^1$是第一次移动平均数，$y_t{}^2$是第二次移动平均数。假设时间序列 x_1，x_2，…，$x_{t,\cdots}$是某时期开始直至未来某时期具有直接变化趋势，设该直接趋势预测模型为：

$$\hat{x}_{(t+T)} = a_t + b_t T$$

其中，t 为过去一段时期内的期数；T 为由当前期数 t 到未来预测期的期数；$\hat{x}_{(t+T)}$ 为按上面的直接趋势预测模型得到的 $t+T$ 期的预测值；这里，a_t称为截距，b_t称为斜率。a_t 和 b_t又称为平滑系数。根据移动平均值可得 a_t和 b_t的计算公式为：

$$a_t = 2y_t^1 - y_t^2, b_t = \frac{2}{N-1}(y_t^1 - y_t^2)$$

将截距和斜率的值代入直接趋势预测模型公式可得：

$$\hat{x}_{(t+T)} = (2y_t^1 - y_t^2) + [\frac{2}{N-1}(y_t^1 - y_t^2)]T$$

5.1.3　加权移动平均法计算式

所谓加权移动平均法，是在简单移动平均法的基础上对每个历史数据确定一定的权数，算出加权平均数即为预测值。设有一时间序列 x_1，x_2，…，$x_{t,\cdots}$，对应的权数序列为 p_1，p_2，…，$p_{t,\cdots}$，则加权移动平均法的基本公式为：

$$y_{(t+1)} = \frac{1}{N}\sum_{j=1}^{N} x_{(t-j+1)}p_{(t-j+1)} = \frac{x_1p_1 + x_2p_2 + \cdots + x_{(t-N+1)}p_{(t-N+1)}}{N}, t > N$$

5.1.4　Excel 的“移动平均”分析工具

Excel 2013 提供了强大的统计分析工具，默认情况下安装 Excel 时会自动安装“数据分析”工具，但不显示在功能区中。因此，在使用该工具前需要将其添加到功能区中，步骤如下：

（1）单击“文件”选项卡，在下拉菜单中选择“选项”，将弹出“Excel 选项”对话框，切换到“加载项”选项卡，如图 5－1 所示。

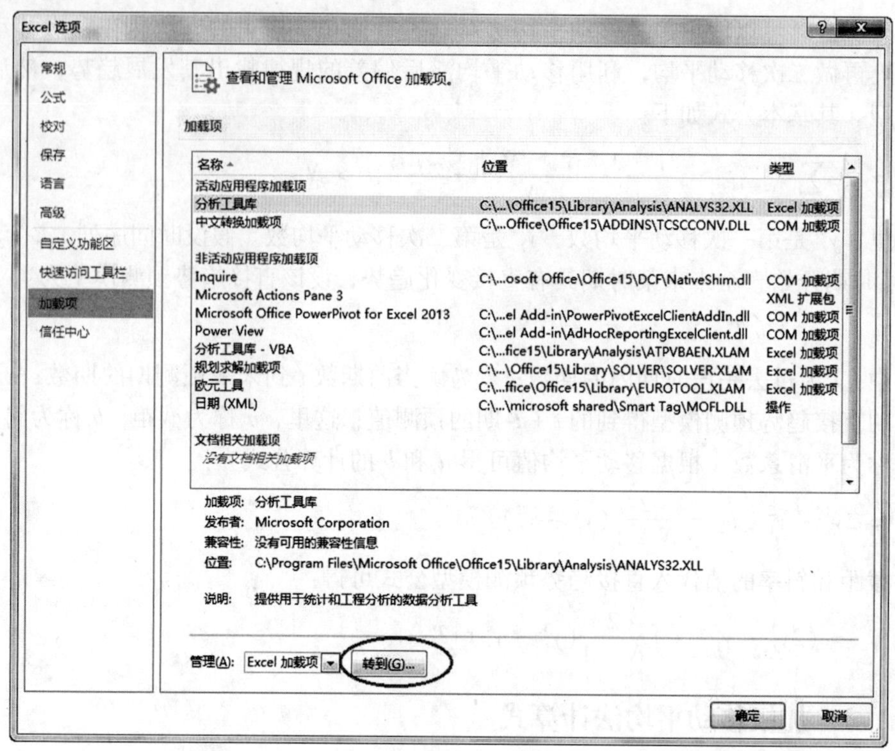

图 5-1

（2）在“加载项”选项卡中，单击下面的“转到”按钮，将弹出“加载宏”对话框，如图 5-2 所示，默认情况下，这里的四个工具前面的复选框都是未选择的。

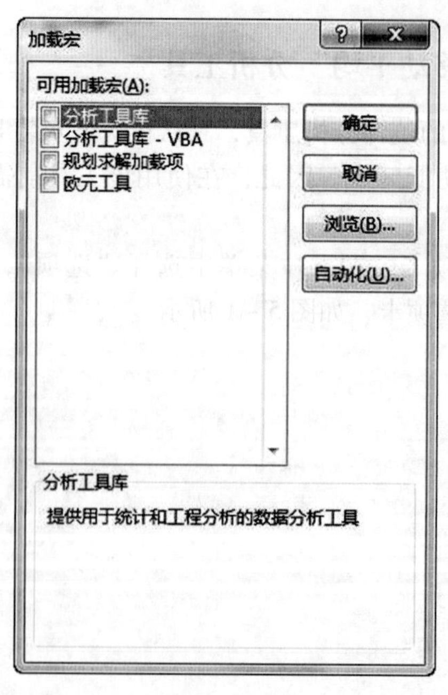

图 5-2

（3）选中“分析工具库”前面的复选框，然后单击“确定”按钮，在“数据”功能区中，将新增一个“分析”组，其包含了一个“数据分析”工具按钮。如图 5－3 所示。

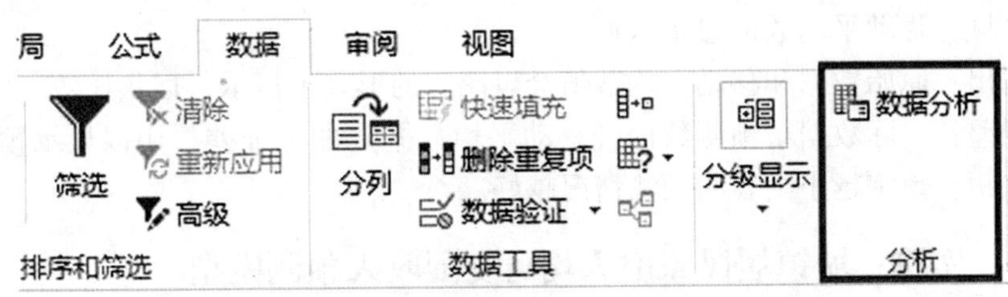

图 5－3

此时，便可利用该“数据分析”工具进行一系列的统计分析研究。单击“数据分析”工具按钮，在弹出的“数据分析”对话框中，选择“移动平均”，如图 5－4 所示。单击“确定”按钮将弹出“移动平均”对话框，在该对话框中完成各项参数的具体设置，如图 5－5 所示。

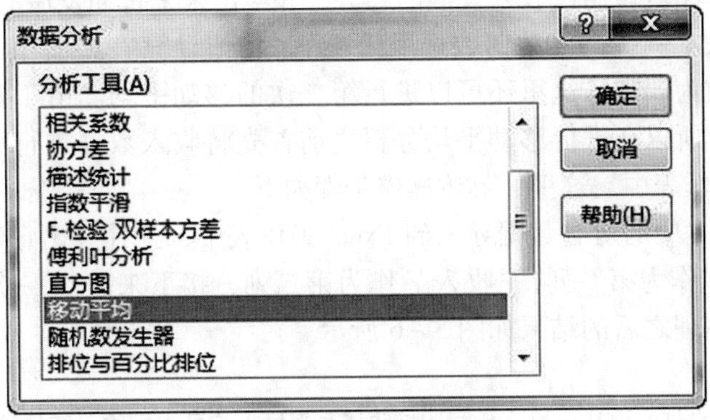

图 5－4

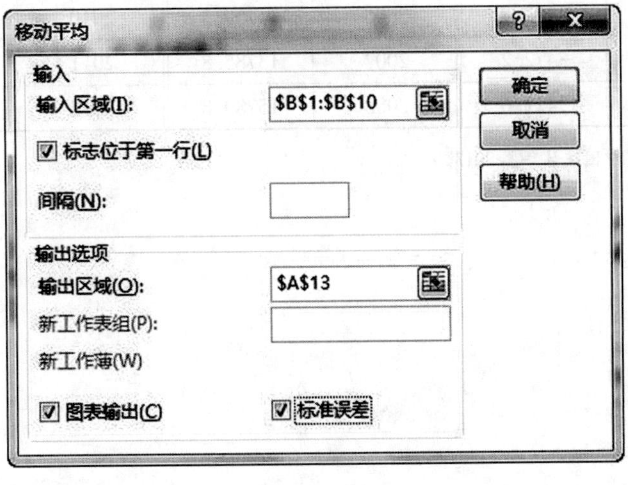

图 5－5

以下是“移动平均”分析工具对话框中各项的说明。

输入区域：原始数据区域；如果有数据标签可以选中“标志位于第一行”前面的复选框。

间隔：指定使用几组数据来得出平均值。

输出区域：移动平均数值显示区域。

图表输出：原始数据和移动平均数值会以图表的形式来显示，以供比较。

标准误差：实际数据与预测数据（移动平均数据）的标准差，用以显示预测数据与实际值的差距。数字越小则表明预测情况越好。

5.1.5 实例：城镇居民家庭人均可支配收入预测模型

在Excel中实现移动平均分析有三种方法：第一种是根据历史观察数据绘制出散点图，并在其中添加趋势线；第二种是直接编辑公式，计算平均值，并进行趋势预测；第三种是使用“移动平均”分析工具进行分析与预测。第一种方法在前面的数据透视图章节中已经介绍，下面重点讲解后两种方法的案例说明。

1. 通过编辑公式进行移动平均分析

表5-1是2001—2012年我国城镇居民家庭人均可支配收入统计数据。试运用移动平均法测定整个中国城镇居民收入发展的趋势，并给出未来长期发展的趋势线。

问题分析：在本例中，移动期数选取为4，平均值计算直接使用AVERAGE函数即可。由于移动期数为偶数，这里还可以进行第二次的移动平均。由于要对整个中国可支配收入进行统计，所以在进行移动平均分析之前首先将收入数据进行汇总，并将汇总结果保存到Excel工作表中。这里，具体操作步骤如下：

（1）将表5-1中的所有数据导入到Excel工作表中，并计算出每年中国的旅游外汇收入，将“年份”作为第一列，“收入”作为第二列，接下来是“一次平均值”和“二次平均值”列，整理之后的结果如图5-6所示。

表5-1 2001—2012年我国城镇居民家庭人均可支配收入统计数据

年份	收入	年份	收入	年份	收入
2001	6859.6	2005	10493	2009	17174.7
2002	7702.8	2006	11759.5	2010	19109.4
2003	8472.2	2007	13785.8	2011	21809.8
2004	9421.6	2008	15780.8	2012	24564.7

（摘编自《中国统计年鉴2013》）

	A	B	C	D
1	年份	收入	一次平均值	二次平均值
2	2001	6859.6		
3	2002	7702.8		
4	2003	8472.2		
5	2004	9421.6		
6	2005	10493		
7	2006	11759.5		
8	2007	13785.8		
9	2008	15780.8		
10	2009	17174.7		
11	2010	19109.4		
12	2011	21809.8		
13	2012	24564.7		

图 5－6

（2）计算第一次的移动平均值。选中 C5 单元格，在公式编辑栏中输入公式：“＝AVERAGE(B2:B5)，然后按回车键确认，计算出 2001 年至 2004 年的收入平均值。再利用 Excel 提供的自动填充功能快速计算出 C6:C13 单元格区域的第一次移动平均值，计算结果如图 5－7 所示。

C5　　=AVERAGE(B2:B5)

	A	B	C	D
1	年份	收入	一次平均值	二次平均值
2	2001	6859.6		
3	2002	7702.8		
4	2003	8472.2		
5	2004	9421.6	8114.05	
6	2005	10493	9022.4	8568.225
7	2006	11759.5	10036.575	9529.4875
8	2007	13785.8	11364.975	10700.775
9	2008	15780.8	12954.775	12159.875
10	2009	17174.7	14625.2	13789.9875
11	2010	19109.4	16462.675	15543.9375
12	2011	21809.8	18468.675	17465.675
13	2012	24564.7	20664.65	19566.6625

图 5－7

（3）计算第二次的移动平均值。如图 5－7 所示，选中 D6 单元格，在公式编辑栏中输入公式：“＝AVERAGE(C5:C6)”，然后利用 Excel 的自动填充功能快速计算出D7:D13 单元格区域中的第二次的移动平均值。

（4）绘制原时间序列和二次平均值对应的折现图标，以便分析可支配收入的长期变化趋势。制作后的效果如图 5－8 所示。

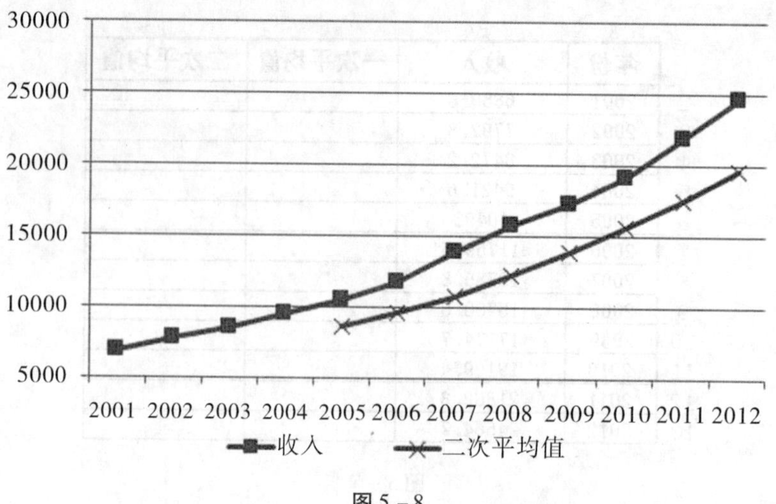

图5－8

从图5－8中的结果可以看出，原来时间序列中的旅游外汇收入呈现出一定的波动性，而采用移动平均分析之后，基本上消除了这种波动。从移动平均线的长期趋势折线图可以看出，城镇居民可支配收入具有较明显的平滑的长期上升趋势。

2. 利用“移动平均”分析工具进行趋势预测

除了直接输入公式，也可以应用Excel中的“移动平均”工具进行长期趋势分析。仍以表5－1中的数据为例，具体操作步骤如下：

（1）在同一个工作簿中新建一个工作表，将其标签修改为“移动平均分析（分析工具法）”。

（2）将所需数据输入到工作表中，将“年份”作为第一列，“可支配收入”作为第二列。

（3）切换到“数据”选项卡，执行“分析”组的“数据分析”命令，将弹出“数据分析”对话框，在“分析工具”中选择“移动平均”，如图5－9所示。

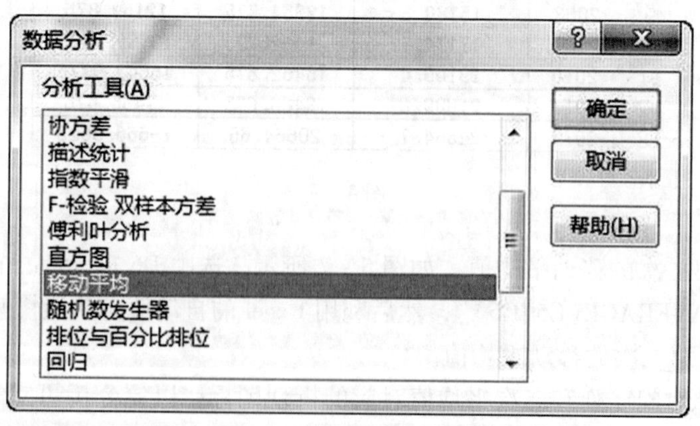

图5－9

注意：若在“数据”选项卡中不存在“数据分析”工具，原因可能有两个方面：一是在安装Excel或Microsoft Office时没有选择完全安装；二是如果在安装Excel时已经选择安装数据分析工具，可通过以下步骤来实现：切换到“文件”选项卡，点击“选项”将打开 Excel 选项对话框，在“加载项”中选择“分析工具库”，然后单击“转到”按钮，将弹出“加载宏”对话框，在对话框选中“分析工具库”复选框即可。

（4）单击“确定”按钮之后，在工作表上将弹出“移动平均”对话框，如图 5－10 所示。在“输入区域”中，选取 B1:B13 单元格区域；在“间隔”框中输入 4（表示移动平均计算的期数）；在“输出区域”框中，选中 D1 单元格。将“标志位于第一行”、“图表输出”、“标准误差”三个复选框全部选中。

	A	B
1	年份	可支配收入
2	2001	6859.6
3	2002	7702.8
4	2003	8472.2
5	2004	9421.6
6	2005	10493
7	2006	11759.5
8	2007	13785.8
9	2008	15780.8
10	2009	17174.7
11	2010	19109.4
12	2011	21809.8
13	2012	24564.7

图 5－10

注意：因选定的输入区域包含标志行，所以选中“标志位于第一行”复选框；若需要输入实际值与一次移动平均值之差，则需要选中“标准误差”复选框。

（5）以上设置完成后，单击图 5－10 中的“确定”按钮，计算出的初始结果如图 5－11所示。其中给出两列数据的左边一列为一次移动平均值，右边一列为标准误差值，中间显示#N/A 是由于没有足够的历史数据进行预测或者计算标准误差值。数据的右侧是移动平均值的一个线形图表。

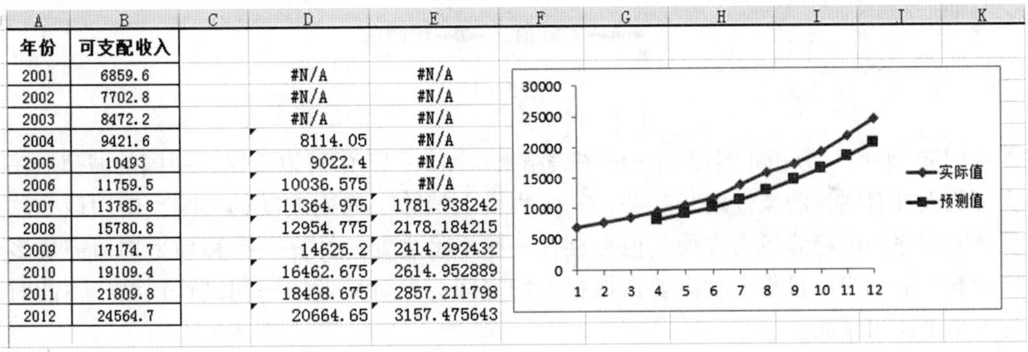

	A	B	C	D	E
1	年份	可支配收入			
2	2001	6859.6		#N/A	#N/A
3	2002	7702.8		#N/A	#N/A
4	2003	8472.2		#N/A	#N/A
5	2004	9421.6		8114.05	#N/A
6	2005	10493		9022.4	#N/A
7	2006	11759.5		10036.575	#N/A
8	2007	13785.8		11364.975	1781.938242
9	2008	15780.8		12954.775	2178.184215
10	2009	17174.7		14625.2	2414.292432
11	2010	19109.4		16462.675	2614.952889
12	2011	21809.8		18468.675	2857.211798
13	2012	24564.7		20664.65	3157.475643

图 5－11

（6）对上面的输出结果进行修饰和美化。首先，在 D1 和 E1 数据单元格分别输入“移动平均值”和“标准误差值”；删除所有的“#N/A”符号，并对表格的边框进行一定的格式设置，最终优化结果如图 5 - 12 所示。

	A	B	C	D	E
1	年份	可支配收入		移动平均值	标准误差值
2	2001	6859.6			
3	2002	7702.8			
4	2003	8472.2			
5	2004	9421.6		8114.05	
6	2005	10493		9022.4	
7	2006	11759.5		10036.575	
8	2007	13785.8		11364.975	1781.938242
9	2008	15780.8		12954.775	2178.184215
10	2009	17174.7		14625.2	2414.292432
11	2010	19109.4		16462.675	2614.952889
12	2011	21809.8		18468.675	2857.211798
13	2012	24564.7		20664.65	3157.475643

图 5 - 12

（7）对上面绘制的图表进行编辑和美化。操作时，删除图例和坐标轴标题，最终显示效果如图 5 - 13 所示。

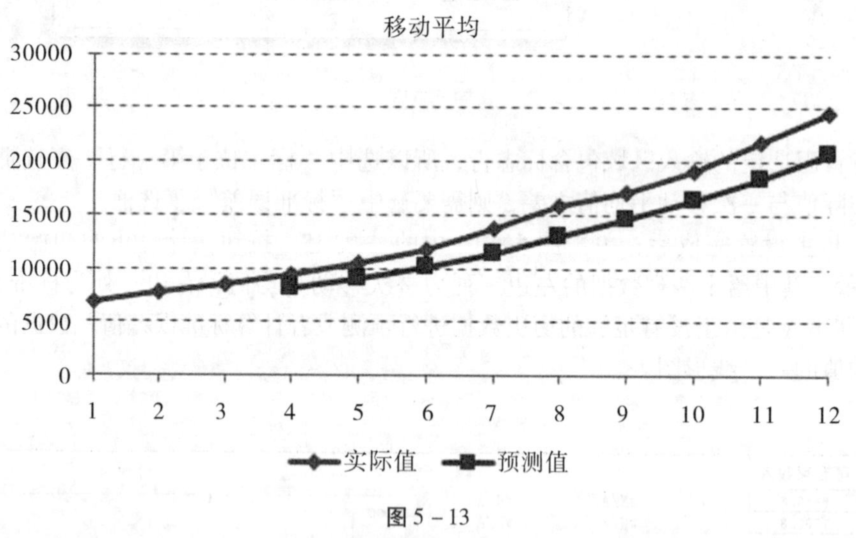

图 5 - 13

“移动平均”分析工具绘制出的图表结果从图 5 - 13 中可以看出，中国的城镇居民可支配收入具有明显的线性增长趋势，一定程度上消除了周期波动的影响。使用该方法来反映时间序列的趋势较为方便，但也存在一些不足之处：计算一次移动平均值需要多个历史数据值，当项目很大时需要占据很大的空间；只对最近的一期进行预测，不能对更远的未来作出预测。

需要注意的一点是，利用 Excel 2013 提供的“移动平均”分析工具只能作一次移动平均，如果需要进行二次移动平均，其方法与通过编辑公式进行移动平均分析一样，如

图 5-7 所示。下面利用前面所讲的截距和斜率计算公式可得：

$a_{12}=2y_9{}^1-y_9{}^2=2\times20664.65-17555.3=23774$

$b_{12}=2\div(4-1)\times(y_9{}^1-y_9{}^2)=2072.9$

从而可以得到 $t=12$ 时的直线趋势预测模型为：

$\hat{x}_{12+T}=23774+2072.9\times T$

根据这个模型，预测 2013 年中国旅游外汇收入为：

$\hat{x}_{2013}=\hat{x}_{13}=23774+2072.9=25846.9$

5.2　指数平滑法预测模型

5.2.1　指数平滑分析思想及分类

指数平滑法是在移动平均法的基础上发展起来的一种趋势分析预测法，是时间序列预测方法中最常用的一种。三类移动平均法中，简单移动平均和趋势移动平均是对时间序列的过去数据一个不漏地加以同等利用，加权移动平均则给予近期数据更大的权重。而指数平滑法则兼容了这些计算分析方法，既不舍弃过去的数据，又给予往前逐渐减弱的权重，即数据离目前越远，权数逐渐收敛为零。加权系数符合指数规律，且又具有平滑数据的功能，因此称为“指数平滑”。

根据平滑次数的不同，指数平滑法可以分为：一次指数平滑法、二次指数平滑法、三次指数平滑法和高次指数平滑法。其基本公式如下：

$Y_t^*=\alpha Y_t+(1-\alpha)Y_{(t-1)}^*$

其中，Y_t^* 和 $Y_{(t-1)}^*$ 为时间 t 和时间 $t-1$ 的平滑值，Y_t 为时间 t 的实际值，α 为平滑系数，取值范围为[0,1]，它决定了本次预测对前期预测误差的修正程度。$(1-\alpha)$ 在 Excel 的“指数平滑”分析工具中，称为“阻尼系数”。

由该公式可以得到：

① Y_t^* 是 Y_t 和 $Y_{(t-1)}^*$ 的加权算术平均值，平滑系数 α 的取值决定 Y_t 和 $Y_{(t-1)}^*$ 对 Y_t^* 的影响程度。当 α 取 1 时，Y_t^* 等于 Y_t；当 α 取 0 时，Y_t^* 等于 $Y_{(t-1)}^*$。

② 尽管 Y_t^* 受所有历史数据的影响，但在实际计算中仅需要 Y_t 和 $Y_{(t-1)}^*$ 两个数值，再加上一个常数 α，这就使得指数滑动分析具有逐期递推的性质，给预测带来了极大的方便。

（1）一次指数平滑法。

当时间序列无明显的趋势变化时，可以使用一次指数平滑预测。一次指数平滑公式即为上述基本公式：$Y_t^*=\alpha Y_t+(1-\alpha)Y_{(t-1)}^*$　　(5-1)

由该公式可得：$Y_{(t-1)}^*=\alpha Y_{(t-1)}+(1-\alpha)Y_{(t-2)}^*$，代入公式(5-1)得到：

$Y_t^*=\alpha Y_t+(1-\alpha)\alpha Y_{(t-1)}+(1-\alpha)^2Y_{(t-2)}^*$

依次递推下去，可得：

$$Y_t^*=a\sum_{j=0}^{t-1}(1-a)^jY_{(t-j)}+(1-a)^tY_0^* \quad (5-2)$$

因为 α 的取值范围为（0，1），当 $t\to\infty$ 时，$(1-\alpha)^t\to0$，于是公式（5-2）变为：

$$Y_t^* = a\sum_{j=0}^{t-1}(1-a)^j Y_{(t-j)}$$

由该公式可知，Y_t^* 实际上是时间序列 Y_t，$Y_{(t-1)}$，…，$Y_{(t-j)}$ 的加权平均，加权系数分别为 α，$\alpha(1-\alpha)$，$\alpha(1-\alpha)^2$，…，离当前期数越近的数据，权数越大；离当前期数越远的数据，权数越小。

用公式（8－1）进行一次平滑预测，其预测模型为：

$$\hat{Y}_{(t+1)} = Y_t^* = aY_t + (1-a)Y_{t-1}^*$$

由此可知，第 t 周期的一次指数平滑值即为第 $t+1$ 期的预测值。

（2）二次指数平滑法。

当时间序列具有线性趋势时，使用一次指数平滑法进行预测将存在明显的滞后偏差，这时应进行二次指数平滑预测。所谓二次指数平滑就是对一次指数平滑的再平滑，找出时间序列的发展趋势，建立直线趋势预测模型。

设一次指数平滑为 Y_t^1，二次指数平滑为 Y_t^2，其计算公式为：

$$Y_t^2 = \alpha Y_t^1 + (1-\alpha)Y_{t-1}^2$$

其中，Y_t^2 为第 t 周期的二次指数平滑值。假设某时间序列具有直线趋势，则可用如下的直线趋势模型进行预测。

$$\hat{Y}_{(t+T)} = a_t + b_t T$$

其中，T 为预测期数，$\hat{Y}_{(t+T)}$ 为第 $t+T$ 期的预测值，a_t 为截距，b_t 为斜率，计算公式为：

$$a_t = 2Y_t^1 - Y_t^2, b_t = \frac{a}{1-a}(Y_t^1 - Y_t^2)$$

（3）三次指数平滑法。

所谓三次指数平滑就是在二次平滑基础上的再平滑，适用于时间序列具有二次曲线趋势的情况。其计算公式和预测模型分别为：

$$Y_t^3 = \alpha Y_t^2 + (1-\alpha)Y_{t-1}^3$$

$$\hat{Y}_{(t+T)} = a_t + b_t T + c_t T^2$$

其中，系数 a_t，b_t和 c_t的值如下：

$$a_t = 3Y_t^1 - 3Y_t^2 + Y_t^3$$

$$b_t = \frac{a}{2(1-a)^2}[(6-5a)Y_t^1 - 2(5-4a)Y_t^2 + (4-3a)Y_t^3]$$

$$c_t = \frac{a^2}{2(1-a)^2}(Y_t^1 - 2Y_t^2 + Y_t^3)$$

5.2.2 实例：产品销售分析模型

已知某公司2000—2009年的产品销售统计数据，预测2010年产品的销售量。这里以一次指数平滑分析来进行讲解，其具体操作如下：

（1）建立产品销售量分析模型。新建一个工作簿，在工作表中输入相关的分析模型数据，并对单元格进行初始化设置，如图5－14所示。

	A	B	C	D	E	F	G	H
1	产品销售量分析模型							
2	年份	时间	产品销售量	平滑指数a=0.3		平滑指数a=0.7		预测值
3				Yt	平方误差	Yt	平方误差	
4		0						
5	2000年	t-9	3520					
6	2001年	t-8	3689					
7	2002年	t-7	3812					
8	2003年	t-6	3988					
9	2004年	t-5	4100					
10	2005年	t-4	4226					
11	2006年	t-3	4405					
12	2007年	t-2	4499					
13	2008年	t-1	4632					
14	2009年	t	4722					
15	2010年							

图 5－14

（2）利用公式创建一次指数平滑模型的初始值。选中 C4 单元格，在公式编辑栏中输入公式：＝AVERAGE（C5：C7），按［Enter］键，计算出前3 年的平均值作为一次指数平滑模型的初始值，如图 5－15 所示。

C4　=AVERAGE(C5:C7)

	A	B	C	D	E	F	G	H
1	产品销售量分析模型							
2	年份	时间	产品销售量	平滑指数a=0.3		平滑指数a=0.7		预测值
3				Yt	平方误差	Yt	平方误差	
4			3673.67					
5	2000年	t-9	3520					
6	2001年	t-8	3689					
7	2002年	t-7	3812					
8	2003年	t-6	3988					
9	2004年	t-5	4100					
10	2005年	t-4	4226					
11	2006年	t-3	4405					
12	2007年	t-2	4499					
13	2008年	t-1	4632					
14	2009年	t	4722					
15	2010年							

图 5－15

（3）使用 Excel 提供的“指数平滑”功能进行分析。切换到“数据”选项卡，执行“分析”组的“数据分析”命令，将弹出“数据分析”对话框，在“分析工具”中选择“指数平滑”，如图 5－16 所示。

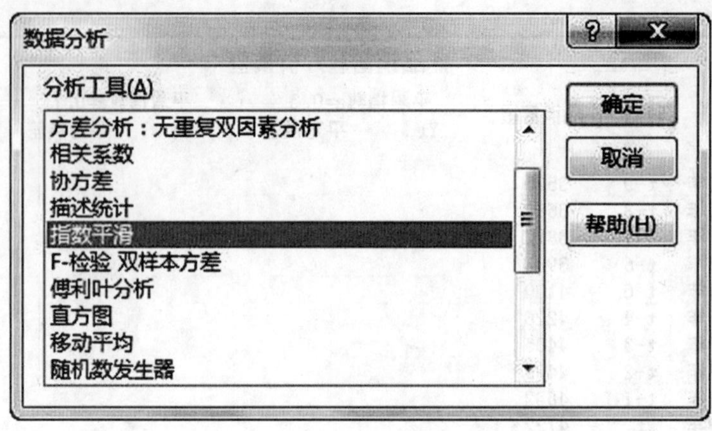

图 5 – 16

（4）在图 5 – 16 中，点击“确定”按钮后，将弹出“指数平滑”对话框，如图 5 – 17 所示。当平滑指数 $a=0.3$ 时，在“输入区域”中输入$C$4:$C$14；在“阻尼系数”中，输入 0.7；在“输出区域”中输入$D$4。

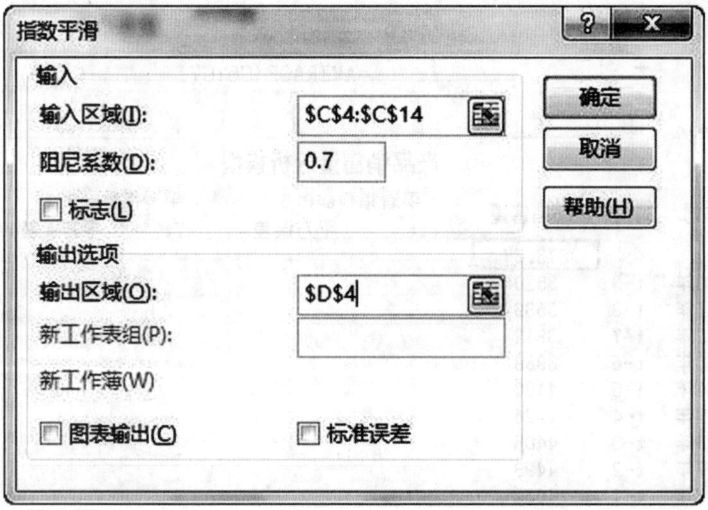

图 5 – 17

（5）设置完成后，单击“确定”按钮，平滑指数 $a=0.3$ 时的一次平滑分析结果如图 5 – 18 所示。

	A	B	C	D	E	F	G	H
1	产品销售量分析模型							
2	年份	时间	产品销售量	平滑指数a=0.3		平滑指数a=0.7		预测值
3				Yt	平方误差	Yt	平方误差	
4		0	3673.67	#N/A				
5	2000年	t-9	3520	3673.67				
6	2001年	t-8	3689	3627.57				
7	2002年	t-7	3812	3646.00				
8	2003年	t-6	3988	3695.80				
9	2004年	t-5	4100	3783.46				
10	2005年	t-4	4226	3878.42				
11	2006年	t-3	4405	3982.69				
12	2007年	t-2	4499	4109.39				
13	2008年	t-1	4632	4226.27				
14	2009年	t	4722	4347.99				
15	2010年							

图 5－18

（6）计算出平滑指数 $a=0.3$ 时的平方误差。选中 E5 单元格，在公式编辑栏中输入公式：＝POWER(D5－C5,2)，按 Enter 键计算出 2000 年的平方误差。然后利用 Excel 提供的自动填充功能快速填充其他年份的平方误差，结果如图 5－19 所示。

	A	B	C	D	E	F	G	H
1	产品销售量分析模型							
2	年份	时间	产品销售量	平滑指数a=0.3		平滑指数a=0.7		预测值
3				Yt	平方误差	Yt	平方误差	
4		0	3673.67	#N/A				
5	2000年	t-9	3520	3673.67	23613.44			
6	2001年	t-8	3689	3627.57	3774.05			
7	2002年	t-7	3812	3646.00	27557.11			
8	2003年	t-6	3988	3695.80	85382.20			
9	2004年	t-5	4100	3783.46	100198.61			
10	2005年	t-4	4226	3878.42	120811.26			
11	2006年	t-3	4405	3982.69	178341.85			
12	2007年	t-2	4499	4109.39	151798.90			
13	2008年	t-1	4632	4226.27	164616.55			
14	2009年	t	4722	4347.99	139884.04			
15	2010年							

图 5－19

（7）当平滑指数 $a=0.7$ 时，再次利用“指数平滑”功能创建一次指数平滑分析结果。打开“指数平滑”对话框，在“输入区域”中输入$C$4:$C$14；在“阻尼系数”中输入 0.3；在“输出区域”中输入$F$4，如图 5－20 所示。

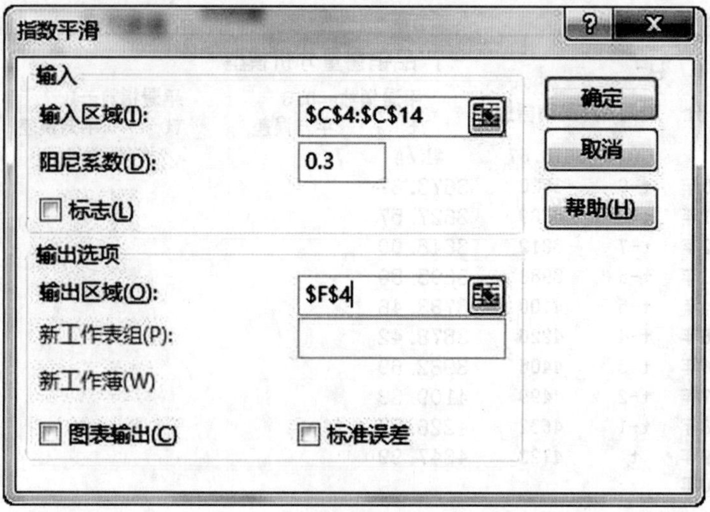

图 5 - 20

(8) 设置完成后，单击“确定”按钮，将显示一次平滑指数分析结果。接着计算平方误差，选中 G5 单元格，在公式编辑栏中输入公式：= POWER(F5- C5,2)，然后利用自动填充功能快速填充其他年份的平方误差，结果如图 5 - 21 所示。

	A	B	C	D	E	F	G	H
1	产品销售量分析模型							
2	年份	时间	产品销售量	平滑指数a=0.3		平滑指数a=0.7		预测值
3				Yt	平方误差	Yt	平方误差	
4		0	3673.67	#N/A		#N/A		
5	2000年	t-9	3520	3673.67	23613.44	3673.67	23613.44	
6	2001年	t-8	3689	3627.57	3774.05	3566.10	15104.41	
7	2002年	t-7	3812	3646.00	27557.11	3652.13	25558.42	
8	2003年	t-6	3988	3695.80	85382.20	3764.04	50158.53	
9	2004年	t-5	4100	3783.46	100198.61	3920.81	32108.45	
10	2005年	t-4	4226	3878.42	120811.26	4046.24	32312.40	
11	2006年	t-3	4405	3982.69	178341.85	4172.07	54254.96	
12	2007年	t-2	4499	4109.39	151798.90	4335.12	26856.03	
13	2008年	t-1	4632	4226.27	164616.55	4449.84	33183.51	
14	2009年	t	4722	4347.99	139884.04	4577.35	20923.34	
15	2010年							

图 5 - 21

(9) 根据一次指数平滑分析结果，预测 2010 年的产品销售量。选中 H15 单元格，在公式编辑栏中输入公式：= 0.7 * C14 + 0.3 * F14，按［Enter］键，预测出 2010 年的产品销售量，如图 5 - 22 所示。

H15　=0.7*C14+0.3*F14

	A	B	C	D	E	F	G	H
1	产品销售量分析模型							
2	年份	时间	产品销售量	平滑指数a=0.3		平滑指数a=0.7		预测值
3				Yt	平方误差	Yt	平方误差	
4		0	3673.67	#N/A		#N/A		
5	2000年	t-9	3520	3673.67	23613.44	3673.67	23613.44	
6	2001年	t-8	3689	3627.57	3774.05	3566.10	15104.41	
7	2002年	t-7	3812	3646.00	27557.11	3652.13	25558.42	
8	2003年	t-6	3988	3695.80	85382.20	3764.04	50158.53	
9	2004年	t-5	4100	3783.46	100198.61	3920.81	32108.45	
10	2005年	t-4	4226	3878.42	120811.26	4046.24	32312.40	
11	2006年	t-3	4405	3982.69	178341.85	4172.07	54254.96	
12	2007年	t-2	4499	4109.39	151798.90	4335.12	26856.03	
13	2008年	t-1	4632	4226.27	164616.55	4449.84	33183.51	
14	2009年	t	4722	4347.99	139884.04	4577.35	20923.34	
15	2010年							4678.6

图 5－22

第 6 章　经济管理数据的决策分析模型

本章详细介绍了决策分析中常用的四种技术：确定性分析、不确定性分析、决策树分析和概率分析。通过典型例子讲解了如何根据决策对象的性质进行判断，应用正确的分析方法，详细地讲解了 4 种决策分析方法的基本含义和应用方法。

通过本章的学习，读者应该掌握如下内容：

（1）能够根据决策对象的特点应用正确的决策分析方法。

（2）了解确定性分析的基本概念，熟练掌握单目标求解和多目标求解的操作方法。

（3）理解不确定性分析的基本概念和分析方法，重点掌握如何应用四种分析原则对决策问题进行分析，并掌握其基本操作步骤。

（4）理解决策树的基本结构和分析过程。

（5）理解概率分析的基本含义，重点掌握概率分析两种方法的操作应用。

6.1　确定性分析

所谓确定性分析，是指决策方案的各个因素都是固定不变情况下的研究和估计。这类决策问题比较简单，只需要计算出各种固定条件下的各指标的相应值，按照特定的目标从中选择最佳方案即可。包括单目标求解和多目标求解。

6.1.1　单目标求解

假设某空调商家计划投入资金改进生产设备，以提高生产效率、降低生产成本来获取更多的经济收益，针对某种型号的空调，现拟定如下三个方案。计划改进设备后，该型号空调的销售单价为 2900 元/台，预计其年销售数量可达 8000 台。则该厂应当选择哪种方案可以获得最大收益？

方案 1：设备投资金额为 1500000 元，预计投产后的单件生产成本为 1700 元。

方案 2：设备投资金额为 2000000 元，预计投产后的单件生产成本为 1550 元。

方案 3：设备投资金额为 2500000 元，预计投产后的单件生产成本为 1400 元。

在该决策问题中，针对不同的方案，其设备投资、单件成本、年销售数量以及年收益都是确定不变的，按要求直接进行计算即可。

其具体操作步骤如下：

（1）首先，将所有的数据输入到工作表中，如图 6－1 所示，A1:E4 为输入的数据区域。选中单元格 F2，在公式编辑栏中输入计算公式：＝D2 * E2 － C2 * D2 － B2，计算出年收益金额，并使用 Excel 的自动填充方式快速填充 F3 和 F4 单元格。

F2　=D2*E2-C2*D2-B2

	A	B	C	D	E	F
1	方案	设备投资	单件成本	年销售数量	销售单价	年收益
2	方案1	1500000	1700	8000	2900	8100000
3	方案2	2000000	1550	8000	2900	8800000
4	方案3	2500000	1400	8000	2900	9500000

图 6－1

（2）从计算结果可以直接看出方案 3 收益最大。当方案数目更多，并且希望方案修改后能够快速地找出最佳方案时，可以利用 Excel 2013 提供的查找函数自动选择。在 A6 单元格中输入“最佳方案”，并且选择在 B6 单元格中显示最佳方案名称。

（3）选中 B6 单元格，切换到“公式”选项卡，在“函数库”组中，点击“插入函数”，将弹出“插入函数”对话框，在“或选择类别”中选定“查找与引用”，在“选择函数”列表中选择“LOOKUP”，如图 6－2 所示。

插入函数
搜索函数(S):
请输入一条简短说明来描述您想做什么，然后单击“转到”
转到(G)
或选择类别(C): 查找与引用
选择函数(N):
HLOOKUP
HYPERLINK
INDEX
INDIRECT
LOOKUP
MATCH
OFFSET
LOOKUP(...)
从单行或单列或从数组中查找一个值。条件是向后兼容性
有关该函数的帮助
确定
取消

图 6－2

（4）选定完成后，单击“确定”按钮，将弹出 LOOKUP 函数的“选定参数”对话框，这里采用默认方式，选中第一种组合方式，如图 6－3 所示。

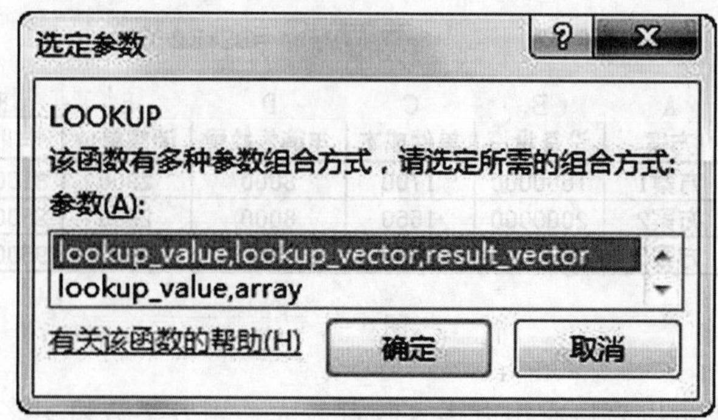

图 6－3

（5）单击“确定”按钮后，将出现“函数参数”对话框。在“Lookup_value”框中输入函数“MAX(F2:F4)”，该参数表示要查找的数值；在 Lookup_vector 框中输入“F2:F4”，为要查找的单元格区域；在“Result_vector”框中输入“A2:A4”，该参数为返回值对应的单元格区域。如图 6－4 所示。

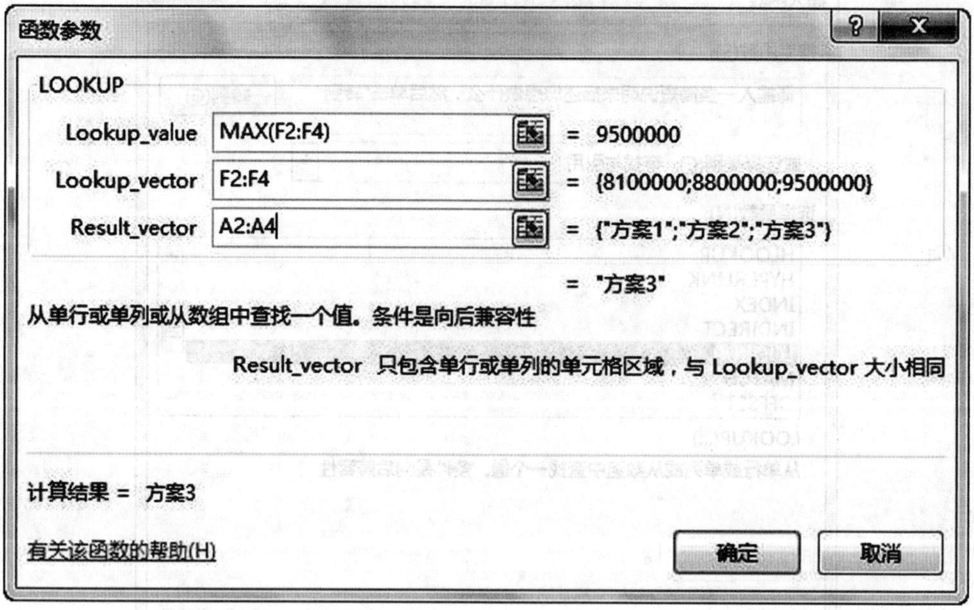

函数参数

LOOKUP

Lookup_value MAX(F2:F4) = 9500000

Lookup_vector F2:F4 = {8100000;8800000;9500000}

Result_vector A2:A4 = {"方案1";"方案2";"方案3"}

= "方案3"

从单行或单列或从数组中查找一个值。条件是向后兼容性

Result_vector 只包含单行或单列的单元格区域，与 Lookup_vector 大小相同

计算结果 = 方案3

有关该函数的帮助(H) 确定 取消

图 6－4

（6）确认 LOOKUP 函数参数设置无误后，单击“确定”按钮，计算结果如图 6－5 所示。这里需要注意的一点是，使用 LOOKUP 函数时，查找区域应按“升序”排序，否则将无法正确查找。

B6	=LOOKUP(MAX(F2:F4),F2:F4,A2:A4)					
	A	B	C	D	E	F
1	方案	设备投资	单件成本	年销售数量	销售单价	年收益
2	方案1	1500000	1700	8000	2900	8100000
3	方案2	2000000	1550	8000	2900	8800000
4	方案3	2500000	1400	8000	2900	9500000
5						
6	最佳方案	方案3				

图6－5

6.1.2　多目标求解

上述例子仅涉及一个目标，即要使年收益最大。但很多情况下决策问题的目标往往不止一个，这时就难以简单地用最大值、最小值函数比较各方案的优劣。可以根据多个方案计算出企业认同的一个理想方案，然后再计算各方案与立项方案的差距，从结果中选择与理想方案差距最小的方案。以下在上例的基础上添加一个理想方案来说明其操作步骤。

（1）在新的工作表中输入相关数据。这里假设设备投资最少、单件成本最低、年收益最大作为理想方案。将理想方案的有关参数输入到同一个工作表中，如图6－6所示。

F6	=MAX(F3:F4)					
	A	B	C	D	E	F
1	方案	设备投资	单件成本	年销售数量	销售单价	年收益
2	方案1	1500000	1700	8000	2900	8100000
3	方案2	2000000	1550	8000	2900	8800000
4	方案3	2500000	1400	8000	2900	9500000
5						
6	理想方案	1500000	1400			9500000

图6－6

（2）将年收益的右侧一列作为“差距”列，计算出各方案与理想方案的差距。由于理想方案中的某些项是所有方案中取最大值或者最小值得到的，简单地用方案的实际值减去理想方案值，会出现正值和负值，因此应计算各差额的绝对值的和或各差额的平方和。这里使用Excel的SUMXMY2函数计算出每个方案各参数与理想方案各参数的差额的平方和。选中G2单元格，在公式编辑栏中输入公式：“＝SUMXMY2(B2:C2:F2, B$6:C$6:F$6)”，并利用Excel的自动填充方式快速填充G3和G4单元格，得到的结果如图6－7所示。

G2 =SUMXMY2(B2:C2:F2,B$6:C$6:F$6)

	A	B	C	D	E	F	G
1	方案	设备投资	单件成本	年销售数量	销售单价	年收益	差距
2	方案1	1500000	1700	8000	2900	8100000	1960000090000
3	方案2	2000000	1550	8000	2900	8800000	740000022500
4	方案3	2500000	1400	8000	2900	9500000	1000000000000
5							
6	理想方案	1500000	1400			9500000	

图6-7

（3）选中A1:G3单元格区域，切换到“开始”选项卡，在“编辑组”中，点击“排序和筛选”下拉列表中的“自定义排序”命令，将弹出“排序”对话框，在“主要关键字”中选择“差距”，如图6-8所示。注意，由于我们要对“差距”列使用LOOKUP函数，所以这里我们选择按照“差距”从小到大排序。

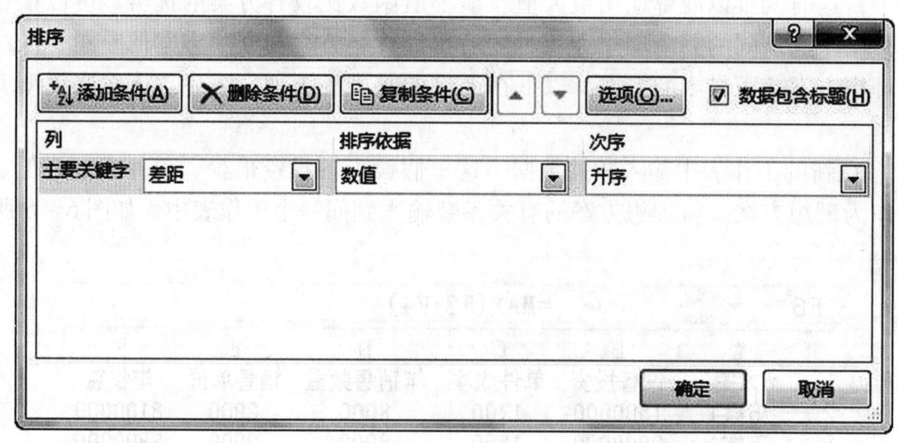

图6-8

（4）设置完成后，单击“确定”按钮。在A8单元格中输入“最佳方案”，并且选择在B8单元格中显示最佳方案名称，如图6-9所示。

	A	B	C	D	E	F	G
1	方案	设备投资	单件成本	年销售数量	销售单价	年收益	差距
2	方案2	2000000	1550	8000	2900	8800000	740000022500
3	方案3	2500000	1400	8000	2900	9500000	1000000000000
4	方案1	1500000	1700	8000	2900	8100000	1960000090000
5							
6	理想方案	1500000	1400			9500000	
7							
8	最佳方案						

图6-9

（5）选中B8单元格，点击“插入函数”，将弹出“插入函数”对话框，在“选择函数”列表中选择“LOOKUP”。选定完成后，单击“确定”按钮，将弹出LOOKUP函数的“选定参数”对话框，选中“lookup_value”，“lookup_vector”，“result_vector”组合方式。然后单击“确定”按钮，将出现“函数参数”对话框。如图6－3所示：

（6）在“函数参数”对话框中，在“Lookup_value”框中输入函数“MIN（G2:G4）”，该参数表示要查找的数值；在“Lookup_vector”框中输入“G2:G4”，为要查找的单元格区域；在“Result_vector”框中输入“A2:A4”，该参数为返回值对应的单元格区域。如图6－10所示。

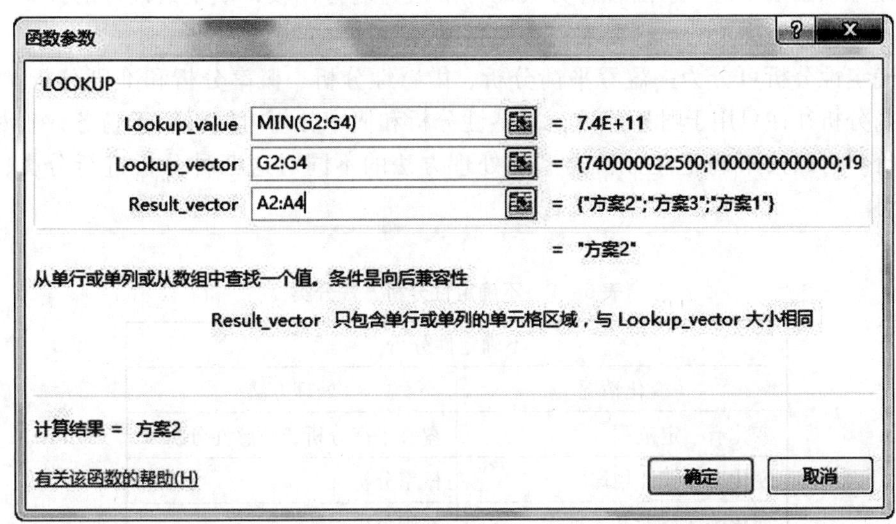

图6－10

（7）确认LOOKUP函数参数设置无误后，单击“确定”按钮，计算结果如图6－11所示。这时，选择的最佳方案是方案2。

	A	B	C	D	E	F	G
1	方案	设备投资	单件成本	年销售数量	销售单价	年收益	差距
2	方案2	2000000	1550	8000	2900	8800000	740000022500
3	方案3	2500000	1400	8000	2900	9500000	1000000000000
4	方案1	1500000	1700	8000	2900	8100000	1960000090000
5							
6	理想方案	1500000	1400			9500000	
7							
8	最佳方案	方案2					

图6－11

6.2　不确定性分析

所谓不确定性分析，是指决策的问题受到各种外部因素变化的影响，即未来事件以及与事件相关的各种条件都可能是不确定的。这是决策分析中常用的一种分析方法。由于这些不确定因素直接影响到项目投资效益，因此应通过分析尽量弄清和减少不确定因素对经济效益的影响，预测项目投资的可靠性和稳定性，避免投资后不能获得预期的收益而导致亏损。

进行不确定性分析，需要决策者具有丰富的经验、知识、信息，以及对未来发展的判断能力，还要采用科学的分析方法。在不确定性分析过程中，通常采用以下四种分析方法：①比较方案的损益值。把各不确定因素引起的不同收益分别计算出来并进行汇总，收益最大的方案为最优方案。②比较方案的后悔值。所谓后悔值为最大收益值与对不确定因素判断失误而采纳的方案所获得的收益值之差，后悔值最小的方案为最佳方案。③运用概率求出期望值。求出各种方案的标准值并进行比较，期望值最好的方案为最佳方案。④综合考虑决策的准则要求，不偏离规则。

不确定性分析可分为：盈亏平衡分析、敏感性分析、概率分析和准则分析。其中，盈亏平衡分析往往只用于财务评价，敏感性分析和概率分析可同时用于财务评价和国民经济评价。可以按不确定性分析类型及处理方法的不同对这四种分析进行分类，如表6－1所示。

表6－1　不确定性分析方法分类

不确定性分析	
变化情况	处理方法
变化有一定范围	盈亏平衡分析、敏感性分析
变化遵循统计规律	概率分析
变化既无范围又无规律	准则分析

下面在上节例子的基础上增加条件进一步作不确定性分析。上节的确定性分析是假设空调年销售数量固定为8000台，但在实际情况中往往不知道确切的市场需求，这种情况下，假设可能出现以下三种自然状态：

（1）当市场需求量大于预计销售量时，称其处于“畅销”状态，假设市场需求12000台。

（2）当市场需求量大致等于预计销售量时，称其处于“一般”状态，假设市场需求8000台。

（3）当市场需求量低于预计销售量时，称其处于“滞销”状态，假设市场需求为1500台。

将上面这些数据输入到工作表中，得到的损益矩阵如图6－12所示。

	A	B	C	D
1	方案	畅销	一般	滞销
2	方案1	12900000	8100000	300000
3	方案2	14200000	8800000	25000
4	方案3	15500000	9500000	-250000

图6－12

不确定性分析常遵循以下四种原则：乐观原则、悲观原则、折中原则以及后悔原则。下面根据这些原则对上述情况进行分析。

1. 乐观原则

乐观原则，也称为“大中取大法”，是指决策者看好未来的市场需求，在选取方案时以各种方案的最大收益值为标准（即假设各方案最有利的状态发生），选择收益最大或损失最小的方案。乐观原则决策过程如下：①计算出各方案的收益最大值，然后找出最大值；②在所有方案中，选择收益最大值的方案作为最佳方案。

在 Excel 中，具体操作步骤如下：

（1）选中 E2 单元格，在公式编辑栏中输入公式：= MAX（B2：D2），计算出方案 1 在不同状态下的最大值，并利用 Excel 的自动填充功能快速填充 E3 和 E4 单元格。

（2）选择 B6 单元格作为存放所选择方案的方案名。选中 B6 单元格，在公式编辑器中输入公式：= LOOKUP（MAX（E2：E4），E2：E4，A2：A4），自动查找最大值，计算结果如图 6 – 13 所示。即按照乐观原则进行决策，应选择方案 3。

B6　fx　=LOOKUP(MAX(E2:E4),E2:E4,A2:A4)

	A	B	C	D	E	F
1	方案	畅销	一般	滞销	最大值	
2	方案1	12900000	8100000	300000	12900000	
3	方案2	14200000	8800000	25000	14200000	
4	方案3	15500000	9500000	-250000	15500000	
5						
6	选择方案	方案3				

图 6 – 13

2. 悲观原则

悲观原则，也称为“小中取大法”，是指决策者从最坏的情况出发，在选择方案时以每个方案在各种状态下的损益最小值作为标准（即假设各方案最不利的状态发生），然后再从各方案的最小值中选择最大值对应的方案。采用悲观原则往往能够将风险减小到最低，其决策过程如下：①在各种方案的损益中找出最小值。②在所有方案的最小损益值中，找出最大值，其对应的方案即为所选方案。

图 6 – 14 为悲观原则下的计算结果。需要注意的是，使用 LOOKUP 函数之前，应对“最小值”列按“升序”进行排列。按照悲观原则决策，应选择方案 1。

B6　fx　=LOOKUP(MAX(E2:E4),E2:E4,A2:A4)

	A	B	C	D	E	F
1	方案	畅销	一般	滞销	最小值	
2	方案3	15500000	9500000	-250000	-250000	
3	方案2	14200000	8800000	25000	25000	
4	方案1	12900000	8100000	300000	300000	
5						
6	选择方案	方案1				

图 6 – 14

3. 折中原则

折中原则是介于乐观原则和悲观原则之间的一种决策方法。这样既不会像乐观原则那样过于冒险，也不会像悲观原则那样过于保守。折中原则的决策步骤如下：①找出各种方案在所有状态下的最大值和最小值。②确定最大值系数 α 和最小值系数 1 - α，计算出各种方案的折中值（加权平均值）。折中值的计算可按照下述公式进行：

$$H(i) = \alpha \times \mathrm{Max}(R_{ij}) + (1 - \alpha) \times \mathrm{Min}(R_{ij})$$

其中，R_{ij}为第 i 个方案第 j 个状态的损益值，α 也叫乐观系数。

取折中数最大对应的方案为所选方案。

在 Excel 中，具体操作步骤如下：

（1）找出各种方案的最大值和最小值，并列在同一个工作表中，如图 6 - 15 所示。

	A	B	C	D	E	F
1	方案	畅销	一般	滞销	最大值	最小值
2	方案1	12900000	8100000	300000	12900000	300000
3	方案2	14200000	8800000	25000	14200000	25000
4	方案3	15500000	9500000	-250000	15500000	-250000

图 6 - 15

（2）设乐观系数 α 为 0.65，选中 G2 单元格，按照上述计算折中值的公式，在公式编辑器中输入：=0.65 * E2 + (1 - 0.65) * F2，计算出方案 1 对应的折中值。并利用 Excel 的自动填充功能快速填充 G3 和 G4 单元格，结果如图 6 - 16 所示。

G2 =0.65*E2+(1-0.65)*F2

	A	B	C	D	E	F	G
1	方案	畅销	一般	滞销	最大值	最小值	折中值(α=0.65)
2	方案1	12900000	8100000	300000	12900000	300000	8490000
3	方案2	14200000	8800000	25000	14200000	25000	9238750
4	方案3	15500000	9500000	-250000	15500000	-250000	9987500

图 6 - 16

（3）选择 B6 单元格作为存放所选择方案的方案名。选中 B6 单元格，在公式编辑器中输入公式：=LOOKUP(MAX(G2:G4), G2:G4, A2:A4)，自动在折中值列中查找最大值，计算结果如图 6 - 17 所示。即按照折中原则进行决策，在乐观系数为 0.65 的情况下，应选择方案 3。

B6 =LOOKUP(MAX(G2:G4),G2:G4,A2:A4)

	A	B	C	D	E	F	G
1	方案	畅销	一般	滞销	最大值	最小值	折中值(α=0.65)
2	方案1	12900000	8100000	300000	12900000	300000	8490000
3	方案2	14200000	8800000	25000	14200000	25000	9238750
4	方案3	15500000	9500000	-250000	15500000	-250000	9987500
5							
6	选择方案	方案3					

图 6 - 17

4. 后悔原则

后悔原则，是指决策者将每种状态的最高值作为该状态的理想值，并根据其他状态下的相应值与理想值的收益差作为后悔值。采用后悔原则的决策步骤如下：①计算出各种方案在所有状态下的后悔值矩阵。②从各种方案中选取最大后悔值。③在已选出的最大后悔值中，选最小值对应的方案为所选方案。

在 Excel 中，具体操作步骤如下：

（1）选择 A7:D10 单元格区域来存放后悔矩阵。选中 B8 单元格，在公式编辑栏中输入公式：=MAX(B$2:B$4)-B2，计算出方案1在第一种情况下的后悔值。按同样方式，计算出各种方案在所有状态下的后悔值，如图6-18所示。

B8　fx　=MAX(B$2:B$4)-B2

	A	B	C	D
1	方案	畅销	一般	滞销
2	方案1	12900000	8100000	300000
3	方案2	14200000	8800000	25000
4	方案3	15500000	9500000	-250000
5				
6				
7	方案	畅销	一般	滞销
8	方案1	2600000	1400000	0
9	方案2	1300000	700000	275000
10	方案3	0	0	550000

图6-18

（2）在E列中存放每种方案的最大后悔值。选中E8单元格，在公式编辑栏中输入公式：=MAX(B8:D8)，计算出方案1的最大后悔值。再利用 Excel 的自动填充功能快速填充E9和E10单元格，结果如图6-19所示。

E8　fx　=MAX(B8:D8)

	A	B	C	D	E
7	方案	畅销	一般	滞销	最大值
8	方案1	2600000	1400000	0	2600000
9	方案2	1300000	700000	275000	1300000
10	方案3	0	0	550000	550000

图6-19

（3）将方案按最大值升序排列，选择B12单元格存放所选方案的名称。选中B12单元格，在公式编辑栏中输入：=LOOKUP(MIN(E8:E10), E8:E10,A8:A10)，最终计算结果如图6-20所示。按照后悔原则决策，应选择方案3。

B12 =LOOKUP(MIN(E8:E10),E8:E10,A8:A10)

	A	B	C	D	E	F
7	方案	畅销	一般	滞销	最大值	
8	方案3	0	0	550000	550000	
9	方案2	1300000	700000	275000	1300000	
10	方案1	2600000	1400000	0	2600000	
11						
12	选择方案	方案3				

图 6-20

6.3 决策树分析

决策树分析是一种不确定性分析方法，决策树的输入是一组带有类别标记的例子，构造的结果是一棵二叉树或多叉树，树的非叶子节点表示一个逻辑判断，树的边是逻辑判断的分支结果。图 6-21 所示是一个典型的决策树的结构。其中，绘图是由左至右，计算是从右至左。

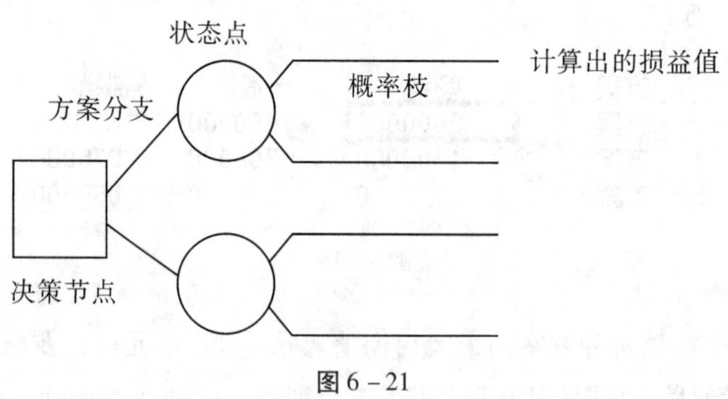

图 6-21

下面以某企业投资产品为例来说明如何构建决策树以及具体的决策过程。假设企业欲在甲、乙两地投资 A、B 两种产品。根据相关的调查结果，在甲地，投资 A 产品成功的概率为 0.8，投资 B 产品成功的概率为 0.7；在乙地，投资 A 产品成功的概率为 0.6，投资 B 产品成功的概率为 0.75，损益值表如表 6-2 所示。

表 6-2 损益值表

	甲地		乙地	
	A 产品	B 产品	A 产品	B 产品
投资成功	10000	8000	9500	7000
投资失败	-2500	-1200	-1000	-1500

根据上面的数据信息，构建的决策树如图 6-22 所示。

该决策树共有四个分支，每个分支对应某种产品在甲地或乙地的投资情况。每个分支

的收益计算方法比较简单，比如第一个分支的收益 = 10000 × 0.8 + (−2500) × 0.2 = 7500。从图中可以看出，在甲地投资 A 产品，企业期望获得的收益最大，为 7500。

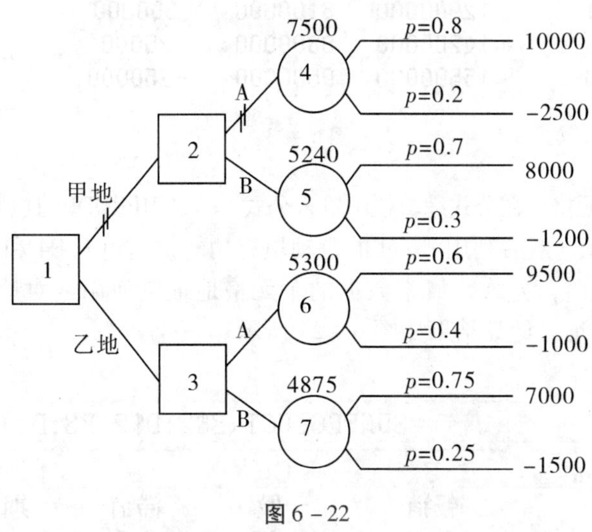

图 6 − 22

6.4　概率分析

概率分析不同于确定性分析和不确定性分析，它是指决策者不能对未来将出现哪种状态作出确定的判断，但是能够根据某些数据资料计算或估计出各种状态出现的概率。例如，在上例中，商家不能确定该型号的空调将来的市场需求量，但是可以根据市场调研或者相关的历史销售数据得出这三种状态出现的概率分别为畅销（0.10）、一般（0.65）、滞销（0.25）。在这种情况下，无论决策者作出何种选择，都具有一定的风险，这类决策问题就称为风险分析。

概率分析有两种方法：期望值法和后悔期望值法。

6.4.1　期望值法

期望值法是风险决策中处理风险投资问题最常用的方法。所谓期望值法，是先计算出各种方案收益（损失）的期望值，然后从中选取最大值作为决策方案。期望值的计算公式如下：

$$E(i) = \sum_{j=1}^{n} P_j R_{ij}$$

其中，E（i）为第 i 个方案的期望值，P_j 为第 j 种状态下的概率，R_{ij} 为第 i 个方案第 j 种状态下的收益值。

在 Excel 中，具体操作步骤如下：

（1）将各种方案的收益值、概率等数据输入到工作表中，如图 6 − 23 所示，并选择 E 列用来存放各方案的期望值。

	A	B	C	D	E
1	方案	畅销	一般	滞销	期望值
2	概率	0.1	0.65	0.2	
3	方案1	12900000	8100000	300000	
4	方案2	14200000	8800000	25000	
5	方案3	15500000	9500000	-250000	

图6－23

（2）选中E3单元格，在公式编辑栏中输入公式：＝SUMPRODUCT（B$2:D$2，B3:D3），计算出方案1的期望值。然后利用Excel的自动填充功能快速填充E4和E5单元格。注意，在使用自动填充功能时，公式中概率数据的单元格地址应使用绝对地址或者混合地址，这里使用的是混合地址。计算结果如图6－24所示。

E3 fx =SUMPRODUCT(B$2:D$2,B3:D3)

	A	B	C	D	E
1	方案	畅销	一般	滞销	期望值
2	概率	0.1	0.65	0.2	
3	方案1	12900000	8100000	300000	6615000
4	方案2	14200000	8800000	25000	7145000
5	方案3	15500000	9500000	-250000	7675000

图6－24

（3）取B7单元格用来存放所选方案的方案名，利用LOOKUP函数在E3:E5中查找期望值最大所对应的方案名。最终结果如图6－25所示。

B7 fx =LOOKUP(MAX(E3:E5),E3:E5,A3:A5)

	A	B	C	D	E
1	方案	畅销	一般	滞销	期望值
2	概率	0.1	0.65	0.2	
3	方案1	12900000	8100000	300000	6615000
4	方案2	14200000	8800000	25000	7145000
5	方案3	15500000	9500000	-250000	7675000
6					
7	选择方案	方案3			

图6－25

6.4.2 后悔期望值法

所谓后悔期望值法，是先计算出后悔矩阵，计算方法可参考6.2节，然后再利用期望值法根据后悔矩阵选择最佳方案。这种方法与期望值法不同的是，期望值法是根据收益矩阵计算得到的，而后悔期望值法是根据后悔矩阵计算得到的。因此，期望值法是从期望值中选择最大值作为最佳方案，而后悔期望值法应选取最小期望值作为最佳方案。

这里，假设后悔矩阵已计算完成，如图 6－26 所示。按照期望值计算公式计算出各种方案后悔矩阵的期望值，最后取期望值最小的方案为最佳方案，结果如图 6－26 所示。

B7　fx　=LOOKUP(MIN(E3:E5),E3:E5,A3:A5)

	A	B	C	D	E
1	方案	畅销	一般	滞销	期望值
2	概率	0.1	0.65	0.25	
3	方案3	0	0	550000	137500
4	方案2	1300000	700000	275000	653750
5	方案1	2600000	1400000	0	1170000
6					
7	选择方案	方案3			

图 6－26

第 7 章　规划求解与模拟运算表

规划问题是很多领域中经常遇见的一类问题，如何利用有限的人力、物力、财力等资源合理安排作业以获得最佳的经济效果，是规划分析的重点，利用 Excel 2013 提供的规划求解工具可以很好地解决这类最优化问题。敏感分析是研究某些不确定因素（如销售收入、投资成本、生产能力、价格、使用寿命、建设期等）对经济效益评价值（如投资收益率、现值等）的影响程度，可以使用 Excel 2013 提供的模拟运算表来分析某些参数的变动对目标有何影响，以减少风险性。本章的主要内容如下：

（1）规划求解的适用范围以及规划模型的组成部分。

（2）如何建立规划模型和工作表，以及进行规划求解的具体操作。

（3）分析求解报告，以及如何修改规划求解参数和选项。

（4）模拟运算表的分类：单变量模拟运算表、双变量模拟运算表。

（5）单变量模拟运算表和双变量模拟运算表的基本操作步骤。

本章从规划求解的应用范围出发，详细介绍了如何根据实际问题建立规划模型以及规划求解的过程。通过典型的例子讲解利用 Excel 2013 提供的规划求解工具对规划模型求解的具体操作，并能分析生成的运算结果报告。另外，可以利用 Excel 提供的模拟运算表来研究某些不确定性因素对目标值的影响。

通过本章的学习，读者应该掌握如下内容：

（1）了解规划求解的适用范围、目的和优化模型的组成部分。

（2）能够根据实际情况建立规划模型以及建立工作表。

（3）重点掌握规划求解过程的具体操作，并能根据规划模型正确设置相应的目标单元格、可变单元格、约束条件和选项。

（4）掌握分析求解结果的方法，并能对求解参数和选项作相应设置以进行进一步分析。

（5）了解模拟运算表的使用范围及其分类，理解单变量模拟运算表和双变量模拟运算表的基本含义，并熟练掌握这两者的基本操作。

7.1　规划求解

在企业生产、经营管理、金融、运输等领域中，经常会遇到这样一类问题：企业为了达到利润最大化、成本最小化等目标，应当如何确定最佳产品组合、如何解决金融规划问题、如何解决运输或配送问题、如何安排劳动力等。在所有的这些情况下，我们需要寻找做事情的最佳方法，这时可以进行规划求解。具体来说，当我们想要在工作表中寻找某些单元格的值使得某个目标（最大值或最小值）最优时，Excel 提供的规划求解器就可以帮助我们求解这些最优化问题。

优化模型包括三个部分：目标单元格、决策单元格和约束条件。

目标单元格代表规划问题的目的或目标，如利润最大化或成本最小化。需要注意的是，在某些情况下，目标单元格往往不止一个。

决策单元格是 Excel 工作表中可以更改或者调整以优化目标单元格的单元格。决策单元格往往有多个，这多个决策单元格的一组确定值就代表一个具体的规划方案，如每月每种产品的产量。

约束条件是规划求解中设定的限制条件，可应用于决策单元格、目标单元格或其他与目标单元格有直接或间接关系的单元格。例如，生成过程中消耗的某种资源不能超过某个数目，生产出来的产品数量不能超标。

规划问题可分为线性规划和非线性规划两类。所谓线性规划，是指约束条件和目标函数都可以通过线性函数表示出来，否则称为非线性规划。当决策单元格的值为正数时，称为整数规划。

规划求解过程的第一步是将实际问题数学化、模型化，再将实际问题转换成一组决策变量、一组用不等式或等式表示的约束条件以及一个或多个目标函数。这是求解规划问题最关键的一步。然后应用 Excel 2013 的规划求解工具进行求解。

7.1.1　加载规划求解工具

默认情况下，Excel 2013 没有加载规划求解工具。要加载规划求解工具，可通过以下步骤来实现：切换到“文件”选项卡，点击“选项”将打开 Excel 选项对话框，在“加载项”中选择“分析工具库”，然后单击“转到”，将弹出“加载宏”对话框，在对话框选中“规划求解加载项”复选框即可。设置完成后，在“数据”选项卡中将新增一个“分析”组，其中包含了“规划求解”工具。

当不需要进行规划求解操作时，可以通过加载宏命令，在“加载宏”对话框中取消规划求解加载项前面的复选框即可。这样将会把规划求解工具从数据选项卡中移去。

7.1.2　建立规划模型

下面以银行高效安排员工为例来说明如何建立规划模型，以及如何根据实际问题确定决策变量、约束条件以及目标函数。

假定某银行一周七天都需要工作人员处理柜台支票业务。根据以往的历史数据，每天处理支票业务至少需要的工作人员数目已经确定。例如，周二至少需要 10 个员工，周六至少需要 6 个员工。并且，所有银行的员工需要连续工作 5 天。银行在满足这些条件的情况下最少需要的员工数目是多少？

该问题是一个典型的非线性规划问题，首先，我们需要确定求解模型的目标单元格、决策单元格和约束条件。

（1）决策单元格：在一周内每一天（连续工作 5 天的第一天）开始工作的员工数目，设其分别为 x_1，x_2，…，x_7。并且，每一个决策单元格的值必须为非负整数，即满足条件：$x_1 \geqslant 0$，$x_2 \geqslant 0$，…，$x_7 \geqslant 0$。

（2）目标单元格：员工总数目最小化。即：$\mathrm{Min}(x_1 + x_2 + \cdots + x_7)$。

（3）约束条件：每天工作的员工数目必须大于或等于需要的员工最小值。

7.1.3　建立工作表

在规划求解之前，需要将相关数据输入到工作表中，具体操作步骤如下：

（1）由于每个员工连续工作5天，设1代表员工工作，0代表员工休息。假如某员工从星期一开始工作，则星期一至星期五对应的单元格输入1，其他两天输入0，如图7－1中C3：I3单元格区域所示。按照类似的方法，依次填充D3：I9单元格区域。

（2）在工作表中的C13：I13单元格区域输入要求的每天工作员工数目下限。

（3）需要跟踪每天工作的员工数目。在单元格区域A3：A9内输入每天开始工作的员工数目初始值。例如，A3单元格输入3，这表示有3个员工从星期一开始工作，并一直工作到星期五结束。

（4）计算出每一天工作的员工数目。选中C10单元格，在公式编辑栏中输入公式："=$A$3*C3+$A$4*C4+$A$5*C5+$A$6*C6+$A$7*C7+$A$8*C8+$A$9*C9，或者输入公式：=SUMPRODUCT（$A$3：$A$9,C3：C9）"，计算出星期一工作的员工数目，这里初始值为12。然后利用Excel提供的自动填充功能快速填充D10：I10单元格。需要注意的是，由于A3：A9单元格的值对星期一至星期天是固定不变的，因此这里使用的是绝对地址。

（5）选定存放所需的总员工数目的单元格。选中C15，在公式编辑栏中输入公式："=SUM(A3：A9)"，计算出当前所需的总员工数目下限。

最终建立好的工作表如图7－1所示。

C10 =SUMPRODUCT($A$3:$A$9,C3:C9)

	A	B	C	D	E	F	G	H	I
1			银行员工安排最优化问题						
2	员工数目	从哪天开始工作	星期一	星期二	星期三	星期四	星期五	星期六	星期日
3	3	星期一	1	1	1	1	1	0	0
4	3	星期二	0	1	1	1	1	1	0
5	0	星期三	0	0	1	1	1	1	1
6	3	星期四	1	0	0	1	1	1	1
7	1	星期五	1	1	0	0	1	1	1
8	3	星期六	1	1	1	0	0	1	1
9	2	星期日	1	1	1	1	0	0	1
10		工作员工数目:	12	12	11	11	10	10	9
11									
12			>=	>=	>=	>=	>=	>=	>=
13		最少员工数目	12	10	11	7	9	6	9
14									
15		总员工数目:	15						

图7－1

7.1.4 规划求解过程

在上述规划问题中，可选的方案很多。我们需要找出其中的最佳方案（即使得所需的员工数目最小），利用Excel 2013提供的规划求解工具可以快速找出最佳方案，具体操作步骤如下：

（1）选中工作表中的任一单元格，切换到"数据"选项卡，点击"分析"组中的"规划求解"按钮，将弹出"规划求解参数"对话框。

（2）设置目标单元格。在"规划求解参数"对话框中，"设置目标"框中输入目标单元格，这里指定$C$15，并选择“最小值”单选钮，如图 7－2 所示。

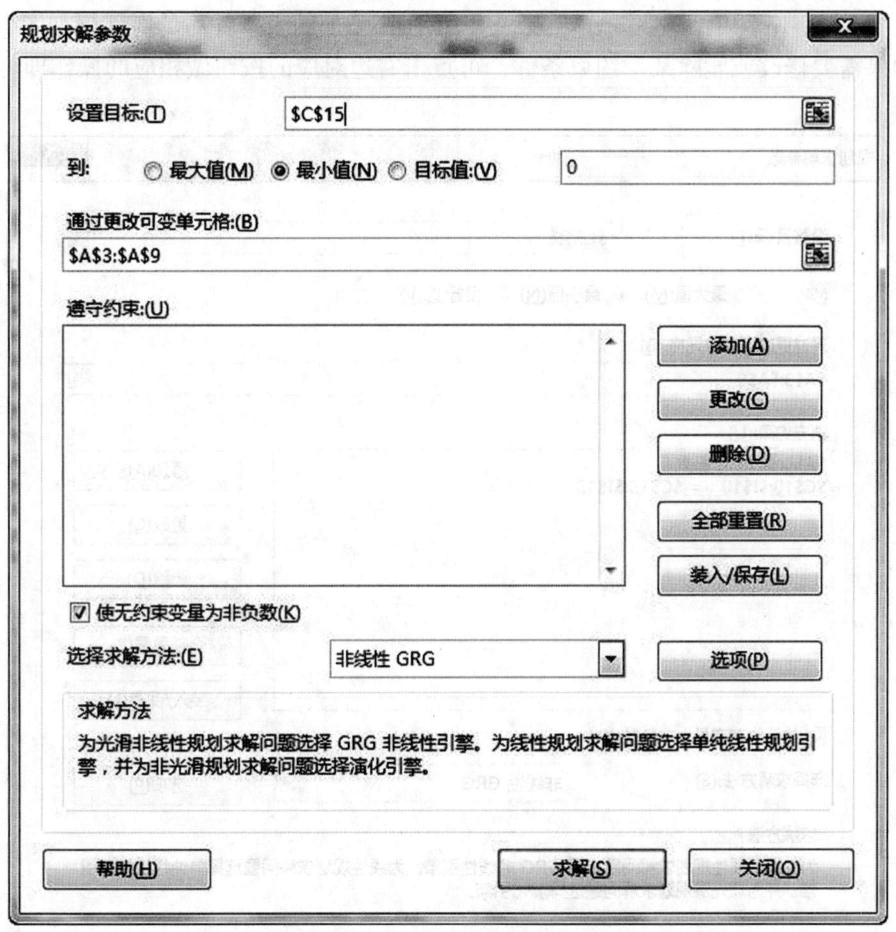

图 7－2

（3）设置决策单元格。在图 7－2 所示对话框中，可变单元格框中指定区域$A$3：$A$9。

（4）设置约束条件。单击“添加”按钮，将弹出“添加约束”对话框，如图 7－3 所示。“单元格引用”位置指定$A$3:$A$9 单元格区域，约束条件为“整数”，保证每天开始工作的人数均为整数。

图 7－3

（5）设置完成后，点击“添加”按钮可继续添加下一个约束条件，结束可按“确定”按钮。这里，点击“添加”按钮继续添加第二个约束条件，指定 C10:I10 对应的值应该大于 C13:I13 的值。然后单击“确定”按钮，添加约束条件后的对话框如图 7-4 所示。如果需要修改或删除某个约束条件，可点击右边对应的按钮做相应的操作即可。

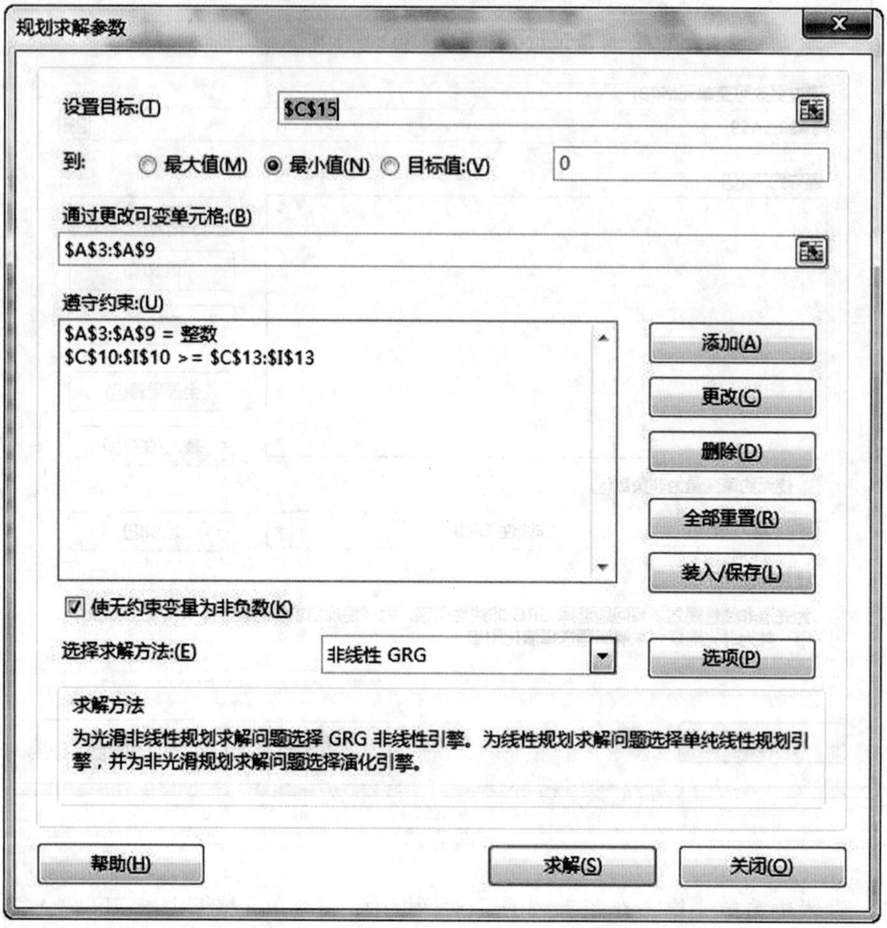

图 7-4

（6）“选择求解方法”下拉列表中，共有三类求解方法：非线性 GBG、单纯线性规划以及演化。这里选择“单纯线性规划”。设置完成后，单击“求解”按钮，Excel 2013 将立即开始计算，最后出现如图 7-5 所示的“规划求解结果”对话框。

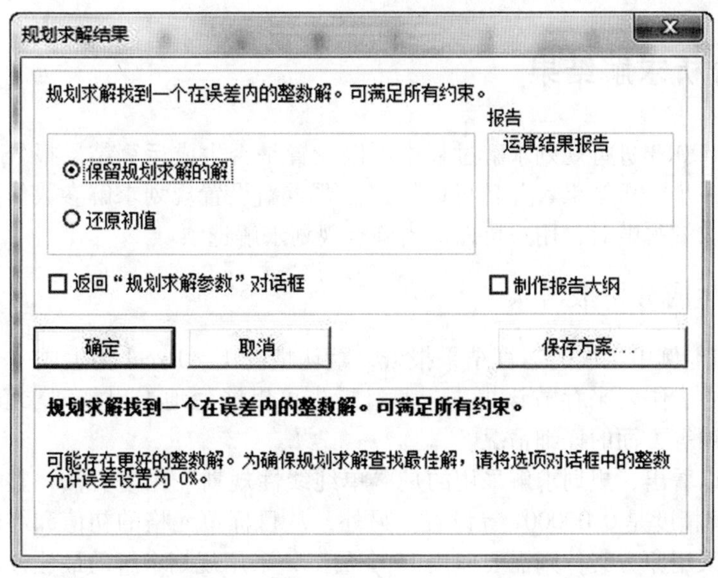

图 7－5

注意，在以往版本的 Excel 中，规划求解方法有“采用线性模型”或“不采用”两种选择。而在 Excel 2013 中共有三类求解方法。

(7) 在“规划求解结果”对话框中，可以根据需要选择在工作表中“保留规划求解的解”或还原初值；保存方案；以及生成运算结果报告。这里选择“保留规划求解的解”，并生成运算结果报告。最后算出的最优解如图 7－6 所示。

	A	B	C	D	E	F	G	H	I
1			银行员工安排最优化问题						
2	员工数目	从哪天开始工作	星期一	星期二	星期三	星期四	星期五	星期六	星期日
3	5	星期一	1	1	1	1	1	0	0
4	0	星期二	0	1	1	1	1	1	0
5	2	星期三	0	0	1	1	1	1	1
6	2	星期四	1	0	0	1	1	1	1
7	0	星期五	1	1	0	0	1	1	1
8	5	星期六	1	1	1	0	0	1	1
9	0	星期日	1	1	1	1	0	0	1
10		工作员工数目:	12	10	12	9	9	9	9
11									
12			>=	>=	>=	>=	>=	>=	>=
13		最少员工数目	12	10	11	7	9	6	9
14									
15		总员工数目:	14						

图 7－6

从计算结果可以看出，总共需要 14 名员工。5 名员工在星期一开始工作，2 名员工在星期三开始工作，2 名员工在星期四开始工作，5 名员工在星期六开始工作。这种方案较之于初始方案，可以节省雇用 1 名员工的成本。

注意：这个模型是线性的，因为目标单元格是将可变单元格内的值相加得到的，并且约束条件是将加和每一个可变单元格乘上一个常数（0 或 1）得到的值与需要的员工数目进行比较。

7.2 分析求解结果

利用 Excel 2013 进行规划求解过程中可以设置是否生成运算结果报告，用户可以根据该项报告进一步分析结果，并且可以根据需要重新设置规划求解参数作进一步的求解分析。当规划求解失败时，用户可以适当调整规划求解选项。

7.2.1 生成分析报告

图 7 - 7 为上例中生成的运算结果报告，默认情况下，Excel 会生成一个名为“运算结果报告 1”的工作表来存放该报告。通过报告可以清楚地看出规划求解的求解方法、迭代次数、选项等方面的详细情况。

从报告可以看出，规划求解采用的是“单纯线性规划”求解方法，整个求解时间为 0.032 秒，求解精度是 0.000001 等设置。另外，从目标单元格的初值和终值可以清楚地看出，若银行采用原方案，则需要雇用 15 个员工，采用规划求解的最佳方案，则需要 14 个员工即可。通过可变单元格的初值和终值可以清楚地看出两种方案在人员安排方面的差异。接下来，进一步分析约束单元格的状态，星期一、星期二、星期五和星期天这四天中，实际工作的员工数目大于或等于所需员工数目的约束条件已达到限制值，即等于所需员工最小值，其他三天未达到限制值。

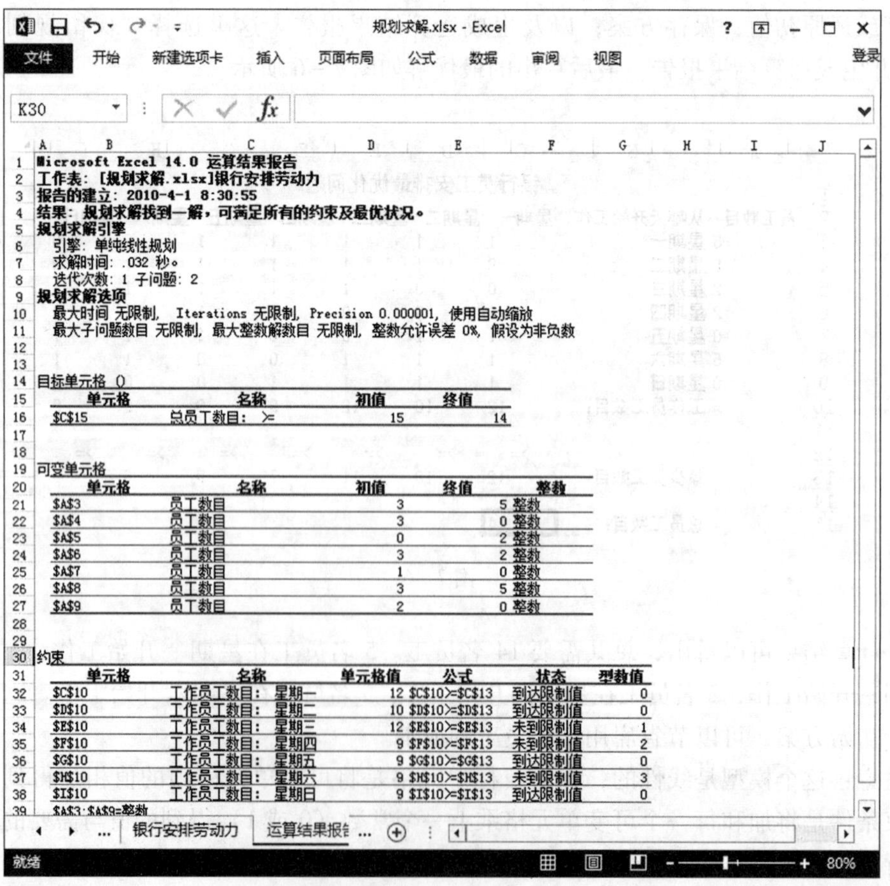

Microsoft Excel 14.0 运算结果报告
工作表：[规划求解.xlsx]银行安排劳动力
报告的建立：2010-4-1 8:30:55
结果：规划求解找到一解，可满足所有的约束及最优状况。
规划求解引擎
引擎：单纯线性规划
求解时间：.032 秒。
迭代次数：1 子问题：2
规划求解选项
最大时间 无限制，Iterations 无限制，Precision 0.000001，使用自动缩放
最大子问题数目 无限制，最大整数解数目 无限制，整数允许误差 0%，假设为非负数

目标单元格 (最小值)

单元格	名称	初值	终值
$C$15	总员工数目：>=	15	14

可变单元格

单元格	名称	初值	终值	整数
$A$3	员工数目	3	5	整数
$A$4	员工数目	3	0	整数
$A$5	员工数目	0	2	整数
$A$6	员工数目	3	2	整数
$A$7	员工数目	1	0	整数
$A$8	员工数目	3	5	整数
$A$9	员工数目	2	0	整数

约束

单元格	名称	单元格值	公式	状态	型数值
$C$10	工作员工数目：星期一	12	$C$10>=$C$13	到达限制值	0
$D$10	工作员工数目：星期二	10	$D$10>=$D$13	到达限制值	0
$E$10	工作员工数目：星期三	12	$E$10>=$E$13	未到限制值	1
$F$10	工作员工数目：星期四	9	$F$10>=$F$13	未到限制值	2
$G$10	工作员工数目：星期五	9	$G$10>=$G$13	到达限制值	0
$H$10	工作员工数目：星期六	9	$H$10>=$H$13	未到限制值	3
$I$10	工作员工数目：星期日	9	$I$10>=$I$13	到达限制值	0
$A$3:$A$9=整数					

图 7 - 7

7.2.2　修改规划求解参数

在上述例子中，当银行每天所需的员工数目有所改变时，只需修改规划模型的对应参数，重新进行计算即可。例如，银行发现最近星期一办理业务的客户数目有所下降，而星期六办理业务的客户数目相对有所增加。于是将星期一所需的员工数目改为 10 人，而星期六上班的员工数目增加至 8 人。要分析这种情况下的最优解，只需将 C13 单元格的值改为 10，H13 单元格的值改为 8，然后单击规划求解命令进行求解即可。计算结果如图 7－8 所示。

	A	B	C	D	E	F	G	H	I
1	银行员工安排最优化问题								
2	员工数目	从哪天开始工作	星期一	星期二	星期三	星期四	星期五	星期六	星期日
3	4	星期一	1	1	1	1	1	0	0
4	0	星期二	0	1	1	1	1	1	0
5	3	星期三	0	0	1	1	1	1	1
6	0	星期四	1	0	0	1	1	1	1
7	2	星期五	1	1	0	0	1	1	1
8	4	星期六	1	1	1	0	0	1	1
9	0	星期日	1	1	1	1	0	0	1
10		工作员工数目：	10	10	11	7	9	9	9
11									
12			>=	>=	>=	>=	>=	>=	>=
13		最少员工数目	10	10	11	7	9	8	9
14									
15		总员工数目：	13						

图 7－8

从计算结果可以看出，所需总员工数目降至 13 人。

在很多情况下，还需要根据模型的变动对约束条件进行修改。其操作简单，只需在执行规划求解命令之后，在弹出的对话框中对约束条件作相应的修改即可。若需要修改的约束条件或者其他参数内容较多，可以在该对话框中单击“全部重置”按钮，重新设置目标单元格、可变单元格和约束条件等。

7.2.3　修改规划求解选项

在某些情况下，Excel 可能会给出规划求解失败的信息，如图 7－9 所示。这可能是由多方面的原因引起的，比如规划模型设置的约束条件之间存在矛盾，或是在某些限制条件下无可行解、最大求解次数太少或者设置的精度过高等原因。

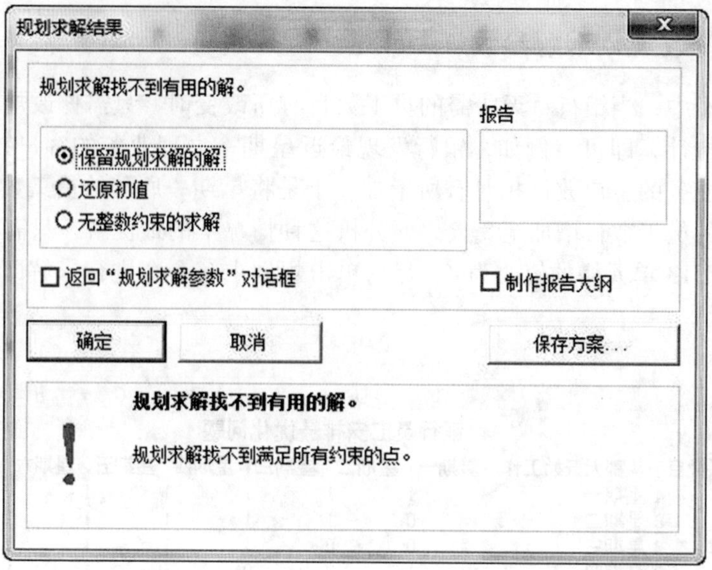

图7－9

当出现求解失败时，可以对应修改规划求解的选项。在“规划求解参数”对话框中单击“选项”按钮，将弹出“规划求解选项”对话框，在该对话框中进行相应设置，设置完成后单击确定即可。下面是一些选项的说明。

（1）精度。

在“精度”框中，设置所需的精度值。该数值越小，精度就越高。

（2）求解时间与迭代次数。

在“最大时间”框中，设置限定的最长求解时间（单位：秒）。

在“迭代次数”框中，设置要限定的最大迭代次数。

注意：当求解过程在“规划求解”求出结果之前即达到最大时间或最大迭代次数，“规划求解”将弹出“显示试解”对话框。

（3）收敛度。

点击“演化”选项卡，“收敛”框设置“规划求解”最后五次迭代值之间相对变化量的限定值。此数值越小，相邻迭代结果之间允许的相对变化就越小。

7.3 模拟运算表

在Excel 2013中，模拟运算表（Table）是一个数据运算工具，用户只需要进行简单的操作，便能够显示、比较和分析同一个计算公式中某些变量的值变化时产生的不同结果。根据计算公式中改变的变量数目，模拟运算表可以分为单变量模拟运算表和双变量模拟运算表两种类型。

7.3.1 单变量模拟运算表

顾名思义，所谓“单变量模拟运算表”，指的是用户可以改变公式中一个变量的值进而查看它对公式运算结果的影响。例如，根据员工销售产品的金额和固定的奖金提成率，可以计算该员工的销售业绩奖金。当分析不同的销售金额对销售业绩奖金的影响，则可以使用单变量模拟运算表。具体操作步骤如下。

（1）新建一个工作簿，并在工作表中输入相关的销售金额、提成率等参数，并对单元格进行初始化设置，如图7－10所示。

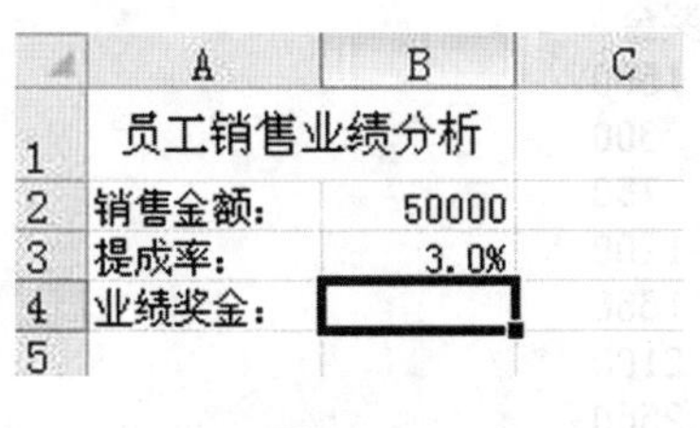

	A	B	C
1	员工销售业绩分析		
2	销售金额：	50000	
3	提成率：	3.0%	
4	业绩奖金：		
5			

图7－10

B4　=B2*B3

	A	B	C
1	员工销售业绩分析		
2	销售金额：	50000	
3	提成率：	3.0%	
4	业绩奖金：	1500	

图7－11

（2）在B4单元格中输入销售业绩奖金计算公式：=B2*B3，该函数的计算结果是1500，即在奖金提成率为3%时销售金额为50000的业绩奖金，如图7－11所示。

（3）选中工作表中某个单元格区域作为模拟运算表的存放区域，如图7－12所示。在B7单元格中输入与B4同样的计算公式："=B2*B3"，并在该区域的左列输入假设的产品销售金额，由于该数据系列是等差数列，可以利用Excel的自动填充功能来快速填充。

（4）选中A7:B16单元格区域，切换到"数据"选项卡，单击"数据工具"组的"模拟分析"下拉按钮，执行"模拟运算表"命令，将弹出"模拟运算表"对话框，如图7－13所示。在该对话框中的"输入引用列的单元格"中输入"$B$2"，所谓引用列的单元格，即模拟运算表最左列模拟数据要代替公式中的单元格地址。本例是要分析不同销售金额下的业绩奖金，所以指定销售金额的单元格$B$2。

	A	B	C
1	员工销售业绩分析		
2	销售金额：	50000	
3	提成率：	3.0%	
4	业绩奖金：	1500	
5			
6	销售金额	业绩奖金	
7		1500	
8	10000		
9	25000		
10	40000		
11	55000		
12	70000		
13	85000		
14	100000		
15	115000		
16	130000		

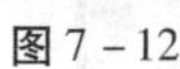

图7－12

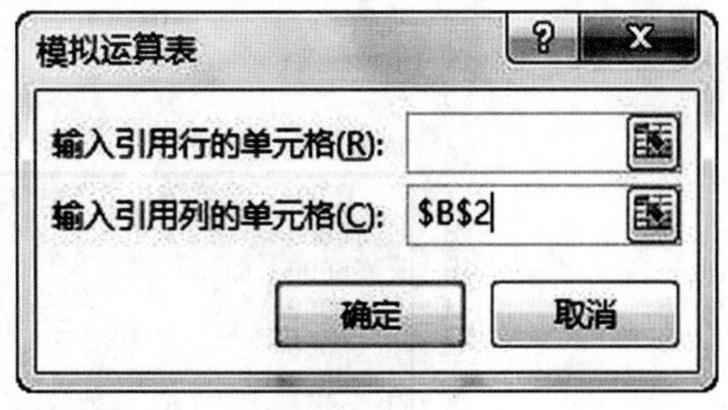

图7－13

（5）设置完成后，单击"确定"按钮即可求出不同产品销售金额时的员工业绩奖金，如图7－14所示。

	A	B	C
1	员工销售业绩分析		
2	销售金额：	50000	
3	提成率：	3.0%	
4	业绩奖金：	1500	
5			
6	销售金额	业绩奖金	
7		1500	
8	10000	300	
9	25000	750	
10	40000	1200	
11	55000	1650	
12	70000	2100	
13	85000	2550	
14	100000	3000	
15	115000	3450	
16	130000	3900	

图 7－14

7.3.2 双变量模拟运算表

“双变量模拟运算表”是指用户可以改变计算公式中两个变量的值来查看对公式运算结果的影响。在上例中，如果不仅考虑销售金额的变化，当奖金提成率也浮动变化时，这时需要分析两个变量变化时对业绩奖金的影响，可以使用双变量模拟运算表。具体操作步骤与单变量模拟运算表类似。

（1）在工作表中输入相关的销售金额、提成率等参数，并在 B4 和 A7 单元格中输入公式：= B2 * B3，计算出业绩奖金。然后选择某个单元格区域作为模拟运算表的数据存放区域，并在该区域的最左列设置假设的销售金额，第一行输入假设的浮动奖金提成率，如图 7－15 所示。

	A	B	C	D	E	F	G
1		员工销售业绩分析					
2	销售金额：	50000					
3	提成率：	3.0%					
4	业绩奖金：	1500					
5							
6	销售金额			奖金提成率			
7	1500	2.0%	3.5%	4.0%	5.0%	6.5%	8.0%
8	10000						
9	25000						
10	40000						
11	55000						
12	70000						
13	85000						
14	100000						
15	115000						
16	130000						

图 7－15

（2）选中整个模拟运算表区域 A7:G16，切换到“数据”选项卡，单击“数据工具”组的“模拟分析”下拉按钮，执行“模拟运算表”命令，将弹出“模拟运算表”对话框。在“输入引用行的单元格”中，单击折叠按钮进入数据源选取状态，选中$B$3 单元格，然后单击还原按钮；同理，在“输入引用列的单元格”中，选中$B$2 单元格，如图 7－16 所示。

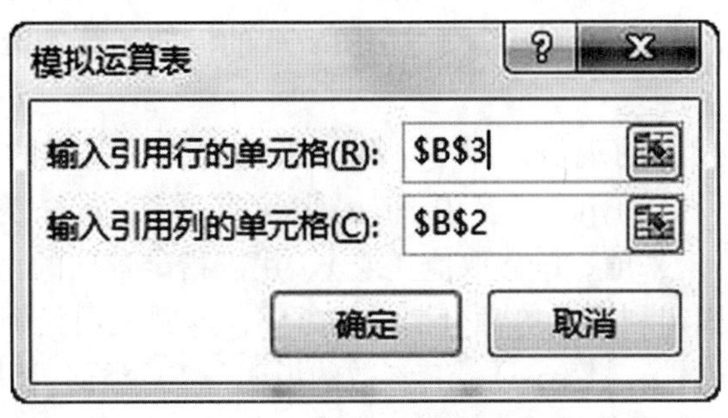

图 7－16

（3）在“模拟运算表”对话框中，设置完成后，单击确定按钮，即可根据假设的销售金额和奖金提成率的值，计算出对应的业绩奖金值，计算结果如图 7－17 所示。

A7　　fx　=B2*B3

	A	B	C	D	E	F	G
1	员工销售业绩分析						
2	销售金额：	50000					
3	提成率：	3.0%					
4	业绩奖金：	1500					
5							
6	销售金额	奖金提成率					
7	1500	2.0%	3.5%	4.0%	5.0%	6.5%	8.0%
8	10000	200	350	400	500	650	800
9	25000	500	875	1000	1250	1625	2000
10	40000	800	1400	1600	2000	2600	3200
11	55000	1100	1925	2200	2750	3575	4400
12	70000	1400	2450	2800	3500	4550	5600
13	85000	1700	2975	3400	4250	5525	6800
14	100000	2000	3500	4000	5000	6500	8000
15	115000	2300	4025	4600	5750	7475	9200
16	130000	2600	4550	5200	6500	8450	10400

图 7－17

7.3.3　其他方面的应用

应用模拟运算表还可以进行其他方面的分析，本节将以购买保险为例来说明其相关操作。在购买某个险种的保险时，有两种缴款方式可供选择：一种是“期交”，即每年按期支付保费；另一种是“趸交”，就是一次性付清所有保费。

假设某人购买人寿保险 5 万元，保险公司对趸交费率的设定比期交要高 8%。若采用趸交方式，一次性应付清 52700 元；若采用期交方式，分 10 年按期付款，每年应付 6400 元。单从总付款金额来看，采用期交方式的总缴款额为 64000 元，大大多于趸交方式的缴款额。但是对于长期投资项目，不仅要考虑总付款金额，还必须考虑到利率的变动和利息收益等因素的影响。下面利用 Excel 提供的 PV 和 FV 函数计算和比较两种缴款方式在特定利率 5% 的情况下的收益对比，并应用 Excel 的模拟运算表分析利率变动以及期数变动时的影响。

PV 函数用于返回投资的现值，即一系列未来付款的当前值的累计和，其表达式是 PV（rate，nper，pmt，[fv]，type），其中，rate 为各期利率，nper 为总投资期数，pmt 为各期支付的金额，fv 为未来值，tpye 取值 0 或 1，用以指定各期的付款时间是在期初还是期末。FV 函数是基于固定利率及等额分期付款方式，返回某项投资的未来值，其表达式是 FV（rate，nper，pmt，[pv]，type），其参数的说明与 PV 类似，其中参数 pv 为现值。

具体操作步骤如下：

（1）在工作表中输入缴费次数、每次缴费金额等相关数据，利用 Excel 提供的 PV 和 FV 函数计算期交和趸交方式在利率 5% 下的现值和未来值。计算结果如图 7 – 18 所示。从计算结果可以看出，在年利率为 5% 的情况下，采用期交方式相当于现在一次性付款 51890 元，低于趸交的总金额，采用期交方式较好。

	A	B	C
1	缴费方式	趸交	10年期交
2	缴费次数	1	10
3	每次缴费金额	¥-52,700.00	¥6,400.00
4	总缴费金额	¥-52,700.00	¥64,000.00
5	现值	¥52,700.00	¥-49,419.72
6	未来值	¥55,335.00	¥-80,500.14
7	年利率	5%	

图 7 – 18

（2）分析利率变动对投保收益的影响，我们使用单变量模拟运算表。选择某个单元格区域作为模拟运算表的数据存放区域，并在该区域的最左列输入假设的利率值，应用前面章节的操作步骤，得到的模拟运算表结果如图 7 – 19 所示。从计算结果可以看出，当年利率高于 4.75 时，期交方式相当于现在一次付清的金额要低于趸交方式，宜采用期交方式；当年利率低于 4.75 时，宜采用趸交方式，可以获得更好的收益。

9	年利率	现值
10		¥-49,419.72
11	3.25%	¥-53,904.05
12	3.50%	¥-53,226.98
13	3.75%	¥-52,562.53
14	4.00%	¥-51,910.41
15	4.25%	¥-51,270.34
16	4.50%	¥-50,642.04
17	4.75%	¥-50,025.25
18	5.00%	¥-49,419.72
19	5.25%	¥-48,825.18
20	5.50%	¥-48,241.39
21	5.75%	¥-47,668.11
22	6.00%	¥-47,105.12
23	6.25%	¥-46,552.17
24	6.50%	¥-46,009.05

图 7－19

（3）如果不仅考察利率的变动，还分析支付金额变动对收益的影响，可以使用双变量模拟运算表。同理，选中某单元格区域作为模拟运算表的数据区域，在最左列输入假设的利率值，第一行输入假设的支付金额。得到的结果如图 7－20 所示。

	A	B	C	D	E	F	G
10	年利率	每次缴费金额					
11	¥51,890.06	¥-6,100.00	¥-6,200.00	¥-6,300.00	¥-6,500.00	¥-6,600.00	¥-6,700.00
12	3.25%	¥53,046.35	¥53,915.96	¥54,785.57	¥56,524.80	¥57,394.41	¥58,264.02
13	3.50%	¥52,506.89	¥53,367.66	¥54,228.43	¥55,949.96	¥56,810.73	¥57,671.50
14	3.75%	¥51,976.68	¥52,828.75	¥53,680.83	¥55,384.98	¥56,237.06	¥57,089.14
15	4.00%	¥51,455.52	¥52,299.06	¥53,142.59	¥54,829.66	¥55,673.19	¥56,516.72
16	4.25%	¥50,943.23	¥51,778.37	¥52,613.50	¥54,283.77	¥55,118.91	¥55,954.04
17	4.50%	¥50,439.62	¥51,266.50	¥52,093.38	¥53,747.14	¥54,574.02	¥55,400.90
18	4.75%	¥49,944.51	¥50,763.27	¥51,582.03	¥53,219.56	¥54,038.32	¥54,857.08
19	5.00%	¥49,457.71	¥50,268.49	¥51,079.28	¥52,700.84	¥53,511.62	¥54,322.41
20	5.25%	¥48,979.06	¥49,782.00	¥50,584.93	¥52,190.80	¥52,993.74	¥53,796.68
21	5.50%	¥48,508.39	¥49,303.61	¥50,098.83	¥51,689.27	¥52,484.49	¥53,279.71
22	5.75%	¥48,045.53	¥48,833.16	¥49,620.79	¥51,196.06	¥51,983.69	¥52,771.32
23	6.00%	¥47,590.32	¥48,370.49	¥49,150.66	¥50,711.00	¥51,491.17	¥52,271.34
24	6.25%	¥47,142.61	¥47,915.44	¥48,688.27	¥50,233.93	¥51,006.76	¥51,779.59
25	6.50%	¥46,702.24	¥47,467.85	¥48,233.46	¥49,764.68	¥50,530.29	¥51,295.90

图 7－20

第 8 章　方案分析与单变量求解

敏感分析是指研究某些不确定性因素对经济效益评价值的影响程度，它是在会计、统计、财务、投资、管理等应用领域不可缺少的工具。面对复杂性的问题，可以在多种方案之间进行比较权衡，利用 Excel 提供的方案管理器可以实现数据的预测和最优化管理。很多时候也会遇到相反的情况，即指定某目标值，需要分析实现该目标的具体指标，可以利用单变量求解工具来解决这类问题。

本章详细介绍了在统计、财务、会计、投资、管理等应用领域中常用的一种分析工具——敏感分析。敏感分析主要用来研究某些不确定性因素或不同方案对目标值的影响，在 Excel 中主要采用方案分析的方法研究不同方案对目标值的影响。最后介绍实现目标需要分析其具体指标问题的目标搜索技术及应用。

通过本章的学习，读者应该掌握如下内容：

（1）理解方案的基本含义以及方案分析的目的，熟练掌握 Excel 中创建方案、浏览方案、编辑方案以及生成方案摘要的操作方法。

（2）理解目标搜索技术的含义及其与模拟计算的区别，重点掌握单变量求解的操作方法以及目标搜索技术在求解某非线性方程等方面的应用。

8.1　方案分析

模拟运算表主要用于分析一个或两个变量的变动对公式计算结果的影响，但在实际问题中常常需要考查更多的因素，这时就要利用 Excel 2013 的方案管理器。方案管理器允许用户分析多变量情况下的数据变化情况，而且可以利用方案摘要报表功能创建报表，进而对比一系列方案的详细数据。所谓“方案”，是指一组称为可变单元的输入值，用户可以指定名字并将其保存起来。通过分析和对比不同的方案，可以考查它对模型其他部分的影响，从而选出最优的方案以达到目标，减小风险性。

下面以企业为了达到预算目标为例来说明如何进行方案分析，使用图 8 - 1 所示的企业产品销售利润模型。其中，B8 单元格输入公式：= B2*B4，计算出总成本。B9 单元格输入公式：= B2*B3，计算出总销售收入。最后，选中单元格 B10，在公式编辑器中输入公式：= B9-B8-B5-B6，计算出企业最终的利润额。

	A	B
1	企业产品销售利润模型	
2	销售数量:	10000
3	销售单价:	108
4	单件成本:	22.5
5	广告费用:	25000
6	设备折旧费:	10800
7		
8	总成本:	225000
9	总销售收入:	1080000
10	总利润额:	819200

图 8－1

8.1.1　创建方案

创建方案是方案分析过程中最关键的一步，用户应根据实际情况来创建一组可行的方案。在图 8－1 所示的企业产品销售利润模型中，企业往往可以通过减少生产成本、增加销售收入、减少广告费用的投入等途径来达到预算目标。如果要计算不同销售数量、生产成本、广告费用这三种情况下的产品利润额，可以建立对应的企业产品利润方案。例如，“增加销售数量”方案、“降低生产成本”方案、“降低广告费用”方案。

(1) 单击工作表中任一数据单元格，切换到“数据”选项卡，单击“数据工具”组的“模拟分析”下拉按钮，执行“方案管理器”命令，将打开“方案管理器”对话框，如图 8－2所示。这时，由于还没有任何方案，在方案管理器对话框中显示“未定义方案”的信息。

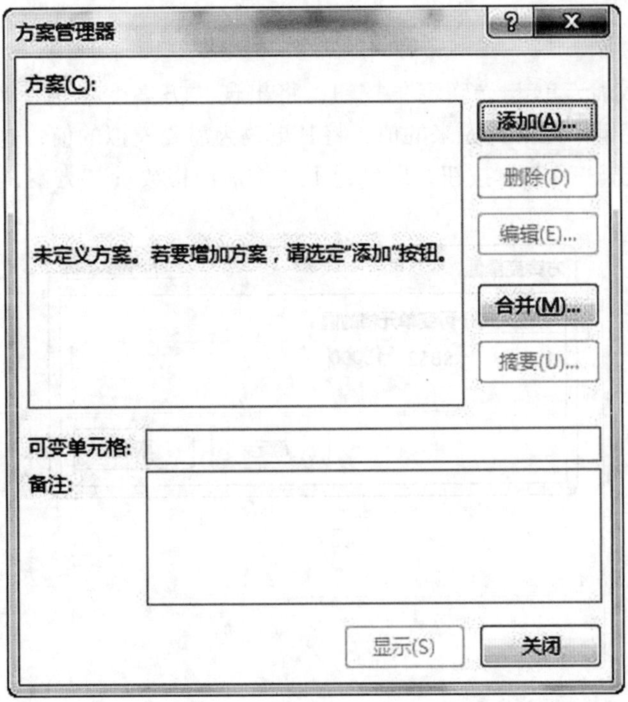

方案管理器
方案(C):
未定义方案。若要增加方案，请选定"添加"按钮。
添加(A)...
删除(D)
编辑(E)...
合并(M)...
摘要(U)...
可变单元格:
备注:
显示(S)
关闭

图 8－2

（2）在“方案管理器”对话框中，根据提示信息，单击“添加”按钮，将弹出“编辑方案”对话框。在“方案名”中，输入“增加销售数量”；在“可变单元格”中，指定销售数量所在的单元格 B2，如图 8－3 所示。

图 8－3

（3）设置完成后，单击“确定”按钮，将出现“方案变量值”对话框，在对话框中，显示可变的变量单元格为原来的值，将其更改为需要模拟的值，这里输入 15000，如图 8－4 所示。单击“确定”按钮，即创建了“增加销售数量”方案，如图 8－5 所示。

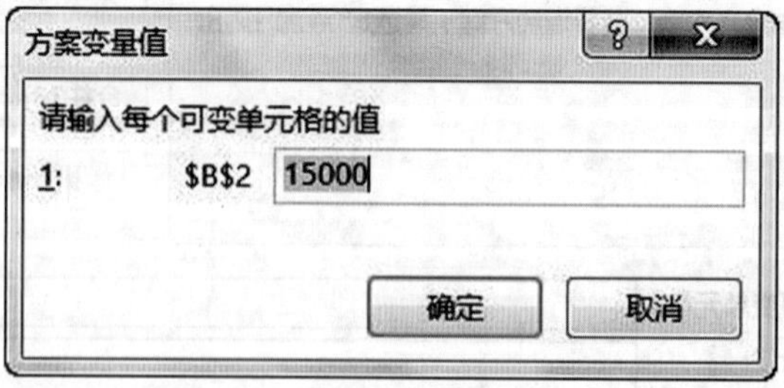

图 8－4

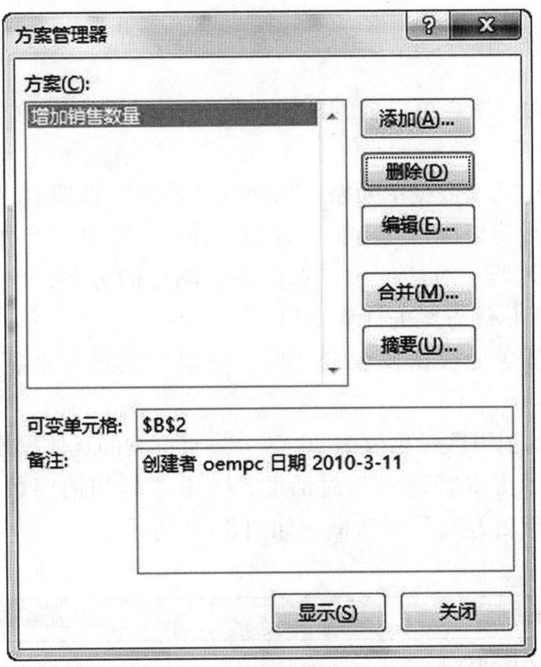

图 8 – 5

（4）利用上面同样的操作方法建立“降低生产成本”方案和“降低广告费用”方案。创建完毕后，这时的方案管理器对话框如图 8 – 6 所示。

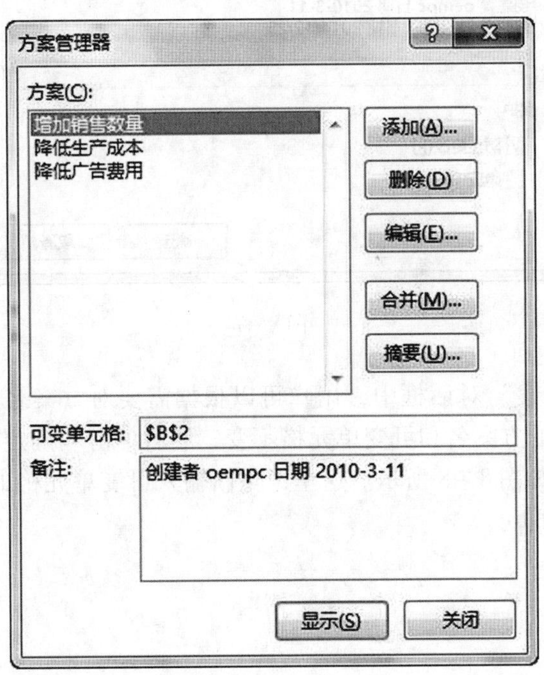

图 8 – 6

8.1.2 浏览、编辑方案

方案创建完成之后，用户可以根据需要浏览每种方案对总利润额的影响。其操作步骤简单，具体如下：

（1）单击工作表中任一数据单元格，切换到“数据”选项卡，单击“数据工具”组的“模拟分析”下拉按钮，执行“方案管理器”命令，将打开“方案管理器”对话框。

（2）在“方案管理器”对话框中，选中需要浏览的方案，单击下面的“显示”按钮，这时工作表中将显示该方案的计算结果。

当方案中的某个可变量数据发生变化时，可以对其进行重新修改、添加、删除等操作。

假设需要将产品的销售数量更改为20000，编辑方案的具体操作步骤如下：

（1）首先，打开“方案管理器”对话框，选中“增加销售数量”方案，单击“编辑”按钮，将弹出“编辑方案”对话框，如图8－7所示。

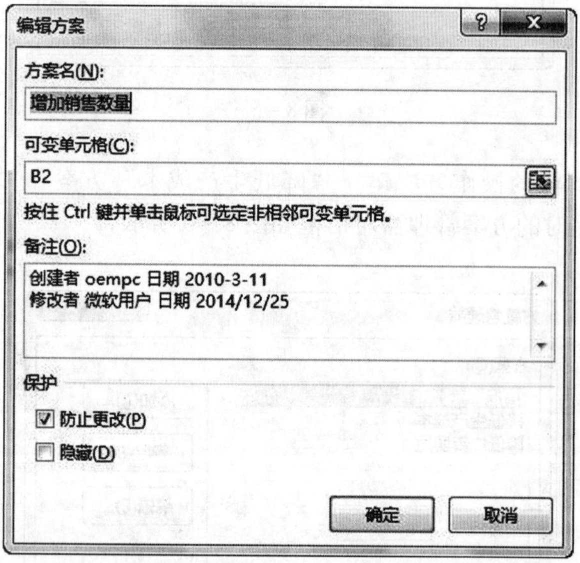

图8－7

（2）在“编辑方案”对话框中，用户可以根据需要对方案名、可变单元格进行修改。这里，保持原来的方案名和可变单元格不变，然后单击“确定”按钮，将打开“方案变量值”对话框，如图8－8所示。这里，重新输入可变单元格的值，设为20000，然后单击“确定”按钮即可。

图 8－8

假设需要删除“降低广告费用”方案，其具体操作步骤是：打开“方案管理器”对话框，选中“降低广告费用”方案，单击右边的“删除”按钮即可。

8.1.3　方案摘要

通过上述浏览方案的方式，只能从方案管理器的列表中一个个地查看。利用 Excel 2013 的“方案摘要”工具可以将所有方案汇总到同一个工作表中，将各个方案的数据并列显示，有助于决策人员更直观、更简单地比较分析不同方案的影响，作出明智的决策。具体操作步骤如下：

（1）单击工作表中任一数据单元格，切换到“数据”选项卡，单击“数据工具”组的“模拟分析”下拉按钮，执行“方案管理器”命令，将打开“方案管理器”对话框。点击右边的“摘要”按钮，将弹出“方案摘要”对话框，如图 8－9 所示。

图 8－9

（2）在“方案摘要”对话框中，有两种报表类型可供选择：方案摘要和方案数据透视表。可以根据实际情况选择合适的报表类型，一般情况可选择方案摘要，若要对报表数据进行进一步的分析，可选择方案数据透视表。这里，选择“方案摘要”，在“结果单元格”中选择总利润额对应的单元格 B10。

（3）设置完成后，单击“确定”按钮。默认将生成一个名为“方案摘要”的新工作表。所得到的方案摘要如图 8－10 所示。

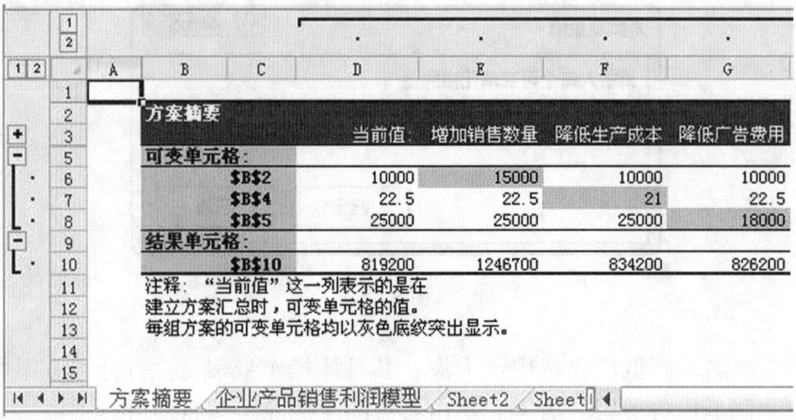

方案摘要	当前值:	增加销售数量	降低生产成本	降低广告费用
可变单元格:				
$B$2	10000	15000	10000	10000
$B$4	22.5	22.5	21	22.5
$B$5	25000	25000	25000	18000
结果单元格:				
$B$10	819200	1246700	834200	826200

注释:“当前值”这一列表示的是在
建立方案汇总时，可变单元格的值。
每组方案的可变单元格均以灰色底纹突出显示。

方案摘要 企业产品销售利润模型 Sheet2 Sheet

图 8－10

在摘要报表中，每个方案都将所有可变单元格的模拟值和对应计算结果列在一起，比较各个方案更加容易，点击工作表左边的［+］和［-］按钮可以显示或隐藏报表中的细节信息。“当前值”列显示的是可变单元格原来的数值和总利润额。每组方案的可变单元格均以灰色底纹突出显示。比较三种方案的结果单元格“总利润额”的数值，可以看出，“增加销售数量”方案带来的收益最好，“降低生产成本”方案次之，而“降低广告费用”方案对目标值的影响最小。

8.2 目标搜索

“What－If”分析方法主要采用模拟计算的方法，比较和分析不同因素或不同方案对目标值的影响。但在很多情况下经常遇到相反的问题，即根据制定的某个目标，需要分析实现该目标的具体指标，当然，也可以根据每个具体指标进一步分析更详细的指标，可以根据需要多层深入。利用 Excel 2013 提供的目标搜索技术可以很好地解决这类问题。

8.2.1 单变量求解

在 Excel 2013 中，单变量求解是解决假设某一公式要取得某目标值，其引用单元格的值应为多少的问题。这种方法在销售计划制订、财务筹划、制订贷款计划等方面的应用非常广泛。下面以制订购房贷款计划为例来说明单变量求解的基本操作步骤。

利用图 8－11 所示的购房贷款计划模型，在该工作表中已经输入了相关的贷款额、年利率、还款期数等参数，并且利用 Excel 2013 提供的财务函数 PMT 计算出固定利率下每月应偿还的金额。PMT 函数的格式是：PMT（rate，nper，pv，fv，type），其中，rate 是贷款利率，nper 是还款期数，pv 是现值（也称为本金），fv 是未来值，type 取 0 或 1，用以指定还款时间是在期初还是期末。这里，应注意所指定的 rate 和 nper 的单位需一致。例如，若年利润是 5%，如果按月支付，rate 应为 5%/12，nper 为还款月份数。

B5　fx　=PMT(B3/12,B4*12,B2,,0)

	A	B	C	D
1	购房贷款计划			
2	贷款额:	¥-320,000.00		
3	年利率:	5%		
4	还款期数:	10		
5	月偿还额:	¥3,394.10		

图 8－11

假设某人购买某套房产，由于家庭经济条件限制，每个月能够偿还的最高金额为 3000 元，年利率固定为 5%，需要计算其能够贷款的最高金额。利用单变量求解可以很方便地解决该问题，具体操作如下：

（1）在工作表中选中目标单元格 B5，切换到“数据”选项卡，单击“数据工具”组的“模拟分析”下拉按钮，执行“单变量求解”命令，将打开“单变量求解”对话框，如图 8－12 所示。

图 8－12

（2）Excel 2013 自动将目标单元格 B5 的地址填入到“目标单元格”框中；在“目标值”框中输入预定的偿还金额 3000；在“可变单元格”中，输入贷款额所在的单元格 $B$2。输入完毕后，单击“确定”按钮。

（3）单击“确定”按钮后，可以看到求解的结果如图 8－13 所示。其能够承担的最高贷款金额为 282844.05 元。

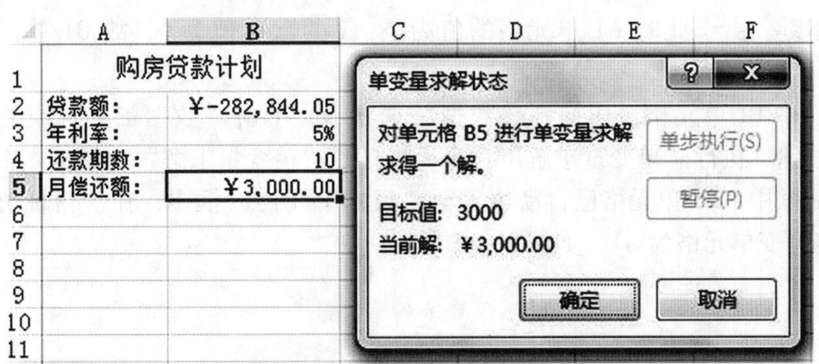

图 8－13

8.2.2 其他应用

利用 Excel 2013 的“目标搜索技术”可以求解许多类似的问题。例如，员工年度提成计算、宏观经济分析、求解方程等。如在宏观经济分析中，如果要求控制投资规模，在固定资产投资总额降低 8% 的目标前提下，分析相应的自筹资金应为多少。这里可能涉及贷款投资、国民生产总值、物价指数等诸多因素，手工计算相当复杂。利用目标搜索技术，只需要在工作表中输入相应的数据并建立对应的方程直接求解即可。

上述这些问题其实都可归纳为数学上的求解反函数的问题，即对已有的函数 $y=f(x)$，给定目标值 y，求解 x 的问题。在一般情况下，可以根据 x 和 y 之间的关系，构造一个反函数 $x=\varphi(y)$。这种方法适用于 x 和 y 之间的关系比较简单的情况。当变量数目较多且它们之间的依赖关系比较复杂时，特别是对于非线性函数，这种构造反函数的方法将很烦琐。而利用 Excel 2013 的目标搜索技术可以利用原函数方便地求解出反函数。

下面利用单变量求解来求解某非线性方程的根，如求解方程 $2x^4-x^3+7x^2+8x=10$ 的根，其具体操作步骤如下：

（1）设用 A1 单元格存放方程的解 x，将其命名为 x。选中 A1 单元格，单击鼠标右键，在快捷菜单中单击“定义名称”，将弹出“新建名称”对话框，如图 8－14 所示。在“名称”框中输入 x，然后单击“确定”按钮。

图 8－14

（2）选中 B1 单元格，在公式编辑栏中输入公式：=2＊x^4－x^3＋7＊x^2＋8＊x－10，然后按回车键。由于此时 A1 单元格的值为空，x 的默认值为 0，故 B1 单元格的值为 －10。

（3）选中 B1 单元格，切换到“数据”选项卡，单击“数据工具”组的“模拟分析”下拉按钮，执行“单变量求解”命令，将打开“单变量求解”对话框。在“单变量求解”对话框中，B1 单元格已自动填入至“目标单元格”框中；在“目标值”框中输入 0；指定可变单元格为 A1，如图 8－15 所示。

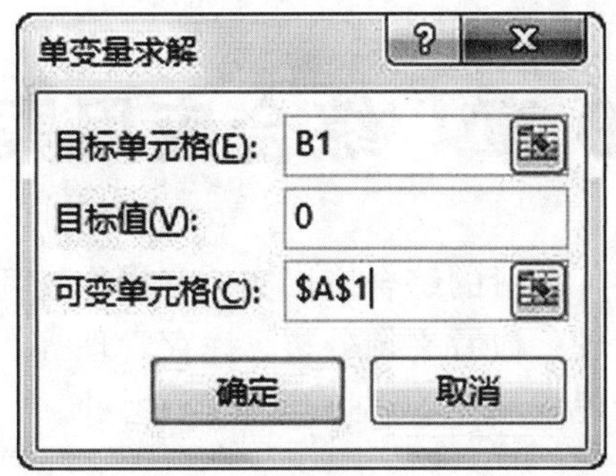

图 8－15

（4）设置完成后，单击“确定”按钮，这时将出现“单变量求解状态”对话框，并显示求得的一个解。这时 A1 单元格显示的是方程的一个解，如图 8－16 所示。

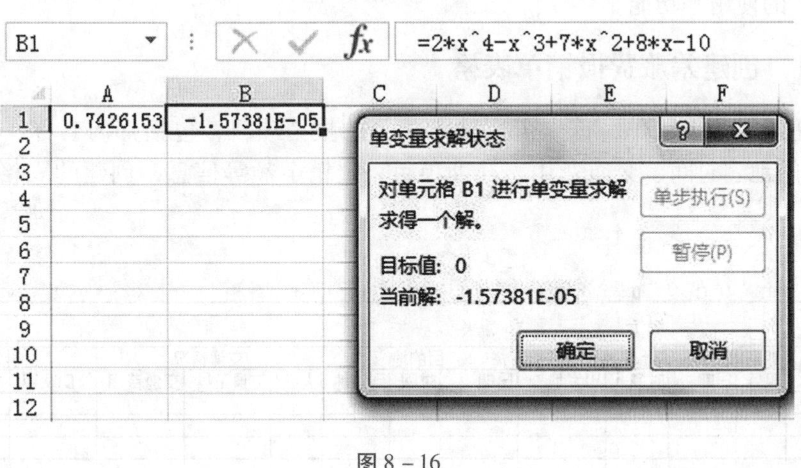

图 8－16

第 9 章　综合应用案例

本章注重实用性，提供了大量的综合应用实例和操作技巧，内容图文并茂，步骤清晰。包括的内容有：财务管理、盈亏平衡分析、库存管理等。通过本章的学习，可以实现各种操作目标和个性化管理。

9.1　财务管理：差旅费报销单

企业员工因工作需要出差而花费的款项，企业应给予报销，这时需要填写差旅费报销单。下面将通过实例来说明差旅费报销单是如何创建的，涉及 Excel 数据有效性、添加批注、公式的使用等功能。

9.1.1　创建差旅费报销单表格

要创建差旅费报销单，首先需要输入相关的报销项目，包括部门名称、出差事由、出发地/目的地、时间、交通费用、补助项目、报销金额等信息，创建的表格如图 9－1 所示。

	A	B	C	D	E	F	G	H	I	J	K	L	M	N
1	部门名称：													
2	出差事由：													
3	出差人姓名及职务		出发地			目的地			交通情况			补助情况		
4	姓名	职务	日期	时间	出发地	日期	时间	到达地	人数	交通工具	交通费用	补助项目	补助天数	金额
5														
6														
7														
8														
9														
10														
11														
12														
13														
14	报销金额：		元											
15	部门负责人：		会计：			领款人：								

图 9－1

报销单中有些单元格的空间有限，有时输入项目的字数又比较多，如果为了固定单元格的列宽同时也为了保证单元格内容全部显示不被截断，这时可以使用 Excel 的自动缩小文字大小的功能。具体操作如下：

（1）右键单击 L4 单元格，在弹出的快捷菜单中选择“设置单元格格式”命令，将弹出“设置单元格格式”对话框。

（2）在弹出的“设置单元格格式”对话框中，单击“对齐”选项卡，在下面的“文本控制”中选中“缩小字体填充”前面的复选框，如图 9－2 所示，然后单击“确定”按钮。

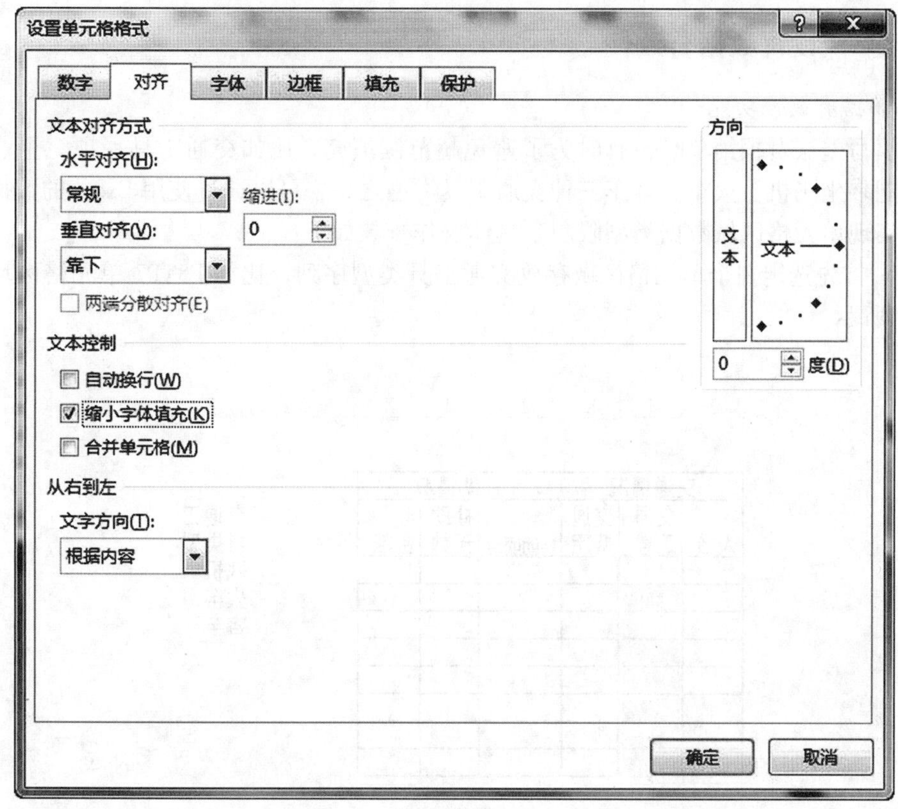

图 9－2

（3）同样，可以使用“自动回车”功能保证单元格内容全部能显示，按［Ctrl］键同时选中 J4:K4 单元格区域和 M4 单元格。然后单击鼠标右键，在弹出的快捷菜单中选择“设置单元格格式”命令，在弹出的“设置单元格格式”对话框中，单击“对齐”选项卡，在下面的“文本控制”中选中“自动换行”前面的复选框，然后单击“确定”按钮即可。

完成设置后的效果如图 9－3 所示。

目的地			交通情况			补助情况		
日期	时间	到达地	人数	交通工具	交通费用	补助项目	补助天数	金额

图 9－3

9.1.2 设置数据有效性

1. 数据有效性功能

在填写差旅费报销单时，有时为了避免超范围填充，比如交通工具一项，企业规定员工只能乘坐飞机、火车、客车三种交通工具类型之一，可以通过使用Excel的数据有效性功能实现单元格区域数据类型限制。具体操作步骤如下：

（1）首先选定一个单元格区域存放交通工具类型序列，比如P5:P7单元格区域，如图9-4所示。

I	J	K	L	M	N	O	P
交通情况			补助情况				
人数	交通工具	交通费用	补助项目	补助天数	金额		交通工具类型
							飞机
							火车
							客车

图9-4

（2）选择单元格区域J5:J12，切换到“数据”选项卡，在“数据工具”组中单击“数据验证”下拉按钮，在下拉菜单中执行“数据验证”命令，如图9-5所示。

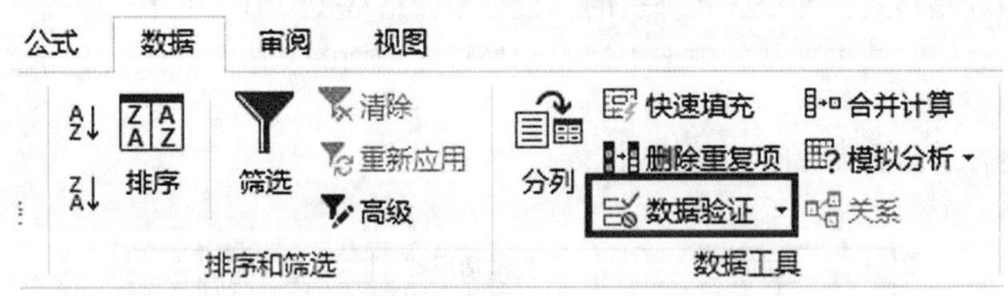

图9-5

（3）在弹出的“数据验证”对话框中，在“允许”下拉列表框中选择“序列”选项，然后单击“来源”框折叠按钮。

（4）选择P5:P7单元格区域，返回到“数据验证”对话框中，如图9-6所示。

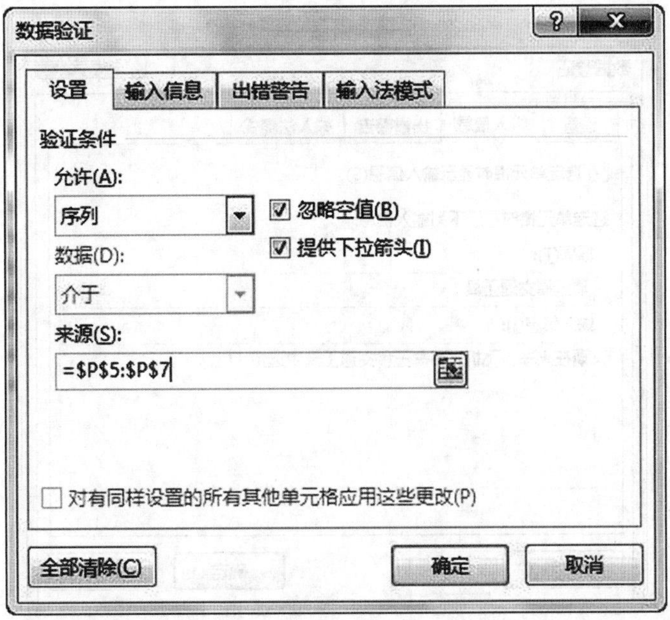

图9－6

或者直接在“来源”文本框中输入“火车,飞机,客车”，这里需要注意的是，分隔符号为英文输入状态下的逗号。

完成设置后单击“确定”按钮。这时可以看到，选择J5单元格后会打开一个下拉列表框，显示了所有可填充的序列信息，这里选择“飞机”，如图9－7所示。

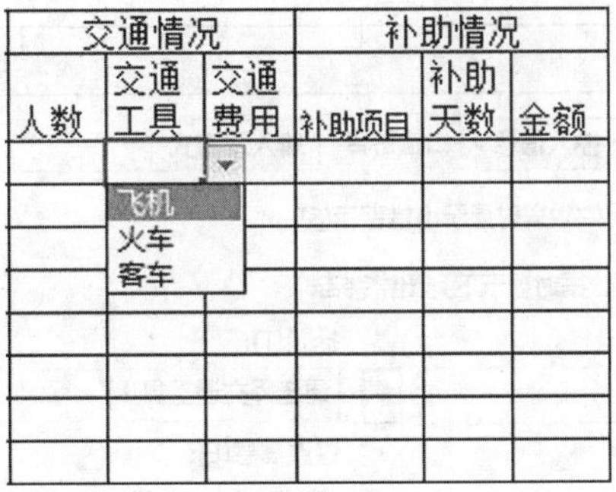

图9－7

2. 设置提示信息

为了使用户能够更好地明白应向单元格填充哪种形式的内容，可以设置提示信息有效解决这种问题，具体操作如下：

（1）选择单元格区域J5:J12，切换到“数据”选项卡，在“数据工具”组中单击“数据验证”按钮，在下拉菜单中执行“数据验证”命令，将弹出“数据验证”对话框。

（2）在“数据验证”对话框中，切换到“输入信息”选项卡，选中“选定单元格时显示输入信息”前面的复选框。在“标题”框中输入“请选择交通工具!”，“输入信息”框中输入“请在火车、飞机、客车三种交通工具中选择!”，如图9－8所示。

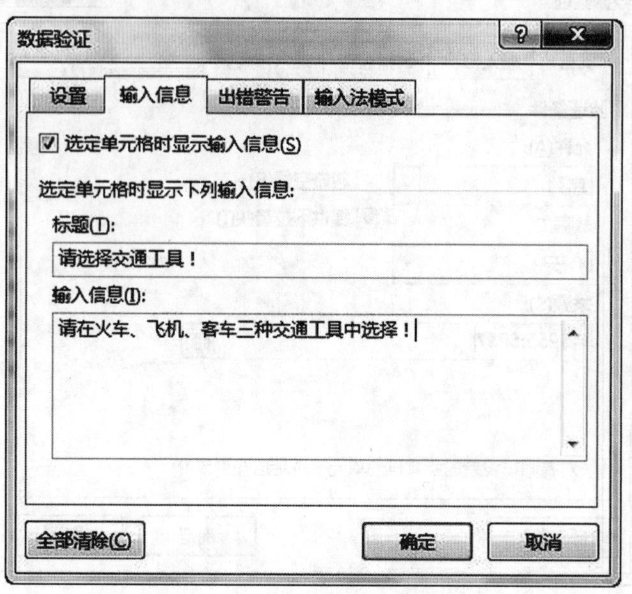

图9-8

（3）切换到“出错警告”选项卡，选中“输入无效数据时显示出错警告”前面的复选框，在“样式”下拉列表框中选择“停止”。同样，在右侧的“标题”框中输入“请选择交通工具!”，“错误信息”框中输入“请在火车、飞机、客车三种交通工具中选择!”，如图9-9所示。

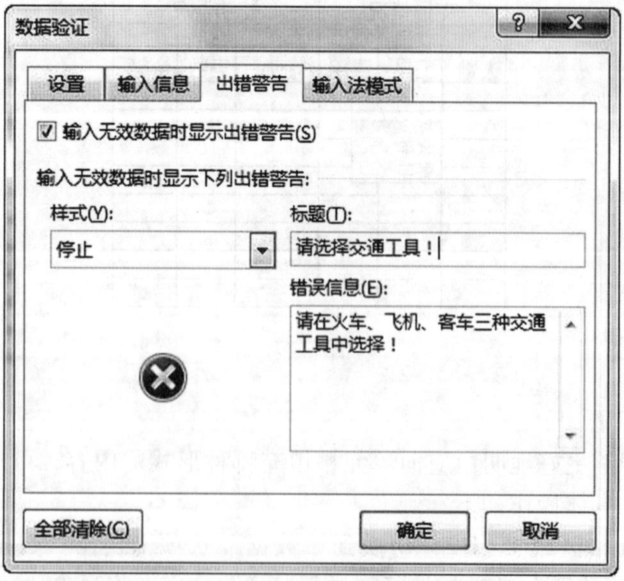

图9-9

（4）设置完成后单击“确定”按钮。这时可以看到，选择单元格后将出现一个提示信息框，如图 9－10 所示。

交通情况			补助情况		
人数	交通工具	交通费用	补助项目	补助天数	金额

请选择交通工具！
请在火车、飞机、客车三种交通工具中选择！

图 9－10

（5）在 J5 单元格中输入“轮船”，然后按［Enter］键，这时将弹出错误提示对话框，如图 9－11 所示。

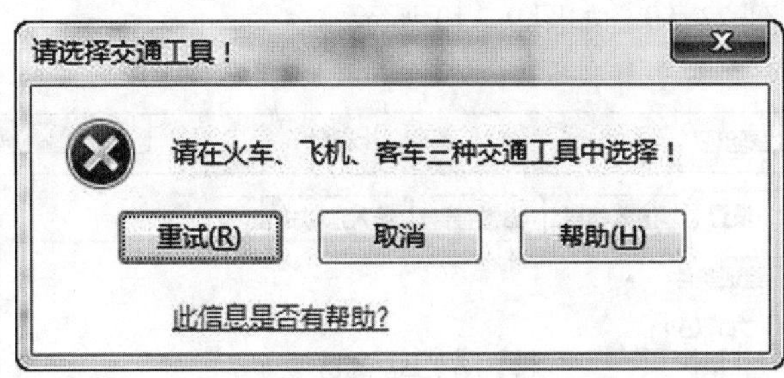

图 9－11

注意：上面的设置只能让用户在三种交通工具中选择。若允许用户输入三种交通类型之外的交通工具，可以在“数据验证”—“出错警告”—“样式”下拉列表中选择“警告”，而不是“停止”。这时，只是提醒用户未输入给定的交通工具，但无效数据仍可以填入到单元格中。

3. 设置时间范围有效性

我们还可以通过设置单元格的时间范围有效性，便于员工填充数据，具体操作如下：

（1）在工作表中选择 D5:D12 单元格区域，切换到“数据”选项卡，在“数据工具”组中单击“数据验证”下拉按钮，在弹出的下拉菜单中执行“数据验证”命令，如图 9－12 所示。

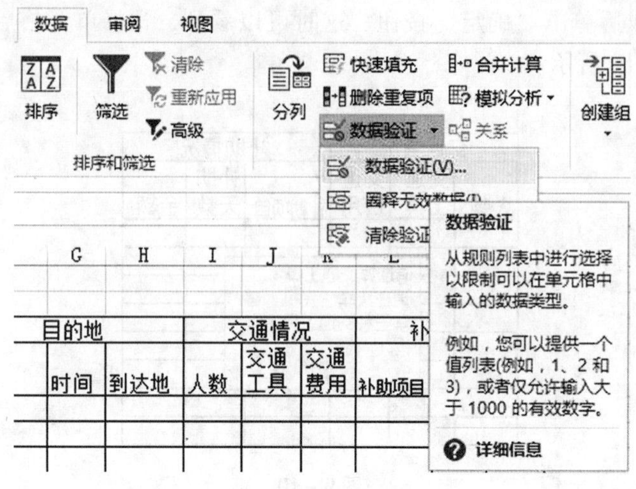

图 9－12

（2）在弹出的“数据验证”对话框中，在“允许”下拉列表中选择“时间”选项，“数据”下拉列表中选择“介于”。在“开始时间”和“结束时间”中输入需设置的时间，这里输入 00:00 到 23:59，如图 9－13 所示。

图 9－13

（3）切换到“出错警告”选项卡，在“样式”下拉列表中选择“停止”，“标题”框中输入“超出范围”，“错误信息”框中输入“时间范围应在 00:00—23:59 之间!”，如图 9－14 所示。

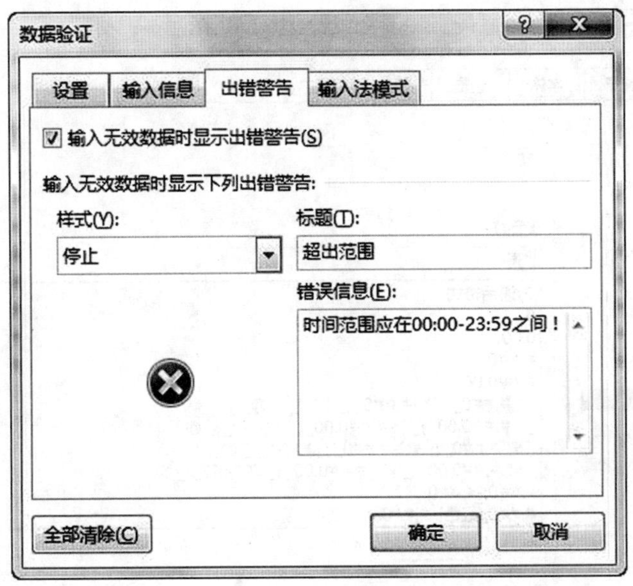

图 9－14

（4）在单元格 D5 中输入错误的时间，比如输入“25:20”后按［Enter］键，将弹出“超出范围”对话框，如图 9－15 所示。单击“取消”按钮或“重试”按钮，重新输入有效数据。

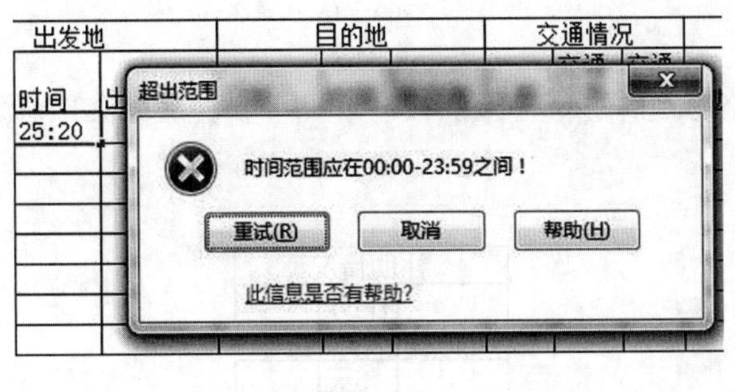

图 9－15

9.1.3　为数字自动添加单位

在“补助天数”一列中，数值的单位是“天”。如果每一行都手动添加单位“天”，则工作量会较大，通过 Excel 可以实现自动添加，大大减轻工作量。具体操作如下：

（1）选中单元格区域 M5:M12，在“开始”选项卡下，单击“单元格”组的“格式”按钮，在下拉菜单中选择“设置单元格格式”命令。

（2）在弹出的“设置单元格格式”对话框中，“分类”列表中选择“自定义”选项，如图 9－16 所示。在右侧的类型框中，输入“#天”，然后单击“确定”按钮。

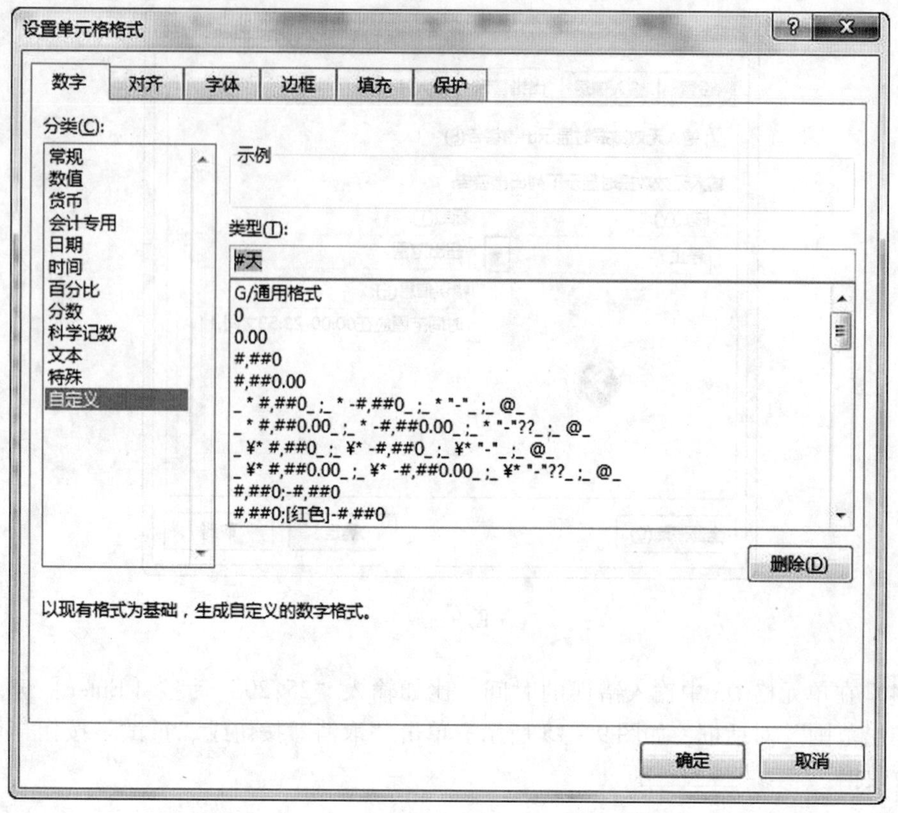

图 9-16

这时，在单元格 M5 中输入“5”后按［Enter］键，后面会自动添加单位“天”，如图 9-17 所示。

补助情况		
补助项目	补助天数	金额
	5天	

图 9-17

9.1.4　为单元格添加批注

在计算交通费用的过程中，可能会产生不同的理解方式而造成计算错误，为了避免这种情况的发生可以添加批注，具体操作步骤如下：

（1）选择单元格 K4，切换到“审阅”选项卡，在“批注”组中单击“新建批注”

按钮，如图 9－18 所示。

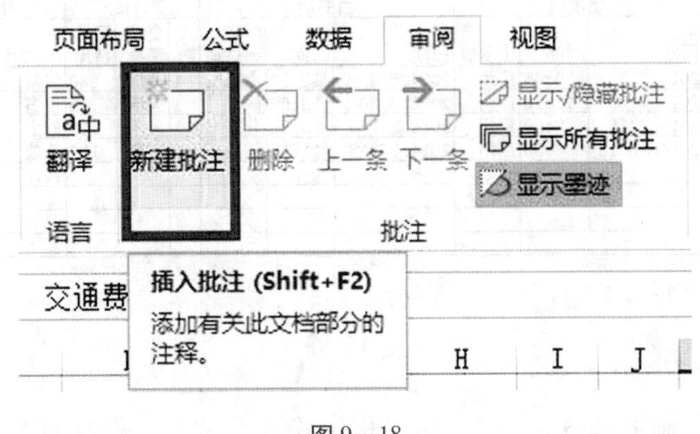

图 9－18

（2）在出现的批注文本框中输入文字说明，比如输入“此列是单程交通费用，计算全程费用时需乘以 2。”如图 9－19 所示。

注意：如果需要显示全部批注，单击“审阅”选项卡—“批注”组—“显示所有批注”按钮；如果不再需要某个批注，将其选中，再单击“批注”组中的“删除”按钮即可。

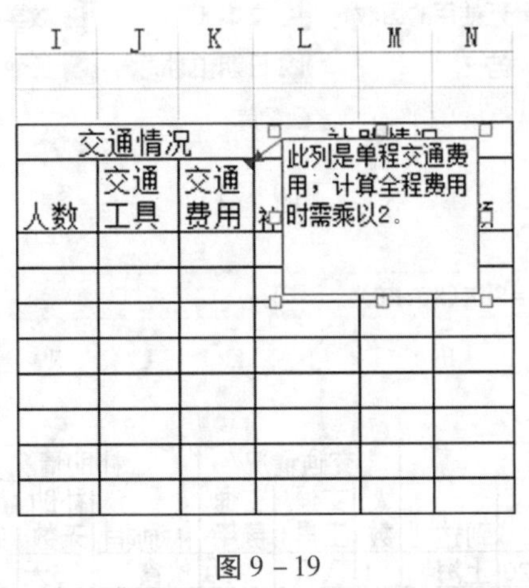

图 9－19

9.1.5　计算报销总金额

出差员工填写完差旅费用的各项具体支出表后，需要对报销费用进行统计。通过计算伙食费用、的士费用、住宿费用等可以计算出差旅补助的总金额。通过对长途交通费、补助费用进行合计，可以得到报销总金额。具体操作如下：

（1）首先，由出差人员填写差旅各项费用明细，如图 9－20 所示。

	A	B	C	D	E	F	G	H	I	J	K	L	M	N	O	P
1	部门名称：															
2	出差事由：															
3	出差人姓名及职务		出发地			目的地			交通情况			补助情况				
4	姓名	职务	日期	时间	出发地	日期	时间	到达地	人数	交通工具	交通费用	补助项目	补助天数	金额		交通工具类型
5	余可	会计	2014.5.3	10:35	广州	2014.5.3	12:20	上海	1	飞机	980	伙食	5天	200		飞机
6	古乐乐	销售部主任	2014.7.30	11:20	广州	2014.7.30	13:56	南雄	1	火车	46	住宿	2天	80		火车
7	李悦瑭	业务员	2014.8.15	8:00	广州	2014.8.16	3:50	北京	1	火车	256	的士	2天	80		客车
8	谢愉萱	副总经理	2014.10.13	8:30	广州	2014.10.13	11:15	韶关	1	客车	115	其他	3天	120		
9												合计				
10																
11																
12																
13	报销金额：		元													
14	部门负责人：		会计：			领款人：										

图 9－20

（2）补助总金额的计算。在 N9 单元格中输入公式："＝SUM（N5：N8）"，然后按［Enter］键。或者选择 N9 单元格，切换到"公式"选项卡，在"函数库"组中单击"自动求和"按钮，如图 9－21 所示。单元格区域 N5：N8 将自动被选中，计算出的结果如图 9－22 所示。

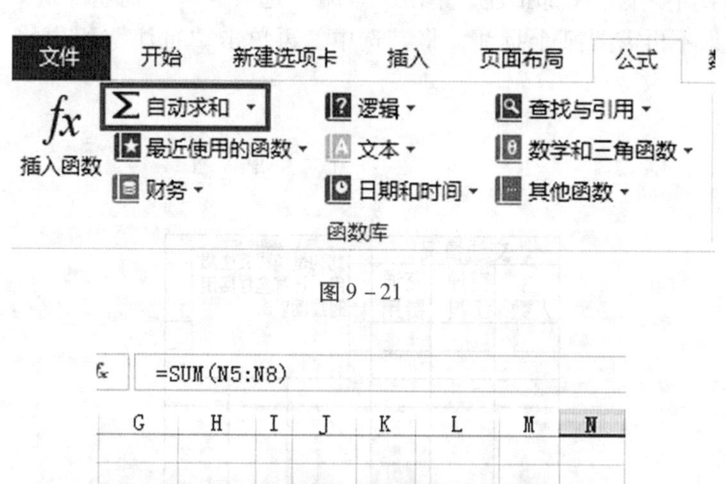

图 9－21

=SUM(N5:N8)

G	H	I	J	K	L	M	N
的地		交通情况			补助情况		
时间	到达地	人数	交通工具	交通费用	补助项目	补助天数	金额
12:20	上海	1	飞机	980	伙食	5天	200
13:56	南雄	1	火车	46	住宿	2天	80
3:50	北京	1	火车	256	的士	2天	80
11:15	韶关	1	客车	115	其他	3天	120
					合计		480

图 9－22

（3）计算总金额。选中单元格 B13：C13 单元格区域，在公式编辑栏中输入公式："＝SUM（K5：K8）＊2＋N9"，然后按［Enter］键，得到总金额。再次选中 B13：C13，切换到"开始"选项卡，在"数字"组中单击下拉按钮，在下拉菜单中选择"货币"命令，将报销金额设置成货币样式，如图 9－23 所示。

=SUM(K5:K8)*2+N9

B	C	D	E	F
职务	出发地			目
	日期	时间	出发地	日期
	2014.5.3	10:35	广州	2014.5.3
部主任	2014.7.30	11:20	广州	2014.7.30
员	2014.8.15	8:00	广州	2014.8.16
经理	2014.10.13	8:30	广州	2014.10.13
	¥3,274.00			
	会计：			领款人：

图 9－23

（4）将人民币设置成大写形式。选中 B13:C13 单元格区域，按［Ctrl］+［C］复制该单元格的内容。再选中 E13:F13 单元格区域，然后切换到“开始”选项卡，在“剪切板”组中单击“粘贴”按钮，将弹出“选择性粘贴”对话框，如图 9－24 所示。在该对话框中，选择“数值”，然后单击“确定”按钮。

选择性粘贴
粘贴
全部(A)　所有使用源主题的单元(H)
公式(F)　边框除外(X)
数值(V)　列宽(W)
格式(T)　公式和数字格式(R)
批注(C)　值和数字格式(U)
验证(N)　所有合并条件格式(G)
运算
无(O)　乘(M)
加(D)　除(I)
减(S)
跳过空单元(B)　转置(E)
粘贴链接(L)　确定　取消

图 9－24

（5）选择 E13:F13 单元格区域，切换到“开始”选项卡，在“单元格”组中单击

“格式”按钮，在下拉菜单中执行“设置单元格格式”命令，如图9－25所示。

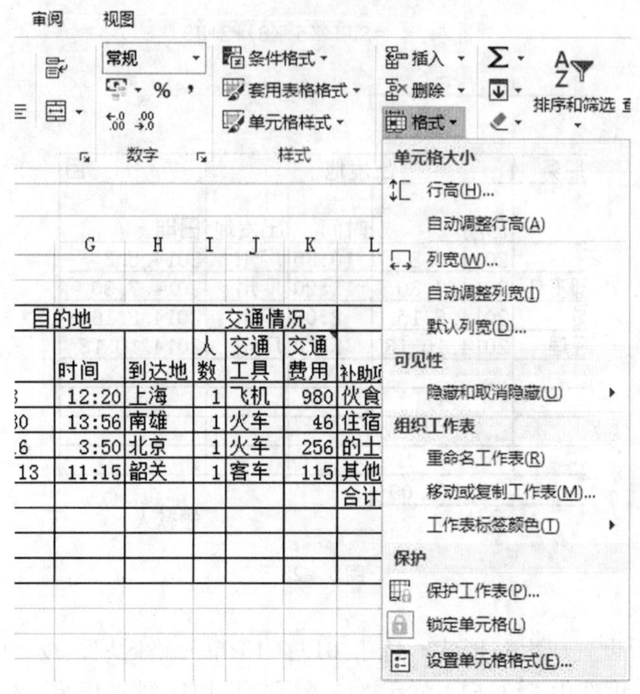

图9－25

（6）在弹出的“设置单元格格式”对话框中，在“分类”下拉列表框中选择“特殊”选项，在右侧“类型”栏中选择“中文大写数字”选项，如图9－26所示。

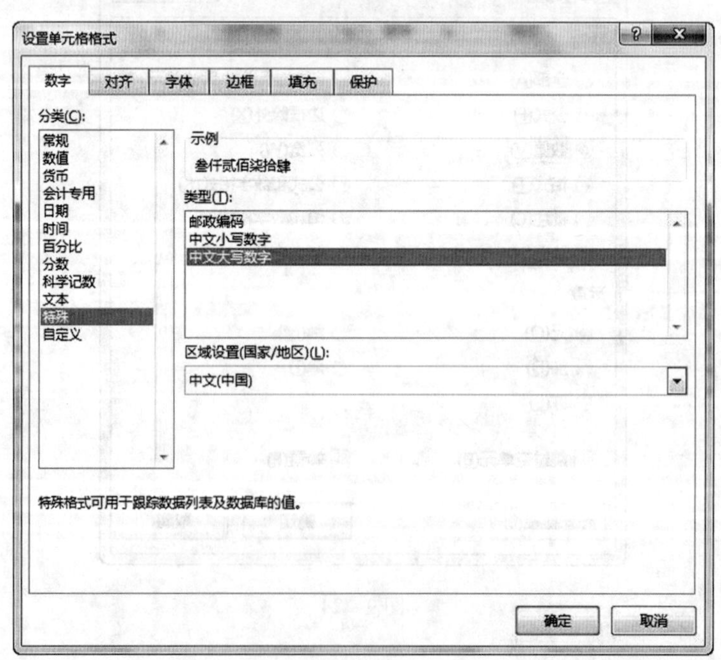

图9－26

(7) 设置好后，单击“确定”按钮。可以看到，数据“报销金额”已经变成人民币大写形式，如图 9 - 27 所示。

	A	B	C	D	E	F	G	H	I	J	K	L	M	N	O	P
1	部门名称:															
2	出差事由:															
3	出差人姓名及职务		出发地			目的地			交通情况			补助情况				
4	姓名	职务	日期	时间	出发地	日期	时间	到达地	人数	交通工具	交通费用	补助项目	补助天数	金额		交通工具类型
5	余可	会计	2014.5.3	10:35	广州	2014.5.3	12:20	上海	1	飞机	980	伙食	5天	200		飞机
6	古乐乐	销售部主任	2014.7.30	11:20	广州	2014.7.30	13:56	南雄	1	火车	46	住宿	2天	80		火车
7	李悦瑭	业务员	2014.8.15	8:00	广州	2014.8.16	3:50	北京	1	火车	256	的士	2天	80		客车
8	谢愉萱	副总经理	2014.10.13	8:30	广州	2014.10.13	11:15	韶关	1	客车	115	其他	3天	120		
9												合计		480		
10																
11																
12																
13	报销金额:		¥3,274.00		叁仟贰佰柒拾肆											
14	部门负责人:		会计:			领款人:										

图 9 - 27

9.2　财务处理流程图

在财务管理过程中，有时可能需要了解处理财务数据的过程，使用流程图可以很直观地显示处理过程。本节将以制作财务处理流程图为例，介绍如何利用 Excel 2013 绘制自选图形，并对绘制出的图形进行格式设置等。

9.2.1　绘制财务管理流程图

Excel 2013 提供的自选图形有多种，包括直线、矩形、椭圆形、箭头等基本图形。利用这些自选图形绘制流程图非常方便，并且可以清楚地描述财务工作流程。绘制基本图形的步骤如下：

(1) 切换到“插入”选项卡，单击“插图”的“形状”下拉按钮，可以看到 Excel 的所有基本图形，如图 9 - 28 所示。

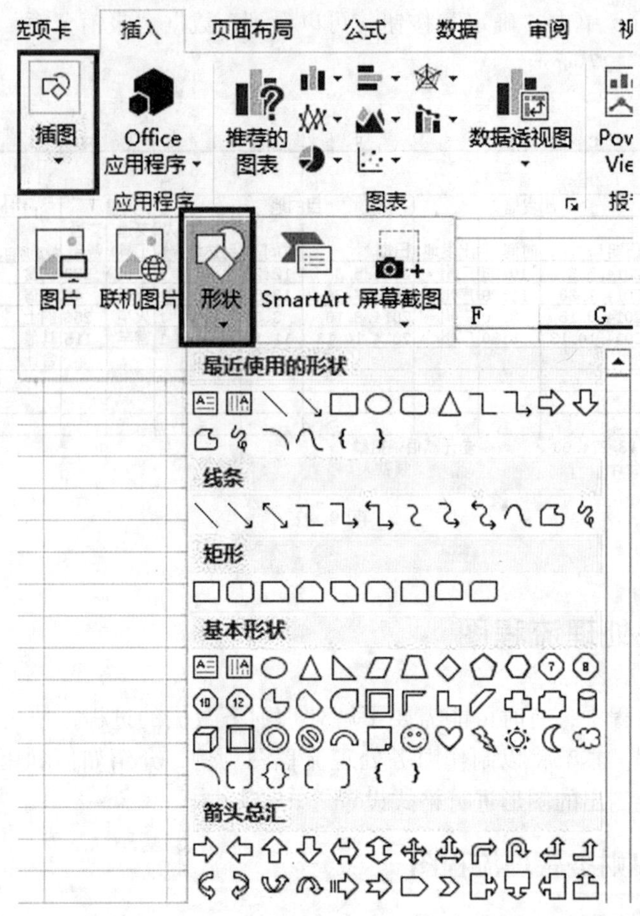

图 9－28

（2）绘制直线。单击不带箭头的直线按钮，然后在工作表中单击确定起点，按住鼠标左键拖动到合适的位置然后释放，即可绘制出一条直线。选中直线，单击“格式”选项卡，在“形状样式”组中选择直线的颜色，这里选择样式“中等线—强调颜色 2”，如图 9－29 所示。

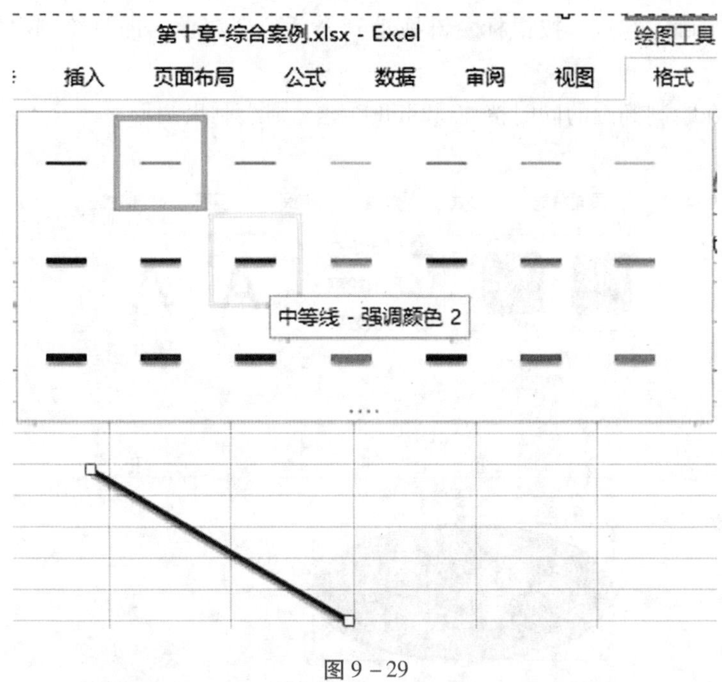

图 9－29

（3）绘制矩形。在“插入”选项卡的“插入形状”组中单击“矩形”按钮，然后在工作表中单击确定起点，按鼠标左键拖动到合适位置释放，即可绘制出一个矩形，如图 9－30 所示。

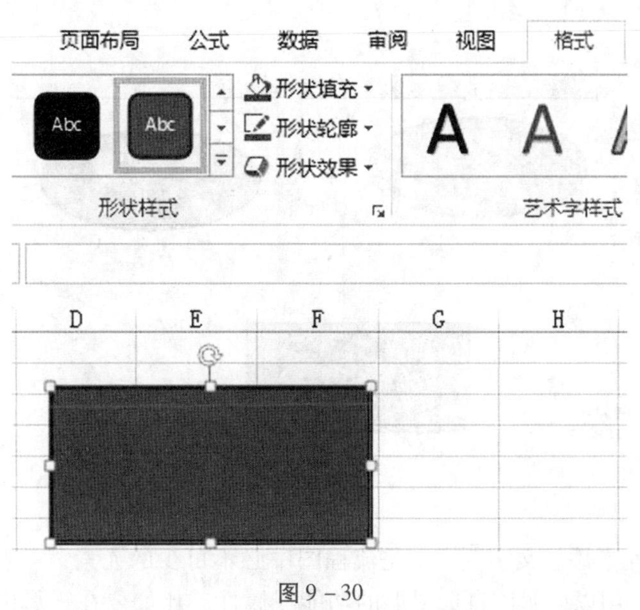

图 9－30

注意：如果在拖动的过程中同时按住［Shift］键，则绘制出正方形；如果在绘制矩形的过程中同时按住［Alt］键，则矩形限制在网格线内。

（4）绘制圆形。在“插入”选项卡的“插入形状”组中单击“椭圆”按钮，然后在工作表中单击确定起点，按鼠标左键拖动到合适位置释放，即可绘制出一个椭圆，如图9－31所示。

注意：若在绘制椭圆的同时按住［Shift］键，则绘制出圆形。

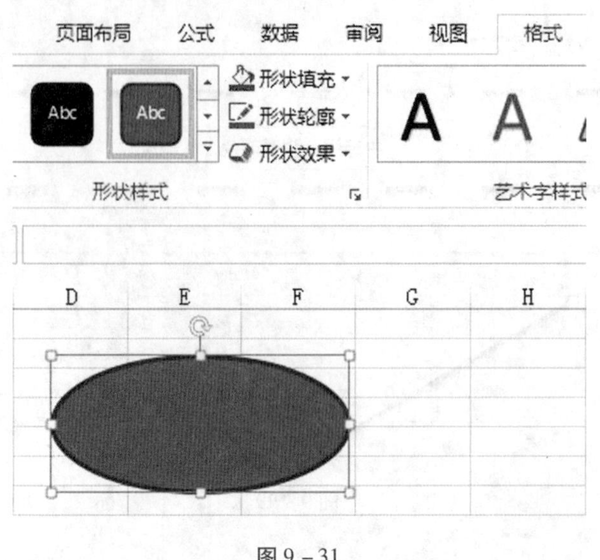

图9－31

（5）绘制箭头。在绘制流程图的过程中，一般需要用箭头来链接矩形或椭圆形，绘制方法类似，在“插入形状”组中选择需要的箭头类型，在工作表中进行绘制即可，如图9－32所示。

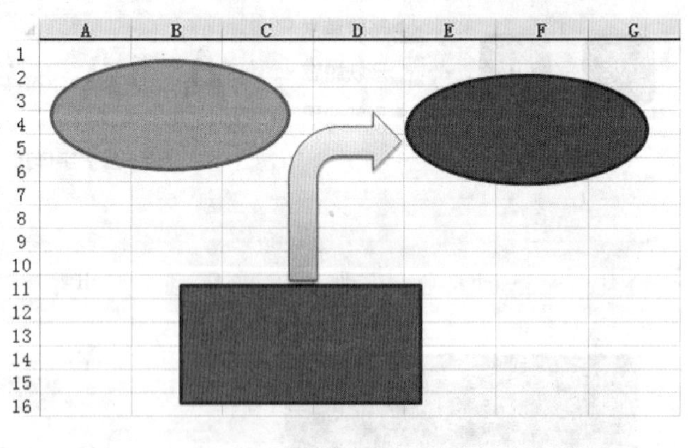

图9－32

（6）为图形元素添加文字。文字是流程图中必不可少的元素，一般将文字添加到封闭的自选图形中，用以说明该自选图形的功能或属性。比如要在矩形中添加文字“申请单位：经济学院”，可右键单击该矩形，即切换到输入模式，键入相应文字即可，如图9－33所示。另外，选中文字后，在“开始”选项卡的“字体”组中，将文字字体设为“楷体”，字号为16，如图9－34所示。

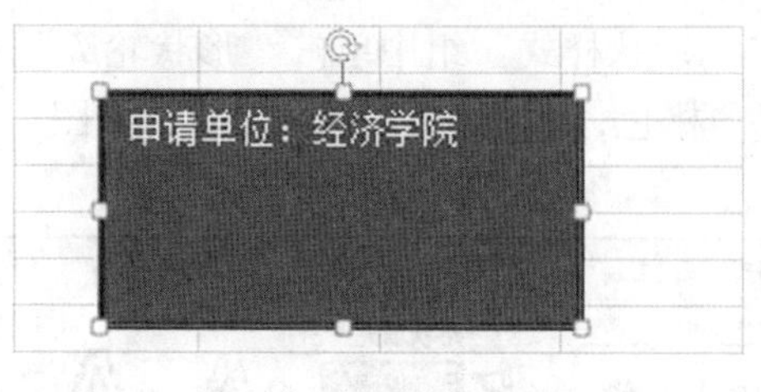

图 9－33

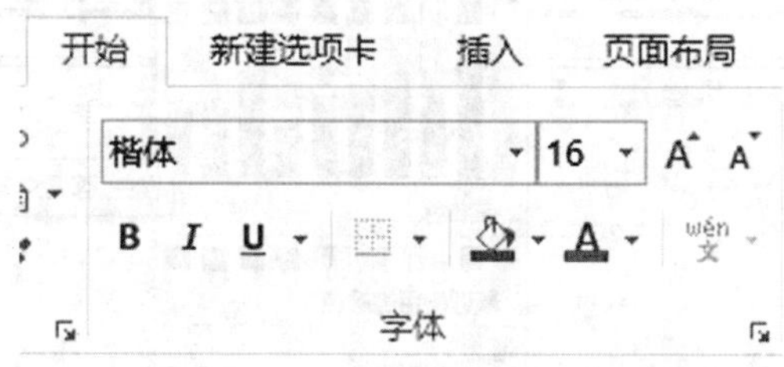

图 9－34

9.2.2　美化流程图

Excel 2013 默认插入的自选图形为蓝色，如果整个流程图都为一种颜色的话则可能显得太单调，可以对绘制的自选图形进行美化，使其更加美观。Excel 2013 为自选图形提供了很多自动套用的格式，利用这些格式可以设计出漂亮的流程图，具体操作如下：

（1）选择上节绘制出的矩形，切换到“格式”选项卡，在“形状样式”组中选择矩形内部的填充颜色，这里选择“浅色 1 轮廓，彩色填充—蓝色，强调颜色 1”，如图 9－35 所示。

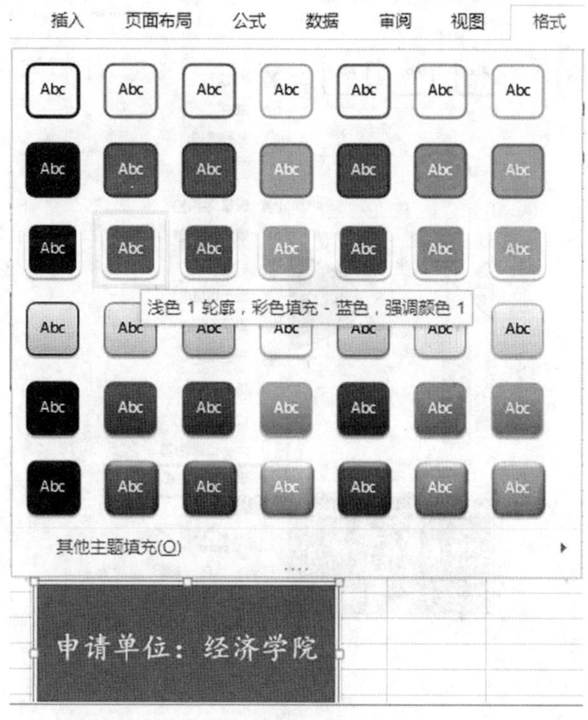

图 9－35

（2）选择矩形后，在“形状样式”组中单击“形状轮廓”按钮，在下拉列表中选择图形边框颜色，这里选择“橙色，着色6，淡色40%”，如图9－36所示。

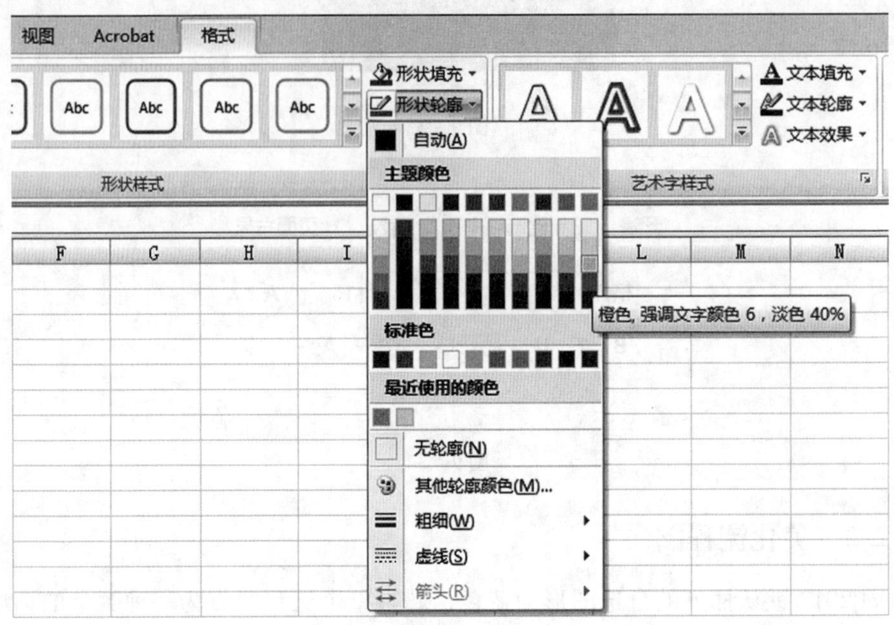

图9－36

（3）填充图形。选择矩形后，单击鼠标右键，在弹出的快捷菜单中执行“设置形状格式”命令，如图9－37所示。利用Excel 2013进行填充更为方便，右键单击时会自动出现样式、填充、轮廓三个功能快捷按钮。

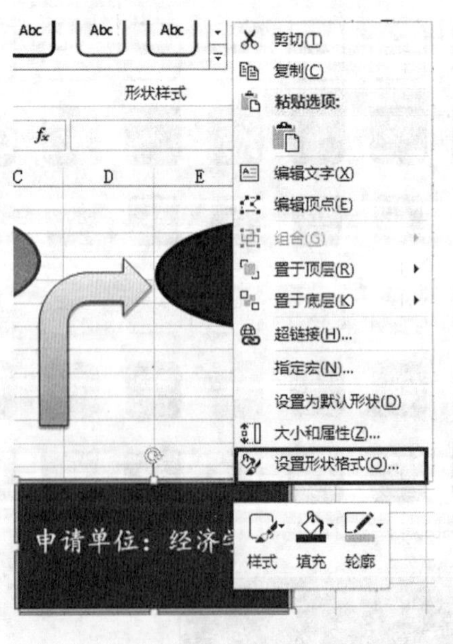

图9－37

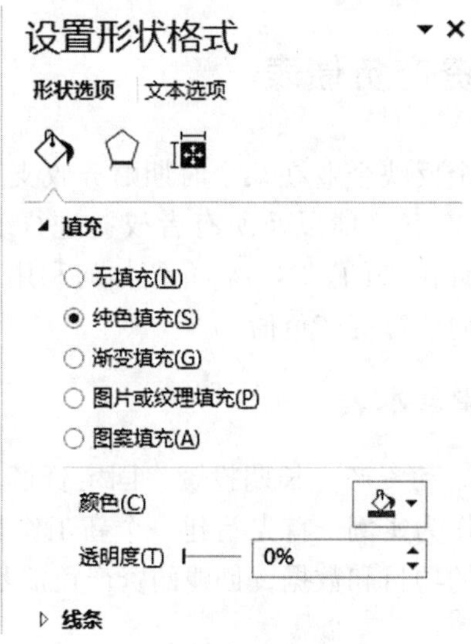

图 9－38

（4）窗口右侧将出现“设置形状格式”对话框，在“填充”中选择“纯色填充”，然后选择一种颜色，如图 9－38 所示。

对矩形作如上设置后的效果如图 9－39 所示。

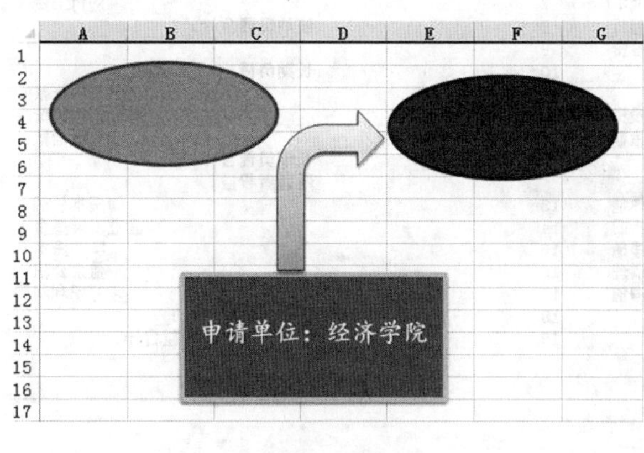

图 9－39

（5）同样，对流程图中的其他图形进行设置，最终美化后的财务流程图如图 9－40 所示。

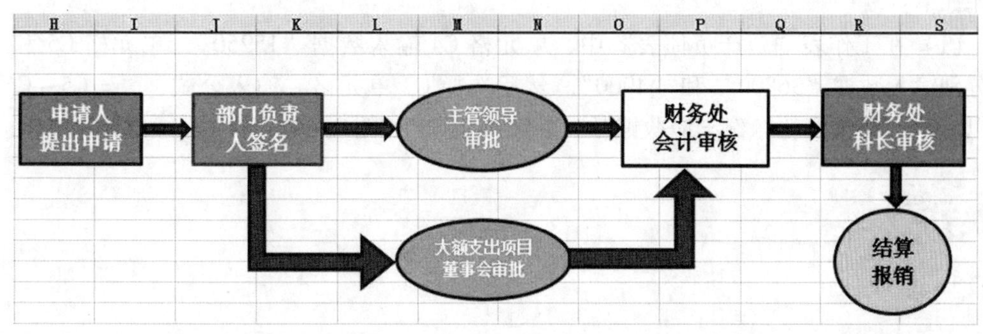

图 9－40

9.3 财务管理：资产负债表

所谓资产负债表，是一个反映企业在某个时期财务收支平衡状况的会计报表。它将企业在一定时期内的全部资产、负债以及所有者权益进行统一核算，是根据公式"资产=负债+所有者权益"统计出来的。本节将介绍如何利用 Excel 2013 创建资产负债基本表、数据计算过程以及如何核算资产负债。

9.3.1 创建资产负债基本表

资产负债表一般包括：流动资产、长期投资、固定资产、流动负债、长期负债、所有者权益等明细信息。这里作为实例，首先新建一个新工作表，命名为"资产负债表"，然后在该工作表中输入相应的项目和数据，创建的资产负债基本表如图 9－41 所示。

	A	B	C	D	E	F	G	H
1	企业：**教育科技有限公司				时间：2014年12月31号			
2	资产	行号	年初数	期末数	负债及所有者权益	行号	年初数	期末数
3	流动资产：				流动负债：			
4	货币资金	1			短期借款	20		
5	应收账款	2			应付账款	21		
6	减：坏账准备	3			应交税金	22		
7	应收账款净额	4			一年内到期的长期贷款	23		
8	其他应收款	5			应付股息	24		
9	预付账款	6			预提费用	25		
10	已转未完工的生产成本	7			应付工资	26		
11	存货	8			流动负债合计：			
12	一年内到期的长期投资	9						
13	流动资产合计：	10			长期负债：			
14	长期投资：				应付公司账款	27		
15	长期投资	11			应付公司债折价	28		
16	拨付所属金额	12			长期借款	29		
17	长期投资合计：				长期负债合计：			
18	固定资产：				所有者权益：			
19	固定资产原值	13			资本总额	30		
20	减：累计折旧	14			企业发展基金	31		
21	固定资产净值	15			实收资本	32		
22	固定资产清理	16			盈余公积	33		
23	融资租入固定资产净值	17			未分配利润	34		
24	固定资产合计：	18			所有者权益合计：	35		
25	资产合计：	19			负债及所有者权益合计：	36		

图 9－41

9.3.2 核算资产负债

基于上面创建的资产负债基本表，我们就可以进行资产、负债等项目的计算。具体操作如下：

（1）在工作表"资产负债表"中，单元格 C4 输入数据"15250"，单元格 C5 和 C6 中分别输入数据"36800"和"4900"。然后选择 C7 单元格，输入公式："＝C5－C6"，用以表示"应收账款净额＝应收账款－坏账准备"，如图 9－42 所示。

	A	B	C	D
1	企业：富智教育科技有限公司			
2	资产	行号	年初数	期末数
3	流动资产：			
4	货币资金	1	15250	
5	应收账款	2	36800	
6	减：坏账准备	3	4900	
7	应收账款净额	4	=C5-C6	
8	其他应收款	5		
9	预付账款	6		

图 9 – 42

（2）在 D4 单元格中输入数据“21600”，D5 和 D6 单元格输入“45200”和“6150”。然后选中 C7 单元格，鼠标移动到右下角，当变成十字标志时拖动到 D7 单元格，即可利用 Excel 的自动填充功能计算出期末的应收账款净额，如图 9 – 43 所示。

C7　=C5-C6

	A	B	C	D	
1	企业：富智教育科技有限公司				时间
2	资产	行号	年初数	期末数	
3	流动资产：				流动
4	货币资金	1	15250	21600	
5	应收账款	2	36800	45200	
6	减：坏账准备	3	4900	6150	
7	应收账款净额	4	31900	39050	
8	其他应收款	5			
9	预付账款	6			

图 9 – 43

（3）在单元格区域 C8:C12 中分别输入数据，然后选中 C13，输入公式：“ = C4 + SUM(C7:C12)”，然后按［Enter］键，如图 9 – 44 所示。

	A	B	C	D	
1	企业：富智教育科技有限公司				时间：2014年
2	资产	行号	年初数	期末数	负债及
3	流动资产：				流动负债：
4	货币资金	1	15250	21600	
5	应收账款	2	36800	45200	
6	减：坏账准备	3	4900	6150	
7	应收账款净额	4	31900	39050	一年
8	其他应收款	5	25360		
9	预付账款	6	32158		
10	已转未完工的生产成本	7	3480		
11	存货	8	6580		流动负债合
12	一年内到期的长期投资	9	22155		
13	流动资产合计：	10	=C4+SUM(C7:C12)		长期负债：
14	长期投资：		SUM(number1, [number2], ...)		
15	长期投资	11			

图 9 – 44

（4）同样计算出 D13 单元格，得到期末的流动资产值，如图 9 – 45 所示。

	A	B	C	D	
1	企业：富智教育科技有限公司				时间：2
2	资产	行号	年初数	期末数	负
3	流动资产：				流动负
4	货币资金	1	15250	21600	
5	应收账款	2	36800	45200	
6	减：坏账准备	3	4900	6150	
7	应收账款净额	4	31900	39050	
8	其他应收款	5	25360	28820	
9	预付账款	6	32158	24682	
10	已转未完工的生产成本	7	3480	3568	
11	存货	8	6580	7415	流动负
12	一年内到期的长期投资	9	22155	26580	
13	流动资产合计：	10	136883	151715	长期负
14	长期投资：				

图 9-45

（5）计算长期投资金额。长期投资包括长期投资、拨付所属金额等项目。首先，在C15 和 C16 单元格输入年初的数据，然后选中 C17 单元格，切换到“公式”选项卡，单击“函数库”组中的“自动求和”按钮，计算出长期投资合计值；同样，计算出期末时的长期投资金额，结果如图 9-46 所示。

12	一年内到期的长期投资	9	22155	26580	
13	流动资产合计：	10	136883	151715	长期负债：
14	长期投资：				应付
15	长期投资	11	7800	9125	应付公
16	拨付所属金额	12	5350	6948	
17	长期投资合计：		13150	=SUM(D15:D16)	
18	固定资产：			SUM(number1, [number2], ...)	

图 9-46

（6）计算固定资产金额。与流动资产、长期投资计算类似，在 C19:C23 和D19:D23 单元格区域输入固定资产各项目在年初和期末时的数据，并利用 Excel 的自动求和工具求出固定资产合计值，存放在 C24 和 D24 单元格中，如图 9-47 所示。

D24 =SUM(D19:D23)

	A	B	C	D
16	拨付所属金额	12	5350	6948
17	长期投资合计：		13150	16073
18	固定资产：			
19	固定资产原值	13	18560	19856
20	减：累计折旧	14	1500	2100
21	固定资产净值	15	18400	19200
22	固定资产清理	16	1356	1526
23	融资租入固定资产净值	17	7152	9925
24	固定资产合计：	18	46968	52607
25	资产合计：	19		

图 9-47

（7）计算资产合计。在 C25 单元格中输入公式“ = C13 + C17 + C24”计算年初流动资产、长期投资和固定资产三者之和。同样，在 D25 单元格中输入公式“ = D13 + D17 + D24”计算期末的资产总和，结果如图 9 - 48 所示。

D25　=D13+D17+D24

	A	B	C	D
19	固定资产原值	13	18560	19856
20	减：累计折旧	14	1500	2100
21	固定资产净值	15	18400	19200
22	固定资产清理	16	1356	1526
23	融资租入固定资产净值	17	7152	9925
24	固定资产合计：	18	46968	52607
25	资产合计：	19	197001	220395

图 9 - 48

（8）类似地，输入流动负债、长期负债、所有者权益在年初和期末的数值，并计算出对应的合计值。最终结果如图 9 - 49 所示。

	A	B	C	D	E	F	G	H
1	企业：**教育科技有限公司				时间：2014年12月31号			
2	资产	行号	年初数	期末数	负债及所有者权益	行号	年初数	期末数
3	流动资产：				流动负债：			
4	货币资金	1	15250	21600	短期借款	20	11260	4572
5	应收账款	2	36800	45200	应付账款	21	6420	6852
6	减：坏账准备	3	4900	6150	应交税金	22	1050	1178
7	应收账款净额	4	31900	39050	一年内到期的长期贷款	23	12058	13321
8	其他应收款	5	25360	28820	应付股息	24	4682	5020
9	预付账款	6	32158	24682	预提费用	25	3120	3150
10	已转未完工的生产成本	7	3480	3568	应付工资	26	11560	12452
11	存货	8	6580	7415	流动负债合计：		50150	46545
12	一年内到期的长期投资	9	22155	26580				
13	流动资产合计：	10	136883	151715	长期负债：			
14	长期投资：				应付公司账款	27	16520	17528
15	长期投资	11	7800	9125	应付公司债折价	28	782	1050
16	拨付所属金额	12	5350	6948	长期借款	29	6500	7200
17	长期投资合计：		13150	16073	长期负债合计：		23802	25778
18	固定资产：				所有者权益：			
19	固定资产原值	13	18560	19856	资本总额	30	36285	41560
20	减：累计折旧	14	1500	2100	企业发展基金	31	46852	51250
21	固定资产净值	15	18400	19200	实收资本	32	6253	5216
22	固定资产清理	16	1356	1526	盈余公积	33	4251	4560
23	融资租入固定资产净值	17	7152	9925	未分配利润	34	25860	31560
24	固定资产合计：	18	46968	52607	所有者权益合计：	35	119501	134146
25	资产合计：	19	197001	220395	负债及所有者权益合计：	36	193453	206469

图 9 - 49

9.4　盈亏平衡分析

9.4.1　盈亏平衡的概念

企业在经营管理的过程中往往需要对生产某种产品的盈亏平衡情况进行分析，这是企业经营管理中一个十分普遍而又非常重要的问题。一般情况下，企业在生产销售某种产品时，其赢利状况是随着该产品产销量的变化而变化的。首先，该产品的单位销售价格应高于其单位变动成本，否则企业是无论如何都无法赢利的。其次，由于在产品的生产与销售中存在着固定成本，所以一般在产品的产销量很小时，企业是亏损的。只有随着产品产销量的逐渐增大，企业的赢利状况才会逐步改善。在产品的产销量增大到某个特定值时，该产品的销售收益正好弥补其总成本，从而使企业既不亏损也不赢利，即利润为零，这个特定的产销量量值就是所谓的盈亏平衡点，又称为保本点。随着产销量的继续增长，企业转为赢利，且其利润随着产销量的进一步增长而逐步增大。

通常由上面的分析，我们可以得到如下的计算公式：

销售收益 = 产品销售量 × 单位销售价格

总成本 = 固定成本 + 产品销售量 × 单位变动成本

利润 = 销售收益 - 总成本

利用数学方法，我们可以得出利润为零的产品销售量，即盈亏平衡量（保本量）为：

产品销售量—盈亏平衡点 = 固定成本 ÷ （单位销售价格 - 单位变动成本）

9.4.2 盈亏平衡分析

实例：假定某企业用甲机器生产产品 A 时，年固定成本为 80000 元，年销售量为 10000，单位销售价格为 15 元，单位变动成本为 9 元。试分析该企业生产该产品的盈亏平衡情况。

首先，我们新建一个工作表，命名为“盈亏平衡分析”，在 B3:B6 单元格区域输入已知的固定成本、年产品销售量、单位销售价格和单位变动成本等原始数据。如图 9 - 50 所示。

	A	B
1		
2	**利用乙机器生产产品A**	
3	固定成本	80000
4	年产品销售量	10000
5	单位销售价格	15
6	单位变动成本	9
7		
8	销售收益	150000
9	总成本	170000
10	利润	-20000
11		
12	盈亏平衡时产品销售量	13333.33
13	销售收益	200000
14	总成本	200000
15	利润	0

图 9 - 50

在 B8 单元格中输入销售收益的计算公式： = B4 * B5

在 B9 单元格中输入总成本的计算公式： = B3 + B4 * B6

在 B10 单元格中输入利润的计算公式： = B8 - B9

在 B12 单元格中输入盈亏平衡时产品销售量的计算公式：=B3/(B5 - B6)

在 B13 单元格中输入盈亏平衡时销售收益的计算公式：=B12 * B5

在 B14 单元格中输入盈亏平衡时总成本的计算公式：=B3 + B12 * B6

在 B15 单元格中输入盈亏平衡时利润的计算公式：=B13 - B14

如图 9 - 51 所示，在 D3:G16 单元格区域作一个一维的模拟运算表，分析在不同产品销售量的情况下销售收益、总成本和利润的变化。

	A	B	C	D	E	F	G
1							
2	利用乙机器生产产品A			年产品销售量	销售收益	总成本	利润
3	固定成本	80000			150000	170000	-20000
4	年产品销售量	10000		8000	120000	152000	-32000
5	单位销售价格	15		9000	135000	161000	-26000
6	单位变动成本	9		10000	150000	170000	-20000
7				11000	165000	179000	-14000
8	销售收益	150000		12000	180000	188000	-8000
9	总成本	170000		13000	195000	197000	-2000
10	利润	-20000		14000	210000	206000	4000
11				15000	225000	215000	10000
12	盈亏平衡时产品销售量	13333.33		16000	240000	224000	16000
13	销售收益	200000		17000	255000	233000	22000
14	总成本	200000		18000	270000	242000	28000
15	利润	0		19000	285000	251000	34000
16				20000	300000	260000	40000

图 9 - 51

(1) 首先，在 D4 单元格输入 8000，选中该单元格，在“开始”选项卡下，选择“编辑”—“填充”—“序列”命令，将出现“序列”设置对话框，序列类型设为“等差序列”，步长值设为 1000，终止值设为 20000，如图 9 - 52 所示。

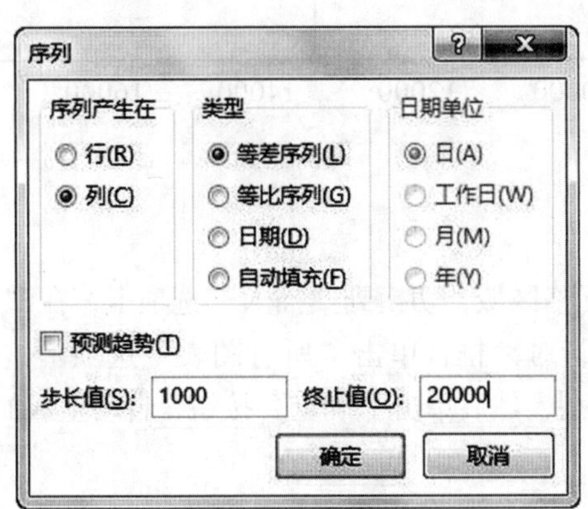

图 9 - 52

(2) 接着在 E3、F3、G3 单元格中分别输入：=B8、=B9、=B10，完成公式的设置。

(3) 选中 D3:G16 单元格区域，切换到“数据”选项卡，单击“数据工具”组—

“模拟分析”—“模拟运算表”按钮，将弹出“模拟运算表”设置对话框，如图9-53所示。在“输入引用列的单元格”内输入或选定$B$4单元格，然后单击“确定”按钮，结果见图9-51。

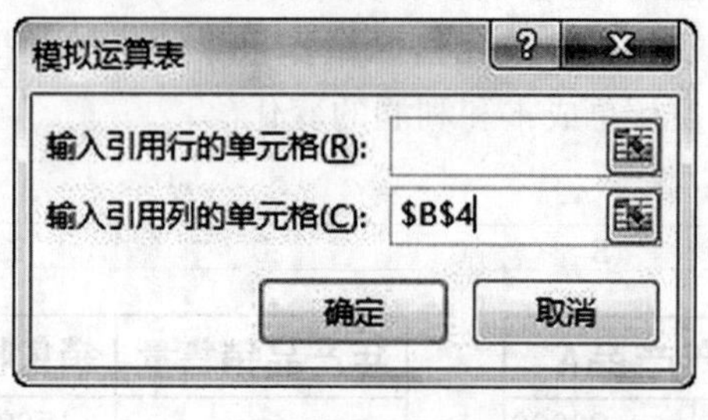

图9-53

9.4.3 图形分析

利用模拟运算表中的销售收益、总成本数据作XY散点图，可以从图形上清晰地反映出盈亏的情况，如图9-54所示。

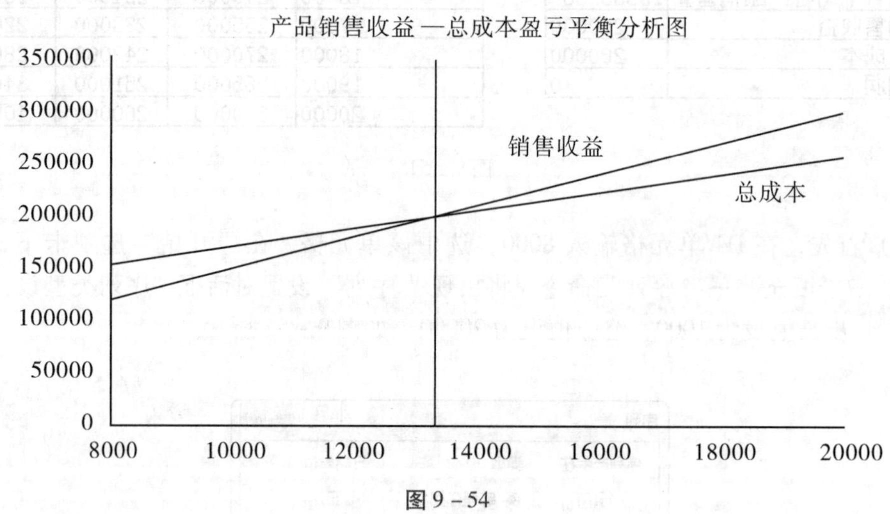

图9-54

具体步骤如下：

（1）选中D4:E16单元格区域，切换到“插入”选项卡，在“图表”组中单击右下角的按钮，将弹出“插入图表”对话框，单击“所有图表”选项卡，选中“XY散点图”中的“带平滑线的散点图”子类型，然后单击“确定”按钮，自动生成的图表如图9-55所示。

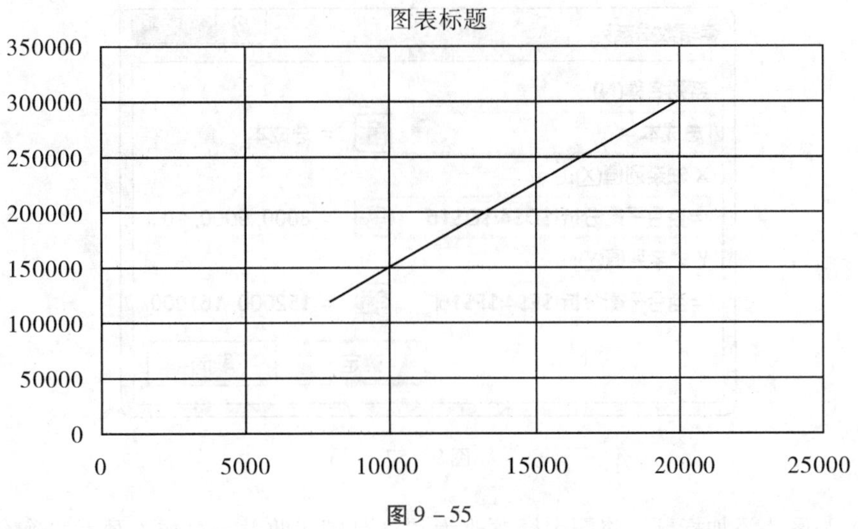

图 9－55

（2）添加“利润”数据系列。右键单击图表，在弹出的快捷菜单中执行“选择数据”，将弹出“选择数据源”对话框，如图 9－56 所示。

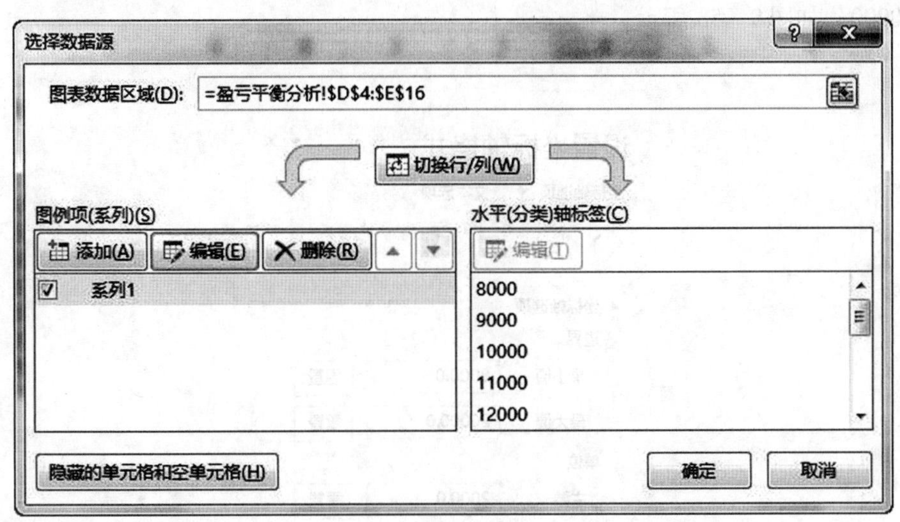

图 9－56

（3）单击“图例项”下面的“添加”按钮，将弹出“编辑数据系列”对话框，在“系列名称”中输入“总成本”，在“X 轴系列值”选择 D4:D16 单元格区域，在“Y 轴系列值”选择 F4:F16 单元格区域，然后单击“确定”按钮，返回到“选择数据源”对话框中后再次单击“确定”按钮。

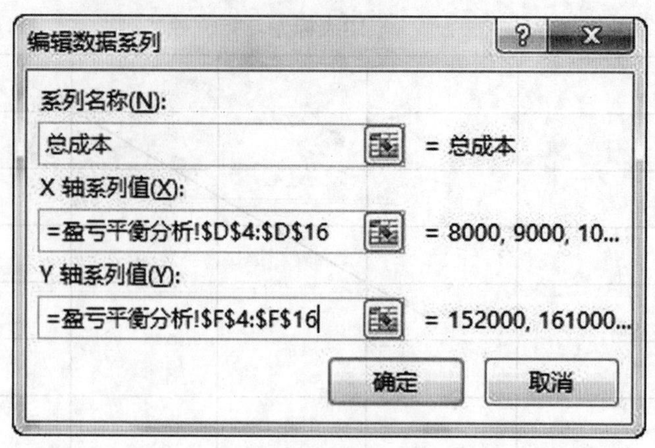

图 9 – 57

（4）为图表添加标题。将图表标题改为“产品销售收益—总成本盈亏平衡分析图”，字体大小设为 11。

（5）设置坐标轴格式。右键单击横坐标轴，在弹出的快捷菜单中选择“设置坐标轴格式”，窗口右侧将出现“设置坐标轴格式”。将横坐标轴最小值设置为 8000，最大值设置为 20000。如图 9 – 58 所示。

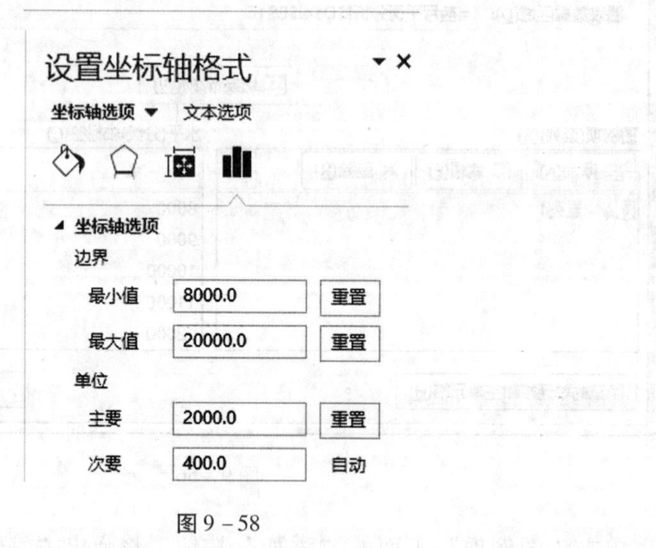

图 9 – 58

（6）为图表设置数据标志。因为在图中没有显示图例，为了清楚地表示每条线的含义，可以为每条线添加“数据标志”，添加数据标志后的图表如图 9 – 59 所示。

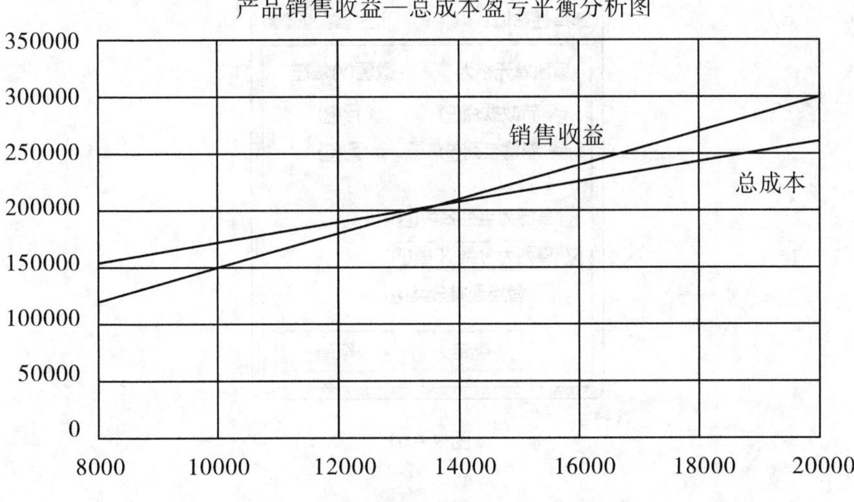

图9－59

（7）删除网格线。选中横网格线和纵网格线，直接按键盘上的［Delete］键即可。

在上图中，销售收益线和总成本线相交处的产品销售量即为该产品的盈亏平衡点，我们用一根经过该点的垂直线来清晰地表示出来，如图9－54中的垂直线。首先，在I3单元格输入公式：=$B$12，然后将I3复制到I4和I5；在J3单元格输入0，在J5单元格输入纵坐标最大值350000，在J4单元格输入销售收益和总成本交叉时的Y值，即：=B13或=B14，结果如图9－60所示。

	H	I	J
1			
2		**经过盈亏平衡点的直线数据**	
3		13333.33	0
4		13333.33	200000
5		13333.33	350000
6			

图9－60

接着，选中并复制I3：J5单元格区域，选定图表，单击“文件”—“剪贴板”组—“粘贴”下面的“选择性粘贴”按钮，在弹出的对话框中选中“首列为分类X值”前面的复选框按钮，如图9－61所示，完成设置后单击“确定”按钮，最终的图表如图9－54所示。

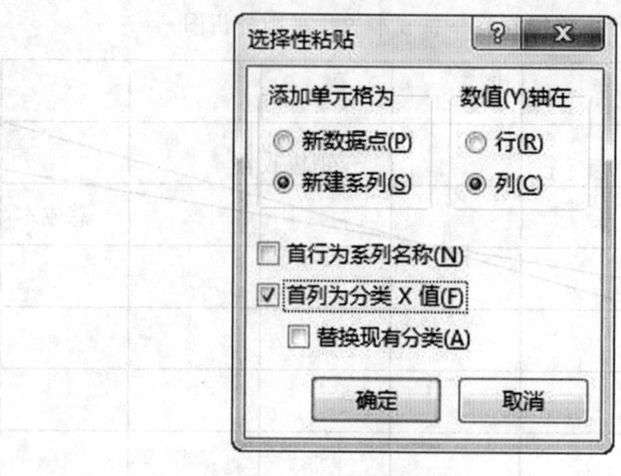

图 9－61

9.5 库存管理

按照库存管理理论，企业在采购商品时可以采取两种不同的订货策略：固定周期订货策略和固定数量订货策略。若采用固定数量订货策略，则应确定一个合理的订货量，即经济订货量，以使总成本最小。

9.5.1 经济订货量分析

1. 经济订货量的概念

在进行经济订货量分析之前，需要了解经济订货量的概念和含义。假定企业对某商品的全年需求量是一个常数，每次订货所需花费的费用（如手续费等）是一个常数，一件该商品在仓库中保存一年所需花费的仓储费用也是一个常数，则：

全年订货次数＝全年需求量÷订货量

全年仓库中的平均商品数＝订货量÷2

全年订货成本＝每次订货的费用×全年需求量÷订货量

全年仓储成本＝一件商品保存一年的费用×订货量÷2

若不考虑采购成本（因为采购成本仅在特殊情况下才与订货量有关），则有：

全年总成本＝全年订货成本＋全年仓储成本

借助数学方法可知，全年总成本最小时的订货量为：

经济订货量＝SQRT（2×每次订货的费用×全年需求量÷一件商品保存一年的费用）

这里，SQRT 是平方根函数。

2. 实例分析：经济订货量的计算

如图 9－62 所示，假定企业在生产产品 A 时需要零件 B。

（1）首先，在 C3:C5 单元格区域给出已知的年需求量、每次订货的费用以及一个 B 零件保存一年的费用。在 C7 单元格输入订货量，这里为 500。

在 C8 单元格输入全年订货成本的计算公式：＝C4 * C3/C7

在 C9 单元格输入全年仓储成本的计算公式：＝C5 * C7/2

在 C10 单元格输入全年总成本的计算公式：＝C8＋C9

在 C12 单元格输入经济订货量的计算公式：=SQRT（2＊C4＊C3/C5）

在 C13 单元格输入经济订货量时全年订货成本的计算公式：=C4＊C3/C12

在 C14 单元格输入经济订货量时全年仓储成本的计算公式：=C5＊C12/2

在 C15 单元格输入经济订货量时全年总成本的计算公式：=C13+C14

	A	B	C
1			
2		生产产品A需要B零件	
3		年需求量	9000
4		每次订货的费用	30
5		一个B零件保存一年的费用	4.5
6			
7		订货量	500
8		全年订货成本	540
9		全年仓储成本	1125
10		全年总成本	1665
11			
12		经济订货量	346
13		全年订货成本	780
14		全年仓储成本	779
15		全年总成本	1559

图 9-62

（2）在 E3:H29 单元格区域建立一个一维的模拟运算表，分析三个成本随订货量的变化情况。其中，在 F3、G3、H3 单元格分别输入公式“=C8”、“=C9”、“=C10”。切换到“数据”选项卡，在“分析”组中，单击“模拟运算表”按钮，在弹出的“模拟运算表”对话框中设置“输入引用列的单元格”为 C7。结果如图 9-63 所示。

	A	B	C	D	E	F	G	H
1								
2		生产产品A需要B零件			订货量	订货成本	仓储成本	总成本
3		年需求量	9000			540	1125	1665
4		每次订货的费用	30		300	900	675	1575
5		一个B零件保存一年的费用	4.5		320	844	720	1564
6					340	794	765	1559
7		订货量	500		360	750	810	1560
8		全年订货成本	540		380	711	855	1566
9		全年仓储成本	1125		400	675	900	1575
10		全年总成本	1665		420	643	945	1588
11					440	614	990	1604
12		经济订货量	346		460	587	1035	1622
13		全年订货成本	780		480	563	1080	1643
14		全年仓储成本	779		500	540	1125	1665
15		全年总成本	1559		520	519	1170	1689
16					540	500	1215	1715
17					560	482	1260	1742
18					580	466	1305	1771
19					600	450	1350	1800
20					620	435	1395	1830
21					640	422	1440	1862
22					660	409	1485	1894
23					680	397	1530	1927
24					700	386	1575	1961
25					720	375	1620	1995
26					740	365	1665	2030
27					760	355	1710	2065
28					780	346	1755	2101
29					800	338	1800	2138

图 9-63

3. 用图形表0示

利用模拟运算表的数据作XY散点图，选中订货成本、仓储成本、总成本三列数据。对生成的图表作适当的修饰，删除图例，利用数据点格式中的数据标志显示三个成本的文字，完成的图形如图9－64所示。

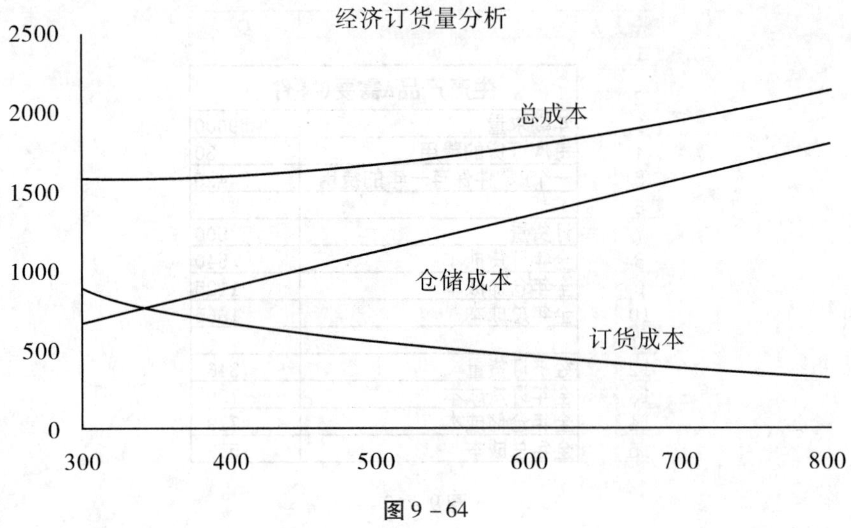

图9－64

从图9－64可以看出，总成本是一条U形曲线，其最低点处的订货量就是经济订货量，这恰巧也是订货成本和仓储成本曲线的相交处。为在图中清楚地表示这种特征，我们在图中添加一条经过经济订货量的长垂直线，步骤如下：

（1）将该长垂直线的数据存放在B18:C21单元格区域，其中第一列是经济订货量值；在C18单元格输入0，C21单元格输入纵坐标最大值2500，C19输入订货成本或仓储成本，即“＝C13”或“＝C14”，C20输入“＝C15”。

（2）选中B18:C21单元格区域，选定图表，单击“文件”选项卡—“剪贴板”组—“粘贴”下面的“选择性粘贴”按钮，在弹出的“选择性粘贴”对话框中，选中“首列为分类X值”前面的复选框按钮，其他默认。完成后按“确定”，结果如图9－65所示。

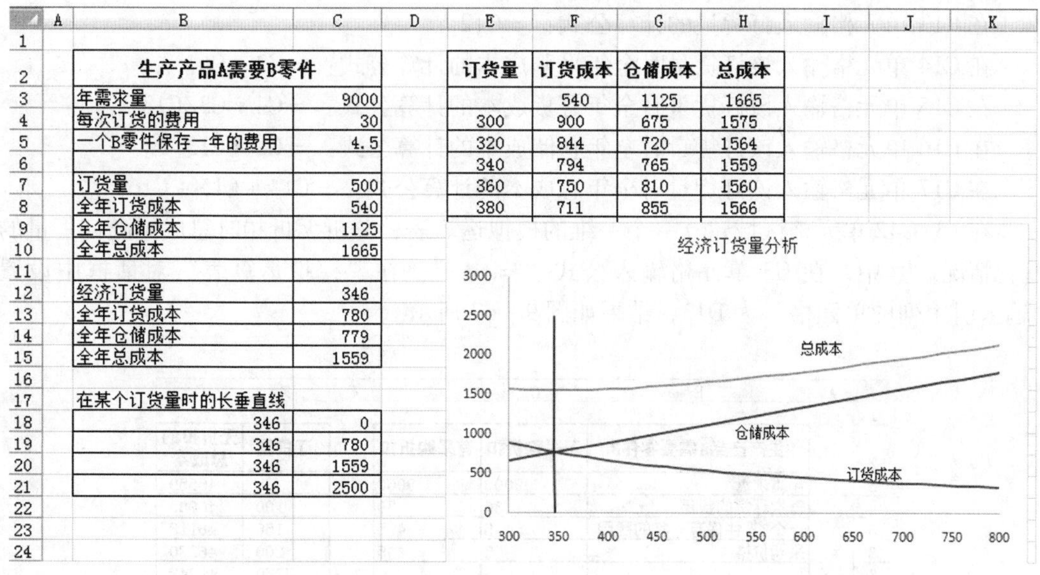

	B	C
2	生产产品A需要B零件	
3	年需求量	9000
4	每次订货的费用	30
5	一个B零件保存一年的费用	4.5
6		
7	订货量	500
8	全年订货成本	540
9	全年仓储成本	1125
10	全年总成本	1665
11		
12	经济订货量	346
13	全年订货成本	780
14	全年仓储成本	779
15	全年总成本	1559
16		
17	在某个订货量时的长垂直线	
18	346	0
19	346	780
20	346	1559
21	346	2500

订货量	订货成本	仓储成本	总成本
	540	1125	1665
300	900	675	1575
320	844	720	1564
340	794	765	1559
360	750	810	1560
380	711	855	1566

图 9－65

9.5.2　考虑采购成本的经济订货量分析

若企业在采购商品时，供应商对于一次采购达到一定的起点量可以给予折扣优惠，则企业是否该采用供应商要求的采购起点量作为订货量？因为采购成本是与订货量相关的，所以在比较总成本时就必须把采购成本也考虑进去。

采购成本＝全年需求量×采购价格

如图 9－66 所示，在 C、D 两列分别考虑无采购折扣和有采购折扣两种情况。

	B	C	D
2	生产产品A需要零件B	无采购折扣	有采购折扣
3	年需求量	9000	9000
4	每次订货的费用	30	30
5	一个B零件保存一年的费用	4.5	4.5
6	采购价格	5	5
7			
8	采购起点量		1500
9	采购折扣		3.00%
10	折扣价格		4.85
11			
12	经济订货量	346	
13	订货量	346	1500
14	全年采购成本	45000	43650
15	全年订货成本	780	180
16	全年仓储成本	779	3375
17	全年总成本	46559	47205

图 9－66

对于无采购折扣的情况。在 C3:C6 给出已知的年需求量、每次订货的费用、一个 B 零件保存一年的费用以及采购价格。

在 C12 单元格输入经济订货量的计算公式：＝SQRT(2＊C4＊C3/C5)。

在 C13 单元格输入订货量的计算公式：= C12。

在 C14 单元格输入该订货量时全年采购成本的计算公式：= C3 * C6。

在 C15 单元格输入该订货量时全年订货成本的计算公式：= C4 * C3/C13。

在 C16 单元格输入该订货量时全年仓储成本的计算公式：= C5 * C13/2。

在 C17 单元格输入该订货量时全年总成本的计算公式：= C14 + C15 + C16。

在 F3:G42 单元格区域建立一个一维的模拟运算表，分析无折扣时总成本随订货量的变化情况。其中，在 G3 单元格输入公式“ = C17”。在“模拟运算表”对话框中设置“输入引用列的单元格”为 D13，结果如图 9 - 67 所示。

	A	B	C	D	E	F	G
1							
2		生产产品A需要零件B	无采购折扣	有采购折扣		订货量	无折扣的总成本
3		年需求量	9000	9000			46559
4		每次订货的费用	30	30		100	46005
5		一个B零件保存一年的费用	4.5	4.5		150	46118
6		采购价格	5	5		200	46230
7						250	46343
8		采购起点量		1500		300	46455
9		采购折扣		3.00%		350	46568
10		折扣价格		4.85		400	46680
11						450	46793
12		经济订货量	346			500	46905
13		订货量	346	1500		550	47018
14		全年采购成本	45000	43650		600	47130
15		全年订货成本	780	180		650	47243
16		全年仓储成本	779	3375		700	47355
17		全年总成本	46559	47205		750	47468
18						800	47580
19						850	47693
20						900	47805
21						950	47918
22						1000	48030
23						1050	48143
24						1100	48255
25						1150	48368
26						1200	48480
27						1250	48593
28						1300	48705
29						1350	48818
30						1400	48930
31						1450	49043
32						1500	49155
33						1550	49268
34						1600	49380
35						1650	49493
36						1700	49605
37						1750	49718
38						1800	49830
39						1850	49943
40						1900	50055
41						1950	50168
42						2000	50280

图 9 - 67

对于有采购折扣的情况，在 D3:D6 单元格中分别输入公式“ = C3”、“ = C4”、“ = C5”、“ = C6”。

在 D8 单元格输入采购起点量，如 1500。

在 D9 单元格给出采购折扣，如 3%。

在 D10 单元格输入折扣价格公式：= IF(D13 < D8, D6, D6 * (1 - D9))。

在 D13 给出订货量，即：＝D8。

在 D14 输入该订货量时全年采购成本的计算公式：＝D3＊D10。

将 C15:C17 复制到 D15:D17。

在 I3:J42 单元格区域建立一个一维的模拟运算表，分析有折扣时总成本随订货量的变化情况。其中，在 I3 单元格输入公式：＝D17，在“模拟运算表”对话框中设置“输入引用列的单元格”为 D13，结果如图 9－68 所示。

	A	B	C	D	E	F	G	H	I	J
1										
2		生产产品A需要零件B	无采购折扣	有采购折扣		订货量	无折扣的总成本		订货量	有折扣的总成本
3		年需求量	9000	9000			46559			47205
4		每次订货的费用	30	30		100	46005		100	47925
5		一个B零件保存一年的费用	4.5	4.5		150	46118		150	47137.5
6		采购价格	5	5		200	46230		200	46800
7						250	46343		250	46642.5
8		采购起点量		1500		300	46455		300	46575
9		采购折扣		3.00%		350	46568		350	46558.93
10		折扣价格		4.85		400	46680		400	46575
11						450	46793		450	46612.5
12		经济订货量	346			500	46905		500	46665
13		订货量	346	1500		550	47018		550	46728.41
14		全年采购成本	45000	43650		600	47130		600	46800
15		全年订货成本	780	180		650	47243		650	46877.88
16		全年仓储成本	779	3375		700	47355		700	46960.71
17		全年总成本	46559	47205		750	47468		750	47047.5
18						800	47580		800	47137.5
19						850	47693		850	47230.15
20						900	47805		900	47325
21						950	47918		950	47421.71
22						1000	48030		1000	47520
23						1050	48143		1050	47619.64
24						1100	48255		1100	47720.45
25						1150	48368		1150	47822.28
26						1200	48480		1200	47925
27						1250	48593		1250	48028.5
28						1300	48705		1300	48132.69
29						1350	48818		1350	48237.5
30						1400	48930		1400	48342.86
31						1450	49043		1450	48448.71
32						1500	49155		1500	47205
33						1550	49268		1550	47311.69
34						1600	49380		1600	47418.75
35						1650	49493		1650	47526.14
36						1700	49605		1700	47633.82
37						1750	49718		1750	47741.79
38						1800	49830		1800	47850
39						1850	49943		1850	47958.45
40						1900	50055		1900	48067.11
41						1950	50168		1950	48175.96
42						2000	50280		2000	48285

图 9－68

同样，可以用图形来表示。

选中 F2:G2 和 F4:G42 单元格数据，切换到“插入”选项卡，在“图表”组中单击右下角的按钮，将弹出“插入图表”对话框，选择“XY 散点图”中的“带平滑线和数据标志的散点图”子类型，绘制出的图表如图 9－69 所示。从该图可以看到，是一条 U 形曲线。

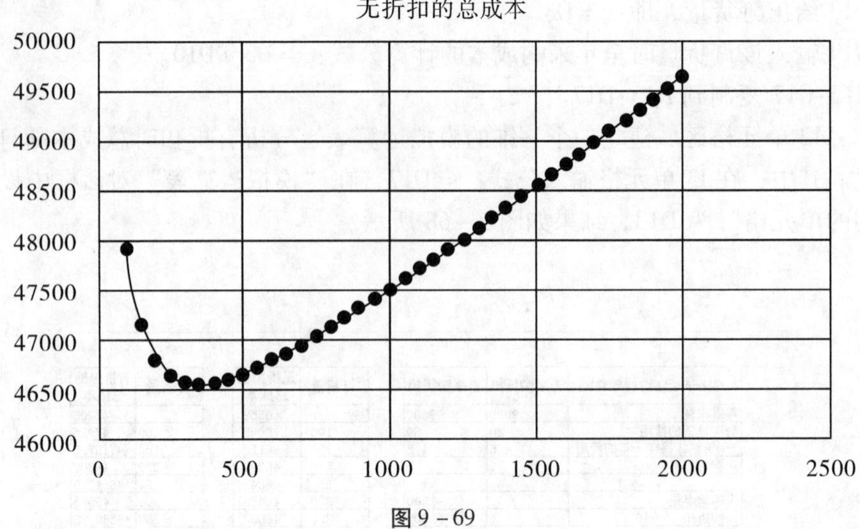

图 9 - 69

再选择 I4:J42 单元格区域，在图 9 - 69 的基础上添加一个数据系列，结果如图9 - 70 所示。可以看到，它是一条前半部分与原来的系列重叠，但从水平轴值为 1400 时的位置开始突然下降的曲线。这个开始下降的位置就是采用折扣起点量作为订货量的位置。我们可以根据图中 U 形曲线的最低点与现在下降位置处的高低来判断是否该接受折扣。

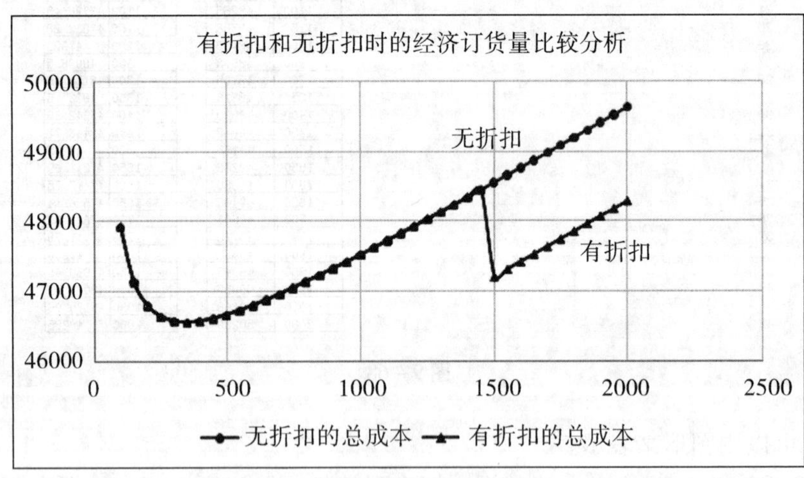

图 9 - 70

参考文献

［1］方向阳．应用统计和 Excel 运用（21 世纪高职高专精品教材·经贸类通用系列）．北京：中国人民大学出版社，2010.

［2］华诚科技．Excel 2010 办公专家从入门到精通（精编版）．北京：机械工业出版社，2010.

［3］衣玉翠．外行学 Excel 2010 从入门到精通．北京：人民邮电出版社，2010.

［4］恒盛杰资讯．即学即用——Excel 2010 营销决策与分析实战应用宝典．北京：科学出版社，2011.

［5］王艳红，王卫红，纪睿琪．Excel 2010 中文版入门与实例教程．北京：电子工业出版社，2011.

［6］威廉姆斯等．基于 Excel 的商务与经济统计．北京：北京大学出版社，2011.

［7］唐小毅等．Excel 在经济管理中的应用（第二版）．北京：中国人民大学出版社，2013.

［8］杨小丽等．Excel 应用大全．北京：中国铁道出版社，2012.

［9］李翠梅，于海英等．Excel 在经济管理中的应用——Excel 2013 案例驱动教程．北京：清华大学出版社，2014.

［10］徐军，常桂英等．Excel 在经济管理中的应用与 VBA 程序设计（第二版）．北京：清华大学出版社，2014.